REPRESENTAÇÕES DO OUTRO
Discurso, (des)igualdade e exclusão

REPRESENTAÇÕES DO OUTRO
Discurso, (des)igualdade e exclusão

Glaucia Muniz Proença Lara
Rita de Cássia Pacheco Limberti [Orgs.]

autêntica

Copyright © 2016 Glaucia Muniz Proença Lara e Rita de Cássia Pacheco Limberti
Copyright © 2016 Autêntica Editora

Todos os direitos reservados pela Autêntica Editora. Nenhuma parte desta publicação poderá ser reproduzida, seja por meios mecânicos, eletrônicos, seja via cópia xerográfica, sem a autorização prévia da Editora.

EDITORA RESPONSÁVEL
Rejane Dias

EDITORA ASSISTENTE
Cecília Martins

CONSELHO EDITORIAL
Diana Luz Pessoa de Barros
Dominique Maingueneau
Ida Lucia Machado
Leonor Lopes Fávero
Paulo Sérgio Nolasco dos Santos
Sírio Possenti
Vânia Maria Lescano Guerra
William Augusto Menezes

COORDENADORA DE TRADUÇÃO
Aline Saddi Chaves

REVISÃO
Glaucia Muniz Proença Lara
Rita de Cássia Pacheco Limberti

CAPA
Alberto Bittencourt
(sobre pintura de Genésio Fernandes: "Os passantes", acrílica sobre papel, 31 x 22 cm, 2013)

DIAGRAMAÇÃO
Larissa Carvalho Mazzoni

Dados Internacionais de Catalogação na Publicação (CIP)
(Câmara Brasileira do Livro, SP, Brasil)

Representações do outro : discurso, (des)igualdade e exclusão / Glaucia Muniz Proença Lara, Rita de Cássia Pacheco Limberti (Orgs.). -- 1.ed. -- Belo Horizonte : Autêntica Editora, 2016.

ISBN 978-85-513-0028-2

1. Análise do discurso - Aspectos sociais 2. Cultura 3. Desigualdade social 4. Linguagem 5. Linguística I. Lara, Glaucia Muniz Proença. II. Limberti, Rita de Cássia Pacheco.

16-06803   CDD-410

Índices para catálogo sistemático:
1. Análise do discurso : Aspectos sociais :
Linguística 410

Belo Horizonte
Rua Carlos Turner, 420
Silveira . 31140-520
Belo Horizonte . MG
Tel.: (55 31) 3465 4500

Rio de Janeiro
Rua Debret, 23, sala 401
Centro . 20030-080
Rio de Janeiro . RJ
Tel.: (55 21) 3179 1975

São Paulo
Av. Paulista, 2.073,
Conjunto Nacional, Horsa I
23º andar . Conj. 2301 .
Cerqueira César . 01311-940
São Paulo . SP
Tel.: (55 11) 3034 4468

www.grupoautentica.com.br

Sumário

Apresentação 07

1. Identidade nacional e exclusão racial 13
   Jose Luiz Fiorin

2. Reflexões sobre o ensino de literaturas africanas de
   língua portuguesa no Brasil 25
   Iris Maria da Costa Amâncio
   Aracy Alves Martins

3. O enunciatário homossexual e o heterossexual
   no discurso da propaganda 37
   Arnaldo Cortina

4. Escutando o "excluído": uma análise de entrevistas com
   pessoas "sem domicílio fixo" 61
   Emilie Née
   Frédéric Pugniere-Saavedra
   Fernando Hartmann
   Trad. Fernando Hartmann

5. Exclusão e (re)construção identitária na areia 77
   Patrick Dahlet

6. Discurso acadêmico e ativismo social na comunidade surda 97
   Maria Clara Maciel de Araújo Ribeiro
   Glaucia Muniz Proença Lara

7. A discriminação dos ciganos na imprensa francesa 117
   Béatrice Turpin
   Trad. Clebson Luiz de Brito e Aline Saddi Chaves

8. Opressão e resistência nas relações interculturais Brasil/Paraguai 135
   Rita de Cássia Pacheco Limberti

9. Reprodução de exclusões sociais: a vítima da desapropriação de terras em *Semana.com*..155

Neyla Graciela Pardo Abril

Trad. Tânia Maria de Oliveira Gomes e Glaucia Muniz Proença Lara

10. O discurso sobre a criminalidade no YouTube: juventude e estigma............171

María Laura Pardo

María Valentina Noblía

Trad. Tânia Maria de Oliveira Gomes e Glaucia Muniz Proença Lara

11. Representações discursivas das mídias sobre as favelas................................187

Wander Emediato

12. Discurso, silêncio e identidade indígena...205

Aline Saddi Chaves

Marlon Leal Rodrigues

13. A exclusão pela morte: suicídio no trabalho..227

Alain Rabatel

Trad. Clebson Luiz de Brito e Aline Saddi Chaves

14. O preconceito contra os nordestinos nas redes sociais.................................253

Argus Romero Abreu de Morais

Renato de Mello

Os autores...273

APRESENTAÇÃO

> *O descaso diante da realidade nos transforma em prisioneiros dela. Ao ignorá-la nos tornamos cúmplices dos crimes que se repetem diariamente diante de nossos olhos. Enquanto o silêncio acobertar a indiferença, a sociedade continuará avançando em direção ao passado de barbárie. É tempo de escrever uma nova história e de mudar o final.*
> (Daniela Arbex, *Holocausto Brasileiro*, p. 255).

O grande interesse despertado pelo livro *Discurso e (des)igualdade social* (Contexto, 2015) não apenas nos meios acadêmicos, mas também na sociedade em geral, levou-nos a dar continuidade às reflexões nele iniciadas, propondo uma nova coletânea, com outros autores e com novos temas, afinados, no entanto, uns e outros com a temática maior que nos mobiliza: buscar as representações ou imagens do *outro* – o segregado, o excluído – veiculadas no/pelo discurso, seja dando "voz" aos próprios sujeitos usualmente destituídos de fala (os "sans paroles", para usarmos uma expressão francesa em voga), seja ouvindo aqueles que falam por eles (seus porta-vozes). Com isso, é nosso objetivo mostrar que a história também pode ser contada de um outro ponto de vista: o do dominado.

Repetindo o que dissemos na apresentação do primeiro livro, assumimos que, se aqueles a quem se atribui uma diferença político-ideológica, como os índios, os negros, os imigrantes, sofrem, no contato sociocultural, dificuldades de inserção e de aceitação, eles são apenas a ponta de um *iceberg*, em cuja base encontram-se outras categorias, como os homossexuais, os idosos, as mulheres, as pessoas do campo e da periferia, os pobres, os "deficientes", enfim, toda uma legião de segregados, aqueles que, segundo a posição do dominador, não deveriam existir.

A presente coletânea vem, assim, reafirmar a escuta de algumas categorias que já foram contempladas em *Discurso e (des)igualdade social*, como os moradores de rua, as mulheres e os homossexuais, e escutar outras "vozes" – a de outras categorias que não foram ouvidas anteriormente, como os negros, os índios, os surdos, os imigrantes, entre outras tantas.

Mantemos, pois, as perguntas norteadoras da obra anterior que, apoiadas nas premissas da Análise do Discurso – ou das análises do discurso – atravessam diferentes campos discursivos: o da literatura, o das mídias, o da política etc. São elas: Quem é, afinal, esse *outro* (segregado, excluído)? O que dizem dele e o que ele diz de si mesmo? Como ele se apresenta e se representa no próprio discurso? Que apresentações e representações dele circulam em outros lugares, em outros discursos? Como, enfim, ele se significa e é significado? Nesse quadro, podemos dizer que a unidade temática do livro se constrói em torno de três eixos principais: 1) exclusão e mídias; 2) exclusão na "voz" do excluído; 3) exclusão na academia. Optamos, no entanto, por descrever os capítulos a partir do seu "objeto" de estudo porque alguns deles atravessam mais de um eixo.

Começamos, então, com o negro, tema de dois capítulos. No primeiro, afirmando, à luz da semiótica tensiva, que a cultura brasileira se vê como uma cultura da "mistura", José Luiz Fiorin desmitifica essa situação, mostrando como se dá a exclusão do negro em diferentes momentos de nossa história. Para isso, analisa conhecidas obras da literatura nacional, como é o caso de *As vítimas algozes*, de Joaquim Manuel de Macedo, e *A escrava Isaura*, de Bernardo Guimarães. No segundo, Íris Maria da Costa Amâncio e Aracy Alves Martins, ambas pesquisadoras e ativistas em prol da causa negra, propõem-se a discutir e a problematizar, pelo viés da análise crítica do discurso, o lugar do negro como sujeito e protagonista nas cenas literárias que representam o "outro" no contexto pedagógico das Literaturas Africanas de Língua Portuguesa em nosso país. Buscam, além disso, caminhos possíveis para reverter a situação.

Os três capítulos seguintes, por sua vez, revisitam sujeitos/temas já contemplados(as) no livro anterior, ou seja, os homossexuais e os moradores de rua. Assim, no capítulo 3, Arnaldo Cortina, a partir do ponto de vista da semiótica sincrética, procura examinar, em revistas destinadas ao público masculino (hétero e homossexual), como determinadas propagandas se valem do recurso do apagamento da referência ao público homossexual, mesmo que ele seja o destinatário da mensagem. Já no capítulo 4, os pesquisadores franceses Emilie Née e Frédéric Pugniere-Saavedra, juntamente com o brasileiro Fernando Hartmann, examinam, por meio de uma análise linguístico-discursiva, produções de linguagem oral, coletadas a partir de entrevistas semiestruturadas com pessoas que vivem nas ruas ("sem domicílio fixo"), para apreender a forma como essas pessoas se apresentam/se representam em suas "falas". No capítulo 5, o também francês Patrick Dahlet, fazendo uma analogia com os "Capitães da Areia" de Jorge Amado, tece uma instigante reflexão sobre um fragmento de narrativa de um sem teto, morador de praia.

Na sequência, "novos" sujeitos são contemplados. No capítulo 6, é a vez dos surdos. Com base nas premissas da análise do discurso de linha francesa, Maria Clara Maciel de Araújo Ribeiro e Glaucia Muniz Proença Lara investigam as relações entre pesquisa acadêmica e ativismo social, observadas na produção de teses de doutorado de autoria de sujeitos surdos. Procuram, desse modo, desvelar a tensão que se mostra, no fio mesmo do discurso, entre o sujeito da academia e o sujeito engajado no dito "Movimento Surdo".

O capítulo 7, por seu turno, convoca a imprensa francesa, com suas representações dos/sobre os ciganos (*Roms*). Debruçando-se sobre a forma como a temática cigana aparece em jornais atuais e em publicações do início do século XX na França, Béatrice Turpin analisa elementos depreciativos, como as nomeações, os qualificativos e as metáforas, para mostrar que, apesar do lapso temporal, os ciganos eram e continuam sendo representados, principalmente, como nômades, ladrões e sequestradores de criança.

Chegamos, então, ao oitavo capítulo, em que Rita de Cássia Pacheco Limberti problematizando os conceitos de "preconceito", de "igualdade", de "tolerância", que põem em foco os limites rígidos das relações de poder, discute as complexas relações entre os sujeitos da fronteira Brasil/Paraguai, mais especificamente, a situação de crianças paraguaias que frequentam uma escola brasileira.

O nono e o décimo capítulos se propõem a escutar outras vozes da América Latina. No capítulo 9, a colombiana Neyla Graciela Pardo Abril aborda o fenômeno da desapropriação de terras em seu país, mostrando-a como uma das manifestações mais importantes do conflito que caracteriza a dinâmica sociopolítica da Colômbia na atualidade. Discute, além disso, a influência das mídias na forma como os demais agentes representam a desapropriação e os assuntos a ela vinculados: a violência, a pobreza e a marginalização. Seguindo a mesma trilha das representações midiáticas, as argentinas María Laura Pardo e María Valentina Noblía analisam, no capítulo 10, com base na análise crítica do discurso e a partir de uma metodologia qualitativa, as representações sociodiscursivas que, em seu país, as mídias constroem na TV e os usuários do *YouTube* reproduzem sobre jovens delinquentes, envolvidos em crimes organizados e urbanos.

No capítulo 11, Wander Emediato retoma questões levantadas pelas colegas da Colômbia e da Argentina, quais sejam: o papel das mídias, as representações que elas veiculam e a pobreza, mas agora no contexto brasileiro. Com base nas contribuições de Patrick Charaudeau e de outros autores da grande área da análise do discurso, o autor discute alguns pressupostos teóricos sobre a questão da representação, para, em seguida, apreender as representações evocadas pelo discurso das mídias sobre as favelas brasileiras.

O capítulo seguinte (12) focaliza um "novo" sujeito – o índio, também ausente da primeira coletânea, a exemplo do negro. É de Mato Grosso do Sul, estado que conta com a 2ª maior população indígena do Brasil, que vêm as vozes dos pesquisadores que falam por esses sujeitos. Assim, Aline Saddi Chaves e Marlon Leal Rodrigues tomam como ponto de partida o panorama histórico da questão indígena em MS, para, apoiados na análise do discurso de base pêcheutiana, explicitar o antagonismo entre o que diz a imprensa sobre o índio e a causa indígena, e, inversamente, o que diz o índio sobre si mesmo e sobre suas reivindicações.

Contestando a ideia do senso comum de que apenas pessoas desempregadas teriam problemas, o francês Alain Rabatel, no capítulo 13, aborda uma série de suicídios de trabalhadores da empresa de telefonia France Télécom que ocorreram em 2008 e 2009. Articulando análise do discurso e linguística textual, o autor atrela essas mortes às pressões sofridas pelos indivíduos no trabalho e discute o tratamento que as mídias e a própria empresa deram a essa situação.

No último capítulo (14), Argus Romero Abreu de Morais e Renato de Mello, na esteira das eleições presidenciais brasileiras de 2010 e 2014, abordam a forma discriminatória e preconceituosa com que os eleitores nordestinos são tratados nas redes sociais. Com base na noção de "metáfora emergente distribuída", que aproxima a análise do discurso francesa e os estudos da cognição, os autores investigam os imaginários associados ao significante "Nordeste", focalizando o separatismo e a inferiorização dessa Região no contexto brasileiro.

Esta obra reúne, pois, **quatorze** textos que, apesar de assumirem diferentes abordagens teóricas – ou diferentes análises do discurso – e atravessarem distintos campos discursivos, debruçam-se sobre a mesma temática: a presença (incômoda) do "outro". E é exatamente essa diversidade de objetos, de objetivos e de pontos de vista teóricos que faz a riqueza do livro, revelando ao leitor algo que o analista de discurso sabe de cor: que a heterogeneidade está na base mesma da constituição do discurso. Nesse sentido, parafraseando José Luiz Fiorin, no prefácio do livro *Lingua(gem), texto, discurso: entre a reflexão e a prática* (vol. 1), diremos que essa pluralidade, já presente na primeira coletânea, mostra que os autores não têm uma "visão religiosa da ciência", buscando cada um deles "a" verdade que tudo explica. Ao contrário, eles apresentam uma "visão científica da ciência", pois constroem modelos para explicar aspectos da realidade, sem qualquer pretensão de produzir verdades absolutas e atemporais.

A pluralidade que logramos é o resultado de um fazer científico comprometido, que, como tal, abre-se para o conflito, para a discussão, para o confronto, para a falha. Nosso objetivo é, pois, propor um espaço, na academia e fora dela, para que as vozes silenciadas, abafadas e desconsideradas dos segregados, dos excluídos possam ser ouvidas. Porque, queiramos ou não, elas se inserem, teimosamente, nas falhas do sistema, nas fissuras do discurso à espera de uma oportunidade para se manifestarem. Ouçamos, pois, suas histórias.

As organizadoras

1. Identidade nacional e exclusão racial

Jose Luiz Fiorin

Há dois tipos fundamentais de culturas, de acordo com sua autodescrição: as da exclusão e as da participação, ou, em outras palavras, as da triagem e as da mistura. A cultura da triagem tem um aspecto descontínuo e tende a restringir a circulação cultural, que será pequena ou mesmo nula e, de qualquer maneira, desacelerada pela presença do exclusivo e do excluído. É uma cultura do interdito. Já a cultura da mistura apresenta um aspecto contínuo, favorecendo o "comércio" cultural. Nela, o andamento é rápido. É a cultura do permitido (FONTANILLE; ZILBERBERG, 2001, p. 20-30).

Cada uma dessas culturas opera com um tipo de valor diferente: as da triagem criam valores de absoluto, que são valores da intensidade; as da mistura, valores de universo, que são valores da extensão. As primeiras são mais fechadas, tendendo a concentrar os valores desejáveis e a excluir os indesejáveis; as segundas são mais abertas, procurando a expansão e a participação (FONTANILLE; ZILBERBERG, 2001, p. 53-54).

A cultura brasileira sempre se viu como uma cultura da mistura. Louva-se a tendência brasileira à assimilação do que é significativo e importante das outras culturas. Não é sem razão que Oswald de Andrade erigiu a antropofagia como o princípio constitutivo da cultura brasileira (*in* TELLES, 1976). Em *Casa grande e senzala*, de Gilberto Freyre, por exemplo, vê-se a mistura como eufórica: a colonização portuguesa é considerada como tolerante, aberta, o que levou à mestiçagem racial. Isso não ocorreu com as colonizações inglesa e francesa, por exemplo (FREYRE, s.d., p. 43-89). O Brasil celebra a mistura da contribuição de brancos, negros e índios na formação da nacionalidade, exaltando o enriquecimento cultural e a ausência de fronteiras de nossa cultura (FREYRE, s.d.). De nosso ponto de vista, o misturado é completo; o puro é incompleto, é pobre. Trata-se evidentemente de uma autodescrição da cultura brasileira. Há então todo um culto à mulata, representante por excelência da raça brasileira; do sincretismo religioso, sinal de tolerância; do convívio harmônico de culturas que se digladiam em outras partes do mundo, como árabes e judeus. A identidade nacional está inextricavelmente vinculada à mistura racial.

Essa autodescrição, na verdade, não começa com o modernismo nem com os livros que buscaram estudar o "caráter" nacional na década de 1930. Inicia-se com o romantismo, logo depois da independência política, em que era preciso construir a nacionalidade. Dentro desse movimento de criação da identidade nacional brasileira, exerce um papel central *O guarani*, de José de Alencar. Nele, constrói-se a lenda do casal inicial da brasilidade, formado de um índio que aceitara os valores cristãos e de uma portuguesa que acolhera os valores da natureza do Novo Mundo. Essa nação teria um caráter identitário luso-tupi.

O mito é sempre uma *coincidentia oppositorum*. No nosso caso, o mito de origem da nação brasileira opera com a união da natureza com a cultura, ou seja, dos valores americanos com os europeus. O Brasil seria assim a síntese do velho e do novo mundo, construída depois da destruição do edifício colonial e dos elementos perversos da natureza. Os elementos lusitanos permanecem, mas modificados pelos valores da natureza americana.

Como diz Bosi (1992, p. 176), os mitos ajudam muito mais a compreender a época em que foram forjados do que o universo remoto que pretendem explicar. O selo de nobreza da nação brasileira é dado pela fusão do sangue português com o sangue tupi. Essa fusão une a nobreza de uma e de outra cultura. No entanto, essa conciliação luso-tupi não conta a realidade da ocupação portuguesa, com os massacres da população indígena. Por outro lado, o indígena que está na base na nação brasileira é o que aceita os valores cristãos, aquele que, em sua entrega ao branco, assume uma nova identidade. Os outros são vistos como selvagens que devem ser exterminados.

A identidade da língua falada no Brasil é correlata à do homem brasileiro, cuja origem o romance descreveu. Não se trata do português tal como é falado em Portugal, mas de um português modificado pela natureza brasileira. A língua falada no novo país é um reflexo, na sintaxe e no léxico, das suavidades e asperezas da natureza da América (ALENCAR, 1995, p. 116-117). É uma fusão também da cultura com a natureza. Alencar não preconiza que se fale tupi, mas esse português modificado no Brasil.

No entanto, a decantada mistura brasileira não é indiscriminada, ela é seletiva. Há sistemas que não são aceitos na mistura. No primeiro período de construção da identidade nacional, não há a ideia da mistura das três raças, que hoje se consideram constitutivas da nacionalidade, mas somente dos índios e brancos. Os negros estavam excluídos. Essa mistura não era desejável, pois se tratava de escravos.

No período romântico, assim como houve uma poesia abolicionista, houve também romances que empunharam essa bandeira. Poder-se-iam citar *As vítimas algozes*, de Joaquim Manuel de Macedo, e *A escrava Isaura*, de Bernardo Guimarães. Macedo condena a escravidão do ponto de vista dos senhores de escravos. Esse sistema produzia "vítimas algozes", ou seja, os escravos que passavam de vítimas a algozes: "vítimas pela prepotência que lhes impõe a escravidão, algozes pelo dano que fazem, pelas vinganças que tomam, pela imoralidade e pela corrupção que inoculam" (Macedo, 2010, p. 185). O autor representa os escravos como devassos, cruéis, assassinos. Sua intenção era difundir o medo dos cativos, mostrando que o sistema escravista os tornava perigosos. "Macedo sustentava que a escravidão era péssima porque tornava o cativo um criminoso, um verdugo de seus senhores" (Alencastro, 1997, p. 91). Já que a escravidão os tornava carrascos, capazes de cometer crimes terríveis, a abolição da escravatura era um imperativo de preservação da classe senhorial. O romance endereça-se aos proprietários de escravos, tentando aterrorizá-los, ao mostrar o perigo que os escravos representavam. Como se vê, essa visão nem de longe representa um passo em direção à diminuição da exclusão racial no Brasil.

A primeira edição de *A escrava Isaura* é de 1875, portanto, esse livro foi publicado em plena campanha abolicionista. Nele, narram-se as desventuras de Isaura, escrava branca e educada, de caráter nobre, vítima de um senhor devasso. Observe-se que aqui a perspectiva de condenação do sistema escravista é feita do ponto de vista da vítima. A escravatura propiciava todos os desmandos dos senhores, e aqueles que eram maus tinham no sistema a possibilidade de exercer seus instintos perversos. A escravidão é condenada porque possibilitava situações intoleráveis do ponto de vista moral:

> – Pondo de parte a insolência, se nada tens de valioso a apresentar em favor da liberdade da tua protegida, ele tem o incontestável direito de reclamar e apreender a sua escrava onde quer que se ache.
> – Infame e cruel direito é esse, meu caro Geraldo. É já um escárnio dar-se o nome de direito a uma instituição bárbara, contra a qual protestam altamente a civilização, a moral e a religião. Porém, tolerar a sociedade que um senhor tirano e brutal, levado por motivos infames e vergonhosos, tenha o direito de torturar uma frágil e inocente criatura, só porque teve a desdita de nascer escrava, é o requinte da celeradez e da abominação.
> – Não é tanto assim, meu caro Álvaro; esses excessos e abusos devem ser coibidos; mas como poderá a justiça ou o poder público devassar o interior do lar doméstico, e ingerir-se no governo da casa do cidadão? que abomináveis e hediondos mistérios, a que a escravidão dá lugar, não se passam por esses engenhos e fazendas, sem que, já não digo a justiça, mas nem mesmo os vizinhos,

deles tenham conhecimento?... Enquanto houver escravidão, hão de se dar esses exemplos. Uma instituição má produz uma infinidade de abusos, que só poderão ser extintos cortando-se o mal pela raiz (GUIMARÃES, 1979, p. 92).
– Nenhum, Álvaro, enquanto nenhuma prova puderes aduzir em prol do direito de tua protegida. A lei no escravo só vê a propriedade, e quase que prescinde nele inteiramente da natureza humana. O senhor tem direito absoluto de propriedade sobre o escravo, e só pode perdê-lo manumitindo-o ou alheando-o por qualquer maneira, ou por litígio provando-se liberdade, mas não por sevícias que cometa ou outro qualquer motivo análogo (GUIMARÃES, 1979, p. 93).

Outra razão que leva à posição abolicionista é o fato de que a escravatura desonra o Brasil aos olhos do mundo civilizado. Como se sabe, o Brasil foi dos últimos, senão o último país, a abolir a escravidão:

> – A escravidão em si mesma já é uma indignidade, uma úlcera hedionda na face da nação, que a tolera e protege. Por minha parte, nenhum motivo enxergo para levar a esse ponto o respeito por um preconceito absurdo, resultante de um abuso que nos desonra aos olhos do mundo civilizado. Seja eu embora o primeiro a dar esse nobre exemplo, que talvez será imitado. Sirva ele ao menos de um protesto enérgico e solene contra uma bárbara e vergonhosa instituição (GUIMARÃES, 1979, p. 94).

Apesar desses propósitos abolicionistas, é preciso atentar que a intriga romanesca destaca que Isaura é que não poderia ser escrava. Trata-se de uma singularização, pois se poderia dizer que os negros em geral são vistos com reserva. Os trechos que seguem, ao dizer que o ente perfeito, que é Isaura, é que não merece a condição servil, deixam subentendido que essa condição poderia ser aceitável para outros seres:

> Livre és tu, porque Deus não podia formar um ente tão perfeito para votá-lo à escravidão (GUIMARÃES, 1979, p. 52).

> Pode um homem ou a sociedade inteira contrariar as vistas do Criador, e transformar em uma vil escrava o anjo que sobre a Terra caiu das mãos de Deus?... (GUIMARÃES, 1979, p. 93).

A própria Isaura pensa em si mesma como alguém que não deveria merecer a pena da escravidão:

> Meu Deus! meu Deus!... já que tive a desgraça de nascer cativa, não era melhor que tivesse nascido bruta e disforme, como a mais vil das negras, do que ter recebido do céu estes dotes, que só servem para amargurar-me a existência? (GUIMARÃES, 1979, p. 43).

Isaura é, física e culturalmente, branca. Por essa razão, não poderia ser comparada às outras escravas. Bernardo Guimarães descreve reiteradamente essa característica de Isaura. Ela não denunciava sua condição de escrava, porque, na verdade, não tinha nenhum traço africano: "Nada havia nela que denunciasse a abjeção do escravo, ou que não revelasse a candura e nobreza de sua alma" (GUIMARÃES, 1979, p. 90-91). Isaura não se distingue das damas da sociedade do Império:

> Acha-se ali sozinha e sentada ao piano uma bela e nobre figura de moça. As linhas do perfil desenham-se distintamente entre o ébano da caixa do piano, e as bastas madeixas ainda mais negras do que ele. São tão puras e suaves essas linhas, que fascinam os olhos, enlevam a mente, e paralisam toda análise. A tez é como o marfim do teclado, alva que não deslumbra, embaçada por uma nuança delicada, que não sabereis dizer se é leve palidez ou cor-de-rosa desmaiada. O colo donoso e do mais puro lavor sustenta com graça inefável o busto maravilhoso. Os cabelos soltos e fortemente ondulados se despenham caracolando pelos ombros em espessos e luzidios rolos, e como franjas negras escondiam quase completamente o dorso da cadeira, a que se achava recostada. Na fronte calma e lisa como mármore polido, a luz do ocaso esbatia um róseo e suave reflexo; di-la-íeis misteriosa lâmpada de alabastro guardando no seio diáfano o fogo celeste da inspiração. Tinha a face voltada para as janelas, e o olhar vago pairava-lhe pelo espaço (GUIMARÃES, 1979, p. 11).

> Fugiu da fazenda do Sr. Leôncio Gomes da Fonseca, no município de Campos, província do Rio de Janeiro, uma escrava por nome Isaura, cujos sinais são os seguintes: Cor clara e tez delicada como de qualquer branca; olhos pretos e grandes; cabelos da mesma cor, compridos e ligeiramente ondeados; boca pequena, rosada e bem feita; dentes alvos e bem dispostos; nariz saliente e bem talhado; cintura delgada, talhe esbelto, e estatura regular; tem na face esquerda um pequeno sinal preto, e acima do seio direito um sinal de queimadura, mui semelhante a uma asa de borboleta. Traja-se com gosto e elegância, canta e toca piano com perfeição. Como teve excelente educação e tem uma boa figura, pode passar em qualquer parte por uma senhora livre e de boa sociedade (GUIMARÃES, 1979, p. 80).

> – Que má língua é esta Rosa! – murmurou enfadada a velha crioula, relanceando um olhar de repreensão sobre a mulata. – Que mal te fez a pobre Isaura, aquela pomba sem fel, que com ser o que é, bonita e civilizada como qualquer moça branca, não é capaz de fazer pouco caso de ninguém?... Se você se pilhasse no lugar dela, pachola e atrevida como és, havias de ser mil vezes pior (GUIMARÃES, 1979, p. 40).

> És formosa, e tens uma cor linda, que ninguém dirá que gira em tuas veias uma só gota de sangue africano (GUIMARÃES, 1979, p. 13).

Já se disse que Bernardo Guimarães fez Isaura uma branca como estratégia persuasiva, para mostrar o drama de um ser submetido à escravidão, que pode abater-se até em alguém aparentemente branco. Como nota Alfredo Bosi, entretanto, "o nosso romancista estava mais ocupado em contar as perseguições que a cobiça de um senhor movia à bela Isaura que em reconstruir as misérias do regime servil. E, apesar de algumas palavras sinceras contra as distinções de cor (cap. XV), toda a beleza da escrava é posta no seu não parecer negra, mas nívea donzela" (BOSI, 1975, p. 159). A causa abolicionista foi abraçada por inúmeros autores românticos. Entretanto, é preciso não confundir abolicionismo com luta em prol da igualdade racial. Seja porque no romantismo os negros não fazem parte dos elementos constitutivos da identidade nacional, seja porque não se via neles nenhum traço de civilização, o certo é que, nesse período, a decantada mistura brasileira não admite a negritude.

Mais tarde surge a ideologia do branqueamento, que presidiu ao estímulo às grandes imigrações europeias, de italianos, alemães, espanhóis, poloneses etc. Observa-se em *O mulato*, de Aluisio Azevedo, que é preciso acabar com o preconceito contra o mulato, porque a mistura do negro com o branco é uma melhoração e não uma pejoração, como pensava a tacanha e preconceituosa sociedade de São Luiz. A melhoração era o afastamento do negro, considerado rude, sem cultura, incivilizado, e a aproximação com o branco, modelo da sociedade brasileira.

Analisemos mais detidamente esse romance, publicado em 1881, em São Luís do Maranhão[1]. Ele pretende estudar os mecanismos que regem as relações sociais e econômicas no Brasil, com vistas a demonstrar o que deveria ser feito para acabar com as "taras" presentes na sociedade brasileira. Confrontam-se, assim, dois discursos: um conservador e um reformador. Esses discursos estão fundados em três eixos: a questão racial, a religiosa e a feminina. Vamos analisar a primeira[2].

No que tange à questão racial, teríamos, *grosso modo*, um discurso antirracista que se constrói com base num discurso racista. Este se funda na ideia de que, por natureza, há raças inferiores e raças superiores. Os negros pertencem às primeiras, enquanto os brancos, às segundas. Apesar de serem necessários para que o trabalho possa ser realizado, os negros têm, por hereditariedade, traços de personalidade negativos, doenças físicas e morais:

> Freitas passou-se à janela de Raimundo e aproveitou a oportunidade para despejar contra este uma estopada a respeito do mau serviço doméstico feito pelos escravos.
> – Reconheço que são necessários, reconheço!... mas não podem ser mais imorais do que são!... As negras, principalmente as negras!... São umas muruchabas, que um pai de família tem em casa, e que dormem debaixo da rede das filhas e que lhes contam histórias indecentes! É uma imoralidade! Ainda outro dia, em certa casa, uma menina, coitada, apareceu coberta de piolhos indecorosos, que pegara da negra! Sei de outro caso de uma escrava que contagiou a uma família inteira de empinges e dartros de caráter feio! E note, doutor, que isto é o menos, o pior é que elas contam às suas sinhazinhas tudo o que praticam aí pelas ruas! Ficam as pobres moças sujas de corpo e alma na companhia de semelhante corja! Afianço-lhe, meu caro senhor doutor, que, se conservo pretos ao meu serviço, é porque não tenho outro remédio! Contudo... (AZEVEDO, 1973, p. 88).

Os negros têm "a alma tão negra como o sangue" (AZEVEDO, 1973, p. 262).

---

[1] Vamos tomar como texto para análise o que foi estabelecido na segunda edição. Embora Aluísio, no prefácio dessa edição, afirme ter feito "pequenas alterações" no texto, a verdade é que, como nota Mérien (1988, p. 224-55), ele modificou radicalmente seu texto.

[2] Nossa apresentação do interdiscurso sobre as raças presente em *O mulato* deve muito ao estudo de Jean-Yves Mérien (1988).

Os negros são vistos como incapazes de executar bem o trabalho, mas como seres sempre prontos para folgar:

> – E elas dançam direito?... perguntou a do Carmo.
> – Se dançam... O serviço é que não sabem fazer a tempo e a horas! Lá para dançar estão sempre prontas! (AZEVEDO, 1973, p. 89).

Esse discurso racista concebe a organização social como um sistema de castas, o que significa que não admite a mobilidade social das diferentes raças: "Preto é preto; branco é branco! Moleque é moleque; menino é menino!" (AZEVEDO, 1973, p. 92). Os casamentos inter-raciais não poderiam, em hipótese alguma, realizar-se. Embora o pai de Raimundo amasse sua mãe, a escrava Domingas, e fosse amado por ela, casa-se com uma mulher má, mas branca, D. Quitéria Inocêncio de Freitas Santiago (p. 64). Casar com um negro seria sujar o sangue:

> – Parece que ficaste meio sentida com o que se passou!... Pois olha, se tivesse que assistir ao teu casamento com um cabra, juro-te, por esta luz que está nos alumiando, que te preferia uma boa morte, minha neta! porque serias a primeira que na família sujava o sangue! Deus me perdoe, pelas santíssimas chagas de Nosso Senhor Jesus Cristo! gritava ela, pondo as mãos para o céu e revirando os olhos, mas tinha ânimo de torcer o pescoço a uma filha, que se lembrasse de tal, credo! que nem falar nisto é bom! E só peço a Deus que me leve, quanto antes, se tenho algum dia de ver, com estes olhos que a terra há de comer, descendente meu coçando a orelha com o pé! (AZEVEDO, 1973, p. 221).

Depois de manter relações sexuais com Ana Rosa e de ela engravidar, Raimundo deseja, com o casamento, "reparar" o que fizera. No entanto, considera-se que essa "reparação, longe de salvar, prejudicaria e aviltaria ainda mais a vítima" (p. 279).

Esse discurso racista considera o negro não como ser humano, mas como um não humano ou, mais que isso, uma coisa:

> [...] para quem um escravo não era um homem, e o fato de não ser branco constituía só por si um crime (AZEVEDO, 1973, p. 64).

> Os corretores de escravos examinavam, à plena luz do sol, os negros e moleques que ali estavam para ser vendidos; revistavam-lhes os dentes, os pés e as virilhas; faziam-lhes perguntas sobre perguntas, batiam-lhes com a biqueira do chapéu nos ombros e nas coxas, experimentando-lhes o vigor da musculatura, como se estivessem a comprar cavalos (AZEVEDO, 1973, p. 34).

O que determinava se alguém era negro não era sua aparência, mas sua origem. Se um dos pais fosse negro, o filho seria negro. O mulato, assim, era considerado negro, pois o que importava era a supremacia do sangue africano sobre o europeu. Raimundo, o mulato do título, não tinha nada na aparência que lhe revelasse a origem. Até o momento em que pede a mão de Ana Rosa em casamento não sabe que é mulato:

Raimundo tinha vinte e seis anos e seria um tipo acabado de brasileiro, se não foram os grandes olhos azuis, que puxara do pai. Cabelos muito pretos, lustrosos e crespos; tez morena e amulatada, mas fina; dentes claros que reluziam sob a negrura do bigode; estatura alta e elegante; pescoço largo, nariz direito e fronte espaçosa. A parte mais característica da sua fisionomia eram os olhos – grandes, ramalhudos, cheios de sombras azuis; pestanas eriçadas e negras, pálpebras de um roxo vaporoso e úmido; as sobrancelhas, muito desenhadas no rosto, como a nanquim, faziam sobressair a frescura da epiderme, que no lugar da barba raspada, lembrava os tons suaves e transparentes de uma aquarela sobre papel de arroz (Azevedo, 1973, p. 61).

Apesar de, no modo do parecer, ser um branco; no modo do ser, era considerado um negro (Azevedo, 1973, p. 207):

– Agora... acrescentou o outro, o melhor seria que ele se tivesse feito padre...
[...] – Ora o que, homem de Deus. Não diga asneiras! Pois você queria ver sua filha confessada, casada, por um negro? você queria, seu Manuel, que a Dona Anica beijasse a mão de um filho da Domingas? (Azevedo, 1973, p. 49).

– O senhor é um homem de cor. Infelizmente esta é a verdade... (Azevedo, 1973, p. 206).

Por isso, o casamento com um mulato é tão impensável como o casamento com um negro (Azevedo, 1973, p. 206). Prefere-se "deixar a filha desonrada a ter de dá-la por esposa a um mulato" (p. 285).

Em oposição a esse discurso, constrói-se um discurso antirracista, não como o concebemos hoje, mas como o concebiam os abolicionistas brasileiros no final do século XIX. Para entender esse discurso, é preciso ter em mente o que diz Otávio Ianni sobre o movimento abolicionista:

Se o abolicionismo foi um fenômeno político aparentemente orientado em benefício dos cativos, e apesar das manifestações exteriores nessa direção, ele foi essencialmente um movimento organizado e liderado pelos cidadãos livres, brancos, mulatos ou negros. No contexto histórico-econômico em que se manifestou, precisa ser considerado um fenômeno branco, em nome do negro. Lutando pela abolição do trabalho escravizado, os brancos lutavam em benefício dos seus próprios interesses, conforme estavam consubstanciados ou poderiam objetivar-se num sistema econômico-social fundado no trabalho livre. Por isso é que o abolicionismo foi uma revolução "branca", isto é, um movimento político que não se orientava no sentido de transformar, como se afirmava, o escravo em cidadão, mas de transfigurar o trabalho escravo em trabalho livre (Ianni, 1962, p. 235).

O que aqui estamos chamando discurso antirracista não é na verdade um discurso antirracista no sentido estrito da palavra; é antes um discurso abolicionista, que se funda no postulado do trabalho livre, ou seja, da igualdade de oportunidades para todos, independentemente da raça. Esse discurso constrói-se com base na oposição *civilização* vs. *barbárie*. A primeira era figurativizada pela cultura europeia e a segunda, pela não europeia. As preocupações espirituais desta são vistas como um conjunto de superstições, indignas de um homem superior:

– Contam bruxarias do lugar, e há quem acredite nelas... Faço-lhe, porém, a justiça de não supô-lo nesses... (AZEVEDO, 1973, p. 197).

– Mas sabia, disse, que ao caboclo perdoo o medo, porque enfim não está na altura de certas verdades, mas ao senhor...
– Eu não tenho medo de coisa alguma, já disse! mas é que...
– Receia que o diabo lhe saia ao encontro, compreendo!
E o rapaz fingiu uma gargalhada, para intimidar o companheiro (AZEVEDO, 1973, p. 198).

Os negros acham-se completamente ausentes do romance. Nele não se menciona, em nenhum momento, a contribuição africana para a formação brasileira. O abolicionismo deriva de uma atitude moral e econômica. Era-se contra a escravatura, como em *A escrava Isaura*, porque, de um lado, os negros sofriam castigos horrendos nas mãos de senhores cruéis (AZEVEDO, 1973, p. 64-65), o comércio de escravos era uma ignomínia (p. 34), o que significava que ela fazia decaírem os costumes e provocava sentimentos maus nos brancos (p. 64-65); por outro, criava uma classe dirigente ociosa (p. 208) que considerava o trabalho manual uma degradação e, a longo prazo, acarretava a decadência econômica. A escravidão era um mal, porque era a fonte dos defeitos dos indivíduos e da sociedade brasileira.

O narrador considera que os escravos fugidos só poderiam tombar no crime e na vagabundagem, pois seriam incapazes de organizar-se social e economicamente:

Não é infundado aquele terror: o sertão da província está cheio de mocambeiros, onde vivem escravos fugidos com suas mulheres e seus filhos, formando uma grande família de malfeitores. Esses desgraçados, quando não podem ou não querem viver da caça, que é por lá muito abundante e de fácil venda na vila, lançam-se à rapinagem e atacam na estrada os viajantes; travando-se entre eles, às vezes, entre uns e outros, verdadeiras guerrilhas, em que ficam por terra muitas vítimas (AZEVEDO, 1973, p. 71).

Ao contrário do discurso racista, presente no romance, que considera o mulato um quase negro, o discurso antirracista vê-o como um quase branco, em quem predomina a superioridade da raça branca (AZEVEDO, 1973, p. 222). O romance não só descreve Raimundo como um "quase branco" do ponto de vista físico, mas dá a ele todo um conjunto de qualidades, que não se encontram, do ponto de vista do narrador, entre os negros: bem-educado, inteligente, bem-instruído, dotado de uma grande gama de virtudes (p. 78-79, 81, 206-08). Em suma, o mulato criado por Aluísio Azevedo é um ser perfeito, tanto física como moral e intelectualmente. Nos mulatos, não predomina, pois, a inferioridade da raça negra. Aluísio de Azevedo, de um lado, desvela o absurdo do preconceito, ao mostrar indivíduos de origem europeia inferiores a Raimundo. De outro, revela seu ideal para a sociedade brasileira. Ao contrário do sistema de castas implantado em São Luís do Maranhão, o ideal seria uma sociedade em que não tivesse importância o nascimento do indivíduo, mas somente suas qualidades. Essa é a condição primeira para a existência de mobilidade social. O ideal seria, pois, fazer do Brasil uma sociedade não estratificada.

> – Mulato!
> Esta palavra explica-lhe agora todos os mesquinhos escrúpulos, que a sociedade do Maranhão usara para com ele. Explicava tudo [...]. Aquela simples palavra [...] retirava-lhe a esperança de ser feliz, arrancava-lhe a pátria e a futura família; aquela palavra dizia-lhe brutalmente: "Aqui, desgraçado, nesta miserável terra em que nasceste, só poderás amar uma negra da tua laia! Tua mãe, lembra-te bem, foi escrava! E tu também o foste!" [...]
> "Pois então de nada lhe valia ter sido bem-educado e instruído; de nada lhe valia ser bom e honesto?... Pois, naquela odiosa província, seus conterrâneos, veriam nele, eternamente, uma criatura desprezível, a quem repelem todos do seu seio?" (AZEVEDO, 1973, p. 207-208).

> – Sim! sim! longe daqui não sou forro à pia! o filho da escrava; sou o Doutor Raimundo José da Silva, estimado, querido e respeitado! Vou! Por que não? O que mo impediria? (AZEVEDO, 1973, p. 210)

Raimundo é um homem perfeito. Na Europa, onde ele foi tratado como um rapaz rico qualquer, todas as suas qualidades puderam florescer. No Maranhão, isso não ocorreria. Está claro aqui o determinismo do meio e, particularmente, da educação. Num ambiente sem preconceitos, os mulatos poderiam realizar todas as suas potencialidades de quase brancos. O discurso antirracista de *O mulato* não está fundado na ideia de igualdade das raças, mas na tese de que o preconceito não permite ao mulato integrar-se à sociedade, europeizar-se, deixar vir à tona sua porção branca. Como nota Jean-Yves Mérien,

> o romancista aceita [...] o princípio de desigualdade das raças, mas vê na mesti-çagem – e o caráter exemplar de seu personagem é a prova disto – um dos remé-dios contra a tara que representava a raça negra no Brasil. O mulato, símbolo do embranquecimento progressivo, é o homem que coloca o princípio necessário à evolução da sociedade brasileira em direção a uma etapa mais avançada de civilização (MÉRIEN, 1988, p. 316).

Azevedo (1973, p. 317) verbera o preconceito racial, porque ele impede a realização do clareamento racial, que deveria ser acompanhado de um embran-quecimento cultural.

Ao fundar no determinismo do meio sua tese de que o mulato pode "euro-peizar-se" (p. 111), Azevedo filia seu discurso antirracista à formação discursiva positivista. De um lado, acredita no progresso, na passagem para o estado positivo (p. 183); de outro, vê o homem como alguém determinado pelo meio, pela heredi-tariedade e pelo momento. Essa formação discursiva opõe-se àquela que luta pela manutenção do *status quo*, que considera toda mudança social uma decadência (p. 89) e que acredita que o homem é um instrumento dos desígnios divinos, mas livre para determinar seus atos (p. 282). Raimundo é o homem positivista (p. 111), possuidor de uma ética dos meios, aquela que diz que não só os fins devem ser legítimos, mas também os modos de alcançá-los (p. 183), enquanto o Cônego Diogo é o representante da formação discursiva contrária, partidário de uma ética dos fins, aquela que preconiza que qualquer meio é bom quando os fins são legítimos (p. 281-84). O discurso positivista opõe-se exatamente ao discurso da Igreja Católica. Raimundo e Cônego Diogo são sinédoques dessas formações discursivas. Na visão do autor, "o progresso só poderá ser alcançado num sistema em que o poder não seja mais baseado na ideia cristã de Deus e da religião católica, mas sim numa religião natural da fé no poderio supremo da Ciência e nos progressos do conhecimento" (MÉRIEN, 188, p. 316).

O discurso racista, no romance, estabelece valores do universo: há, de um lado, o puro, que é o exclusivo e, de outro, o negro ou o misturado, que é o excluído. Essas grandezas opõem-se como superior e inferior. O discurso antirracista exalta a mistura. No entanto, a mistura é vista como um processo de melhoração, que se aproxima do branco. Não se celebra a mistura em si mesma, mas como uma maneira de aproximar-se da pureza do branco. Esse discurso da mescla não deixa de apresentar uma fronteira, onde se dá a triagem: dela está excluído o negro.

Durante todo o primeiro período de constituição da identidade nacional, o princípio identitário está fundado na exclusão do negro e nunca em sua admissão (LANDOWSKI, s.d., p. 15), o que implicaria conceber a sociedade brasileira como uma diversidade sem segregações e sem exclusões. No máximo, o que se propõe é sua assimilação, isto é, seu desaparecimento numa política de branqueamento. Uma sociedade que constrói sua identidade sobre essas bases só poderia ser uma sociedade racista. No entanto, esse racismo brasileiro é constantemente negado, é invariavelmente recalcado, porque, sendo a mistura tão louvada, não se pode expor o quanto de triagem essa mistura comporta. É significativo que as duas personagens negras mais populares nos romances do século XIX sejam brancas.

Referências

ALENCAR, J. de. *O guarani*. 19 ed. São Paulo: Ática, 1995.

ALENCASTRO, L. F. de. Vida privada e ordem privada no Império. In: ALENCASTRO, L. F. de. (Org.). *História da Vida Privada no Brasil: Império: a corte e modernidade nacional*. São Paulo: Cia. das Letras, 1997. v. 2, p. 11-93.

ANDRADE, O. de. O manifesto antropófago. In: TELES, G. M. *Vanguarda europeia e modernismo brasileiro*: apresentação e crítica dos principais manifestos vanguardistas. 3. ed. Petrópolis: Vozes; Brasília: INL, 1976.

AZEVEDO, A. *O mulato*. São Paulo: Livraria Martins Editora, 1973.

BOSI, A. *História concisa da Literatura Brasileira*. São Paulo: Cultrix, 1975.

BOSI, A. *Dialética da colonização*. São Paulo: Companhia das Letras, 1992.

FONTANILLE, J.; ZILBERBERG, C. *Tensão e significação*. São Paulo: Discurso Editorial/ Humanitas, 2001.

FREYRE, G. *Casa-grande e senzala: formação da família brasileira sob o regime da economia patriarcal*. São Paulo: Círculo do Livro, [s.d.].

GUIMARÃES, B. *A escrava Isaura*. São Paulo: Ática, 1979.

IANNI, O. *As metamorfoses do escravo*. São Paulo: Difusão Européia do Livro, 1962.

LANDOWSKI, E. *Presenças do outro: ensaios de sociossemiótica*. São Paulo: Perspectiva, [s.d].

MACEDO, J. M. de. *As vítimas algozes: quadros da escravidão*. São Paulo: Companhia das Letras, 2010.

MÉRIAN, J-Y. *Aluísio Azevedo, vida e obra*. Rio de Janeiro/ Brasília: Espaço e Tempo/ Instituto Nacional do Livro, 1988.

2. Reflexões sobre o ensino de literaturas africanas de língua portuguesa no Brasil

Iris Maria da Costa Amâncio
Aracy Alves Martins

Literatura é arte e, como tal, corresponde a um fazer humano, "cuja verdade não está na correspondência com o real vivido, mas na proposta assumida de um vir-a-ser, no sentido nietszcheano, que é simultaneamente antecipação e retorno, memória e força de criação" (PAULINO, 2007, p. 13-14). Na perspectiva dessa autora, entendemos como necessárias as reflexões sobre alguns pilares que podem vir a sustentar as estratégias pedagógicas para o ensino das literaturas de autoria africana no Brasil. Por isso, partilhamos aqui indagações que buscam contribuir nacionalmente com a efetivação das Leis educacionais 10.639/2003[1], 11.645/2008[2] e 12.796/2013[3], considerando-se que, nelas, se encontra previsto o ensino de História e Cultura Africana e Afro-brasileira, enfaticamente por meio da Literatura, da História e das Artes, bem como a abordagem das relações étnico-raciais. Ao mesmo tempo, são reflexões que podem provocar a revisão de noções que subsidiam os processos de afirmação e de consolidação, no Brasil, do estudo e ensino das literaturas produzidas em Angola, Moçambique, Cabo Verde, Guiné-Bissau e São Tomé e Príncipe, as quais, muitas vezes, ainda vêm sendo reiteradas na condição conjunta de um "macrossistema literário" (ABDALA JR., 1989).

---

[1] A Lei nº 10.639/2003 altera a Lei nº 9.394, de 20 de dezembro de 1996, que estabelece as diretrizes e bases da educação nacional, para incluir no currículo oficial da rede de ensino a obrigatoriedade da temática "História e Cultura Afro-Brasileira", e dá outras providências.

[2] A Lei nº 11.645/2008 altera a Lei nº 9.394, de 20 de dezembro de 1996, modificada pela Lei nº 10.639/2003, que estabelece as diretrizes e bases da educação nacional, para incluir no currículo oficial da rede de ensino a obrigatoriedade da temática "História e Cultura Afro-Brasileira e Indígena".

[3] A Lei nº 12.796/2013 inclui o inciso XII - consideração com a diversidade étnico-racial no TÍTULO II – Dos Princípios e Fins da Educação Nacional, alterando a Lei nº 9.394/1996 (LDBEN).

Esse conceito articula e unifica a categoria Literaturas Africanas de Língua Portuguesa, de modo que as produções literárias dos referidos países sejam percebidas e referenciadas em um bloco aparentemente coeso – a África de língua portuguesa engajada –, que adota a chamada lusofonia como ponto de partida, de identificação e de união. Isso implica que tais literaturas encontram-se desconsideradas em seu caráter produtivo como cadeias literárias individuais, ainda que relacionadas, a saber: literatura angolana, literatura moçambicana, literatura cabo-verdiana, literatura guineense e literatura santomense. Em relação a esse aspecto, acentuamos que, sem a identificação/particularização nacional dessas literaturas, tornam-se ainda mais insistentes as indagações pedagógicas sobre qual África ler, qual África ensinar ou qual literatura ler e qual literatura ensinar.

Africanidades, autoria literária e racismo à brasileira

Ao refletirmos sobre a relação entre literatura e autoria, acreditamos que o conceito de "macrossistema literário" tenha sido necessário e relevante na abordagem crítica da fase inicial de afirmação das identidades étnicas, políticas e literárias africanas em língua portuguesa, como recusa coletiva ao eurocentrismo, ao imperialismo e ao silenciamento, impostos pela empresa colonial. Hoje, todavia, essa noção pode mostrar-se pouco colaborativa para o atual contexto pedagógico brasileiro, pois, em certo sentido, dialoga diretamente com o nosso insistente imaginário estereotipado sobre a África – em que esta é configurada na condição de um todo coeso e indistinto –, assim como com o fenômeno da crescente produção e circulação editorial, em bloco, de obras africanas em língua portuguesa no Brasil, predominantemente referenciadas pela autoria branca. Com isso, o conceito de "sistema literário" de Candido (1961), com o qual dialoga Abdala Jr., aponta para as especificidades da/na formação das literaturas nacionais e, a nosso ver, permite formulações derivativas mais amplas sobre a questão da afirmação e do reconhecimento das literaturas angolana, moçambicana, cabo-verdiana, guineense e santomense.[4]

No que tange à literatura brasileira, em nosso contexto político-ideológico contemporâneo, é possível perceber que essa categoria conceitual de Candido como "sistema de obras ligadas por denominadores comuns, que permitem reconhecer as notas dominantes de uma fase" (CANDIDO, 1961, p. 25), na articulação com seus "elementos externos", abarca, quase que com exclusividade – e por inúmeros fatores amplamente discutidos na atualidade, entre eles o racismo –, um conjunto quase exclusivo de produtores literários brancos. Isso se dá nos registros críticos de Candido,

---

[4] Em relação às possibilidades de ampliação dessa percepção crítica, destacamos o artigo "Notas sobre o conceito de 'sistema literário' de Antonio Candido nos estudos de literaturas africanas de língua portuguesa", de Anita Martins Rodrigues de Moraes (2010).

mesmo após 1999, quando o teórico resume as suas reflexões dos anos 1960 para o melhor entendimento dos(as) leitores(as) iniciantes de literatura brasileira.

Em outras palavras, a não afirmação e reconhecimento do conjunto de escritores(as) negros(as), no que se entende por sistema literário brasileiro, compromete, por um lado, a conceituação, definição e descrição da terceira etapa do processo de formação da literatura brasileira nos termos do próprio Candido: "(3) a era do sistema literário consolidado, da segunda metade do século XIX aos nossos dias" (CANDIDO, 1999, p. 14), período histórico-literário recentemente tão bem configurado pelo crítico Eduardo de Assis Duarte (2011)[5] relativamente à autoria negra brasileira. Por outro lado, esse branqueamento literário precariza a efetividade dos processos de letramento literário no Brasil, considerando que estes se encontram limitados pelas amarras da "arrogância, indiferença e ignorância", concordando com Cosson (2014, p. 10-11), próprias do imaginário eurocêntrico, neocolonial e racista, que subsidia as relações brasileiras de intensa hierarquização, que subalterniza negros em relação a brancos.

Assim, se é verdade que a literatura, como arte, é "a incorporação do outro em mim sem renúncia da minha identidade"; se, "na leitura e na escritura do texto literário encontramos o senso de nós mesmos e da comunidade a que pertencemos", já que a "literatura nos diz o que somos e nos incentiva a desejar e a expressar o mundo por nós mesmos"; e se, por meio da literatura, "interiorizamos com mais intensidade as verdades dadas pela poesia e pela ficção", pois "a experiência literária não só nos permite saber da vida por meio da experiência do outro, como também vivenciar essa experiência" (COSSON, 2014, p. 10-11), indagamos: quais identidades, pertencimentos, expressões e saberes são internalizados por leitores(as) que praticam, quase que exclusivamente, a leitura literária de autoria branca oferecida nas escolas? Não estaria a noção de literatura limitada à produção artística com a palavra como atividade natural apenas de escritores(as) brancos(as)? Ou estaria o ensino da literatura, no Brasil, a serviço do empoderamento do(a) leitor(a) para a reprodução da canônica percepção e representação eurocêntrica e monológica do mundo?

Se o letramento literário é entendido como prática social ideológica da leitura, "envolvida em relações de poder e incrustada em significados e práticas culturais específicos" (STREET, 2014, p. 17), isso provoca a percepção de que a etnodiversidade não se realiza no âmbito da leitura literária no Brasil e, também, a necessária indagação

---

[5] Aqui, referimo-nos às reflexões, abordagens e levantamentos feitos por Duarte, por meio de projeto de pesquisa desenvolvido junto ao NEIA – Núcleo de Estudos Interdisciplinares da Alteridade da Faculdade de Letras da Universidade Federal de Minas Gerais, que tem a obra *Literatura e afro-descendência no Brasil: antologia crítica* (2011) como um de seus principais produtos acadêmico-científicos, ao lado do Portal Literafro, disponível em: <http://www.letras.ufmg.br/literafro/>.

sobre de que maneira a engrenagem da circulação literária brasileira – uma articulação entre crítica literária e o chamado mercado editorial brasileiro –, referencia historicamente, quase que com exclusividade, a produção de escritores brancos nos casos específicos das literaturas brasileira, angolana e moçambicana, exemplarmente. Na perspectiva do ensino de literaturas e de leitura, acreditamos que a circulação reiterada dessas noções de sistemas literários produzidos quase exclusivamente por homens brancos, em detrimento da autoria negra – escritores(as) pretos(as) e pardos(as) africanos(as) –, contribua para a maior cristalização das representações e olhares hierarquizantes, subalternizantes (GRAMSCI, 2006; SPIVAK, 2010) e estereotipados sobre as raízes, matrizes e fazeres no âmbito das africanidades, das afro-brasilidades e das relações de gênero, contrariando e jogando por terra os objetivos políticos e antirracistas das Leis educacionais 10.639/2003, 11.645/2008 e 12.796/2013, assim como os esforços coletivos de relevantes movimentos sociais brasileiros, em especial os movimentos negros, indígenas, de mulheres e de mulheres negras.

Percebemos, ainda, que o panorama anteriormente descrito resulta em e consolida um funcionamento vicioso, por meio do qual a noção de "sistema literário" privilegia autores eurodescendentes, seja em função do imaginário excludente que o subsidia, entendendo que a letra corresponda a um domínio necessariamente referenciado ao homem branco; seja pela lentidão dos mecanismos de atualização dos diversos registros das obras literárias e de seus(suas) respectivos(as) autores(as) em relação aos seus tempos e lugares de produção e de crítica; seja devido ao fato de os(as) autores(as) serem considerados(as) de qualidade somente quando suas obras alcançam a grande mídia. Quanto a esse último aspecto, conforme ironiza Silviano Santiago, "bons escritores são os que vendem aqui e lá fora, diz o bom senso mercantilista." (SANTIAGO, 2002, p. 28-29). Assim, na prática e por analogia, os bons escritores vendem muito e estes são predominantemente os homens brancos. Tudo isso evidencia o atraso brasileiro no tocante à qualidade das relações étnico-raciais e leva-nos a retomar a percepção de Barthes (1968) sobre a prevalência do referente autoral como índice das noções clássicas de produção literária, assim como dos funcionamentos dos textos. Na sua opinião/no seu ponto de vista,

> O *autor* reina ainda nos manuais de história literária, nas biografias de escritores, nas entrevistas dos periódicos, e na própria consciência dos literatos, ciosos por juntar, graças ao seu diário íntimo, a pessoa e a obra; a imagem da literatura que se pode encontrar na cultura corrente está tiranicamente centralizada no autor, sua pessoa, sua história, seus gostos, suas paixões... (BARTHES, 1988, p. 66).

Em relação ao contexto brasileiro, que se processa cotidianamente sob acentuado imaginário racista, conforme já comprovado cientificamente por Kabengele Munanga (1999) e outros especialistas em relações raciais no Brasil, esse pensamento de Barthes mostra-se ainda mais contemporâneo se especificarmos o pertencimento racial do sujeito autoral da obra literária, no âmbito do que se considera "sistema literário". Parafraseando Barthes, afirmamos que, no imaginário brasileiro, o referente autor branco ainda reina na história literária, nas biografias de escritores, nas entrevistas dos periódicos e na própria consciência dos literatos, o que ratifica e intensifica a insistente imagem da literatura tiranicamente centralizada no autor branco, em suas expressões pessoais, histórico-culturais, político-ideológicas etc., restringindo o(a) leitor(a) a um universo ontológica e conceitualmente eurocêntrico.

Por isso, quanto ao ensino, no Brasil, das literaturas angolana, moçambicana, cabo-verdiana, guineense, santomense e da literatura brasileira de autoria negra, nesse contexto evidentemente racista, tem sido estratégica a sutileza da ênfase mercadológica – e, por consequência, da pedagógica – sobre a enunciação e sobre *o negro na condição de temática*, o que confere a muitos(as) docentes a agradável e equivocada sensação de dever cumprido em relação à legislação educacional vigente quando trabalham com obras dessa natureza. Todavia, entendemos como politicamente indesejável o crescimento de abordagens travestidas de multiculturalidades, que desconsideram, discursivamente, os intercontextos étnico-raciais e sociopolítico-ideológicos dessas produções literárias, por não contemplarem a perspectiva do *negro como autor*. Isso não significa negar o potencial produtivo da autoria branca, mas afirmar e garantir a natural circulação e convivência pedagógica desta com a autoria negra. Refletindo com Foucault, a partir de sua palestra de 1969 acerca do autor, pensamos que, até que se reeduque sociorracialmente o imaginário brasileiro,

> Os discursos "literários" não podem mais ser aceitos senão quando providos da função autor: a qualquer texto de poesia ou de ficção se perguntará de onde ele vem, quem o escreveu, em que data, em que circunstâncias ou a partir de que projeto. O sentido que lhe é dado, o *status* ou o valor que nele se reconhece dependem da maneira com que se responde a essas questões (FOUCAULT, 2001, p. 276).

Para a especificidade social e político-ideológica brasileira, essa antiga percepção de Foucault mostra-se altamente contemporânea: "a função autor hoje em dia atua fortemente nas obras literárias." (FOUCAULT, 2001, p. 276) e a elas confere reconhecimento e "credibilidade" (FOUCAULT, 2001, p. 296). Sob a máscara estratégica da diversidade cultural, do hibridismo, da interculturalidade e da negação do racismo, a não afirmação da identidade étnico-racial do autor, no Brasil, reaviva a quase natural inexistência artístico-intelectual da *autoria negra* no nosso imaginário. Seria isso a insistência camuflada da chamada "branquidade normativa"? (SILVA; ROSEMBERG, 2008, p. 105). Esse branqueamento colabora, a nosso ver, com a manutenção do discurso colonialista eurocêntrico, relativamente ao suposto lugar e ao papel do "colonizado" em relação ao "colonizador", como bem retratou e teorizou Memmi (1967). Portanto, planejar ou refletir sobre as práticas de letramento literário no Brasil, considerando-se a perspectiva etnográfica de Street (2014), poderá colaborar para que o negro, de modo efetivo, seja afirmado e lido naturalmente, insistimos, como *sujeito autoral* e não mais como tema, cenário ou mero objeto da literatura.

Literatura e letramento literário: a questão da autoria negra na prática pedagógica

Segundo Cosson (2014), o letramento literário na escola pode se dar por meio da montagem de sequências, sendo estas do tipo básica ou expandida. A "sequência expandida" evidencia a "presença de outras duas aprendizagens da literatura dentro dos passos iniciados na sequência básica". Para o crítico,

> [...] na sequência básica se realiza a aprendizagem plena da literatura, mas porque nela se enfatiza a experiência da interpretação como construção do sentido do mundo, as outras dimensões do letramento terminam por ocupar um segundo plano. Essa posição secundária pode levar a um obscurecimento do lugar da literatura na escola, sobretudo aquele dado pela tradição (Cosson, 2014, p. 76).

Portanto, na realidade da prática pedagógica, existe a necessidade de que sejam protagonizadas dimensões diferenciadas de letramento, que poderão possibilitar diferentes formas de apreensão das representações literárias. Assim, após a etapa inicial da motivação, dá-se a fase subsequente: a "introdução". Relativamente ao ensino da leitura literária de obras canônicas, Cosson (2014, p. 80) afirma que "a simples e breve apresentação do autor e da obra pode ser a atividade mais adequada". Isso porque parece natural que os(as) alunos(as) já tenham, ainda que minimamente, algum conhecimento prévio sobre o autor ou o livro, o que tornaria econômica a apresentação da justificativa da seleção daquela obra assim como os respectivos dados críticos, biográficos e bibliográficos. Então, o teórico propõe "três diferentes introduções que podem ser combinadas com a introdução tradicional, conforme o interesse do professor", a saber: "a entrada temática", o "aproveitamento do acervo da biblioteca" e "a leitura das primeiras páginas em sala de aula para a apresentação das personagens principais" (Cosson, 2014, p. 80).

Todavia, como pensar essa dinâmica planejada por Cosson no contexto do ensino, no Brasil, das literaturas produzidas nos países africanos de língua portuguesa? Como referenciar a maioria dos escritores negro-africanos em contraposição à oferta mercadológica e ampla circulação das obras de escritores africanos brancos de língua portuguesa pelas grandes editoras brasileiras? Paralelamente, no plano da análise literária, da enunciação e do discurso, na prática pedagógica cotidiana relativa à efetivação da Lei 10.639/2003, provavelmente pela "arrogância, indiferença e ignorância", o tema do negro vem sendo referenciado indistintamente, muitas vezes sem articulação com a pessoa autoral, como se bastasse apenas falar sobre o negro ou representá-lo no exotismo de suas expressões artístico-culturais, em detrimento da afirmação do autor negro como um dos sujeitos do circuito a que corresponde a noção de "sistema literário", conforme já referenciamos a partir do pensamento de Candido. Em outras palavras, dá-se, em pleno século XXI, apesar de todos os esforços em contrário, a histórica subalternização da pessoa negra em seu potencial humano de produção intelectual e de criação artística pela letra, incisivamente negado pelos discursos e práticas colonialistas de silenciamento[6] e/ou apagamento das diferenças étnico-raciais nos mesmos termos já problematizados por Aimé Césaire (2010). No plano da recepção literária dos textos para crianças e jovens, por exemplo, o(a) leitor(a) da Educação Básica brasileira ainda continua a não ver obras de autores(as) negros(as) – e indígenas – circulando com a mesma frequência e naturalidade como a ele(a) são disponibilizadas as obras de autoria branca pelo mercado editorial, pela biblioteca escolar e, consequentemente, pelas propostas das leituras escolares.

Mesmo que se negue, essa subalternização da pessoa negra como sujeito autoral revela-se como a refinada, insistente e sutil dissimulação do racismo à brasileira, o que fere o cumprimento da legislação nacional. Ou seja: o "condenado da terra", de Fanon (1968), ou o "subalterno", de Gramsci (2006) e Spivak (2010), não pode ser visto e nem enunciar as suas vozes em diferença. Esses antigos e atuais funcionamentos do imaginário racista brasileiro sobre a África, os africanos e seus descendentes (MOORE, 2008) resultam, a nosso ver, em impactos negativos sobre a prática pedagógica nacional quanto à efetividade/materialidade das Leis 10.639/2003, 11.645/2008 e 12.796/2013, por intimidarem o alcance dos principais propósitos antirracistas e dessubalternizantes das Diretrizes Curriculares Nacionais para a Educação das Relações Étnico-raciais e para o Ensino de História e Cultura afro-brasileira, africana e indígena, instituídas pela Resolução CNE 01/2004 com base nas determinações do Parecer CNE/CP 3/2004.

Com isso, a recepção crítico-política da oferta editorial e a identificação da autoria negra de grande parte das obras literárias africanas e das afro-brasileiras podem se tornar um ponto de referência efetivo e natural para os(as) profissionais de Literatura na Educação Básica brasileira, que se encontram na sala de aula e se sentem, às vezes, perdidos(as) ou constrangidos(as) diante da obrigatoriedade legal de efetivar as Leis 10.639/2003, 11.645/2008 e 12.796/2013 em seu cotidiano pedagógico. Ao mesmo tempo, por causa do imaginário racista brasileiro (e contra ele), a explicitação da gênese ontológica e étnico-racial, juntamente com as linguagens, temáticas, estéticas e discursos literários africanos e afro-brasileiros, contribuirá para que os(as) estudantes vivenciem um processo de revisão quanto à referenciação positiva da pessoa negra

---

[6] A noção de silenciamento é aqui tratada conforme o pensamento de Luiz Alberto Oliveira Gonçalves em sua Dissertação de Mestrado em Educação, *O silêncio - um ritual pedagógico a favor da discriminação racial*: estudo acerca de discriminação racial nas escolas públicas de BH (1985), defendida na Faculdade de Educação da UFMG.

como produtora intelectual e artística do universo das letras, conforme foi explicitado anteriormente, o que, aos poucos, resultará na fragmentação e na reeducação desse imaginário excludente. Assim, a Literatura será, efetivamente, um dos pilares pedagógicos dos processos de efetivação das referidas leis educacionais no País.

Na verdade, não se pode negligenciar o fato de que as literaturas de Angola, Moçambique, Cabo Verde, Guiné-Bissau e São Tomé e Príncipe se realizam esteticamente a partir de suas respectivas expressões ontológicas, anteriores e, portanto, potencializadoras do aparato estrutural da língua portuguesa, o que coloca em xeque a propagada noção de lusofonia ou de literaturas lusófonas. Nos termos de Rui (2012), as expressões etnofônicas se materializam na enunciação literária da "cosmogonia dos gestos, dos sons, dos símbolos – da palavra, como elemento da criatividade mais inicial, a palavra como princípio de se conhecer a existência" dentro do aparato linguístico português. Ou seja, pedagogicamente, não basta a abordagem analítica do par binário oralidade/escrita ou simplesmente destacar as marcas da oralidade na escrita literária; antes, faz-se necessário, a nosso ver, o entendimento de que a oralidade antecede a escrita e, portanto, esta se realiza a partir dos princípios ontológicos e das bases orais de seus respectivos autores(as) e textos. Isso porque falar, segundo Fanon (1975), "é ao mesmo tempo empregar uma certa sintaxe, possuir a morfologia desta ou daquela língua, mas é sobretudo assumir uma cultura, suportar o peso de uma civilização" (FANON, 1975, p. 31-32). Em outras palavras, as falas que subsidiam as escritas literárias em questão correspondem, primeira e inicialmente, a expressões de fonias de raízes e/ou matrizes Bantu – predominantemente, mas não exclusivamente. Ainda em relação a esse aspecto, assim formula Rui, na condição de escritor angolano, em sua conhecida comunicação oral de 1985, apresentada no Encontro Perfil da Literatura Negra:

> [...] tem que se manter assim oraturizado e oraturizante. Se eu perco a cosmicidade do rito perco a luta. Ah! não tinha reparado. Afinal isso é uma luta. E eu não posso retirar do meu texto a arma principal. A identidade. [...] Vou é minar a arma do outro com todos os elementos possíveis do meu texto. Invento outro texto. Interfiro, desescrevo para que conquiste a partir do instrumento escrita um texto escrito meu, da minha identidade. Os personagens do meu texto têm de se movimentar como no outro texto inicial. Têm de cantar. Dançar. Em suma, temos de ser nós. "Nós mesmos." Assim reforço a identidade com a literatura.

Nessa perspectiva de considerar as bases etnofônicas das referidas escritas literárias, destacamos o fato de que a autoria negra também possibilita, como ocorre com todo autor literário, o dialogismo do discurso do eu negro (pessoa) com as vozes enunciativas por ele configuradas textualmente, as quais revelam e confirmam as relações de alteridade na linguagem literária, sendo estas provenientes de suas vivências afetivas, culturais, políticas e ideológicas marcadas pela condição de ser negro em contexto profundamente marcado pela experiência colonial portuguesa, de cunho evidentemente racista. Essas bases – representações do(s) outro(s), a nosso ver – poderão garantir o trato pedagógico das expressões etnofônicas – predominantemente no caso das literaturas dos países africanos de língua portuguesa, mas não exclusivamente – no cotidiano educacional brasileiro de leitura literária. Esta, na verdade, revelaria ao(à) leitor(a), por exemplo, uma língua portuguesa já não mais exclusiva do antigo/recente colonizador, mas o código linguístico imposto e inevitavelmente herdado da experiência colonial, que, anticolonizado, reapropriado de forma canibalesca e ressignificado subversivamente pelos falantes então colonizados, encontra-se a serviço da afirmação étnico-racial, político-ideológica e artístico-intelectual, veiculadora das resistências políticas dos anos 1930 a 1980, especialmente com as atividades da Casa dos Estudantes do Império, as lutas de libertação nacional e a subsequente consolidação das literaturas angolana, moçambicana, cabo-verdiana, guineense e santomense (LARANJEIRA, 1995). Ou seja, é por meio da língua portuguesa, apropriada etnoesteticamente, que se fala de maneira político-ideológica nesses [con]textos literários em diferença.

Concordamos, uma vez mais, com Fanon (1975; 1979) e com Cabral (1978): a fala é sintaxe e morfologia assumindo e revelando uma cultura, uma civilização, e estas, uma ação política libertadora. No caso específico desta reflexão, a língua portuguesa – em Angola, Moçambique, Cabo Verde, Guiné-Bissau e São Tomé e Príncipe –, já não é mais lusofônica há muito tempo. Isso se comprova, por exemplo, a partir das produções literárias brasileiras do final do século XVII e/ou das africanas, a partir do final do século XIX. Recentemente, a polêmica iniciativa do Acordo Ortográfico da Língua Portuguesa, que descentraliza a escrita de Portugal como referência linguística primeira e/ou obrigatória, fragiliza, ainda mais, a fracassada articulação diplomática que resultou na lusocêntrica Comunidade dos Países de Língua Portuguesa (CPLP).

Na verdade, a língua portuguesa é propriedade dos seus falantes em todo o mundo – não de Portugal –, cada um utilizando-a a seu modo, e destituindo-a continuamente de seu poder veicular de alienação político-ideológica e/ou de negação de pertencimentos étnico-raciais, ainda que se mantenha com o *status* de língua oficial. Também por isso, consideramos relevante o entendimento do crítico nigeriano Francis Abiola Irele (2006), no sentido de que as literaturas africanas, escritas em línguas de origem colonial europeia e não em línguas tradicionais locais, sejam vistas como literaturas africanas modernas, que não substituem nem eliminam o potencial das ficções orais ou das escritas tradicionais:

> A literatura existe em uma série de três perspectivas na África: a tradicional-oral; a tradicional-escrita (com tendências modernas ou modernizantes) – essas duas categorias expressas nas várias línguas africanas – e, finalmente, a literatura moderna nas

línguas europeias, na qual a referência à África e o recurso a certos modos de expressão e pensamento africanos são usados como fatores distintivos, que diferenciam essa literatura da "corrente" das tradições europeias com as quais elas se relacionam por meio das línguas e, consequentemente, das formas (IRELE, 2006, p. 28-29).

A recepção das diversas obras literárias de autoria africana e/ou afro-brasileira pode ainda levar à percepção estético-conceitual da existência de diferenciados câ-nones nessas produções nacionais – ao contrário do que compreende Bloom (1995). Embora fiquem constatadas a importância e a necessidade da leitura de tais textos em diferença, como processar a viagem? O acesso ao livro de autoria negro-africana é raro, caro, e o macromercado editorial brasileiro ainda não acredita no potencial dessas literaturas feitas por mãos de pretos. Talvez, com o poder da grande mídia internacional, como o jornal *New York Times*, o mercado editorial brasileiro entenda que o mundo mudou e que as relações de poder na indústria editorial se fazem, nesta contemporaneidade, a partir da diversidade de representações do outro, na relação entre sujeitos de diferentes pertencimentos étnico-raciais, sem hierarquizações.[7]

Se literatura é arte, como afirmamos inicialmente, concordando com Paulino (2007), esse fazer humano revela sentidos em diferença no texto literário, por seu caráter artístico. Em se tratando de arte literária produzida por escritores africanos, negros em sua maioria e historicamente apartados da seleção das leituras escolares, dar-se-á a representação da diversidade, tanto em termos ontológicos quanto episte-mológicos, considerando que, em sua polifonia, "o outro estará presente, portanto, de forma assumida no discurso literário" (PAULINO, 2007, p. 14). Por isso, acreditamos que ainda chegará o tempo em que, no Brasil, a autoria literária não estará mais vinculada aos processos histórico-canônicos de branqueamento e atingirá a desejada naturalidade; um tempo em que não será mais preciso referenciar o autor negro ou indígena; um tempo em que será alcançado o ideal enunciativo no sentido de que, segundo Barthes, conferir "ao texto um Autor é impor-lhe um travão, é provê-lo de um significado último, é fechar a escritura" (BARTHES, 1988, p. 70).

Contudo, enquanto esse amplo ideal humanista barthesiano, considerado "ro-mântico" aos olhos de Foucault (2001), não for alcançado, devido às históricas hie-rarquizações imperialistas, que negam ou inferiorizam o negro na condição autoral, entre outras, optamos por pensar com Foucault que "é insuficiente afirmar: deixemos o escritor, deixemos o autor e vamos estudar, em si mesma, a obra" (FOUCAULT, 2001, p. 270). Em outras palavras, não dá para fechar os olhos ao racismo à brasileira e

---

[7] Destacamos a ênfase da mídia norte-americana sobre escritores negro-africanos, registrada pelo jornal *Folha de S. Paulo*, em 06/07/2014, em matéria intitulada "Nova onda de escritores africanos com olhar internacionalista". Disponível em: <http://www1.folha.uol.com.br/ilustrissima/2014/07/1481039-nova-onda-de-escritores-africanos-com-olhar-internacionalista.shtml>. Acesso em: 07 jul. 2014.

simplesmente afirmar a morte universal do autor, nos termos de Barthes, nesta fase nacional de afirmação político-literária contra a série histórica de exclusão do sujeito autoral negro dos centros de produção artístico-intelectual. Ao entendermos que afirmar a autoria negra não significa negar a autoria branca, pretendemos nos juntar às vozes que buscam a superação dessas dicotomias hegemônicas e das múltiplas formas de hierarquização de pessoas, ontologias e epistemologias (SANTOS; MENESES, 2010), alvo que só será alcançado, a nosso ver, depois que passarmos por essa fase política intermediária de afirmação. Para tanto, a literatura é um caminho possível. "Todavia, para que a literatura cumpra seu papel humanizador, precisamos mudar os rumos da sua escolarização" (COSSON, 2014, p. 17).

Por isso, concluímos esta reflexão, ratificando que o ensino das referidas literaturas colabora com o processo de reeducação das relações étnico-raciais no Brasil, como alternativa de revisão "de nossa própria formação histórica, sem admitir ou referendar velhas e já ultrapassadas formas de hierarquização", assim como de enfrentamento à neocolonialidade, "pondo em circulação novas vozes, que assim se deixam ouvir; outras matrizes culturais, que afinal afloram; diferentes formas de olhar, que ganham espaço" (PADILHA, 2010, p. 13). Nesse sentido, pode-se visualizar, no contexto brasileiro atual, uma compreensível e provavelmente lenta reviravolta na situação problematizada ao longo desta reflexão, pois, "com a implantação da Lei 10.639 [além das Leis 11.645 e 12.796], as imagens do negro [e do indígena] configuradas pela contínua fixação de sua condição de pobreza e escravidão estarão em estado de tensão, de ambivalência diante dos novos paradigmas" (AMÂNCIO *et al.*, 2008, p. 43).

Referências

ABDALA JÚNIOR, B. *Literatura, história e política: literaturas de língua portuguesa no século XX*. São Paulo: Ática; [Brasília]: CNPq, 1989.

AMÂNCIO, I. M. C.; GOMES, N. L.; JORGE, M. R. S. *Literaturas africanas e afro-brasileira na prática pedagógica*. Belo Horizonte: Autêntica, 2008.

BARTHES, R. *O rumor da língua*. São Paulo: Brasiliense, 1988.

BLOOM, H. *O Cânone Ocidental: os livros e a escola do tempo*. Rio de Janeiro: Objetiva, 1995.

CABRAL, A. *A arma da teoria*. Unidade e luta. 2. ed. Lisboa: Seara Nova, 1978 (Obras escolhidas de Amílcar Cabral, coord. por Mário de Andrade, v. 1).

CESAIRE, A. *Discurso sobre a negritude*. Belo Horizonte, Nandyala, 2010.

CANDIDO, A. *Formação da literatura brasileira: momentos decisivos*. São Paulo: Martins, 1961. v.1.

CANDIDO, A. *Introdução à literatura brasileira* (resumo para principiantes). São Paulo: Humanitas/FFLCH/USP, 1999.

COSSON, R. *Letramento literário*: teoria e prática. 2.ed. São Paulo: Contexto, 2014.

FANON, F. *Pele negra, máscaras brancas*. 2.ed. Porto: Editora Paisagem, 1975.

FANON, F. *Os condenados da terra*. Rio de Janeiro: Civilização Brasileira, 1968.

FOUCAULT, M. *Ditos e escritos. Estética: literatura e pintura, música e cinema*. Rio de Janeiro: Forense Universitária, 2001. v. III.

GRAMSCI, A. *Cadernos do cárcere: volume 2: os intelectuais, o princípio educativo, jornalismo*. 4. ed. Rio de Janeiro: Civilização Brasileira, 2006.

IRELE, F. A. A literatura africana e a questão da língua. In: QUEIROZ, S. (Org.). *A tradição oral*. Belo Horizonte: FALE/UFMG, 2006, p. 28-9.

LARANJEIRA, P. *De letra em riste – identidade, autonomia e outras questões na literatura de Angola, Cabo Verde, Moçambique e São Tomé e Príncipe*. Porto: Afrontamento, 1995.

MATA, I.; COSTA, F. G. (Org.). *Colonial/Postcolonial: Writing as Memory in Literature*. Lisboa: Edições Colibri, 2013.

MEMMI, A. *Retrato do colonizado precedido do retrato do colonizador*. Rio de Janeiro: Paz e Terra, 1967.

MOORE, C. *A África que incomoda: sobre a problematização do legado africano no quotidiano brasileiro*. Belo Horizonte: Nandyala, 2008.

MUNANGA, K. *Rediscutindo a mestiçagem no Brasil – identidade nacional versus identidade negra*. Petrópolis: Vozes, 1999.

RUI, M. "Eu e o outro – O invasor" (ou em três poucas linhas uma maneira de pensar o texto). São Paulo: Centro Cultural, 1985. (Comunicação apresentada no Encontro Perfil da Literatura Negra, em 23/05/1985.)

RUI, M. Da escrita à palavra. *Via Atlântica*, São Paulo, n. 22, dez. 2012, p. 179-84.

PADILHA, L. C. O Ensino e a Crítica das Literaturas Africanas no Brasil: um caso de neocolonialidade e enfrentamento. *Revista Magistro*. Revista do Programa de Pós-Graduação em Letras e Ciências Humanas – UNIGRANRIO. Rio de Janeiro, v. 1, n.1, 2010, p. 1-15.

PAULINO, G. Livros, críticos, leitores: trânsitos de uma ética. In: PAIVA, A. *et al.* (Org.). *Literatura e letramento: espaços, suportes e interfaces – O jogo do livro*. Belo Horizonte: Autêntica/Ceale/FaE/UFMG, 2007.

SANTIAGO, S. Prosa literária atual no Brasil. In: SANTIAGO, S. *Nas malhas da letra*. Rio de Janeiro: Rocco, 2002, p. 28-43.

SANTOS, B. de S.; MENESES, M. P. (Org.) *Epistemologias do Sul*. São Paulo: Cortez, 2010.

SILVA, P. V. B.; ROSEMBERG, F. Brasil: lugares de negros e brancos na mídia. In: DIJK, T. A. van (Org.). *Racismo e discurso na América Latina*. São Paulo: Contexto, 2008, p. 73-118.

SPIVAK, G. *Pode o subalterno falar?* Belo Horizonte: Ed. UFMG, 2010.

STREET, B. V. *Letramentos sociais: abordagens críticas do letramento no desenvolvimento, na etnografia e na educação*. São Paulo: Parábola, 2014.

3. O enunciatário homossexual e o heterossexual no discurso da propaganda

Arnaldo Cortina

Historicamente os grupos humanos que povoaram a Terra procuravam uma forma de se proteger das possíveis agressões advindas de outros humanos, de animais predadores ou das intempéries. Baseado num princípio de sobrevivência, o agrupamento dos humanos primitivos propiciava, inicialmente, melhores condições para a caça e, posteriormente, para o desenvolvimento da agricultura. Como qualquer conjunto de seres vivos, a reprodução é um fator natural e determinante para sua sobrevivência. Nesse sentido, ao longo do tempo, a relação entre o macho e a fêmea sustenta as organizações dos agrupamentos dos seres humanos no planeta.

Com a evolução das relações que se estabelecem nas sociedades contemporâneas, a concepção de sexo, que assegura a reprodução da espécie, e a de sexualidade, que determina os relacionamentos entre os seres humanos, não mantêm uma correspondência direta. Enquanto a primeira refere-se à configuração fisiológica, a segunda, de acordo com teorias distintas, depende de condições biológicas, sociais, psicológicas, etc. É a partir então do conceito de sexualidade que se pode falar em comportamento heterossexual ou homossexual entre os seres humanos e não a partir da distinção de sexo.

O que sustenta o princípio da heterossexualidade nas relações entre seres humanos é o resultado de um ponto de vista ideológico e religioso. Ideológico, porque está assentado na constituição da sociedade patriarcal; religioso, porque isso diz respeito à crença religiosa do pecado em relação às "leis da natureza", pensamento esse decorrente da origem patriarcal da grande maioria das religiões das sociedades humanas contemporâneas. Por esses motivos o entendimento de que pessoas do mesmo sexo possam estabelecer um vínculo afetivo e erótico, mesmo com todos os avanços alcançados em diferentes sociedades do mundo ocidental, encontra ainda muita resistência contemporaneamente. O princípio de que se trata de um ato antinatural é o que sustenta o apagamento, por exemplo, das manifestações públicas de afeto entre duas pessoas do mesmo sexo, em oposição à intensa exposição da sensualidade entre pessoas de sexos opostos, nos mais diferentes veículos de comunicação e nos mais variados lugares públicos. A homoafetividade ainda é um tabu e, como tal, sofre interdições sociais.

Este capítulo, de uma obra que tem como propósito abordar as representações discursiva de um outro oculto, interdito, excluído pelos princípios do preconceito e da intolerância, constrói-se a partir de dois objetivos centrais. De um lado, tomando como suporte teórico-metodológico a proposta da semiótica discursiva, investigar a constituição do sentido do texto visual. De outro, examinar os procedimentos utilizados por certos textos de propaganda[1] veiculados em revistas que se dirigem ao público masculino, que se diferem, tendo em vista quererem atingir ora o público homossexual, ora o heterossexual. Mesmo que seu produto possa ser de interesse para o público masculino em geral, muitas empresas não veiculam suas propagandas em revistas destinadas ao público homossexual, porque socialmente esse espaço é sancionado negativamente pela sociedade.

Para dar conta desses dois objetivos, portanto, este capítulo será dividido em duas partes. A primeira pretende apresentar a perspectiva semiótica para o tratamento do discurso, focalizando especificamente os conceitos de visualidade e de sincretismo inerentes ao chamado texto de propaganda. A segunda corresponderá à análise de algumas propagandas selecionadas num *corpus* de revistas dirigidas ao público masculino heterossexual, em comparação com outras que se destinam especificamente ao público homossexual, com o intuito de verificar semelhanças e/ou diferenças entre elas no que se refere à caracterização de seu enunciatário.

A textualização segundo a perspectiva da semiótica discursiva

A semiótica oriunda dos trabalhos de Greimas, que propõe, desde seu início, averiguar a produção de sentido do texto, tomou por base os estudos linguísticos, principalmente as obras de Ferdinand de Saussure e de Louis Hjelmslev, que se inserem na tradição do estruturalismo linguístico. O que se ressalta aqui é que a semiótica da escola de Paris origina-se de uma corrente de pensamento que, partindo do estudo da língua, procura dar conta de uma esfera mais abrangente

---

[1] Não será propósito deste capítulo estabelecer uma distinção entre propaganda e publicidade, embora se reconheça que alguns trabalhos proponham uma diferença conceitual entre os dois termos. O vocábulo propaganda aqui empregado fará sempre referência ao modo como um texto apresenta informações sobre um produto de determinada empresa ou marca, que o expõe, de forma paga, em diferentes veículos de comunicação de massa ou nas mídias eletrônicas.

que se ocupa de diferentes manifestações da linguagem. Por esse motivo, o termo texto, ao longo do desenvolvimento dessa perspectiva teórico-metodológica, sofreu um alargamento e deixou de se referir apenas à manifestação escrita da língua, incorporando então formas distintas de expressão do sentido. Nessa perspectiva é que se pode opor, inicialmente, o texto verbal ao texto visual.

O texto é a manifestação de um processo de linguagem. Uma vez que a linguagem consiste em uma faculdade humana de constituição do sentido, depreende-se que um texto é o produto dessa capacidade constituída por meio do que a linguística saussureana denominou código, entendido como conjunto de signos. Assim, um texto verbal é o produto de uma língua natural, que se concretiza por meio do som ou da grafia, que compreendem regras ligadas aos eixos da seleção e da combinação.

Já nos anos 1980, Greimas discute a noção de verossimilhança no texto, quando propõe o conceito de contrato de veridicção. Segundo o semioticista lituano, "a noção de verossimilhança está intimamente ligada à concepção de discurso como representação de outra coisa", uma vez que "o fato de um discurso poder ser qualificado como 'verdadeiro' em si mesmo não elimina a questão de seu estatuto próprio e das condições de produção e consumo de discursos verdadeiros" (GREIMAS, 2014, p. 117).

Por outro lado, ao discutir a perspectiva de uma semiótica figurativa, que diz respeito ao texto visual, Greimas (2004) reflete exatamente sobre a possibilidade de se considerarem os sistemas de representação desse tipo de texto como linguagem.

> Duas tradições culturais – uma filosófica e estética, outra lógico-matemática – concorrem para fazer do conceito de *representação* o ponto de partida obrigatório para reflexão sobre a visualidade. As configurações visuais construídas sobre superfícies planas são representações? Por outro lado, tais configurações, no momento em que são produzidas, convergem para um mesmo objetivo? São regidas por um "código" graças ao qual elas podem ser "lidas"? Em caso afirmativo, esses conjuntos são *sistemas* de comunicação (como os sinais rodoviários, por exemplo), de formulação (como os esquemas e as grafias) ou de "concepção" (como as plantas de arquitetos)? E, finalmente: esses sistemas, sendo reconhecidos como tais, constituem *linguagens*? Em outras palavras, podem eles falar de outra coisa que não seja de si mesmos? (GREIMAS, 2004, p. 76).

A questão posta por Greimas diz respeito ao fato de que a língua, na sua forma de manifestação escrita, é um sistema arbitrário de representação, na medida em que, por exemplo, uma letra corresponde ao registro de um som, mas o que é próprio da língua é o fato de que ela é capaz de descrever e/ou definir qualquer objeto, inclusive ela própria. Assim, um texto verbal pode narrar fatos ficcionais ou verídicos, discutir ideias e conceitos, descrever uma cena ou uma imagem, considerar os procedimentos de uso da própria língua em que foi escrito ou de outra língua viva ou morta, etc. Mas é possível dizer que o texto visual tenha essas mesmas características?

No estrito sentido da língua, não se pode dizer que o texto visual é constituído pelo mesmo sistema de códigos próprio do texto verbal. Como também aponta Greimas (2004), dois são os princípios norteadores da constituição do visual: a imitação e o reconhecimento, que correspondem a constituintes que não podem ser caracterizados simplesmente como icônicos. Para se apreender o sentido do visual é preciso que se tome em consideração o crivo de leitura a partir do qual ele é examinado e também produzido.

> [...] mal se coloca o conceito de crivo de leitura e ele já faz surgir uma problemática nova. Se se tem de acrescentar que esse crivo é de natureza social, estando, portanto, sujeito ao relativismo cultural, tem-se de admitir que ele varia amplamente – mas não excessivamente – no tempo e no espaço. Nessas condições, sendo cada cultura dotada de uma "visão de mundo" que lhe é própria, ela impõe por isso mesmo condições variáveis ao reconhecimento dos objetos e, consequentemente, à identificação das figuras visuais como algo que "representa" os objetos do mundo, contentando-se frequentemente com esquematismos vagos, mas exigindo, por vezes, reprodução minuciosa dos detalhes "verídicos".
>
> Contudo, o essencial é que a questão da iconicidade de um objeto planar ("imagem", "quadro", etc.) não se coloca a não ser postulando-se e aplicando um crivo iconizante à interpretação desses objetos, o que não constitui condição necessária de sua percepção nem exclui a existência de outros modos de leitura igualmente legítimos. A leitura de um texto escrito em francês não levanta a questão da semelhança de seus tipos com as figuras do mundo natural (GREIMAS, 2004, p. 80).

Isso, porém, não inviabiliza uma comparação entre o verbal e o visual. Enquanto se pode dizer que os objetos visuais produzem uma abordagem figurativa do mundo natural que lhes permite a construção do significante dos objetos planares, o texto verbal apresenta em si também uma dimensão figurativa, só que essas figuras são figuras de conteúdo e não de expressão.

> [...] Compreende-se agora porque os problemas colocados pela análise dos "textos visuais" se comparam aos dos textos verbais literários ou não: a questão levantada pela organização interna das figuras visuais a serem lidas como objetos do mundo lembra imediatamente a do funcionamento das imagens e de outras metáforas e metonímias nos discursos verbais: ao apresentar a iconização como procedimento de persuasão veridictória, não nos afastamos muito da "retórica da imagem" sugerida não faz muito tempo por R. Barthes; a problemática dos "motivos", embora mal colocada em ambos os casos, é comum à história da arte e à etnoliteratura, o mesmo também se pode dizer das "mise-en-scènes" e das estruturas narrativas que se podem reconhecer tanto aqui como lá. As investigações figurativas constituem, por conseguinte, um componente autônomo da semiótica geral, embora elas não pareçam estar em condição de especificar o domínio particular que se tenta circunscrever (GREIMAS, 2004, p. 82).

Antes de examinar os dispositivos próprios do texto visual, que permitem depreender os sentidos nele construídos, pontuemos o conceito de texto sincrético.

Se a semiótica reconhece a existência do texto verbal e do visual, por que não chamaria a forma amalgamada dos dois de texto verbovisual? Porque ela reconhece que não se trata exatamente de um texto que tem uma parte visual e outra verbal independentes entre si. Em verdade a noção de sincretismo diz respeito à fusão de duas formas de linguagem que constituem uma outra. Quando uma propaganda, como ocorre na maior parte dos casos, produz um enunciado que se dirige a seu leitor por meio da linguagem visual e da verbal, esse processo de interlocução é o resultado de uma totalidade em que elas interagem simultaneamente. Há nesse tipo de texto uma única enunciação e não duas enunciações sobrepostas.

Depreender, porém, o sentido único que é construído por um texto sincrético significa examinar, além da articulação estabelecida entre as diferentes linguagens particulares que se combinam para constituir o todo, a segmentação dos elementos componentes dessas linguagens.

No que diz respeito ao verbal, a apreensão desse tipo de linguagem enquanto sistema semiótico já foi mais exaustivamente explorada pelas mais diferentes vertentes dos estudos linguísticos e discursivos, tal como o fez a semiótica. Cabe verificar nesse caso como o sujeito da enunciação é constituído e como se desdobra, no enunciado verbal, em formas de manifestação da subjetividade, do tempo e do espaço, cuja significação é corroborada pelos temas e pelas figuras no discurso. Por meio do exame da materialidade do enunciado, cabe observar como se constrói o processo persuasivo que corresponde à base da relação entre o enunciador e seu enunciatário. No caso de que trata este capítulo, qual seja, o texto de propaganda, o primeiro quer levar o segundo a realizar um fazer que consiste na aquisição do objeto que se quer vender.

Para tratar do texto visual é preciso inicialmente recuperar o conceito de sistema formal, que corresponde a uma organização ou estrutura desprovida de sentido. Assim, o sistema formal é convencional, pois "repousa em um conjunto de fórmulas chamadas axiomas, que são arbitrariamente declaradas como demonstradas" (GREIMAS; COURTÉS, 2008, p. 219).

Uma vez, portanto, que, para os sistemas formais, as formas veiculadas não são significantes, isso quer dizer que as linguagens formais são monoplanas, conceito utilizado por Hjelmslev (2003) para se referir às linguagens que são constituídas apenas pelo plano de expressão, sem que a ele se agregue um plano do conteúdo. Esse é o caso do símbolo, que, de acordo com Hjelmslev (2003), é uma grandeza, da mesma forma que o signo também o é. O sistema de símbolos refere-se às semióticas monoplanas, uma vez que é um não-signo, diferentemente do signo, grandeza que é própria das semióticas biplanas.

O conceito de linguagem semissimbólica ou "molar" foi proposto por Greimas e Courtés com o objetivo de precisar a teoria hjelmsleviana referente às linguagens monoplanas ou sistemas de símbolos. Contrariamente aos puros sistemas de símbolos (as linguagens formais, por exemplo), os sistemas semissimbólicos são sistemas significantes e são caracterizados não pela conformidade entre as unidades do plano da expressão e do plano do conteúdo, mas pela correlação entre categorias relevantes dos dois planos (GREIMAS; COURTÉS, 1986, p. 203-204). Segundo os autores (GREIMAS; COURTÉS, 1986, p. 218), as semióticas sincréticas constituem seu plano de expressão – e mais precisamente a substância de seu plano de expressão – com os elementos relevantes de várias semióticas heterogêneas.

Dessa forma, portanto, deve-se entender o texto plástico como um texto planar constituído pela articulação entre um plano de expressão e um plano de conteúdo marcados por elementos categoriais. Por categorias plásticas designa-se o conjunto de categorias da expressão próprias dos discursos plásticos. Elas podem ser classificadas de acordo com as funções que preenchem no processo de geração dos textos plásticos. A distinção fundamental é a que se estabelece entre categorias constitucionais (constituintes e constituídas, respectivamente, cromáticas e eidéticas) e categorias não constitucionais (topológicas) (GREIMAS; COURTÉS, 1986, p. 168).

A categoria cromática diz respeito à maneira como as cores produzem efeitos de sentido na composição geral do texto; a eidética, refere-se às formas que as imagens apresentam e como se relacionam com o componente cromático; a topológica, por fim, estabelece a relação de distribuição do objeto no espaço da superfície planar. É possível, ainda, levar em consideração a categoria matérica, quando o material com que é produzido o texto visual gera efeitos de sentido. Essa, porém, adquire importância em certas obras de arte e não nas propagandas que examinaremos mais à frente.

É necessário dizer ainda, por fim, que, no texto visual, e também no sincrético, composto pela presença do corpo humano, outro elemento participa da constituição de seu sentido, conforme poderemos observar nas análises que faremos do *corpus* selecionado para este capítulo, no item seguinte. Trata-se da manifestação da gestualidade que esse corpo emite no espaço planar. Greimas (1975, p. 57) já afirmou que "a gesticulação é uma empresa global do corpo humano, em que os gestos específicos dos agentes corporais são coordenados e/ou são subordinados a um projeto de conjunto que se desenrola simultaneamente".

Quando se examina, porém, a gestualidade do mundo natural, diferentes elementos entram em questão. Em primeiro lugar, o fato de que o corpo que se move num determinado contexto espacial tem um volume. Em segundo, que seu deslocamento se dá a partir de uma direção e com um objetivo específico, o que significa observar que pode ocorrer na horizontalidade ou a verticalidade. Em terceiro lugar, ainda, esse corpo que possui um volume e que se desloca mantém uma relação com o tempo e o espaço em que se apresenta. A gestualidade pode ainda associar-se à distinção entre o corpo masculino e o feminino, que, além de apresentarem volume e forma próprias, são também identificados por movimentos que são característicos a cada um dos grupos, o do homem e o da mulher, dependendo da sociedade em que estão inseridos.

Algumas propagandas que serão examinadas neste capítulo, por se tratar de objetos planares, retratam o corpo masculino em posição fixa, mas, embora isso ocorra, esse corpo representa o gesto. Da mesma forma como se pode considerar que existe uma gestualidade própria do homem e da mulher, procuraremos observar como essas propagandas constroem a gestualidade do homem heterossexual e do homossexual.

O sentido de propagandas em revistas voltadas para o público masculino

O exame da constituição do sentido em textos de propaganda não pode ser realizado se observamos esses textos sem levar em consideração o local em que eles são veiculados e sua relação com outros textos que compõem o veículo em que são reproduzidos. Como nosso *corpus* é originário de revistas dirigidas ao público masculino, é preciso verificar como os textos de propaganda, no contexto do corpo da revista, constroem seu enunciatário. Nossa hipótese é a de que determinadas revistas que se voltam para o público masculino heterossexual procuram, de forma não explícita, atingir também o público masculino homossexual.

Para dar conta desse propósito, selecionamos cinco diferentes revistas que podem atualmente ser adquiridas pelo público masculino brasileiro. Três delas, *Vip*, *Alfa* e *Men's Health*, dialogam com um interlocutor heterossexual e duas delas, *G Magazine* e *Junior*, com um interlocutor homossexual. As três primeiras são produzidas pela Editora Abril, a *G Magazine*, pela Editora Fractal e a *Junior* pela Mixbrasil.

Vip foi lançada pela Editora Abril em 1981. Inicialmente surgiu com o nome *Vip Exame*, porque era um suplemento da revista *Exame* da mesma editora, que se voltava para as questões de negócios e de economia local e global. Com o intuito de inserir aspectos relacionados ao lazer, ao estilo de vida e ao comportamento do público masculino, a *Vip* ganhou força e se tornou um veículo independente da *Exame*. Por outro lado, entretanto, conservou seu foco no homem executivo, e em suas capas reproduz mensalmente a foto de uma mulher que mostra sensualmente seu corpo e que é tema de uma reportagem e/ou de uma entrevista no interior da revista, acompanhada de várias outras fotos de seu corpo. Diferentemente da revista *Playboy*, da mesma editora, entretanto, as mulheres da *Vip* nunca aparecem totalmente nuas nem mesmo exibem explicitamente sua genitália ou seus seios. O termo "vip", resultado da redução da expressão inglesa *very important person*, que dá nome à revista, remete à sua própria proposta de discutir com seu público temas como a aparência, o sucesso pessoal, o consumo e o entretenimento leve que inclui falar da vida alheia e dar dicas sobre diferentes aspectos que possam interessar a um homem que vive o mundo atual. Tendo em vista o tipo de público a que se dirige e, como já dito, sua valorização do consumo e da aparência, várias são as propagandas sobre vestuário que nela aparecem. Compararemos dessa revista, mais à frente, uma propaganda de camisas da marca Dudalina com outra do mesmo gênero que aparece em revista diferente.

Alfa, uma revista criada pela Editora Abril, em 2010, propõe uma nova forma de tratamento para temas voltados para o mundo masculino. Diferentemente da anterior, por exemplo, nunca reproduz em suas capas uma mulher em posição sensual. Ao contrário, nelas aparecem sempre homens, geralmente de meia idade. Sua linha editorial volta-se para a abordagem de temas ligados à saúde, ao esporte, às viagens, à bebida, aos carros e, em especial, à aparência e ao estilo, pois cada um dos números mensais da revista apresenta, em suas páginas finais, uma seção intitulada "Moda & Estilo", com dicas de tendências e de cuidados pessoais que um consultor especial faz ao homem leitor. A mulher também aparece nas páginas da *Alfa*, mas, diferentemente da *Vip*, que tem uma garota da capa em destaque e outras mulheres que mostram sensualmente seus corpos nas páginas internas da revista, o foco dirige-se a uma só, geralmente, uma atriz, de quem se destaca a beleza do corpo, a jovialidade, embora seja normalmente uma mulher mais madura, e o sucesso alcançado na carreira.

Para exemplificar alguns temas do perfil da Alfa aqui apresentado propomos examinar dois textos de propaganda encontrados no número de junho de 2013, denominados Fig. 1 e Fig. 2[2].

Figura 1: Propaganda Volvo V4 Revista *Alfa*, jun. 2013, p. 25

---

[2] Para consultar as imagens das propagandas em análise neste capítulo em sua constituição original, isto é, em cores – o que enriquecerá a compreensão das análises propostas –, remetemos o leitor ao site: <http://www.fclar.unesp.br/representacoes>.

A propaganda reproduzida na Fig. 1 corresponde a um texto sincrético, na medida em que o visual e o verbal produzem sentido no diálogo instaurado com seu enunciatário. Ao examinar a superfície planar de seu conteúdo visual, verificamos que, do ponto de vista das categorias eidéticas, instaura-se uma linha horizontal que contrapõe, por meio de um traço retilíneo que vai da esquerda para a direita (ou vice-versa), no fundo da imagem, o espaço do solo calçado e o da água. Ainda do ponto de vista eidético, o texto revela outro traço retilíneo que vai da frente para o fundo (ou vice-versa também), representado pelo corpo do carro, ao centro da imagem, que simula ligar os dois espaços anteriormente separados, quais sejam, o solo e a água. Em primeiro plano, do lado direito da imagem, horizontalmente, aparece o texto verbal, acompanhado, em sua parte inferior, de uma sequência, também horizontal, de imagens que destacam os acessórios que o carro, objeto da propaganda, apresenta: assistente de estacionamento, piloto automático adaptado, motor 2.0 turbo de 180CV, painel digital personalizado e *airbag* externo para pedestres.

Considerando-se, portanto, que o produto anunciado apresenta formas arredondadas, elas se contrapõem à retilineidade dos outros elementos presentes na figura, isto é, o espaço da água, o espaço do asfalto, o piso, a disposição do enunciado verbal e das imagens em *close* dos acessórios do automóvel. Por outro lado, como já mencionado, mesmo que o carro possua formas mais arredondadas, ele adquire, na distribuição visual da cena criada pela fotografia, uma dimensão retilínea se se considera que seu comprimento é o que cruza o espaço da água e o do calçado. Ousaríamos dizer que, do ponto de vista da disposição retilínea dos elementos dispostos no texto visual, constrói-se o efeito retórico do quiasmo.

Em relação à dimensão cromática, há predomínio da contraposição entre azul e cinza. Associando-se a dimensão cromática à topológica, observa-se que o azul, que manifesta o espaço da água, está colocado ao lado do cinza, que remete ao piso que cobre o solo. Nesse sentido, portanto, é possível identificar que, entre uma cor e outra, temos a manifestação dos constituintes opositivos natureza *vs* cultura, uma vez que a água remete à dimensão da natureza e o piso que cobre o solo, à da cultura. O automóvel, neste texto específico, representa o traço de união entre esses elementos opostos, funcionando semissimbolicamente como uma neutralização da natureza e da cultura. Ele tem a cor da água e, ao mesmo tempo, é um objeto da cultura. Essa contraposição entre cor, forma e disposição espacial cria o efeito de harmonização construído pelo texto em foco.

Nesse sentido, se nos atentarmos para o que a enunciação verbal aponta, identificamos novamente um componente de significação semissimbólica.

Quando você pensa no seu próximo carro, esse carro pensa em você? Imagine um *hatch* de luxo inspirado em você. Projetado para seu estilo de vida. Elegante e incrivelmente divertido. Seguro e ao mesmo tempo provocador. Que, mais que um carro, seja uma extensão de você. Agora, deixe de imaginar. Chegou o novo volvo V40. Único como você.

A propaganda da Volvo, reproduzida na Fig. 1, apresenta um enunciado em que a marca de pessoalidade é fortemente destacada, pois o enunciador dialoga diretamente com seu enunciatário, utilizando inclusive o pronome "você" e a forma verbal imperativa para se dirigir a ele. Além disso, o enunciador apela para a relação entre o sonho (o desejo) e a realidade (o possível). Ao se referir às qualidades do carro que supostamente o interlocutor deseja (um *hatch* de luxo, compatível com um estilo de vida elegante, divertido, seguro, provocador; em suma: um prolongamento de si mesmo), o enunciador mostra que o Volvo V40 é exatamente o que o enunciatário estava procurando. Nesse sentido, ele é a passagem do inconsciente para o consciente, por isso está na interseção entre água e terra firme (solo recoberto com piso). A água é o símbolo da inconsciência e a terra o da consciência. Na medida em que o Volvo V40 estabelece a neutralização dos dois mundos, ele passa a ser a concretização do objeto do desejo.

Figura 2: Propaganda Cervejaria Petrópolis – Revista *Alfa*, jun. 2013, p. 3-4

A Fig. 2 registra um texto de propaganda sobre a Weltenburger Kloster Ano 1050, uma cerveja Lager encorpada produzida no Brasil pela Cervejaria Petrópolis. A escolha de reprodução desse texto deve-se ao fato de que, diferentemente da propaganda anterior, constrói-se basicamente por meio da linguagem visual, com destaque para uma cena enunciativa marcada, que estabelece relações intertextuais. Excetuando-se o aviso obrigatório estipulado pelo Conselho Nacional de Autorregulamentação Publicitária (CONAR), expresso pelo enunciado "Beba com moderação", que deve aparecer em todos os textos de publicidade de bebidas alcoólicas, colocado no canto superior esquerdo do texto de propaganda da Weltenburger Kloster, a única manifestação escrita que se refere ao produto aparece no canto inferior direito da propaganda, onde se lê: "Cervejismo desde 1050" e "Weltenburger Kloster. A cerveja de mosteiro mais antiga do mundo". O enunciado verbal reporta-se à qualificação do produto, mostrando-o como portador de prestígio e de tradição histórica, porque a marca refere-se a uma cerveja que foi criada no ano de 1050 pelos monges beneditinos que viviam no monastério de Weltenburger, situado às margens do Danúbio, na região da Baviera.

Do ponto de vista da constituição visual, o texto de propaganda retrata uma cena característica do mundo contemporâneo, ancorada, porém, na Idade Média. Trata-se de um marido que chega de madrugada em casa, depois de ter bebido a noite inteira em companhia de amigos, e é surpreendido pela esposa, que o aguarda acordada. O humor que atribui um caráter de leveza ao texto é assegurado pelo fato de que o marido, um cavaleiro medieval que tira suas botas para não fazer barulho para não acordar a esposa, que supostamente dorme, faz um gesto de silêncio para o amigo bufo que o acompanha e que, ao vê-lo adentrar a casa, ri da cena, porque vê a mulher sentada que o aguarda com a última vela do castiçal ainda acesa. O sorriso do amigo reproduz o do leitor da propaganda, pois apenas os dois percebem a inutilidade dos cuidados do marido que trocou a esposa pelo prazer de beber com os amigos. A imagem do toco de vela acesa à esquerda do candelabro de três velas concretiza, no texto, a passagem do tempo excessivo, denunciando a longa espera da esposa pelo retorno do marido. Caberia ainda aqui mostrar os traços que nos levam a imaginar que se trata de um casal, mas, como essa leitura parece bastante óbvia, não gastaremos espaço desnecessário.

Do ponto de vista da mobilização da linguagem visual, é possível observar as categorias eidética, cromática e topológica configurando o sentido do texto. Basicamente a imagem organiza-se pela contraposição retilíneo *vs* curvilíneo, claro *vs* escuro, exterior *vs* interior e sociabilidade *vs* intimidade. A constituição horizontal do texto segue o sentido da esquerda para a direita. Nesse espaço, há destaque ainda para um primeiro plano, marcado à esquerda, onde, através de uma porta aberta, vê-se o dia claro e pela qual entra a figura do cavaleiro seguido por seu amigo que ri. Além disso, num segundo plano, à direita, observa-se uma mulher sentada a uma cadeira, que assiste, com expressão séria e reprovadora, à chegada do marido. É importante observar ainda, do ponto de vista da materialidade do enunciado, que, na revista, o primeiro e o segundo plano estão em páginas distintas: um, na 3; outro, na 4. Essa estratégia faz parte da constituição do sentido, propiciando a surpresa, uma vez que, ao olhar a página 3, o leitor não entra em contato imediatamente com todo o texto, mas com parte dele, o que leva a assegurar o mencionado efeito de surpresa.

Cabe, no caso do texto de propaganda da Fig. 2, observar ainda um aspecto muito relevante. Como o texto reproduz corpos humanos (o do amigo bufo, o do marido e o da esposa), o componente gestual é significativo. Portanto, o riso do amigo, a expressão de atenção para o sinal de silêncio do marido, e o olhar de reprovação da esposa estão dispostos cada um numa ponta de um triângulo que domina a cena: a esposa olha para o marido, o marido olha para o amigo bufo e este olha para a mulher. Acrescente-se a isso, como já dito antes, que o olhar do amigo pode também dirigir-se ao leitor, o que é uma forma de inseri-lo na cena e assegurar o componente cômico da situação.

Esses dois textos de propaganda aqui destacados denunciam o tipo de discursivo predominante na *Alfa*, uma revista que tem como alvo o homem maduro e que, para atingi-lo, move-se em seu universo ideológico, reafirmando seus valores e seu comportamento. As duas propagandas revelam um investimento na sua produção, pois são financiadas por empresas de poder econômico, como a Volvo e a Cervejaria Petrópolis, e também aparecem, eventualmente, na *Vip*, coirmã da *Alfa*, mas não apareceriam, principalmente a de cerveja, na *Men's Health*.

Para estabelecer uma comparação entre as duas revistas anteriormente referidas, que apresentam um perfil mais definido do enunciatário heterossexual, propomos cotejar duas propagandas da marca de camisas Dudalina, que aparecem na *Vip* e na *Alfa*, respectivamente, Fig. 3 e 4.

Figura 3: Propaganda
Confecção Dudalina
Revista *Alfa*, jun. 2013, p. 27

Figura 4: Propaganda
Confecção Dudalina
Revista *Vip*, jul. 2013, p. 17

A Dudalina, uma empresa que se originou de uma pequena confecção, na cidade de Blumenau, em Santa Catarina, no ano de 1958, tornou-se, ao longo do tempo, um empreendimento de sucesso no mercado de camisas. Suas peças tornaram-se um ícone da moda a partir de 2000, inicialmente voltada para o público masculino, mas que recentemente, em 2010, incorporou o feminino.

Sua estratégia de *marketing* consistiu em produzir camisas com estilo bastante arrojado, cores marcantes e, principalmente, por inserir em todas as peças sua logomarca, que corresponde à flor-de-lis.

A presença dessa logomarca concentra basicamente dois efeitos. Ao mesmo tempo em que é a representação de uma figura heráldica associada à monarquia francesa, o que ludicamente lhe atribui uma aura de prestígio, é uma marca de identificação. Muitas confecções de camisas sociais normalmente estampam sua marca numa etiqueta na parte de trás do colarinho, que não é visível, mas a estratégia da Dudalina consistiu em trazer para o peito, do homem ou da mulher, seu símbolo de identidade. A flor-de-lis estilizada torna-se o objeto do desejo, mais do que a camisa em si.

Para construir sua campanha de *marketing* em torno das camisas masculinas, a Dudalina contratou, desde 2013, o modelo holandês Wouter Peelen, que também já foi garoto-propaganda da Ermenegildo Zegna, da Armani, da Cartier, entre outras. Seus traços europeus, com cabelos louros, olhos azuis, rosto retilíneo, corpo magro refletem um padrão de beleza masculina da atualidade.

As duas propagandas (Fig. 3 e 4) valem-se do recurso visual. A única manifestação escrita que aparece em ambas é o próprio nome da marca da camisa, Dudalina, encimada pela flor-de-lis que a representa. Em ambas, o fundo claro é dominante, o que realça a figura do garoto-propaganda. Na Fig. 3, a imagem do modelo aparece, de acordo com a linguagem cinematográfica, em meio primeiro plano, isto é, da cintura para cima. Seu olhar dirige-se para fora do enquadramento da imagem; seus cabelos, ligeiramente compridos, estão penteados para trás, deixando visíveis as orelhas; seus braços estão abaixados e captados até a altura dos cotovelos, sua expressão é séria, o que é acentuado pela boca com os lábios cerrados; sua postura, realçada pela cor escura da camisa em contraste com sua pele clara, identifica-se com um padrão de comportamento estereotípico masculino.

Na Fig. 4, o fundo da imagem corresponde a uma janela, cuja vidraça é acompanhada de uma estrutura metálica composta pela disposição de várias formas geométricas, através da qual passa uma intensa claridade, como o reflexo de uma luz que nela incide. Por outro lado, o enquadramento do garoto-propaganda, embora seja semelhante ao do meio primeiro plano cinematográfico, corta-o na altura das coxas e não acima da cintura como na propaganda anterior. Sua postura sugere movimento, como se ele fosse flagrado passando em frente à janela. Seu corpo está ligeiramente de perfil, revelando mais seu lado esquerdo; a cor clara e brilhante da camisa neutraliza o realce de sua pele, também clara, como visto na Fig. 3; seus braços são mostrados por inteiro, sendo que o direito tem a mão apoiada sobre o peitoril da janela e o esquerdo, flexionado, tem a mão colocada no bolso da calça. A posição de perfil destaca seu abdômen, realçando seu físico esguio; seu rosto está voltado para o lado esquerdo; a boca mostra-se aberta, deixando visíveis seus dentes frontais; o olhar aponta para cima, em direção a algo que não faz parte do campo de visão do espectador da cena; seus cabelos ligeiramente compridos, como na Fig. 3, estão em desalinho, mas colocados por trás das orelhas. Nessa cena captada pela Fig. 4, o garoto-propaganda da Dudalina não assegura o padrão de comportamento estereotípico masculino, dada à leveza do movimento sugerido por seu corpo e pela expressão que conserva.

Comparadas as duas propagandas, o que se procurou mostrar é que, em primeiro lugar, o modelo escolhido para a campanha reforça o valor de nobreza e de estilo da camisa. Ao mesmo tempo, o enquadramento de sua imagem na Fig. 4 difere da 3 e de várias outras imagens em que modelos masculinos vestem camisas, como pode ser observado em outras páginas da mesma revista *Vip*, por exemplo, que apresentam propagandas das marcas Individual, Base, Enrico Rossi, etc. Nesse sentido, temos assegurada novamente a comunicabilidade do elemento gestual, capaz de produzir efeitos de sentido que são apreendidos pelos enunciatários.

Embora Wouter Peelen não tenha sua imagem associada à homossexualidade, seu padrão de beleza atrai a atenção do público homossexual, razão pela qual fotos suas aparecem em sites LGBT. Além disso, as propagandas da Dudalina querem atingir todo e qualquer público indistintamente de seu comportamento sexual, mas em nenhum momento seus textos de propaganda aparecem em revistas voltadas especificamente para o público *gay*, como as duas que fazem parte de nosso *corpus*.

A revista *Men's Health* surgiu nos Estados Unidos da América em 1987 e é publicada em vários países. Seu público alvo é o homem heterossexual, embora seja, dentre as três selecionadas para constituir o *corpus* deste capítulo, bastante consumida também pelo público homossexual. Voltada explicitamente para o que denomina questões de saúde do homem, normalmente publica reportagens sobre *fitness*, nutrição, sexualidade e estilo de vida. Em todas as suas capas aparecem homens, muitas vezes atletas ou modelos, fotografados sempre da cintura para cima, com o torso desnudado. Quando estão usando camisetas, elas sempre estão ajustadas ao corpo para que sua forma possa ser realçada. Em algumas capas, eventualmente, aparecem mulheres, mas, quando isso ocorre, ou elas estão coladas ao corpo masculino ou em segundo plano, em tamanho menor, num canto superior ou inferior. A revista tem recebido algumas críticas de setores do público e de algumas entidades ligadas à saúde física e psicológica, porque é acusada de exaltar o corpo perfeito, o que pode gerar mais ansiedade no público masculino em relação a sua forma física e, consequentemente, desencadear distúrbios alimentares e compulsão pela atividade física excessiva.

Da mesma forma que as duas publicações anteriores, a *Men's Health* é uma revista que apresenta grande quantidade de propagandas, principalmente sobre suplementos alimentares, produtos de higiene pessoal, perfumes, roupas, calçados, etc. Suas últimas páginas compõem uma seção intitulada "Estilo", tal como a *Alfa*. São destinadas à propagada de casas de roupas masculinas, só que nesse caso, em estilo mais jovial, se comparadas às que aparecem na *Vip*. O que procuraremos mostrar, mais à frente, por meio da seleção de duas propagandas dessa revista é que elas mantêm um paralelo com outras semelhantes que aparecem nas duas revistas que se destinam diretamente ao público homossexual.

G Magazine é uma revista voltada para o público masculino homossexual. Da mesma forma que a revista *Playboy*, destinada ao público heterossexual masculino, apresenta em suas capas a sensualidade de corpos femininos, a *G Magazine* expõe o corpo do homem. Sua estratégia composicional para o tratamento fotográfico é semelhante também à da *Playboy*. O garoto da capa é mais longamente exposto no interior da revista numa espécie de reportagem que o mostra e fala dele. Além das fotos desse modelo principal, normalmente mais um ou dois outros modelos aparecem no mesmo número (mensal) da revista. O nu da *G Magazine* não é pornográfico, pois não apela para a obscenidade, mas há exposição do órgão genital dos modelos. As fotos são produzidas e trabalhadas de maneira a valorizar beleza, tipo físico, constituição, comportamento, expressão e gestualidade. Enquanto veículo informativo, a revista tem uma atitude militante em relação às reivindicações do mundo *gay*, trazendo constantemente reportagens sobre casos de homofobia, ativismo político em prol da causa homossexual, depoimentos de vida, de comportamentos, etc. Além disso aborda assuntos gerais, com destaque para viagens, lazer, mundo artístico e, principalmente, culinária, que dá origem à seção "Gourmet", nas páginas finais da revista.

Essa identificação da *G Magazine* com o universo homossexual e a militância em relação à defesa dos direitos LGBT (ou LGBTI: lésbicas, *gays*, bissexuais, transgêneros e intersexuais) talvez seja o motivo pelo qual nem todas as empresas divulguem seus produtos na revista. As figuras abaixo, colocadas em sequência, exemplificam o tipo de propagandas que acabam aparecendo na revista.

Figura 5: Propaganda Grupo Cimed Revista *G Magazine*, ed. 99, dez. 2005, p. 47

Figura 6: Propaganda Preserv Revista *G Magazine*, ed. 114, mar. 2007, contracapa

Figura 7: Anúncios publicitários Revista *G Magazine*, ed. 114, mar. 2007, p. 73

A Fig. 5 apresenta um texto de propaganda de lubrificante íntimo do Grupo Cimed e tem sua superfície planar horizontalmente dividida em duas partes. Na superior, aparecem dois rapazes sorrindo um para o outro. Ambos estão de bermuda e camiseta, sentados, segurando uma garrafa de água mineral em uma das mãos, o que pode sugerir uma pausa na prática de uma atividade física (uma caminhada, por exemplo) e o rapaz da direita, que veste uma camiseta regata, apoia seu braço sobre o braço do rapaz da esquerda. O olhar que um dirige ao outro, acompanhado do sorriso, revela proximidade natural entre ambos o que poderia representar uma cena em que dois amigos conversam sobre algo risível. No contexto cultural brasileiro, a proximidade dos corpos não é necessariamente revestida de qualquer sentido homoafetivo. O que determina a interpretação da imagem que aparece no plano superior do texto de propaganda como uma cena de proximidade homoafetiva é o enunciado verbal, destacado em vermelho, numa composição de letras de tamanho maior e outro menor, em que se lê: "Na hora do RALA E ROLA, elimine o rala".

Nesse sentido, portanto, é possível observar que o espaço inferior à imagem, anteriormente caracterizado como segundo plano do corte horizontal da propaganda, pode ainda se subdividir em dois outros. Dessa forma tem-se a imagem na parte superior, o enunciado verbal no centro e, na parte de baixo, a identificação do produto: o lubrificante, que, por sua vez, direciona o sentido do enunciado. Em verdade, a significação global do texto é determinada pela junção desses três cortes horizontais que compõem a superfície planar da propaganda.

Com relação ao enunciado enquadrado, o que se pode dizer é que ele parte de uma expressão da língua portuguesa no Brasil – "rala e rola"[3] – que designa a proximidade física entre duas pessoas, ou seja, uma relação sexual. Há um jogo fonético, destacando a alternância entre o fonema vocálico /a/ da primeira palavra e o /o/ da segunda. O enunciado propõe a eliminação do "rala", o que só adquire sentido quando se observa, na faixa horizontal inferior da propaganda, as embalagens do lubrificante "lubri-fik". O sentido de "ralar", originalmente "friccionar algo de encontro ao ralador", no enunciado central do texto de propaganda, remete à penetração do órgão masculino durante o ato sexual. O lubrificante anunciado apresenta-se como opção para a eliminação desse atrito, tornando a penetração menos dolorida para quem é penetrado. Assim, como na parte superior é reproduzida a proximidade entre dois rapazes, o cenário que indicia um possível envolvimento sexual entre dois homens está construído.

---

[3] Conforme consta no *Dicionário Informal*, a expressão "rala e rola" significa transar, fazer sexo. Sexo, esfregação, orgia. Disponível em: <http://www.dicionarioinformal.com.br/rala-e-rola/>. Acesso em: 11 jan. 2015. (N.O.)

O que se identifica ainda no enunciado central da propaganda é o recurso da aliteração, em que a repetição do fonema velar /r/ imita o som da fricção entre dois corpos que o objeto anunciado quer eliminar. Há, portanto, uma relação semissimbólica entre a imagem e o texto verbal.

Na Fig. 6, não há gestualidade do corpo humano, pois ele não é retratado. O texto de propaganda reproduzido nessa figura, entretanto, constrói-se da mesma forma que na anterior, isto é, por meio da sobreposição de dois planos que estão interligados pela cor azul que domina toda a superfície de fundo da imagem. No plano superior aparece uma baguete inserida num saquinho com uma parte de fora. À primeira vista, pode-se pensar numa cena comum ao cotidiano de qualquer pessoa que vai a uma padaria comprar uma baguete, que é colocada dentro de um saquinho que não a recobre inteiramente. Essa, porém, seria uma cena possível se se quisesse vender produtos de uma padaria ou de uma confeitaria. O que, afinal, uma propaganda desse tipo estaria fazendo em uma revista como *G Magazine*? A reposta a essa indagação pode ser dada por meio da leitura do plano inferior da propaganda, em que aparece o seguinte texto verbal:

> Viver acima da média não é fácil. Para essas situações, a Preserv criou o primeiro preservativo dotado de mais largura e comprimento do mercado. Um grande diferencial para quem sabe que, quando o embrulho é bom, valoriza qualquer produto.
>
> Preserv Extra. Do tamanho do seu desejo.

A baguete que aparece na figura, portanto, não é uma baguete, mas, pelo seu formato, remete ao falo. O discurso que constitui o texto reproduzido no plano inferior da propaganda revela a escolha de termos que valorizam o excesso: "acima da média", "dotado", "mais largo", "mais comprido", "grande". Esses adjetivos recobrem o "produto", termo utilizado para nomear o órgão sexual masculino, ao qual está associada a imagem do "embrulho bom", ou seja, o preservativo Preserv Extra. O que se constata, portanto, é o processo de metaforização do objeto uma vez que o que a imagem reproduz (baguete e embalagem) remetem a um outro conteúdo (pênis e preservativo).

De modo geral, esse texto de propaganda não veicula explicitamente a questão da homossexualidade, mas o que faz com que ele incorpore esse discurso é o fato de aparecer numa revista voltada para o público homossexual, como é o caso da *G Magazine*. O que se constata por meio dessa rápida análise dos dois textos sincréticos reproduzidos nas Fig. 5 e 6 é que se referem a produtos ligados à atividade sexual, muito comuns inclusive no universo das relações homossexuais, como é o caso do preservativo e do lubrificante íntimo.

Como se pode constatar, as figuras 5 e 6 reproduzem propagandas que são o resultado de um trabalho de elaboração do texto, de investimento de uma campanha realizada pelas empresas que produzem os objetos de consumo e que veem na revista um local adequado e eficaz para atingirem seus objetivos. Essas propagandas revelam o mesmo nível de produção das anteriores, que correspondem às figuras 1, 2, 3 e 4 que aparecem nas revistas masculinas *Alfa* e *Vip*.

O que a figura 7, entretanto, nos revela é que, quando não se trata de produtos ligados diretamente à sexualidade, não se concretiza o texto de propaganda, tal como os registrados nas figuras de 1 a 6, mas, sim, a divulgação de produtos no formato de anúncios classificados, como ocorre, por exemplo, nas chamadas *Páginas Amarelas*. É assim que, na Fig. 7, vemos anunciados, todos juntos, no espaço de uma página da revista, um *site* da internet para comercialização de vinhos, uma loja que produz e vende cortinas, uma estação de rádio, uma casa de depilação e de massagens terapêuticas, um bar e estúdios/apartamentos para alugueis de curtas temporadas em Buenos Aires. Se, por um lado, a loja virtual de vinhos e a loja física de cortinas não fazem referência explícita ao universo homossexual (o que talvez, no caso da primeira, seja possível se se fizer uma leitura fálica da imagem da garrafa de vinho), os anúncios da rádio, da casa de depilação e massagem, do bar e das suítes em Buenos Aires, por outro, dirigem-se explicitamente ao público homossexual. A estação de rádio alinha-se aos direitos LGBT; o bar é naturista, privativo, com *sex-playgrounds* destinados a encontros entre homens; as suítes em Buenos Aires podem ser reservadas pelo site *bairesgayrental*, junção da expressão, traduzida, "Locação para *gay* em Buenos Aires".

Os anúncios de saunas, casas de massagem e depilação, boates, bares, etc. são muito comuns no formato apresentado pela Fig. 7, que reproduz uma página da *G Magazine* de março de 2007, em revistas pornográficas destinadas ao público homossexual, majoritariamente masculino. Eles atendem às necessidades de estabelecimentos comerciais que não têm condições financeiras de arcar com as despesas de uma campanha publicitária, como fazem as grandes empresas. Esses estabelecimentos divulgam seus serviços por meio de textos somente verbais ou verbovisuais em pequenos espaços, cujo custo é mais baixo. Com exceção das propagandas reproduzidas nas Fig. 5 e 6, a *G Magazine*, mantém o mesmo contrato com seus anunciantes que as revistas de pornografia. As grandes empresas, que não desejam filiar sua imagem a esse tipo de veículo, considerado marginal ou tabu, não aparecem nas páginas de *G Magazine*.

A *Junior*, segunda revista de nosso *corpus* que se dirige ao público *gay*, diferentemente da *G Magazine*, não divulga imagens de nu masculino com exposição dos órgãos genitais. As fotos veiculadas no interior da revista seguem o modelo da *Vip*, quando retrata as mulheres. Há uma intensa valorização das formas do corpo, com gestualidade que apela para a sensualidade, mas a genitália é sempre ocultada. Diferentemente, uma vez mais, da *G Magazine*, a *Júnior* apresenta textos de propaganda semelhantes a outras revistas que não se voltam para o público homossexual. As páginas com pequenos anúncios não aparecem tal como foi mostrado na outra revista. Embora apareçam esparsamente alguns anúncios de casas com ambiente para o público *gay*, eles são mais trabalhados e normalmente ocupam a página toda da revista e não em pequenos espaços acumulados como no caso da revista anterior.

Observemos duas propagandas de casas de depilação.

Figura 8: Propaganda Não+Pêlo Revista *Men's Health*, ed. 78, out. 2012, p.55

Figura 9: Propaganda Maison Depil Revista *Junior*, ed. 58, fev. 2014, contracapa

A Fig. 8 apresenta a propaganda da "Não+Pêlo", uma empresa especializada em fotodepilação. Sua superfície planar é dividida em duas partes, a superior branca e a inferior num tom quase negro, mas com uma luminosidade incidindo sobre o modelo que posa para a propaganda. Ao centro, desvinculado de qualquer ambiente natural, o rapaz é mostrado por inteiro, sendo que a linha que separa a parte branca da parte escura, que passa um pouco acima de sua cintura, separa também a forma como seu corpo é exposto. Na parte superior, seu torço e parte de seus braços estão nus; na parte inferior, o rapaz está totalmente vestido. Como seu corpo é visto por inteiro, a expressão facial é menos marcada. O olhar da câmera volta-se para sua pele totalmente livre de pelos, do rosto até a parte um pouco acima do quadril e abaixo dos cotovelos, em oposição às partes cobertas. O rapaz sorri, olha diretamente para quem vê a propaganda, mas sua expressão mantém-se neutra. Seu corpo pende ligeiramente para seu lado esquerdo, desde a cabeça, o ombro e o braço esquerdo, o que propicia um foco sobre as axilas, também totalmente depiladas. Tanto do ponto de vista da gestualidade do corpo quanto da expressão facial, seu comportamento reflete um certo padrão de gestualidade masculina.

Além disso, há a presença do texto escrito. Na parte superior, no canto esquerdo do texto de propaganda aparece o enunciado: "Sua namorada adora bicho de pelúcia. Desde que não seja você".

Na parte inferior, no canto direito, o seguinte:

> Sem dor, sem irritação e sem deixar manchas, você vai se livrar de vez dos sofrimentos da depilação em poucas sessões, pagando menos do que em outros métodos. Marque uma avaliação grátis com a líder mundial em fotodepilação Não+Pêlo e descubra as vantagens do método mais moderno, duradouro e seguro de eliminar pêlos.
>
> Feita com luz, como um flash.

O enunciado remete àquilo que o modelo despido na parte superior afirma, qual seja, a depilação do corpo masculino. A justificativa para a realização dessa ação é o desejo de agradar à namorada. É dessa forma, portanto, que a propaganda contextualiza a depilação – normalmente associada ao universo feminino – no fazer masculino. O cuidado com o físico masculino associa--se à satisfação do sexo oposto, o que justifica o fato de um homem procurar fazer uma depilação.

Na Fig. 9 temos a reprodução da mesma ação abordada na publicidade anterior, isto é, uma propaganda de um estabelecimento especializado em depilação masculina, a Maison Depil. Diferentemente da anterior, entretanto, o modelo, Lucas Malvacine, Mister Brasil 2011, não aparece por inteiro, mas em meio primeiro plano. Seu olhar dirige-se também para quem vê a propaganda; sua expressão e o sorriso, mais leve que o do modelo da Fig. 8, produz um ar de sedução. Seu rosto não está depilado. Ao contrário, apresenta-se com uma barba e um bigode ralos, sugerindo que não é barbeado há um certo tempo. Apenas seu corpo foi depilado e sua mão esquerda repousa sobre o peito. No lado direito da propaganda, sobre o ombro esquerdo do rapaz de onde parte o braço que leva a mão ao corpo pode-se ler o seguinte enunciado: "Prepare sua pele para o toque".

No caso do texto da Fig. 9 a justificativa da ação do homem não está mais ancorada no desejo de satisfazer à namorada. A mão do modelo que toca a si mesmo remete à ideia de ser tocado e, ao mesmo tempo, de tocar. Nesse sentido, portanto, seu gesto representa uma autossatisfação ou a satisfação que seu corpo depilado pode causar a uma mão masculina que o toca, simbolizada, na imagem, por sua própria mão. A construção verbovisual do texto de propaganda em questão remete ao contexto da homossexualidade, reforçada pelo fato de ser veiculada numa revista, a *Júnior*, que se dirige a esse tipo de público.

Por fim, para verificarmos ainda certos recursos que o texto de propaganda utiliza para constituir seu interlocutor, observemos mais dois outros textos.

Figura 10: Propaganda Confecção Dudalina
Revista *Men's Health*, ed. 80, dez. 2012, p. 25

Figura 11: Propaganda Adeh Oliveira
Revista *Junior*, ed. 58, fev. 2014, p. 11

As Fig. 10 e 11 reproduzem duas propagandas de roupas masculinas destinadas a serem usadas em situações de lazer. Trata-se de dois textos que se valem exclusivamente do recurso visual, uma vez que as manifestações verbais referem-se somente às marcas das roupas. A Fig. 10 é uma propaganda da Individual, linha mais casual da empresa Dudalina, examinada nas Fig. 3 e 4, que exibe modelos de camisas de mangas curtas e bermudas, roupas mais apropriadas para uma ocasião descontraída. A Fig. 11, uma propaganda da marca Adeh Oliveira, divulga modelos de roupas esportivas masculinas, menos formais que as da figura anterior.

Um único traço distintivo entre as duas propagandas seria importante destacar. Embora as cenas sejam muito semelhantes a gestualidade dos modelos que nelas aparecem são diferentes. Em 10, propaganda veiculada em revista que se identifica com o público masculino heterossexual, os olhares dos rapazes não se cruzam e suas fisionomias são sérias. O da esquerda, que fala ao celular, olha para o solo, os outros dois olham para um ponto não identificado pelo espectador da cena. Suas posturas corporais são estereotípicas masculinas, não apresentando nenhum desvio padrão. Embora os dois rapazes que têm as camisas abertas apresentem tórax depilados, suas pernas não estão depiladas. Em 11, por sua vez, os modelos entreolham-se, ou três deles olham para o rapaz de camiseta verde, à esquerda da imagem. Todos os rapazes revelam uma fisionomia alegre, marcada pelo sorriso. Além disso, embora nenhum deles apresente o peito desnudo, parecem estar totalmente depilados, incluindo as pernas, que estão à mostra. Mesmo que a gestualidade das mãos e das pernas não remetam a um comportamento que não seja tipicamente masculino, a situação e a atmosfera criada pela imagem remetem à leitura homoafetiva. Outro dado que propicia a leitura da identidade homossexual reproduzida na propaganda é o uso de camisetas regatas por todos os modelos, principalmente pelos dois rapazes que estão à direita da cena, se se toma como perspectiva o olhar do espectador da imagem, pois vestem regata cavada. No Brasil existe, no imaginário do público mais jovem, o conceito de que o uso de camisetas regatas, quando não ocorre em situações específicas da prática de esporte ou na academia, está associado ao estilo de vestimenta do homossexual.

Conclusão

Tomando por base a proposta teórico-metodológica da semiótica discursiva, este capítulo procurou observar como os textos de propagandas dirigidos ao público masculino constroem a imagem do enunciatário heterossexual e do homossexual. Para tanto tomou como *corpus* cinco diferentes revistas publicadas no Brasil. A primeira constatação a que se pôde chegar é que essas propagandas, enquanto textos planares, manifestam-se geralmente de duas formas diferentes, quais sejam, a visual ou a sincrética. Quando se trata de texto sincrético, os elementos verbais e os visuais culminam no semissimbolismo que reveste a comunicação instaurada. Logo, para a apreensão de seu sentido, é fundamental o exame das categorias eidética, cromática e topológica. Quando se trata de texto visual, a gestualidade é determinante para a apreensão do sentido, uma vez que as imagens compõem-se pela retratação de corpos humanos.

O que se pôde constatar por meio do exame dos textos selecionados é que seu sentido é determinado também pelo veículo em que são divulgados, de forma que cada uma das revistas compõe um certo estilo que reflete o *éthos* do enunciador que a constitui e a imagem de seu enunciatário. Assim, *Vip* é a revista que reafirma os valores do homem padrão heterossexual, mais especificamente ao homem que transita pelo mundo dos negócios e que procura uma revista que lhe propicie instantes de lazer, por meio de matérias que apresentem imagens do corpo feminino em exposição, sem entretanto um apelo erótico muito marcado, e de outras que tratem de assuntos gerais, com foco, principalmente, em temas voltados para a aparência e o *status* social. A *Alfa* propõe focalizar o homem de uma faixa etária mais velha, centralizando-se também em temas voltados para o comportamento e as formas de vida em sociedade. *Men's Health* dirige-se ao público masculino mais jovem e está voltada exclusivamente para a valorização do corpo, associando a isso a ideia de saúde e de desempenho físico. Com relação às duas revistas que constituem o enunciatário homossexual, *G Magazine* parece valorizar mais explicitamente a exposição da sexualidade, procurando atingir uma classe mais popular; *Junior*, por sua vez, embora não deixe de se centrar em questões sexuais, parece assumir um tom menos explícito, com vistas a atingir um público um pouco mais elitizado que o da revista anterior. O que se constata, porém, é que, nessas duas últimas revistas, a valorização do corpo e a construção de um tipo físico ideal são determinantes. Nesse sentido, portanto, elas se confundem mais diretamente com a *Men's Health*. Nas outras duas revistas, que têm um público não tão jovem, o que se observa é que esse padrão físico masculino é assegurado nas propagadas constituídas por modelos masculinos, mas sem focalizar diretamente esses valores em seu enunciatário. Entre o público jovem masculino atualmente, a valorização do porte físico muitas vezes desfaz diferenças entre heterossexuais e homossexuais, como é o caso dos denominados metrossexuais, que correspondem a homens que vivem nas metrópoles e que cultuam o corpo, a aparência, e apelam para o consumo de cosméticos e de cirurgias estéticas para retardar o processo de envelhecimento.

Por último, verificou-se também que os textos de propaganda que concretizam o enunciatário homossexual são raros. Em primeiro lugar eles só aparecem em revistas que claramente se identificam com esse tipo de público. Em segundo, quando aparecem nessas revistas, apresentam produtos diretamente ligados à sexualidade (como as propagandas de preservativos e de lubrificante íntimo anteriormente analisadas). Além disso, quando vendem outros tipos de produtos, nunca aparecem na forma exatamente de texto de propaganda, mas sim na de anúncios classificados. O último aspecto que se observou é que, como o tema da homoafetividade é ainda tabu para a sociedade brasileira contemporânea, as empresas que anunciam seus produtos preferem não estabelecer um vínculo claro com as pessoas que têm essa conduta sexual. Mesmo que os homossexuais também se interessem por carros, bebidas, perfumes, óculos, roupas, televisores etc. normalmente não se veem propagandas desses produtos nas revistas que os adotam como público alvo. O que este capítulo identificou, no caso das roupas masculinas, foi apenas uma leve diferença entre a postura masculina revelada numa propaganda que aparece em revista voltada para o público heterossexual e outra, para o homossexual, como mostrado nas Fig. 10 e 11. O que se verifica, portanto, é que o ocultamento do enunciatário homossexual, embora pudesse se justificar quando se pensa que a propaganda se destina a um público genérico indistinto, revela o mesmo tipo de preconceito que existe em relação ao negro. Numa sociedade heteropatriarcal constituída por maioria branca, os homossexuais e os negros não conseguem ter muita visibilidade na mídia voltada para o público genérico.

Referências

GREIMAS, A. J. Semiótica figurativa e semiótica plástica [1984]. In: OLIVEIRA, A. C. (Org.). *Semiótica plástica*. São Paulo: Hacker, 2004, p. 75-96.

GREIMAS, A. J. *Sobre o sentido II. Ensaios semióticos*. Trad. Dílson Ferreira da Cruz. São Paulo: Nankin: Edusp, 2014. [1. ed. 1983].

GREIMAS, A. *Sobre o sentido. Ensaios semióticos*. Trad. Ana Cristina C. Cezar *et al.* Petrópolis: Vozes, 1975. [1. ed. 1970].

GREIMAS, A. J; COURTES, J. *Sémiotique. Dictionnaire raisonné de la théorie du langage II (Compléments, débats, propositions)*. Paris: Hachette, 1986.

GREIMAS, A. *Dicionário de semiótica*. Trad. de Alceu Dias Lima *et al.* São Paulo: Contexto, 2008. [1. ed. 1979].

HJELMSLEV, L. *Prolegômenos a uma teoria da linguagem*. Trad. de J. Teixeira Coelho Netto. São Paulo: Perspectiva, 2003. [1. ed. 1943].

TEIXEIRA, L. Para uma metodologia de análise de textos verbovisuais. In: OLIVEIRA, A. C. de; TEIXEIRA, L. (Org.). *Linguagens na comunicação. Desenvolvimentos da semiótica sincrética*. São Paulo: Estação das Letras e Cores, 2009. p. 41-77.

4. Escutando o "excluído": uma análise de entrevistas com pessoas "sem domicílio fixo"

Emilie Née
Frédéric Pugniere-Saavedra
Fernando Hartmann
Trad. Fernando Hartmann

Propomos, neste capítulo, uma análise do discurso de entrevistas feitas com pessoas que vivem em situação extremamente precária, visto que são ou se encontram em um dado momento "sem domicílio fixo", para retomarmos, momentaneamente, uma designação administrativa empregada no espaço social e nas mídias da França.

Pesquisadores de países (França e Brasil) e de formações diferentes (linguística, análise de discurso "à moda francesa" e psicanálise), analisamos o *corpus* de entrevistas tentando, a princípio, fazer emergir enunciações singulares e desconstruir enunciados circulantes e representações dos "dominantes", os quais poderiam constituir uma ortodoxia divisionista e estigmatizante.

Confrontados com numerosas dificuldades ao longo da pesquisa – dificuldades teóricas, metodológicas, mas, acima de tudo, dificuldades humanas, psicológicas e éticas ao falar "com" e ouvir um "outro" que, de início, se representa como "excluído" – desejamos propor uma abordagem introspectiva e reflexiva do pesquisador sobre si mesmo, com suas próprias representações padronizadas e, às vezes, inconscientes; seu próprio imaginário; sua importante distância em relação aos pesquisados. Tais representações dificultam não somente a escuta do outro, mas também – e principalmente – a coconstrução de um discurso "com o outro".

Nosso objetivo, com esta primeira incursão nos dados de uma investigação que foi "desafiadora", é relatar, partindo de observatórios linguísticos, falhas ou dificuldades encontradas pelos entrevistados "fragilizados" (PAYET, 2012) e pelos entrevistadores, que esse encontro – assimétrico – fez nascer.

O difícil encontro do outro dito "excluído"

Antes de adentrar o *corpus* das entrevistas, precisamos retomar as origens desta pesquisa e a definição do terreno onde entraríamos como pesquisadores, indicando as principais dificuldades encontradas.

Interrogações teóricas e metodológicas

Nossa pesquisa tinha inicialmente como objetivo abrir espaço para as palavras e os enunciados destes que categorizamos como "excluídos" e que as mídias e a doxa, a partir das instituições governamentais, designam comumente como "sem domicílio fixo" (SDF). Este projeto nasceu de uma preocupação pessoal sobre a experiência de precariedade – experiência essa vivida por um de nós, no momento mesmo da construção do projeto – e de uma curiosidade científica por terrenos ainda não investigados pela análise de discurso tal como a conhecemos e praticamos.

Como já foi dito, defrontamo-nos com uma insegurança ao mesmo tempo metodológica e teórica, bem como com uma preocupação de legitimidade, tendo em vista que a análise de discurso francesa (doravante, ADF) em sua vocação crítica ou didática se interessa mais frequentemente por discursos institucionais – no sentido de "discursos 'autorizados' em um determinado ambiente" (OGER; YANIV, 2003) – e por gêneros "instituídos" de discursos (MAINGUENEAU, 2004) – discursos políticos, midiáticos, institucionais, literários, sindicais – do que por discursos de grupos sociais ou de pessoas que têm uma mesma posição social ou ocupam uma mesma posição social em um dado momento. A ADF também raramente analisou *corpora* de entrevistas realizadas pelo próprio pesquisador (entrevistas semiestruturadas, entrevistas abertas, histórias de vida...) e, sobretudo, aquelas que se voltam para "atores fragilizados" (PAYET, 2012).

No entanto, mais recentemente, observam-se várias pesquisas em que se cruzam e se complementam abordagens sociolinguísticas e abordagens discursivas que trazem categorias e conceitos emprestados da ADF. Entre elas, podemos citar três que nos inspiraram: a análise proposta por Jacques Guilhaumou (2004) sobre histórias de vida de pessoas ditas "excluídas", integrando as noções de *trajeto* e de *acontecimento discursivo*; os trabalhos de Sonia Branca-Rosoff sobre o "*Corpus de Français Parlé Parisien*" [*Corpus* do francês falado de Paris] (CFPP 2000) que fazem intervir, na análise de entrevistas semiestruturadas, noções enunciativas ou argumentativas, tais como o discurso outro, a autonímia (BRANCA, 2013) ou o estereótipo (BRANCA, 2009); enfim, as proposições de Sandra Nossik (2011, 2014) sobre as histórias de vida que colocam no centro de análise sua materialidade discursiva. A nosso ver, esses estudos demonstram mais que sociolinguistas e historiadores, entre outros, vêm utilizando uma metodologia da análise do discurso na compreensão e na construção de seus objetos, do que um interesse crescente de analistas de discurso por terrenos até então investigados por outras disciplinas (sociologia, antropologia, sociolinguística) ou correntes (interacionismo, etnometodologia, por exemplo).

Uma segunda dificuldade metodológica veio do fato de que, até então, havíamos trabalhado essencialmente sobre materiais e *corpora* escritos. Se as especificidades do oral nos são pouco familiares, pensamos, entretanto, que nosso conhecimento da escrita nos torna talvez mais sensíveis a alguns fenômenos que podem parecer triviais para o especialista do oral.

Partir ao encontro do "excluído": lições do terreno

Recolher a fala de pessoas que vivem na rua ou que se encontram um dia "na rua" implica um trabalho de pré-investigação e de investigação sobre o terreno a ser pesquisado. Além disso, pelo menos para fazer entrevistas diretamente "na rua" – o que, em nossa opinião, apresenta uma série de problemas, a começar pelo fato de que a solicitação da entrevista é colocada de maneira abrupta, sem a possibilidade de o entrevistado refletir sobre sua aceitação ou recusa em fazer uma entrevista –, o acesso às pessoas em situação de extrema precariedade necessita da ajuda de muitas outras pessoas que lidam com essa condição, ou seja, necessita de mediação.

Assim, começamos, no inverno de 2011, as pré-investigações no centro de Paris, no bairro Les Halles, que era, até então, muito frequentado por pessoas sem domicílio ou em situação precária de vida e onde numerosas associações vinham propor ajuda. Inicialmente, voltamo-nos para uma instituição de acolhimento situada no referido bairro. Um de nós (Emilie Née), voluntária nessa associação, reconheceu a dificuldade de coletar falas no seio de uma estrutura que temia uma reação incontrolável da parte de seus usuários, caso um projeto de entrevistas fosse implementado. Pudemos, então, constatar que o pesquisador poderia ser visto pela associação e por seus usuários com a mesma desconfiança que o jornalista: alguém que toma sem dar em troca e a quem é preferível "direcionar" a observação e o discurso. Esse contato inicial revelou dois aspectos desse tipo de terreno que, em seguida, guardamos no espírito: 1) a estigmatização dessas pessoas é um assunto sensível; 2) as pessoas que vivem na rua têm trajetórias e origens sociais tão diversas que não podemos reduzi-las a um grupo social: "os sem domicílio fixo" (doravante, SDF). Antes de nós, vários sociólogos mostraram que os SDF constituíam uma categoria administrativa, que não poderia, porém, ser erigida em categoria sociológica (Terrolle; Gaboriau, 2003; Payet, 2012). Colocar-lhes o nome de SDF é já reificar as experiências e associá-las a essas pessoas, antes mesmo de escutar seus discursos e relatos unificados.

Graças a essa falha, percebemos que estávamos presos na armadilha dessa categoria não sociológica: de fato, havíamos partido, ingenuamente, do desejo de coletar a fala das pessoas ditas SDF, postulando a existência de um discurso singular, que seria "diferente" daquele proferido pelas pessoas que não viviam em situação de rua. Circusncrever as falas que havíamos coletado no seio dessa categoria não sociológica seria, com efeito, reconduzir a uma forma de exclusão e de estigmatização pela ausência de diferenciação, não levando em conta o outro na sua singularidade.

A investigação levou-nos, então, para a instituição associativa "La Boutique Solidarité" de Gagny (na região de Seine-Saint Denis, norte de Paris), instituição essa que acolheu favoravelmente nosso projeto. Trata-se de um centro de acolhimento diurno que tem como especificidade organizar, para as pessoas acolhidas, atividades "renarcisantes", "concebidas em torno da noção de revalorização"[1]. Atividades teatrais desempenham, pois, um importante papel nesse lugar (ver DERVINETAL, 2011). Depois de apresentar nosso projeto aos usuários, realizamos nessa associação, ao longo de um período de três meses, cinco entrevistas com a duração de uma a duas horas cada. O objetivo era o de coletar a fala sincera e espontânea dos entrevistados, já que tínhamos somente algumas – poucas – questões amplas que versavam sobre o percurso de vida dos participantes, sua história familiar, sua chegada a "La Boutique" e sua relação com a sociedade atual. Essas perguntas eram deliberadamente abertas, de maneira a deixar as pessoas falarem livremente e mesmo orientarem a entrevista. Assim, reconhecemo-nos na posição de entrevistador "escutante" tal como defende Didier Demazière (1997, p. 88):

> A experiência de todas as nossas pesquisas em torno de populações reputadas como "com problemas" vai em um sentido oposto: promover a confiança, explicitar claramente a demanda, expor os objetivos da pesquisa, escutar e respeitar os pontos de vista expressos, o que dá resultados muito melhores do que todas as grades de perguntas que não são mais do que questionários camuflados.

Uma escuta marcada pelo peso das normas e das representações

O terreno, que não nos era familiar, como já foi dito, propiciou-nos a oportunidade de adotar uma postura de humildade que consistiu em mudar de orientação, de acordo com nossa intuição, e de direção, de acordo com o rumo que a conversa tomava, a partir do que os entrevistados aceitavam dizer-nos. O método de coleta de dados sobre o terreno foi gradualmente construído, segundo o *método de bricolage* de Lévi-Strauss (1962). Esse tateamento permanente na metodologia foi o que nos permitiu fazer um retorno introspectivo sobre nossas próprias produções linguageiras, vetores de categorias e de representações padronizadas, no cruzamento entre o pensamento, inclusive o discurso miserabilista, e a transposição de nossas próprias categorias de "incluídos" em direção aos "excluídos". Observamos, de maneira geral, uma dificuldade do pesquisador em interrogar certos aspectos da vida dos participantes da pesquisa. Em todas as entrevistas, o entrevistador demorou um certo tempo para interrogar e nomear

---

[1] Informações disponíveis em: <http://www.hotelsocial93.fr/boutique-solidarite>. Acesso em: mar. 2013.

a situação de rua vivida pelo informante. Tal situação foi indagada somente pela menção – via mediação de uma expressão dêitica – da Boutique Solidarité:

(1) Emilie (entrevistadora): como você se encontra *aqui* [na Boutique]? (Entrevista F)[2]

(2) Emilie (entrevistadora): faz muito tempo que você está *aqui* de fato? (Entrevista E)

As interrogações explícitas do entrevistador são adiadas e passam seguidamente pelo emprego do termo genérico *situação*:

(3) Fernando (entrevistador): aha, aha, aha, hum é mais hum eu não sei, *eu me pergunto isso*, se hum porque *aconteceu esta situação lá por quê* hum? (Entrevista M)

Quando nomeada, a palavra "rua" é acompanhada de hesitação, traduzindo desconforto:

(4) Frédéric (entrevistador): e você já discutiu com eles o fato de você estar na rua *enfim, o que é, o que eles pensam que é* (Entrevista E)

(5) Fernando (entrevistador): eu acho interessante isso por que... hum... o olhar *quando quando* estamos na rua *hum* há sempre um olhar hein (Entrevista F).

Quando o entrevistador pergunta sobre a situação do entrevistado, seus enunciados podem veicular normas sociais sobre o que deveria ser uma vida "normal" ou representações sobre a situação de pessoas na rua, normas sociais e representações às quais o entrevistado não submete necessariamente sua narrativa ou pelo menos não no momento em que o entrevistador espera que ele o faça:

(6) Frédéric (entrevistador): o que é *difícil* para você lá na vida do dia a dia? Guillaume: (*longa pausa*) *uh uh antes que uh*? Frédéric (entrevistador): não, não, enfim, *por exemplo, ao longo de um dia, o que é difícil*? Guillaume: uh *o que é difícil uh não quando faz tempo bom eu passeio* (Entrevista G)[3]

No exemplo 6, a pergunta do entrevistador (Frédéric) postula, de imediato, que a situação do entrevistado (Guillaume)[4] é difícil. O entrevistado responde

---

[2] Apoiamo-nos nas convenções de transcrição de corpora CFPP 2000 (<http://cfpp2000.univ-paris3.fr>), que facilitam o tratamento semi-informatizado de um dado corpus. Trata-se de uma transcrição ortográfica em que utilizamos o código DELIC (<http://sites.univ-provence.fr/delic/corpus/conventions.html>). Nesse código, as pausas breves são indicadas pelo sinal + e as pausas longas, pelo sinal ++.

[3] Em consonância com a tradução que nos foi encaminhada pelos próprios autores do capítulo, mantivemos em francês as interjeições para as quais não encontramos correspondentes precisos em português, uma vez que elas não interferem na compreensão geral dos trechos transcritos. (N.O.)

[4] Os nomes dos informantes são fictícios. Foram entrevistados: Maurice (51 min), Philippe (46min), Ali (1h22min), Guillaume (29 min e 13 min), Alexandre (47 min).

com silêncio e um pedido de reformulação, deixando o entrevistador sozinho com sua avaliação e não levando em conta a avaliação externa de sua própria situação. Então, encadeia com uma descrição de sua vida diária, em que não intervém a avaliação negativa. O mesmo tipo de interação ocorre no exemplo a seguir, no qual a questão do entrevistador "E você nunca quis começar uma família, você...?" projeta, também desta vez, sobre o discurso do entrevistado, uma norma social ou uma expectativa, que poderia ser reformulada como: "ter amigos, ter (construído) uma vida social e familiar".

> (7) Emilie (entrevistadora): e uh quando você fez todas essas viagens, você viajou bastante na verdade!
> Guillaume: bem, sim!
> Emilie (entrevistadora): *você tinha amigos* ou você estava sempre só?
> Guillaume: sempre
> Emilie (entrevistadora): sempre um solitário então
> Frédéric (entrevistador): e você nunca quis começar uma família, você...?
> Guillaume: *como?*
> Frédéric (entrevistador): e você nunca quis começar uma família, você ...?
> Guillaume: (*Sinaliza "não" com a cabeça, seguido de um longo silêncio*) (Entrevista G)

Seguindo as proposições de Payet (2012), podemos interpretar as respostas do entrevistado como uma recusa de se deixar fechar em um discurso que, pelas normas que impõe, reconduz a uma forma de clivagem e de exclusão. Percebe-se também, na progressão das entrevistas, a dificuldade e a limitação que experimenta o entrevistador em evocar certas práticas sociais. Figuras de hesitação aparecem especialmente quando o entrevistador evoca *a atualidade política,* que lhe aparece subitamente secundária e que trai uma de suas representações – "os SDF, devido à sua situação de rua estariam fora da atualidade".

> (8) Emilie (entrevistadora): e com relação uh justamente para mudar um pouco de assunto, retomar com relação à atualidade, a sociedade uh + *é que enquanto em situação precária você experimentou a necessidade de seguir ou você segue de alguma maneira ou lhe acontece de seguir o que se passa enfim a atua... o que nós chamamos a atualidade uh política ou da sociedade?*
> Philippe: bem, *ouais* (Entrevista F).

Assim, o imaginário dos entrevistadores se encontra seguidamente desajustado ou contradito pelos fatos no discurso dos participantes. Por meio dessas dificuldades, reencontramos as diferentes experiências vividas pelo pesquisador, tais como revelam Payet *et al.* (2008) no que concerne a pesquisas em torno de "atores fragilizados", ou seja, indivíduos debilitados do ponto de vista social que têm, no entanto, capacidade de ação – aquela dos indivíduos enfraquecidos (PAYET, 2012, p. 3): a experiência da presença no mundo, a experiência da decência, a experiência da consistência (ver PAYET, 2012, p. 3-5).

Dizer a experiência da precariedade

Como os entrevistados respondem à solicitação de narrativa da parte do entrevistador quando ela é explicitamente formulada? Uma primeira série de fenômenos que se encontram no nível interacional e enunciativo traduzem, para nós, uma dificuldade, uma resistência ou uma impossibilidade de os entrevistados enunciarem a um outro, que se apresenta como "incluído", o que lhes acontece ou lhes aconteceu, indicando quase a presença de um indizível, como mostram as duas próximas seções. O uso específico de pronomes pessoais, especialmente o pronome de primeira pessoa, em cotexto, mesmo em concorrência frequente com termos indefinidos ou coletivos (pronomes e nomes) testemunha uma difícil inscrição do sujeito e do outro no seu discurso, no contexto das entrevistas (como mostra a seção "Uma difícil inscrição de si no discurso", mais adiante).

Histórias silenciosas, reduzidas

O que impressiona, de início, a escuta e, depois, a leitura das entrevistas são as numerosas pausas e os silêncios (pausas superiores a 2 segundos); a ausência de respostas ou respostas incompletas; as elipses que vêm construir a interação e que intervêm quando certos aspectos da situação dos participantes são abordados. Particularmente, em três das cinco entrevistas, observamos respostas "difusas", respostas elípticas ou inaudíveis, até mesmo a aparição de silêncios quando o entrevistador interrogava frontalmente as razões da situação vivida pelos participantes:

> (9) Frédéric (entrevistador): como você se encontra aqui [na Boutique]
> Guillaume: bem, com a equipe educacional, eu me entendo muito bem, rimos ++ é isso
> Emilie (entrevistadora): mas em comparação a como...mas o que é que lhe aconteceu para que você se encontrasse finalmente na rua?
> Guillaume: *bom, eu estava na rua,* uh eu falei o tempo todo com com vocês que eu tinha conhecido um amigo que bebia muito álcool (Entrevista G.)
>
> (10) Fernando (entrevistador): mas Philippe, eu, eu, eu queria lhe fazer uma pergunta, mas você você pode me dizer ou não uh + quando, + porque isso lhe aconteceu? O que aconteceu de? + porque "perder o fio da meada" hein?
> Philippe: +++[*silêncio de 5 segundos*] sim, é que, é que é complicado, porque há muitas coisas que intervieram no fato de subir na vida novamente como isso isso pode levar tempo+ (Entrevista F)

No exemplo 9, Guillaume opõe, inicialmente, uma resposta "difusa", depois uma resposta tautológica ("bom, eu estava na rua") às duas questões dos entrevistadores, enquanto, no exemplo 10, a resposta de Philippe é precedida de silêncio.

O exemplo 11, a seguir, foi extraído da entrevista com Maurice, que evoca, de maneira muito elíptica, a razão pela qual se encontra na rua ("houve o álcool") e privilegia, na sequência da narrativa, diferentes momentos de sua vida (desde a infância até a atualidade) que vão produzir uma imagem positiva dele:

> (11) Fernando (entrevistador): eu não sei, eu me pergunto isso uh esta situação porque uh? Porque uh <suspiro de Maurice> você sabe, você não sabe? <Suspiro de Maurice>
> Maurice: ++ *bah uh depois eu estraguei tudo e houve o álcool uh*
> Fernando (entrevistador): ah ouais
> Maurice: ouais + *eu não vou me esconder*
> Fernando (entrevistador): sim
> Maurice: #2 xx #
> Fernando (entrevistador): sim, sim, sim [mm (Maurice)] ++ eu tive isso.
> (Entrevista M)

As respostas de Maurice, nesse momento da entrevista, se encurtam, se sobrepõem à aquiescência do entrevistador Fernando para dar lugar ao murmúrio.

Uma construção elíptica recorrente... e uma "fórmula mágica"

Alguns marcadores orais estão muito presentes no *corpus* (Graf. 1). Entre eles, *voilà* (eis aí, é isso), que é a forma significante mais recorrente após as formas que exprimem acordo, aquiescência (*Ouais, oui* – Haham, sim) e a reflexão (*euh, ah*), e do qual notamos um emprego frequente pelos participantes: 164 ocorrências no total, assim distribuídas: 81 ocorrências de Phillipe; 36, de Guillaume; 35, de Alexandre, sendo, em contrapartida, pouco utilizada pelos entrevistadores (11 ocorrências no total).

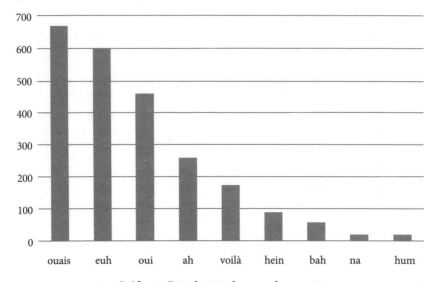

Gráfico 1: Distribuição de marcadores orais

As construções sintático-semânticas habituais de *voilà* são frequentes no *corpus*. Nos exemplos a seguir, *voilà* entra na composição das locuções (*puis voilá* – então eis aí (15), *voilà quoi* – eis aí o que (22), *voilà c'est* – eis aí é o... (16)), resultando em configurações de sentido que se orientam em direção à reafirmação de uma enumeração cujas consequências parecem inevitáveis e evidentes para o locutor [*puis voilà* – então eis aí] indo em direção à reafirmação de aquiescência [Ouais *voilà quoi* c'est pour ça que... – Sim, *então eis aí* o porquê disso...]

> (12) Ali: no Marrocos ouais em Marrakech e, em seguida, depois viemos para cá eu tinha onze anos, (*puis voilá*) *eis aí então*, na base da infância que (*voilà*) *eis aí* que eu estava na rua, eu estou na rua (*puis voilà*) *então eis aí (por)que* eu vivo assim. (Entrevista A)

> (13) Emilie (entrevistadora): você está com medo de fazer besteira com os outros, é isso uh...
> Phillipe: Ouais, (*voilà quoi*) *eis aí o porquê*, por isso eu prefiro ficar às vezes solitário ou com outros (Entrevista F)

Em muitos casos (61 ocorrências), usado sozinho, *voilà* assume o papel de pontuar a narrativa.

> (14) Guillaume: em Autun, ouviram que havia uma família que viria nos buscar ++ (*voilà*), *eis aí* (Entrevista G)
> (15) Alexandre: eu disse imediatamente sim (*voilà*) *eis aí* (Entrevista E)

Dessas construções habituais da forma *voilà* (eis aí), distingue-se uma série de enunciados em que tal forma favorece a emergência de um fora do discurso através de construções elípticas, as quais tomam um sentido particular no contexto da interação. Centrando mais nosso propósito no francês oral, consideramos que *voilà* (eis aí) é um *marcador discursivo* que desempenha o papel de sinalizar evidências compartilhadas. Nesse sentido, "a forma *voilà* (eis aí) não intervém somente na construção do discurso, mas fornece elementos sobre as operações cognitivas (resultantes de interpretação) conduzidas pelos interagentes na atividade discursiva para otimizar a comunicação" (CHANET, 2004, p. 83-106).

Essa forma de uso age, por consequência, nas representações cognitivas construídas *no e pelo* discurso entre quem o profere e quem o recebe. Esse marcador discursivo assume nas entrevistas um valor elíptico, indicando, a nosso ver, a modéstia, a limitação e, ao mesmo tempo, a dificuldade dos participantes de compartilhar sua realidade comum com os entrevistadores. Essa restrição mostra-se ainda mais presente quando se refere a um cotidiano doloroso, acompanhado de histórias de vida difíceis.

> (16) Emilie (entrevistadora): ah! Sim de acordo + por (mm-) que há pessoas (-mm) que são próximas de você que não sabem que você está em situação precária?
> Philippe: *Sim (voilà) eis aí* ++ (Entrevista F)

(17) Guillaume: comigo eram três [Guillaume fala sobre seu lugar entre os irmãos], porque normalmente éramos quatro
Frédric (entrevistador): mas há um que morreu?
Guillaume: há um que faleceu com a idade de 26 ++ bem, porque se ele estivesse ainda vivo eu poderia ir vê-lo
Frédéric (entrevistador): certamente
Guillaume: mas lá uh, isso teria se passado melhor xxx mas bom, ele morreu + eu não pude uh + e mais do que isso, seus pais morreram porque a gente estava na DASS ao mesmo tempo todos os quatro (*alors voilà*) *então eis aí* e depois bom, bem, ele me escreveu, ele me telefonou, foi um sábado isso vai fazer um ano (*voilà, voilà, voilà*) *eis aí, eis aí, eis aí,* bem eu disse "sim, alô, sim uh, como você está? Uh sabe, eu conheço esta voz, é bastante uh ++ (Entrevista G)

No exemplo a seguir, a dureza da vida (trabalho de manutenção) e a idade do locutor (mais de 50 anos) são reforçadas por esse marcador que remete o entrevistador à expressão de evidência do fato:

(18) Alexandre: uh precisamente no gênero eletricidade, porque eu fiz também uma formação para ser qualificado quando eu cheguei, era necessário imediatamente encontrar um trabalho qualquer que fosse, depois na construção eu teria aprendido isso, mas não enquanto operário +++ eu estava na AFPA [Associação Nacional para Formação Profissional de Adultos] em Tours onde eu fiz oito meses como eletricista +++ eu já tinha o CAP[5] e então (*voilà*) *eis aí* eu prefiro ainda retomar o que aprendi que (Entrevista E)
Emilie (entrevistadora): sim aprender o quê? Alexandre: tatear na + na manutenção. Eu lembro a senhora que eu tenho cinquenta anos passados, portanto a manut', tudo isso é + (*voilà*) *eis aí* (Entrevista E)

Mas, em numerosos exemplos, *voilà* pode ser classificado como marca de subjetividade, fazendo pensar em uma fórmula mágica que conecta discurso e espaço social de tal maneira que a vida aparece para o entrevistado, assim como para o entrevistador, como uma história mágica. *Voilà* faz surgir alguma coisa de lugar nenhum (a situação dos entrevistados, as causas dessa situação de rua...)

(19) Alexandre: coisas as coisas são feitas que (*voilà*) *eis aí* eu conheço essa situação (Entrevista E)

(20) Alexandre: eu fiz oito meses como eletricista +++ eu já tinha o CAP e então (*voilà*) *eis aí* eu prefiro ainda retomar o que aprendi que (Entrevista E)

(21) Guillaume: bem com a equipe educacional eu me entendo muito bem rimos +++ (*voilà*) *eis aí* (Entrevista G)

(22) Guillaume: eu não sei o que ele fazia lá dentro, mas bem (*voilà*) *eis aí* ele está aposentado agora de qualquer maneira ele estava sempre bem enturmado (Entrevista G)

---

[5] Certificado de Aptidão Profissional, o CAP é um diploma francês de ensino secundário e profissional: <http://www.education.gouv.fr/cid2555/le-certificat-d-aptitude-professionnelle-cap.html>. Acesso em: jan. 2015.

(23) Ali: eu tive que abrir os olhos sobre o que eu vi, onde eu estou, porque eu não sabia onde eu estava antes, eu bebia (*puis voilà*) então eis aí eu dormia lá eu dormia lá (*puis voilà*) então eis aí eu parei de beber e foi então que comecei a entender que (*voilà*) eis aí com três crianças, é preciso [...] (Entrevista A)

Repetir *voilà* pode talvez também ser para os entrevistados uma tentativa de fixar uma posição, um lugar enunciativo, uma maneira de ser no discurso, uma maneira um tanto mágica, como retirar um coelho da cartola e dizer *voilà* (eis aí) o que aparece de repente do nada, *voilà* (eis aí) o que aparece inadvertidamente na vida. Como a história ganha uma direção inesperada, trata-se de uma marca de subjetividade diferente do "eu-aqui-agora". Podemos pensar, como já foi dito, em uma posição fixada de maneira mágica; uma maneira de construir um lugar enunciativo para o sujeito que está em situação precária, solto no mundo. Com a reiteração desse marcador, a relação com o outro, com o social, com a cidade se torna mágica.

Uma difícil inscrição de si no discurso

No discurso dos entrevistados, a pronominalização na primeira pessoa [eu], domina as outras marcas de pessoa (Graf. 2), mas ela concorre com a categoria do indefinido: a gente (*on*), o povo, todos, eles, ninguém, as pessoas (Graf. 3).

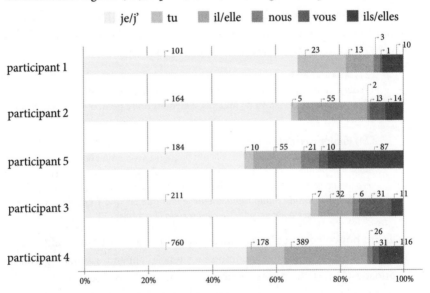

Gráfico 2: Distribuição por pronomes pessoais e por locutores (entrevistados)

Uma análise mais qualitativa indica que várias vezes, nas entrevistas, o "eu" desaparece de alguma forma do discurso dos locutores, seja porque ele se torna inaudível, seja porque é apenas pronunciado como espaço no discurso ou ainda porque dá lugar à categoria do indefinido e do massivo (a gente, todos, alguém, eles, as pessoas etc).

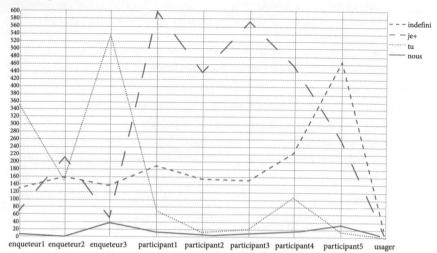

Gráfico 3: E'/Eu e a categoria do indefinido nas entrevistas
(distribuição por locutor, frequências relativas)

Esse fenômeno ocorre de uma dada forma quando o locutor enuncia a situação de rua e suas consequências sobre o plano moral (24) e de outra forma quando o locutor tenta explicar a situação de rua (25):

(24) Alexandre: porque quando eu cheguei na boutique *e'quebrei*
Frederic (entrevistador): você estava doente naquele momento?
Alexandre: sim, eu estava de muletas, e então tudo se perdeu, ficou fora do eixo (Entrevista E).

(25) Philippe: *eu tinha um trabalho, eu tinha um apartamento* e depois uh de um pequeno problema quando começa um pequeno problema é bom oh bem, *todos, todos têm pequenos problemas, mesmo as pessoas que trabalham eles têm + depois teve um pequeno problema e depois teve um segundo e um terceiro e o fato que tudo isso isso se acumula muito rapidamente,* é isso que faz que + em alguns meses + uh alguns meses *pode-se, pode-se perder tudo* (Entrevista F)

É um pouco como se os locutores experimentassem dificuldades em se "associar" à situação de rua ou como se a situação engendrasse uma perda de identidade. Com efeito, nesses enunciados, o "eu" se dissocia, de alguma forma, dos predicados que descrevem o *status* da situação de rua na sua versão negativa, o estado do locutor nessa situação ou ainda os fatos de que ele é protagonista. A sequência 26 parece particularmente interessante a esse respeito. Phillip se divide na sua narrativa, o "eu" desaparece temporariamente quando ele começa a falar da situação de precariedade e dá lugar à categoria do indefinido (alguém), para reaparecer na quase reivindicação de uma vida normal:

(26) Fernando (entrevistador): mas sua vida fora da boutique uh o que você fazia quando...ah?
Philippe: oh minha vida fora da boutique é como uh, para mim, é como se *eu não fosse alguém, que estava uh que estava em situação precária o que* +
Fernando (entrevistador): sim, isso é bom e e e ++
Philippe: *(eu estou)* [inaudível] já na situação precária eu não vou me colocar todos os dias todos os dias assim na minha cabeça + é como se uh nada uh nada foi feito o que +
Fernando (entrevistador): ah
Philippe: *para mim eu tive uma vida uma vida normal + eu tinha minhas atividades eu fazia minhas pesquisas de trabalho uh ++ eu tinha uma vida de fato normal eu tinha lazer eu me divertia uh ++*
Fernando (entrevistador): sim sim certamente ++
Philippe: quando se trata de ser sério eu sou sério quando se trata de se divertir eu me divirto uh ++ *e então e'vejo as coisas assim ++*
Fernando (entrevistador): isso é muito xxx
Philippe: eu tento não misturar os dois o que é a situação precária e minha vida uh enfim eu quero dizer *minha vida normal entre aspas* o que (Entrevista F)

O "eu" do locutor é também absorvido pelo pronome nós (*nous*) e pelo indefinido (*on*)[6] que remetem, frequentemente, à comunidade de pessoas em situação precária (conforme se vê no Graf. 4).

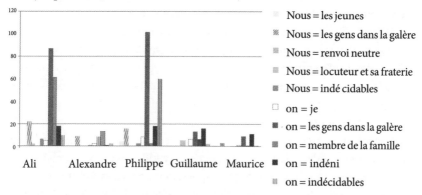

Gráfico 4: Referência e distribuição do "on" e do "nous"

A narração em primeira pessoa pode, então, orientar-se para o enunciado dóxico ou parêmico, o que é sem dúvida também uma boa maneira de refazer a comunidade no e pelo discurso:

---

[6] O "on" do francês, traduzido para o português, se aproxima do indefinido. Assim, *on dit (que)* poderia ser traduzido como diz-se (que). (N.T.)

(27) Alexandre: uh *E'não sou* senhor do tempo, mas eu conto ainda subir as escadas porque *eu* encontrei um trabalho e depois *deixar o centro de acolhimento* seria apenas para ter *sua* autonomia ou veja bem, bem, namorar com uma companheira e *estar entre quatro paredes* sem testemunhas constrangedoras é isso hein e então *(voilà) eis aí ser autônomo ou então se faz (on fait) um lugar (voilà) eis aí e quem não avança recua: se diz (dit-on)*. (Entrevista E)

Algumas considerações finais

O último fenômeno abordado nos leva a uma primeira conclusão: a questão do sujeito, tão interrogado e interpelado por essas entrevistas. No discurso dos entrevistados, o sujeito da enunciação se apaga de forma recorrente para dar lugar à categoria do indefinido *se (on), eles (ils), as pessoas (les gens)*. Tal fenômeno pode propiciar várias interpretações, como, por exemplo: 1) a situação de rua e a violência da relação com o outro que dela decorre – rejeição pelo outro de uma situação anormal – leva a um apagamento das fronteiras entre o eu e o outro; 2) a narrativa da situação de rua a um outro que se encontra em um outro lugar social é difícil de ser assumida pelo sujeito porque a "entrevista reativa a humilhação, o sentimento de ter perdido a partida, estabelecendo uma dimensão de avaliação de si, uma lógica de comparação entre o eu ideal e o ideal do eu, entre o eu e os outros", como afirma Murard (2008), citado por Payet (2012, p. 3); 3) ou, mais simplesmente, a dificuldade de dizer "eu" em uma tal situação de rua, pois o sujeito está de tal forma desprovido de sua singularidade e misturado à cidade que se afasta da unidade que o "eu" representa.

Os primeiros elementos de análise que apresentamos no presente capítulo também fazem aparecer uma escuta do outro intimidado por uma dupla razão: pela escuta de um entrevistador que ocupa um lugar dominante que intimida o outro (entrevistado) que, em retorno, intimida a escuta do entrevistador – ou, ao menos, suas expectativas, suas crenças. Disso resulta que os entrevistados, abalando as certezas do entrevistador, interpelam-no, colocam-no em uma posição de desconforto, causando um retorno reflexivo sobre seu próprio discurso, suas práticas – práticas de entrevistas, mas também científicas – e suas representações.

Isso nos leva a um último ponto: a posição do pesquisador em análise do discurso, quando ele abandona os terrenos que tem o hábito de explorar para adentrar outro terreno em que ele mesmo é o ator – e o coprodutor – do discurso que analisa, sendo ainda essa pesquisa encenada por atores fragilizados socialmente. Além de uma interrogação e de uma crítica às instituições ou às ideologias, o analista de discurso se encontra aqui em uma postura reflexiva por meio da qual ele é levado a questionar seu próprio discurso, normatizado, e suas próprias ferramentas de análise. Ele tem, assim, todo o interesse em se abrir para *corpora* menos convencionais e mais *sensíveis* que o põem em xeque e que o levam a minimizar a postura de conhecedor, de intérprete para deslizar para a postura de humildade e de compreensão do mundo.

Referências

BAKHTINE, M. *Esthétique de la création verbale*. Paris: Gallimard, 1984 [1. ed. 1952].

BRANCA-ROSOFF, S. *Dieu est dans les détails. L'expression entre guillemets et ses usages.* Ouvrage collectif d'hommages (à paraître).

BRANCA-ROSOFF, S. *et al. Discours sur la ville. Corpus de Français Parlé Parisien des années 2000 (CFPP 2000)*. Paris: site CFPP 2000 (<http://cfpp2000.univ-paris3.fr/CFPP2000-05062009.pdf>), 2009.

CHANET, C. Fréquence des marqueurs discursifs en français parlé: quelques problèmes de méthodologie. *Recherches sur le français parlé*, n. 18, 2004, p.83–106.

DEMAZIERE, D; DUBAR, C. *Analyser les entretiens biographiques – L'exemple des récits d'insertion*. Paris: Nathan, 1997.

DERVIN, Y.; THIBAULT, N.; CHAPUS, P.-V. "Je suis Ripley Bogle". Faire du théâtre dans une Boutique solidarité. *Vie sociale et traitements*, 2011, v. 3, n. 111, p. 8-14.

GUILHAUMOU, J. Un récit construit ensemble. In: MESINI, B. *et al.* (Org.) *Résistance à l'exclusion, récit de soi et du monde*. Aix-en-Provence : Publications de l'université de Provence, 2004, p. 269-301.

LACAN, J. *Les formations de l'inconscient – Séminaire V (1956-1958)*. Paris: Seuil, 1998.

LANGAGES N. 184. LES MARQUEURS DU DISCOURS: APPROCHES CONTRASTIVES. 2011/4.

NOSSIK, S. Introduction: Le récit de soi entre conformisme et émancipation. *Semen*, n. 37, 2014, p. 7-14.

NOSSIK, S. Les récits de vie comme corpus sociolinguistique: une approche discursive et interactionnelle du témoignage. *Corpus*, n. 10, 2011, p. 119-35

OGER, C.; OLLIVIER-YANIV, C. Conjuguer analyse du discours institutionnel et sociologie compréhensive. Vers une anthropologie des discours institutionnels. *Mots. Les langages du politique*, n. 71, mars, 2003, p. 125-45.

PAYET, J.-P. L'enquête sociologique et les acteurs faibles. *SociologieS* [En ligne], La recherche en actes, Champs de recherche et enjeux de terrain, mis en ligne le 18 oct. 2011.

PAYET, J.-P ; GIULIANI, F.; LAFORGUE, D. (dir.). *La voix des acteurs faibles. De l'indignité à la reconnaissance*. Rennes: PUR, 2008.

TERROLLE, D.; GABORIAU, P. (dir.). *Ethnologie des sans-logis. Étude d'une forme de domination sociale*. Paris: l'Harmattan, 2003.

5. Exclusão e (re)construção identitária na areia

Patrick Dahlet

Passados quase oitenta anos da publicação de *Capitães da Areia,* a exploração do abandono e da desigualdade social, já apreendida com impecável empatia por Jorge Amado, continua chamando a visão de um futuro que se possa conjugar sem excluídos.

Com velocidade impressionante, multiplicam-se hoje, inclusive nas sociedades que ostentam índices regulares de bem-estar social e que se apresentam como as mais atentas ao respeito ao ser humano e à exigência de propiciar a todas as pessoas condições de uma existência digna, situações de vida precária, expostas a todo tipo de preconceito e discriminação, que prosperam entre os mais desprotegidos.

O que mudou, desde a "verdadeira ficção" dos anti-heróis da areia, não é, portanto, a desclassificação de um sem número de indivíduos sem suporte material e simbólico para conduzir a própria vida, nem a inépcia estrutural das respostas genuinamente definitivas encontradas. E talvez não tenha mesmo a ver com a geração de um círculo político e social virtuoso que seja benéfico para os "sem estatutos".

O que mudou na sequência da expansão das ficções de verdade, ou seja, das narrativas de vida no horizonte cultural contemporâneo e da famosa *volta do sujeito* na agenda epistemológica, política e social da época, é o protagonismo discursivo de pessoas que se encontram presentes em nossa realidade, sem nada mais do que suas palavras. Apareceram autonarrativas de vida de despossuídos de tudo, multiplicadas nas redes sociais por testemunhos de vidas sufocadas e que, apesar da sua composição fabulatória (ou graças a ela), abrem caminhos incomparáveis para a compreensão dos processos de identificação e de suas articulações com a linguagem e com o social.

O aporte crítico dessa textualidade interessa, assim, particularmente ao analista do discurso, pois, por se tratar de pessoas expostas a situações degradantes, o que torna a definição de sua identidade difícil, desgastante ou insatisfatória, tais autonarrativas não só iluminam as consequências desastrosas de sua inscrição na invisibilidade, mas impossibilitam qualquer assimilação da noção de identidade a uma estabilidade, destacando, ao contrário, o discurso como um espaço, ao mesmo tempo, resistente e ativo à procura de novas significações para a história singular e coletiva.

É nessa perspectiva de compreensão do difícil processo de ressignificação identitária, fundante das representações que um excluído faz de sua própria vida, ao revés da comunidade humana, que me proponho explorar aqui um discurso sobre si, recolhido de um sem-teto que, um dia, fugindo do não lugar que ele havia adquirido na cidade grande, encalhou numa praia do litoral baiano, onde fez de um barco, também lá encalhado, seu refúgio. Interditado de acesso à comunidade do mundo urbano, encantoou-se no barco, como numa concha. Talvez seja por isso que ele foi chamado de *Profeta*...

Sem especular sobre a origem do apelido, até porque no caso desse profeta a origem está sempre à frente – e com toda a cautela que requer a adoção de um *outro* minorizado da *política da intimidade* (DAHLET, 2014) atualmente gerada por *uns* maiorizados, o que pode conduzir a um modo de desdobramento subjetivo da dominação –, eu me deixarei levar pela hipótese de que as tensões, descontinuidades e contradições enunciativas que movem o discurso do *Profeta* não só não cancelam a coerência do seu discurso, mas contribuem para a afirmação de uma subjetividade irredutível, não obstante a lógica de marginalização em que ela está absorvida, a de um sujeito dependente cultural e socialmente. Apesar (ou por causa) da lógica sociodiscursiva dominante, que o confina à invisibilidade, o *Profeta* se representa enquanto unidade integral do gênero humano.

Autorizar-se a preencher o vazio

A subjetividade não preexiste à linguagem, nem a identidade à sua narração. É pela linguagem que o ego emerge como sujeito; é pela narração que um indivíduo se produz como sujeito de sua história numa relação de alteridade ao próprio sentimento de sua identidade.

É essa posição axiomática que norteia minha reflexão. Ela implica concepções do sujeito e da atividade construtora da linguagem que devem ser explicitadas, antes que eu entre na trama narrativa do *Profeta,* inclusive porque sustentam uma elaboração da identidade enquanto paradoxo necessariamente ativo na história, produzida pelo narrador que ele se torna.

Articularei aqui essas concepções em torno de três (im)propriedades, assim denominadas porque questionam a permanência de um núcleo *próprio* da pessoa. São as seguintes: uma *subjetividade de linguagem;* um *discurso polidescentrado;* uma *identidade narrativa.*

A *subjetividade é de linguagem*. Antes da linguagem, não há nada, nem ninguém. É só na e pela linguagem que o homem toma forma(s) de sujeito. "É 'ego' quem diz 'ego'", segundo a fórmula de Benveniste (1966, p. 260) (tradução nossa, como doravante todas as citações). Uma fórmula fulgurante, radicalmente humana, na medida em que, ao fazer da linguagem a instância exclusiva do *ego*, não reconhece mais outra transcendência que a do sujeito da linguagem, feito locutor ao dizer *eu,* e radicalmente intrigante porque a afirmação da realidade exclusivamente linguística da subjetividade deixa em aberto a questão das configurações e do sentido dessa subjetividade de linguagem.

Como Benveniste (1974, p. 215-238) também o demonstrou, ao discutir a diferença extraordinária entre língua e discurso, ou entre semiótica e semântica, a existência irredutível de uma tal diferença e a necessidade para o *ego* de se jogar nesse vazio, ou seja, de transformar a língua em discurso para emergir enquanto sujeito, fazem do sujeito o lugar desta diferença sem equivalente: ao mesmo tempo, o suporte e o produto da experiência dessa ruptura, que, por ocorrer sempre, não deixa de topologizá-lo como descontinuidade singular e imprevisível em cada atuação.

Se há sujeito na enunciação (DAHLET, 1997), é preciso admitir que somos sujeitos apenas na medida em que enunciar consiste não só em representar e comunicar, mas, antes de tudo, em identificar-se e em declinar o outro como sendo um si, no movimento real-imaginário de todas as relações discursivas possíveis. É sempre um sujeito que enuncia, desde que enunciar signifique efetivamente, no princípio e no fim, dizer e tentar dizer quem somos.

Resgatando um pouco mais o raciocínio, eu diria que o sujeito apenas enuncia ao se marcar na forma de um *signo vazio,* aquele *eu* que só se refere ao seu próprio emprego (BENVENISTE, 1966, p. 254), seja o que for que ele chegue a dizer do processo, seja qual for o verossímil de uma significação, aquela de saber quem ele é enquanto enunciador.

Sendo produzida por formas de linguagem vazias de sentido figurativo, a subjetividade não é o equivalente à interioridade, mas configura um paradoxo, pois, por corresponder ao valor autorreferencial do *eu,* ela aparece, ao mesmo tempo, como evidência (não há nada mais comum e óbvio que o sentimento e a exigência de se ter uma intimidade própria) e figura inconcebível (na medida em que nunca sabemos o que, na verdade, somos, já que estamos incorporados, enquanto locutores, por uma forma vazia de referência fora dela mesma).

No dinamismo dessa descontinuidade, a subjetividade se dá simultaneamente como evidente – experiência natural e imediata de si mesmo – e resistente à impossibilidade de não se conceber enquanto singularidade *descentrada* pelas linhas de fuga da linguagem; portanto, uma manifestação precária e passageira, extorquida do vazio.

O sujeito é duplamente descentrado. Figura de linguagem, o sujeito é duplamente descentrado por seu movimento discursivo: descentralização dialógica, pelas esquematizações dos outros que habitam suas palavras; e descentralização pelo inconsciente, que expõe o sujeito na sua negatividade.

De fato, nenhum humano (sobre)vive sem depender de relações, mais ou menos tensas, com os outros, que induzem interdependências subjetivas e discursivas e as estruturam. O percurso de (re)conhecimento do sujeito é constitutivamente *dialógico,* implicando que não há discurso que não replique a um outro, valendo, assim, sempre também como contradiscurso.

Com referência à tematização bakhtiniana, não há discurso que não seja dirigido a outrem e que não faça eco a outros discursos, negociando (in)voluntariamente o sentido com combinações arquivadas na memória discursiva e antecipando as expectativas e objeções de interlocutores efetivos ou potenciais: "Nossa palavra, ou seja, nossos enunciados [...] estão repletos das palavras de outrem, caracterizadas, em graus variáveis, pela alteridade ou assimilação" (BAKHTINE, 1984, p. 296). Daí decorre que qualquer discurso, por ser incorporado ao fluxo indeterminado de todos os outros, é sempre "dirigido para uma resposta e não pode fugir da influência profunda do discurso-réplica previsto" (BAKHTINE, 1978, p. 103).

Tendo em vista a autonarrativa de vida, são duas as consequências desse dialogismo discursivo que devem ser ressaltadas. A primeira é a do seu impacto. Longe de solidarizar apenas a face social do sujeito com o regime de visibilidade dos outros, esse dialogismo "escava" o excesso da diferença sobre a identidade, na intimidade mesma do sujeito: "o fluxo do discurso interior [...] os discursos mais íntimos são também, de uma parte a outra, dialógicos" (BAKHTINE. In: TODOROV, 1981, p. 284).

Quanto à segunda implicação, ela diz respeito à natureza mesma do sujeito: o outro do sujeito é fundamentalmente um *nós,* ou seja, a pessoa na qual podem desaparecer todos os outros, inclusive o *eu.* Isso permite postular que, no fundo, o que dialogiza o sujeito – e, portanto, as narrativas de vida – não é tanto a coexistência de uma pluralidade de lugares distintos do enunciador em seu discurso, mas sua divisão num sujeito coletivo único, o *nós* de todos os homens no *eu* que fala, divisão necessária, pois é diluindo-se nesse *nós* de todos que o sujeito procura sua singularidade e acessa a humanidade de sua voz. E é clivado pelo *nós* que o sujeito se vê como homem narrado e/ou narrador.

Descentrado pelo dialogismo discursivo, que vincula a impressão de um *ego* à indexação de um *eu* desprovido de sentido figurativo, o *sujeito de linguagem* é também, (des)igualmente, um sujeito descentrado por um *inconsciente,* que o expõe na sua negatividade, ao mesmo tempo carente de objeto e carente de ideal. Na linguagem, o sujeito faz a experiência de sua carência em ser[1]: "É a linguagem que fala sozinha" (LACAN, 1981, p. 346).

A relação de um sujeito com essa linguagem, cujo significante fala dele num encadeamento autônomo de significantes, impede que ela seja uma relação de identidade, já que nenhum significante permite ao sujeito perceber-se como tal, mas apenas como relação de representação, em que ele aparece falando/falado por um significante e desaparecendo com um outro. De certa maneira, essa "descentralização", por causa da identificação inaugural do sujeito a um significante, pode ser vista como um antagonismo radical, gerador de autobloqueios que impedem o sujeito de alcançar uma identidade plena, opondo-se, assim, a qualquer ideia de transparência do sujeito em relação a si mesmo. É a *incógnita* da atividade de linguagem que o enuncia, o que, por sua vez, não lhe proíbe escapatória na forma da criação metafórica de uma ilusão, ao mesmo tempo, de identidade e de sua necessidade. É a estrutura do fantasma que leva o sujeito a localizar-se no mundo como um sujeito a mais: esse *ser de desejo*, apesar de só poder sentir-se presente sobre o fundo da ausência (LACAN, 1978, p. 262).

No cruzamento dessa dupla "descentralização", o sujeito aparece submetido aos efeitos divisórios da linguagem e se (des)encontra dotado de atributos de um saber implícito que ele não controla. Se se admite que a trama (auto)biográfica visa a sustentar tal saber por uma palavra guiada, então, pode-se dizer que a figuração do sujeito-objeto da narrativa identifica-se a significações involuntariamente travadas nesse saber. Isso quer dizer que, se a vontade de alcançar a consciência de si faz parte da carreira viva de qualquer sujeito, as divisões introduzidas na subjetividade pela linguagem e pelo inconsciente como efeito de linguagem demarcam o sujeito como não sendo o todo (LACAN, 1966, p. 292) e como não podendo jamais sê-lo.

Quaisquer que sejam as suas divisões, tão divisórias que transformam a identidade em mera eventualidade, o sujeito precisa justamente dar uma chance de tramitação a essa eventualidade. Quanto mais descontínua e desestabilizada aparece a subjetividade na opacidade da linguagem, mais unida tem que aparecer a identidade. Do sobrenome até a carteira de identidade, passando por todos os procedimentos de apresentação institucional, é a consistência e a coerência temporal da identidade, seja ela individual ou coletiva, que embasam a ancoragem social de cada um. Da mesma maneira, quaisquer que sejam os conflitos internos, quanto mais agudas forem as quebras interiores, mais o sujeito necessita poder apoiar-se sobre o sentimento da continuidade da sua pessoa, apesar (ou, precisamente, *por causa*) do impacto das flexões indeterminadas e caleidoscópicas da (im)própria subjetivação.

---

[1] A expressão francesa é *manque-à-être*, mais traduzida no lacanismo brasileiro como "falta-a-ser". (N.O.)

Nessas condições, o que chamamos de subjetividade de linguagem oscila entre duas incógnitas: por um lado, a incógnita da consciência epilinguística, enquanto dinâmica reflexiva de um retorno sobre as modalidades pelas quais o indivíduo (se) significa na enunciação, sem que se saiba nem quando nem como; por outro lado, a incógnita do inconsciente, enquanto dinamismo de uma relação à linguagem que nos atravessa em si mesma, sem nós, e que nos amarra ao desejo de nos encontrarmos, não obstante a impossibilidade da interseção.

E é a narrativa que, ao encarnar o sentimento de si num imaginário, incumbe, então, o labor de realizar uma certa unificação dessas duas incógnitas, destacando-nos numa relação com a linguagem que as suspenderia, ao conciliar, na aptidão a captar analogias, a demanda de racionalidade e a sede da experiência sensível, fazendo-as acontecer nesse movimento, como se viessem de nós.

A identidade é narrativa. Antes da narração só tem o fluxo desajeitado e evanescente da vida e, consecutivamente, a identidade não é até então mais do que a possibilidade de um desejo e a manifestação de uma carência. O sentimento de identidade só pode resultar de sua narração: "a compreensão de si é, de uma parte a outra, narrativa" (RICOEUR, 1991a).

O trabalho discursivo da narração é, assim, o que permite ao sujeito (tentar) restabelecer uma representação unitária e não transitória de si mesmo, por ser capaz, como admite Ricoeur (1990, p. 189-190), de dar um *fechamento literário* à vida, decidindo sobre os pontos de partidas e de chegadas, ou deixando que outros os contem, o que a própria vida é incapaz de fazer.

Nessa perspectiva, a identidade existe na medida em que uma narração consegue fabricar uma unidade do *eu,* combinando entre si a convivência dos seus fragmentos. Portanto, a noção mesma de identidade pode ser abordada como uma aparelhagem conceitual para fabricar uma unidade da pessoa, persistindo, além de suas irredutíveis variações, ao estruturar, nos limites de uma narrativa, a história da qual qualquer sujeito é o produto.

O que pode ser a necessidade de identidade, senão a possibilidade de uma *identidade narrada?* Uma identidade que, ao ser inseparável do tempo da sua narração, torna-se *identidade narrativa.* Ricoeur (1990, p. 189-190, em particular; e 1991b) configura essa identidade, a distância tanto do essencialismo quanto de uma fixação antinômica do *mesmo* e do *outro* no seio do sujeito, como uma relação de complementariedade entre dois polos: o do *idem* (a *mesmidade*) onde o sujeito se (auto) reconhece como sendo idêntico a si mesmo, e o do *ipse* (a *ipseidade*) que requer do sujeito que reconheça a própria coerência na alteridade aberta de si mesmo.

Em tais condições, isso faz, segundo Ricoeur, da narração de vida a mediação privilegiada, e até exclusiva, da identidade (no sentido de que não existe outro meio para inscrevê-la no imaginário), ao aproximar a vida de uma fábula autêntica, representar como viável e compatível com o princípio de *coesão de vida*, o conflito, aparentemente indissolúvel, do *mesmo* e do *outro*, juntando o seu dinamismo de *concordância* (a vinculação do acontecido a uma ordem de acontecimento) e seus mecanismos de *discordância* (a representação da dispersão do acontecido e das rupturas na unidade e, até mesmo, da incomunicabilidade radical do fracionamento).

Além do potencial de variação da identidade e da experiência de sua integração subjetiva, o que vem, assim, à tona com a *identidade narrativa* é não apenas o fato de que o imaginário da identidade é bem menos determinado pela memória do passado do que pelo trabalho discursivo que o (des)constrói, ao articular em narrativa o que aparece dividido na vida, mas também o fato de que qualquer narrativa de vida, por mais breve e heterogênea que seja, ao apontar *uma identidade*, introduz necessariamente o componente da ética, ou ético-linguístico, na invenção reflexiva dessa identidade, já que ela não pode ser dissociada das tribulações do viver no âmbito (com e/ou contra) dos outros.

Cruzando as repercussões das três (im)propriedades evocadas, formulamos agora o paradoxo da identidade nos seguintes termos: o desejo de ser *eu*, animado pelo sentimento de contar com a forma exclusiva do dêitico correspondente, só pode encontrar-se pela necessidade do outro, movida por uma falta indefinida. Nem estado e nem entidade, a identidade designa uma intermitência que se manifesta, permanentemente, nas descontinuidades e tensões de uma permanência subjetiva que se manifesta por intermitências. Por isso, ela só se mantém como sentimento de sua existência, apoiando-se sobre as marcas, sempre desmarcadas de novas identificações.

Nesse sentido, a identidade pode ser definida como uma peregrinação subjetiva de (re)identificações, um tempo do outro em si, do qual o sujeito tem que se desfazer para fazer-se, como se isso fosse possível. E é aí que intervém a autonarrativa, pois essas reidentificações procedem da história que as encarna e na qual um indivíduo, ao produzir-se como narrador, procura se reconhecer e ser reconhecido como sujeito, ou seja, como alguém que existe de um outro jeito que não "chacoalhado" pelas circunstâncias. Tornando-se simultaneamente personagem de sua ficção de verdade, o que equivale também a despossuir-se de si mesmo, o sujeito se reapropria do seu destino e se inscreve no mundo.

Assim, ao se narrar, no sentido etimológico do termo, o sujeito se *reautoriza*, ou seja, se coage como autor de sua vida, criando um mundo em que ele tem um lugar e com o qual ele mantém uma relação singular, um mundo pela mediação do qual ele pode reencontrar uma relação com os outros homens, o que significa também *autorizar-se* a preencher um vazio e a agir sobre a própria história, para que esse vazio não possa mais apresentar-se como tal.

E quando a identificação lida com uma história de vida difícil que, como no caso do *Profeta*, tornou precisamente a definição da identidade estafante e/ou impraticável, é que se percebe o quanto o processo é crucial: entre realidade e ficção, ao que essa história replica e quem sai da exclusão que ela reenuncia?

Profeta de areia: a emancipação pelo negativo

Deixamos, então, a palavra ao *Profeta* excluído, para tentar entender como ele, ao narrar a sua história, tenta conciliar as interseções resistíveis e assujeitantes de seus lugares.

1- Sou o Clemente + nunca vi ninguém com este nome + + + nasci na Bahia de Todos os Santos+ 2- no mar mesmo ++ minha mãe é / já morreu mas mesmo grávida ia pescar com meu pai ++ ele/ 3- ele era pescador ++ até que uma manhã eu nasci dentro do barco em pleno mar ++nunca vou 4- me esquecer ++ eu tenho família mas raramente eu vejo meu filho ++ele me chama fala mas 5- eu não vou ++ mas e se eu for e não aguentar + + ele sabe   onde eu tô ++ mas sabe dos

6- meus problemas + ele / meu filho tem 23 anos + mas eu não vou + caí na rua quando minha 7- mãe morreu ++ andei muito desde então + levei facadas por causa de mulher + + passei por 8- muitos momentos + eu já catei papelão + tive mulher também +++ tem dia que eu não tenho 9- nem como almoçar ++ quando não tenho, eu peço + não tenho vergonha de pedir + as pessoas 10- que te olham sem te ver ++ ou com medo + mas não roubo + não sei de nada mas não roubo 11- + só peço + a gente só tá pedindo uma chance + morador de rua não é bandido ++ não é um 12- alvo + mas tem muita noção do que tá sendo feito com ele + porque o morador de rua é unido 13- + são companheiros que / há muita violência junto a esse pessoal aí porque é tudo morador 14- de rua + uma coisa muito complicada não sei entender nem me explicar + pior ainda quando 15- você fuma +++ eu tentei me livrar daquela coisa + sair daquele sistema de vida mas quem 16- foge volta + Não é bom não ++ todo mundo lá coberto ++ mas você sem nada + ninguém++ 17- mas isso é doido ++ mas faz dois anos agora que eu tó aqui+ tranquilo ++ me chamaram de 18- profeta + não sou profeta mas é porque olho sempre para lá [indicando o alto mar] e falo de 19- coisas melhores + o dia que eu passei aqui nesta praia eu pensei é aqui minha praia + é aqui 20- que vou baixar ++ tirei a areia + eu consertei e pintei tudo bonitinho+ agora eu sou feliz ++ 21- mas quando me bate a saudade / aqui polícia não mexe contigo + aqui se pode tomar banho

22- quando quiser (rsrs) mas a maldade também existe por aí + mas chega a noite e + e me bate 23- aquela tristeza ++++ adoro aqui ++ é minha casa + queria ter meu barco + voltar a sa/ 24- trabalhar pescar / ver meu filho comigo ++ eu amo o mar + servir as pessoas + + eu amo um

25 - barco + estou correndo atrás + mas não abro mão da minha liberdade + não...
(+ Pausa. / Ruptura de construção).

Como toda autonarrativa, o relato/testemunho do *Profeta* configura um movimento discursivo genericamente orientado pela reiteração do *eu*, marcador de uma relação de identificação entre sujeito do enunciado e sujeito da enunciação (CULIOLI, 1990). Realiza-se, assim, uma unificação enunciativa do ato de rememoração em torno da figura do *eu*, que corresponde, é claro, a uma homogeneidade simulada ou mostrada (AUTHIER-REVUZ, 1982; 1994), mas que não deixa de ser significativa, se se considera que remete à tomada de palavra de um sujeito, cuja voz está interditada enquanto voz no palco social. Se se admite que a invisibilização de si está acelerada pela desqualificação de qualquer possibilidade de voz dos invisíveis, o crescendo singular do *eu* na narrativa do *Profeta* tem que ser observado de antemão. Ele opõe uma capacidade de discurso à impossibilidade na qual a relegação na precariedade a mantém.

Mas quem é esse *eu* que se joga, assim, a todo momento na origem do sistema de referências subjetivas e de representações identitárias organizadas pela narrativa? E como que ele constrói, entre o racional e a fantasia, a possibilidade de ser sua própria fonte, *apesar de* acumulações de suas formas de dependências e feridas? O que o estudo do dinamismo discursivo dessa breve narrativa tem a dizer sobre isso?

É ao exame das descontinuidades singulares da enunciação do *Profeta* e de suas fronteiras e à reconstrução do processo de identificação de um excluído, reunindo congregação e desagregação, que eu me dedicarei agora. Sem poder entrar nos detalhes das interconexões das formas, destacarei, contudo, nessa perspectiva três grandes tipos de orquestrações enunciativas, em torno, primeiro da *constituição da subjetividade*; em segundo lugar, da *desnegativização da identidade*, e, em terceiro, do *exercício ético*. As três composições me parecem fundamentais como contribuição à demonstração de que a capacitação identitária não deixa de se afirmar na exclusão à procura de suas garantias; ao contrário de uma certa vulgata que infere da chamada "vulnerabilidade dos excluídos" a impossibilidade de que eles possam ser autores de sua vida.

A constituição da subjetividade

São duas as características fundamentais dessa subjetivação, em todos os sentidos do termo, que devem ser destacadas nesse plano, observando-se o jogo das marcas pessoais. Trata-se, por um lado, da sua mediação alternada por todas as marcas pessoais, fora do *nós* e, por outro, de sua reiteração na figura da terceira pessoa.

De fato, começando pela mediação alternada, pode-se observar que o enunciador, além do polo recorrente do *eu*, emerge, alternativamente, na forma do *te* (10, duas vezes); de um *contigo* (21) e de um *você* genérico (15); do impessoal (11); do pronome pessoal oblíquo *me* (4 (duas vezes), 14, 15, 17, 21, 22); e de uma terceira pessoa (1, 11, 12, 13, 15), sem contar todos os itens do pronome possessivo *meu / minha* (2 (duas vezes), 4, 6 (três vezes), 19, 23 (duas vezes), 24, 25). Manifestamente, são numerosos os lugares enunciativos alternativamente integrados pelo enunciador, ainda mais quando se considera o tamanho reduzido da narrativa.

Tais alternâncias são particularmente notáveis num contexto autonarrativo genericamente indexado à interação do *eu*. Elas, sem dúvida, têm a ver com a já referida articulação de Ricoeur entre *idem* e *ipse*, que conforma a subjetividade por um dispositivo composto – do tipo *eu sendo um de outros* – e que faz aparecer o *eu* enquanto objeto do mundo e porção da experiência coletiva. Aproximando essa articulação das oscilações das posições enunciativas do *Profeta*, eu diria que o que caracteriza aqui sua subjetividade, na sua condição de extrema desigualdade, é a aptidão ou a obrigação de transitar sem parar de uma forma (im)pessoal a outra, para alcançar-se a *si mesmo como sendo um de outros*, nas fronteiras dos mundos dos excluídos e dos incluídos.

Nessa perspectiva, a inclusão do *eu* num *te* (10: "as pessoas – que te olham sem te ver"); num *contigo* (21: "aqui polícia não mexe contigo"); ou num *você* genérico (15: "pior ainda quando você fuma") corresponde a uma operação de percurso, para retomarmos um conceito culioliano, que vale não mais por um enunciador singular, mas por toda uma classe de enunciadores e de eventos enunciativos. Isso impede que o *eu* – vale a pena mencionar – seja identificado como sujeito distinto da ação de fumar, uma vez que o *você* percorre todos os sujeitos possíveis do ato de fumar, sem distinguir nenhum.

De fato, com essa operação, o *eu* não funciona mais no campo da estrita asserção cujo padrão seria *eu digo que X*, nem no campo da estrita *genericidade*, cuja matriz seria *todo mundo fala que X*, mas no campo de uma atividade de generalização sem fim *a priori*, cuja fórmula de referência seria *até que ponto se possa dizer que X*, dentro da qual *eu* corresponde a um dos locutores possíveis de X, dentro de todos os outros possíveis (você(s), a gente, nós, ele/elas). No que se refere à configuração subjetiva do *Profeta*, pode-se considerar que, por meio dessa operação de percurso, mesmo que desapareça, por ser excluída das formas de vida legitimadas, a subjetividade do *Profeta* ressurge da sombra, num movimento que resiste ao apagamento, significando alguma coisa da capacidade do excluído de continuar a existir e agir dentro da coletividade da qual ele está amputado e impedido de se identificar como integrante, uma vez que ele não pode recorrer ao *nós* para significar-se, apesar de ser também um dos valores desse *nós*.

Quanto às inúmeras (18, no total) manifestações do *eu* na forma do oblíquo *me*, a exemplo de (4) "meu filho++ele me chama", ou de (21) "quando me bate a saudade"; e do possessivo *meu/minha*, como em (2) "minha mãe é / já morreu", ou em (25) "não abro mão da minha liberdade"; elas revisitam, de maneira insistente, o sujeito da enunciação como objeto de sua própria predicação, permitindo induzir que aquela subjetividade em construção só pode se ver vendo se é vista. Ao mesmo tempo, ver-se visto enquanto *me*, idealizado como marca de um *empersonnement ténu / empessoamento tênue*, visando ao núcleo íntimo do sujeito, como propõem Damourette e Pichon (1911/1940, §§ 2320-1) e, posteriormente, Lacan, leva sempre à beira da desapropriação de si em regime de tensão/relaxamento, respiração/sufoco, angústia/libertação, ou ainda de comunidade/ separação, do qual (21) "quando me bate a saudade", ao confrontar expressamente a subjetividade à sua estrutura conflitual e à opressão obsessiva de suas ressonâncias, compõe uma ilustração exemplar.

Reforçando a indistinção do enunciador pela operação de percurso e desfazendo a unidade mostrada do sujeito, a mutação do *eu* em objeto de enunciado leva a uma fragmentação da subjetividade, cuja marca corresponde à inscrição do sujeito na forma de uma terceira pessoa. É a arquitetura dessa terceirização que apontarei agora.

A emergência do enunciador na forma de uma terceira pessoa é repetida o bastante na autonarrativa do *Profeta* para poder ser considerada como significativa da escavação do que eu chamaria de um *fora de si* na intimidade mesma do sujeito.

Na verdade, tudo começa já com um comentário metaenunciativo que reenquadra o próprio nome, *Clemente,* como não pertencendo a *ninguém:* (1) "Sou o Clemente + nunca vi ninguém com este nome". O que se enuncia realmente quando se fala "ninguém" onde poderia aparecer "outro"? Percebe-se, de antemão, que uma reformulação desse tipo relaciona-se a um dizer localizado em outros níveis de significação. Tal deslocamento denominativo, ao assimilar o *eu* a um ninguém, sugere um deslocamento (fantasmático) dos próprios contornos humanos do excluído em questão, sendo ele mesmo uma resposta a um sentimento de inexistência, revelador da força de dissolução que a invisibilização social pode acabar gerando. É uma dissolução que é paradoxalmente movida por um efeito de visibilidade extrema, uma vez que o mesmo *ninguém* volta posteriormente em (16), "++ todo mundo lá coberto ++ mas você sem nada + ninguém", como um estigma que se prende ao corpo do sujeito, *a priori* inócuo por parecer designar a ausência de qualquer pessoa no ambiente, mas jogando com a falta de conexão sintática para continuar pressionando a inexistência do sujeito.

Entre estes polos da "ninguenização" do sujeito, o movimento de objetivação do *eu* na figura de um *terceiro* aparece claramente no deslocamento das marcas do enunciador em (10-11): "só peço + a gente só tá pedindo uma chance + morador de rua não é bandido ++ não é um alvo + mas tem muita noção do que tá sendo feito com ele + porque o morador de rua é unido". O enunciado inicia-se sob a responsabilidade enunciativa do locutor, com o verbo *pedir* na primeira pessoa; reenquadra, em seguida, o *eu* de maneira indiferenciada dentro do conjunto não localizado dos excluídos e termina por um discurso objetivado, "morador de rua não é bandido", redobrado por (15) "quem foge volta", que apaga totalmente a presença do locutor enquanto enunciador. Não está mais aqui quem fala, a não ser na forma de um *quem* à procura de seu protagonista. Mesmo que tal apagamento corresponda a uma estratégia de argumentação (cf. *infra*), ao fazer aparecer a autonarrativa como um discurso de fora do si, ele não deixa de demonstrar a fragilidade da inscrição de um excluído no humano.

E me aventurarei a dizer mais. Considerando o "vazio" subjetivo introduzido pela repetição de *ninguém*, assim como a ruptura sintática em (2) "minha mãe é / já morreu mas mesmo", assimilável a uma denegação, o curto-circuito temporal parecendo indicar que o locutor não se reconhece como origem da temporalização da morte da mãe, apesar de expressá-la, eu diria que aqui o sujeito falante se vê literalmente identificado a um mero *sujeito falado* da sua própria autonarração, para remeter à famosa distinção de Lacan. Locutor *delocutado* e narrador *narrativizado*: acentuando o deslocamento do *eu* na forma oblíqua do *me*, tal *terceirização* do *eu* marca o grau máximo de distância entre o *eu* locutor e sua rememoração narrativa, representando, nesse sentido, a forma mais aguda de fragmentação e até de aniquilação da subjetividade.

Isso induz a um reconhecimento de si radicalmente trabalhado por uma desidentificação: locutor despossuído de sua substância, identidade de areia, (de) composta por palavras e figuras alheias (o próprio nome, a heterodesignação do morador de rua como *bandido*, o tópico implícito de que *pedir é vergonhoso*) que alimentam o traço discursivo de um *Profeta*, sem que ele saiba como e onde o levam as andanças descontínuas dentro de um si que o revelam como um ator quase casual de sua vida, tirando dele até a *e(x)nunciação* de um amor desumanizado: (24) "eu amo um barco". Sintomática do cortejo de humilhações e violências sofridos, a declaração desse amor, sob a responsabilidade afirmada do *eu*, sinaliza também a formulação de um ideal, o que pode querer dizer que, se a narração da exclusão não cancela os ferimentos, ela é também suscetível de significar um novo começo.

A desnegativização da identidade

Como se sabe, o termo latino *excludere*, que deu origem ao verbo *excluir*, significa "impedir de entrar", "não admitir", sendo composto pelo prefixo *ex*, delimitador da exterioridade, e de *claudere*, "fechar", que tem parentesco com *clavis*, "chave", como consta no dicionário *Le Petit Robert*. Pode-se inferir daí que o excluído é aquele que é *encerrado fora*, não podendo usufruir do reconhecimento e dos direitos das pessoas incluídas. Nesse sentido, ser excluído é enfrentar um muro, a exclusão é uma interdição na interação de uns com outros que, ao fazer literalmente desaparecer a possibilidade de reconhecimento mútuo, afeta negativamente uma condição fundamental da afirmação identitária, transformando o excluído em "refém insubstituível dos outros" (LEVINAS, 1996, p. 82).

Ora, o que pode ser observado na narrativa do *Profeta* é um movimento discursivo que, ao expor repetitivamente o locutor à força oponente das barreiras que mantêm sua vida *fora* (dos outros e da sua própria interioridade), faz simultaneamente da representação da sua subjetividade negativizada e de sua resistência a essa negação os motivos de uma afirmação identitária positiva, que antecipa narrativamente o que seria sua própria liberdade.

De fato, ao lado das disjunções das marcas pessoais, a narrativa toda se organiza em torno da recorrência de uma fórmula enunciativa, cujo substrato seria *eu não* [...] *mas* [...], a exemplo de (4) "ele me chama mas eu não vou"; (10) "não sei de nada mas não roubo"; ou ainda (18) "não sou profeta mas". E se trata de uma recorrência vertiginosa mesmo, uma vez que se podem contar 18 enunciados negativos e 17 segmentos conectados por *mas,* havendo, às vezes, um acúmulo dessas conexões, como em 16/17 e 21/22, nos quais constam 10 sequências que combinam a negação e o conector, coincidindo, assim, com uma realização literal do substrato formalizado.

Na nossa perspectiva de compreensão da representação identitária numa situação que confronta o "si próprio" à sua irrepresentabilidade, eu diria que a recorrência de uma fórmula do tipo, *eu não* [...] *mas* [...],cristaliza uma função determinante de instituição de uma identidade positiva a partir do negativo, ou seja, de uma identidade produzida pela inversão do negativo, sem descartar que tal instituição é a (des)continuação de um desejo, desejo esse que, como todo desejo, está ancorado numa falta, numa carência. Todos os enunciados negativos relatam flagelos, restrições imperativas e adversidades na vida do locutor, que podem ser dos mais destrutivos, como é o caso de (10), em que se fala da falta de conhecimentos e talvez da aceitação de que esse vazio nunca mais poderá ser preenchido. Não importam, porém, nos limites desta análise, os conteúdos desses enunciados. Sua pertinência essencial é que, em referência à teorização de Ducrot (1980), o *mas* valoriza o segmento proposicional que o segue, propiciando uma conclusão positiva que, por sua vez, negativiza retroativamente o segmento anterior ao *mas*, mesmo que ele não seja objeto de uma predicação negativa.

Pela mediação de *mas,* é o positivo que emerge assim do negativo: em (10), o *não saber nada* transborda do seu curso mortífero e do encerramento desigualizante do sujeito no que ele não sabe, para se tornar uma contribuição à participação do locutor, não em toda a coletividade, mas pelo menos em determinadas manifestações dela, recebidas como exemplares (no presente caso, o fato de não roubar); e da inadequação atribuída ao apelido, em (18) "não sou profeta mas é porque olho sempre para lá e falo de coisas melhores", surge um serviço misteriosamente prestado a outrem, escansão quase ontológica de um mundo melhor, substituindo ao enfrentamento excludente de dois mundos a doação de nomes para dialogar.

Nesse plano, deve-se notar que essa transição do negativo ao positivo, propiciado pelo *mas*, é capaz de produzir a positividade de atos, que não são só objetos de uma predicação negativa, mas também questionáveis pelo sentido comum, a exemplo de (6) "meu filho tem 23 anos + mas eu não vou...", que transforma uma decisão candidata a um significado de desamor num gesto de humanidade tanto para si quanto para o filho. Além disso, o mesmo dispositivo é capaz, quando a segunda parte da proposição articulada por *mas* tem conotação negativa, de levar a um questionamento da transparência de uma suposta positividade da primeira parte da proposição, como no caso de (20-21) "agora eu sou feliz [...] mas quando me bate a saudade [...]", em que, sob o efeito do *mas*, a própria afirmação da permanência da felicidade vê-se retroativamente carregada da significação de uma denegação, processo pelo qual, como o sabemos desde Freud, um enunciador não se reconhece como sujeito-origem de uma apreciação que, não obstante, ele formula, deixando que um outro assuma a responsabilidade por ela (FREUD, 1934). Daí sai uma felicidade opacificada pela necessidade de o sujeito salvar-se do que a impossibilita e de conciliar a autenticidade de seu desejo com a experiência do negativo.

Falta ainda acrescentar, no âmbito da *desnegativização da identidade,* uma propriedade comum à funcionalidade enunciativa da *negação* e à conexão por *mas:* as duas acentuam os conteúdos das respectivas predicações, as quais se aplicam como norteadoras do ponto de vista do locutor enquanto enunciador, o que, por sua vez, implica que tais conteúdos são percebidos como sendo produzidos pela própria atividade do sujeito, e não como sendo realidades independentes de sua subjetividade. Deve ser ainda ressaltada, além da presença de modalidades apreciativas, do tipo (4) "raramente"; (7/12) "muito"; (14) "pior"; (16) "bom"; (19) "melhores"; a relevância do último "não" (25) da narrativa, enquanto reforço da imagem de uma subjetividade envolvida na sua obra discursiva, pois, tanto quanto o conteúdo do enunciado anterior, "mas não abro mão da minha liberdade", é uma negação que se aplica ao ato de enunciação desse conteúdo, tematizando o potencial e o compromisso pragmático do ato: fazer acontecer na prática uma liberdade invisibilizada pela experiência da precariedade.

Junto com o *mas* adversativo, que fabrica um universo de discurso definido pela transformação do negativo em positivo, trata-se, assim, do enraizamento dessa transformação na própria atividade do enunciador, que encena a atuação, no meio mesmo das desqualificações que ela tem que enfrentar, de uma firmeza subjetiva que autoriza indissociavelmente a possibilidade de uma afirmação discursiva e identitária: uma emancipação pelo negativo, que correlaciona a eficácia narrativa de um reconhecimento de si nas formas resistentes de sua exclusão ao exercício de um agir ético com valor de construção de identidade para a coletividade inteira.

O exercício ético

De fato a identidade de areia do *Profeta*, conturbada e roubada pela fratura que o encerra fora da comunidade, não desiste da ideia de comunidade. De alguma maneira, verifica-se, no seu gesto autonarrativo, a necessidade do *cuidado de si,* estabelecida por Foucault como o transitar por práticas sociais, implicando ele mesmo "uma intensificação das relações sociais" (FOUCAULT, 1984a, p. 69). Sem falar, no seu caso, de intensificação da socialização, eu diria que o negativo a partir do qual ele (enquanto narrador e personagem da sua narrativa) se redefine, induz uma narrativa que não só evoca a dureza das situações que ele enfrenta, mas relaciona o percurso de sua precarização a uma experiência, íntima e social, da "maneira segundo a qual a pessoa tem que se conduzir" (FOUCAULT, 1984b, p. 33). É nisso que a narrativa do *Profeta* compõe também um ato ético, pois, apontando os transtornos de uma *ipseidade* singular de si, demitida de sua autonomia por sua repulsa, ela implica um esforço de compreensão das figuras do negativo que impedem o acesso à autonomia, assim como da distribuição desigual das possibilidades de o *Profeta* tomar suas distâncias em relação à negativação de sua apropriação subjetiva e social.

Ao emergir da dificuldade de dar uma coerência narrativa a uma subjetividade desacreditada, esse esforço se desdobra em dois grandes focos de considerações éticas. O primeiro corresponde a uma reorientação da narrativa por um comentário metaenunciativo que reavalia o sentido das sequências anteriores: (10-14) "não sei de nada mas não roubo + só peço a gente só tá pedindo uma chance + morador de rua não é bandido ++ não é um alvo + mas tem muita noção do que tá sendo feito com ele + porque o morador de rua é unido + são companheiros que / há muita violência junto a esse pessoal aí porque é tudo morador de rua + uma coisa muito complicada não sei entender nem me explicar". Contrapondo-se à sua criminalização pela normalidade social hegemônica, é toda uma remotivação da humanidade do morador de rua que está aqui em jogo. Nessa perspectiva, dois procedimentos discursivos devem ser destacados.

Primeiramente, uma operação enunciativa de ruptura, no plano tanto das marcas pessoais quanto da temporalidade verbal: sujeito do enunciado formado não mais pelo *eu,* mas por um *ele,* e substituição pelo presente dos tempos do passado que enquadram esse fragmento. Instala-se, desse modo, no coração da narrativa, um período reflexivo, que é claramente significado pela dupla desembreagem, pessoal e temporal, pela qual se deixa o campo do relato pessoal de uma vida de "sem estatuto", submetido enquanto tal a julgamentos de veridição, para uma formulação generalizante que localiza o dito no campo do *sempre verdade*. O valor gnômico do presente da sua predicação, "morador de rua não é bandido [...] morador de rua é unido" tem a forma mesma de um ato ético, na medida em que demonstra as preocupações coletivas, e até universalistas, da narrativa de uma trajetória singular de um entre todos os moradores de rua.

Em segundo lugar, merece ser sublinhada a intervenção, dentro do ato ético, de um ato linguístico de negação da representação de *bandido*, à qual os segmentos sociais dominantes reduzem o morador de rua. Tal contestação marca bem, como o idealizou Bakhtine, que essa autonarrativa, a exemplo de qualquer discurso, é dirigida "para uma resposta e não pode fugir da influência profunda do discurso-réplica previsto" (BAKHTINE, 1978, p. 103), o que leva o enunciador a responder, ao mesmo tempo, pela sua palavra e pelas palavras do outro, confirmando, assim, que ele assume uma responsabilidade ética frente à coletividade com sua réplica. Se o locutor fala que "morador de rua não é bandido", é porque, para o sentido comum, ele é bandido. Apesar de não ter aparência polêmica, trata-se de uma negação profundamente polêmica, cuja glosa seria: "eu falo que morador de rua não é bandido porque eles dizem que é bandido: ora, para mim não é". Sua enunciação atesta, portanto, a intenção de participar de um debate social que se estima determinante, por parte de um excluído das formas de vida e das palavras legítimas, demonstrando a importância do "poder dizer", assimilado por Ricoeur, ao lado do "poder agir" e do "poder reunir sua própria vida em uma narrativa inteligível e aceitável", a um dos três poderes éticos fundamentais (RICOEUR, 2001, p. 88).

Na continuação, vale a pena notar que o enunciador não opõe outra designação ao termo recusado *bandido*, mas faz uma microdescrição da solidariedade inerente à comunidade dos excluídos. O seu conteúdo autoriza a rejeição da palavra *bandido*, não só porque essa designação categoriza os moradores de rua na zona do ilegal e do corpo infrator que precisa ser neutralizado, mas também porque ela antecipa qualquer agir positivo da parte deles como negativo, remetendo, por definição, o agir dos excluídos a uma perturbação do agir comum e fazendo deles uma comunidade de dessocializados, a partir dos quais não se podem esperar obras positivas.

Tal ressingularização enunciativa do morador de rua concentra, na verdade, ela mesma, duas dimensões éticas. Por um lado, ao valorizar a solidariedade e o respeito mútuos enquanto conceitos éticos vigentes e instaurados dentro do regime mesmo da precarização social, ela mostra os desprovidos como sendo também provedores das mais dignas condutas sociais. Mas, por outro lado, essa requalificação exemplifica também, além dos princípios morais, o trabalho de reapropriação de si conduzido pelos excluídos, quando sua encenação reinscreve a solidariedade, ou seja, uma das maiores figuras da humanização, nessa figura maior da desumanização que simboliza o fato de se perceber um conjunto de indivíduos que valem menos do que todos os outros e que, por isso, são mantidos na insignificância.

A questão que fica pendente é a de saber se, ao insistir sobre o companheirismo e a firmeza da comunidade que emerge da precariedade, o enunciador não reconduz, pelo menos parcialmente, a representação discriminatória hegemônica que tira os moradores de rua da coletividade e os localiza em comunidades sem capacitação para a criatividade coletiva. Essa contradesignação sinaliza que a capacidade de réplica do excluído, que os incluídos pensam inexistente, uma vez que eles dificilmente prestam atenção nela, continua acessível e pode ser ativada quando encontra um interlocutor: nesse caso, o próprio pesquisador que se vê, assim, progressivamente assumir, querendo ou não, para além do estatuto de observador, um papel discursivo de testemunha que, sem fazer dele um emissário da causa dos excluídos, ressalta a responsabilidade social da análise dos discursos de pessoas e/ou de grupos marginalizados.

A segunda focalização ética corresponde a uma série de alusões às formas de injustiça social que impedem o acesso a uma vida digna, entre as quais aparecem, em primeiro lugar, explicitamente a falta de teto: (16) "todo mundo lá coberto ++ mas você sem nada + ninguém++"; e implicitamente a privação de trabalho: (23) "queria ter meu barco + voltar a sa/ trabalhar" e a repartição desigual da educação: (10) "não sei de nada mas não roubo".

O interesse fundamental dessas alusões é o de significar que a postulação ética não pode concretizar-se igualmente em situação de decomposição social. A motivação ética não dispensa os requisitos econômicos e sociais para que o "si" possa realizar-se no âmbito de um reconhecimento recíproco, como sustenta Bourdieu: "A moral só tem alguma chance de tornar-se efetiva [...] se se trabalha para criar os meios institucionais de uma política da moral" (BOURDIEU, 1994, p. 243).

É notável que esses requisitos incluem também, no discurso do *Profeta,* uma série de necessidades simbólicas mais extensas, como a expectativa de ser tratado com dignidade: (21) "aqui polícia não mexe contigo"; de não ser dependente: (15) "eu tentei [...] sair daquele sistema de vida mas quem foge volta"; e de poder cuidar de si: (21) "aqui se pode tomar banho quando quiser", dos seus: (4-5) "raramente eu vejo meu filho [...] se eu for e não aguentar", e dos outros: (24) "servir as pessoas", cuja articulação às primeiras, dentro de um princípio de livre-acordo crucial para a realização de si: (25) "não abro mão da minha liberdade", indica claramente o sentido de políticas de igualização.

Enfim, podemos considerar que o último fragmento (22-25) pertence a essa série de exercícios por meio dos quais, como sublinha Foucault (1980-88, p.

784-786), o sujeito se põe numa certa situação em que ele mesmo se percebe numa função meditativa, o que quer dizer que ele antecipa uma transformação de si ligada a uma transformação social e dialoga com desaparecidos, dos quais o "si mesmo" faz parte. Isso significa também uma recondução da confrontação à complexidade: (22-23) "adoro aqui mas a maldade também existe por aí + mas chega a noite e + e me bate aquela tristeza"; à contradição ao ideal: (24) "trabalhar pescar / ver meu filho comigo [...] servir as pessoas"; e o retorno compulsivo ao real da rua que ele interrompe ao suspender (23) "voltar a sa[lvador]", e, por último ao paradoxo, (25) "eu amo um barco". Porque se trata de manter presente, no mesmo tempo e no mesmo lugar, o indigno que tem que ser superado e o digno que tem que ser conquistado: reautorizar e emancipar-se pelo negativo.

Ao narrar os diferentes registros (subjetivos e sociais, materiais e simbólicos) de sua precarização, o discurso do profeta excluído na areia, após ter nascido nas ondas, configura uma identidade na exclusão, cuja pertinência é, ao mesmo tempo, a de operar um desejo de identidade positiva a partir de uma subjetividade levada a uma perda de si, por não ser mais sustentada por nenhum reconhecimento, e a de não dissociar, nesse processo, as formas éticas que prometem uma recomposição de si, das formas sociais que garantem sua efetiva dignidade. Inscrevendo essa emancipação pelo negativo na vida comum dos mortais, a narrativa do profeta é um bem comum, no sentido de que não significa que ele seja, assim, livre de não ser excluído. Pois, como a resistível coerência dessa autonarrativa faz pressentir, se uma vida é só plenamente humana quando dispõe da possibilidade de reconhecer-se e de ser reconhecida como tal, não existe, contudo, autoliberação, como também não há autogeração pela narrativa (seria reconduzir ao mito das Luzes, apostando no poder demiúrgico do trabalho escritural).

Entre a relegação do excluído e a soberania do dominante, o que ilustra o discurso sobre si do *Profeta* é a possibilidade de emancipar-se mais ou menos da sujeição. Indica um caminho entre o pensamento da liberdade (Sartre) e o da reprodução (Bourdieu), demonstrando que não há determinismo absoluto, nem liberdade incondicional. É já uma grande lição, porque projeta o retorno ao mundo de um relegado pelo mundo.

Referências

AUTHIER-REVUZ, J. Hétérogénéité montrée et hétérogénéité constitutive: éléments pour une approche de l'autre dans le discours. *DRLAV,* Paris, année VIII, n. 26, 1982, p. 91-151.

AUTHIER-REVUZ, J. *Ces mots qui ne vont pas de soi.* Paris : Larousse, 1994.

BENVENISTE, E. *Problèmes de linguistique générale.* Paris: Gallimard, 1966 et 1974. T. 1 et T.2.

BAKHTINE, M. Du discours romanesque. In: _____. *Esthétique et théorie du roman.* Paris: Gallimard, 1978.

BAKHTINE, M. *Esthétique de la création verbale.* Paris: Gallimard, 1984.

BOURDIEU, P. *Raisons pratiques,* Seuil. Paris: 1994.

CULIOLI, A. *Pour une linguistique de l'énonciation, T. 1, 2, 3.* Paris: Ophrys, 1990 et 1999.

DAHLET, P. Une théorie, un songe : les énonciations de Benveniste. *LINX,* n. spécial *Actes du colloque de Cerisy "Emile Benveniste vingt ans après",* Université Paris X/ Centre de Recherches Linguistiques, 1997, p. 195 – 209.

DAHLET, P. Travess(i)as da subjetividade: biografia, autobiografia e outrobiografia. In: FERREIRA da ROCHA JÚNIOR, A. (Org.). *Narrativas (auto)biográficas. Literatura, discurso e teatro.* São João del-Rei, MG: UFSJ: 2014. p. 35-62.

DAMOURETTE, J.; PICHON, E. *Des mots à la pensée.* Paris: J. L. L. d'Artrey, 1911/1940. T. 6.

DUCROT, O. *Les mots du discours.* Paris: Minuit, 1982.

FOUCAULT, M. *Histoire de la sexualité, tome 3, Le souci de soi,* Paris: Gallimard, 1984a. p. 69.

FOUCAULT, M. *Histoire de la sexualité, tome 2, L´usage des plaisirs.* Paris: Gallimard, 1984b. p. 33.

FOUCAULT, M. Les techniques de soi. In : *Dits et écrits,* v. 1, Paris: Gallimard, p. 784-6, 1980-88.

FREUD, S. La négation, *Revue française de psychanalyse,* 7, n. 2, 1934, p. 174-177.

LACAN, J. *Ecrits.* Paris: Seuil, 1966.

LACAN, J. *Le moi dans la théorie de Freud et dans la technique de la psychanalyse.* Le Séminaire. Livre II, Paris: Seuil, 1978.

LACAN, J. *(Les psychoses): Le Séminaire.* Livre III, Paris: Seuil, 1981.

LEVINAS, E. *Humanisme de l'autre homme.* Paris: Livre de Poche, 1996.

RICOEUR, P. *Soi-même comme un autre.* Paris: Seuil, 1990.

RICOEUR, P. Autocomprehension y historia. In: CALVO, M. T.; AVILA, C. R. *Los caminos de la interpretacion.* Barcelona: Anthropos, 1991a (Autocompréhension et Histoire. Granada: 1987)

RICOEUR, P. L'identité narrative. *Revue des sciences humaines,* Paris, n. 221, p. 35-47, 1991b.

RICOEUR, P. *Le Juste 2.* Esprit. Paris: 2001. p. 88.

TODOROV, T. *Mikhaïl Bakhtine: Le principe dialogique,* suivi de Écrits du cercle de Bakhtine. Paris: Seuil, 1981.

6. Discurso acadêmico e ativismo social na comunidade surda

Maria Clara Maciel de Araújo Ribeiro
Glaucia Muniz Proença Lara[1]

Na obra *Um discurso sobre as ciências,* o sociólogo português Boaventura de Sousa Santos evidencia o entrelaçamento – necessário, mas, ao mesmo tempo, tácito e clandestino – do sujeito do fazer acadêmico-científico com o ser social que o funda, isto é, do ser que produz saberes com o ser que sente, acredita, se alegra ou se ressente em um mundo inteligível. Apesar de óbvia e inescapável, tal relação costuma ser indesejada, percorrendo os não-ditos de nossas trajetórias de pesquisas: conhecemos o incentivo deliberado, de dadas áreas do conhecimento, em favor da busca pela "objetividade" e pelo "distanciamento" entre sujeito e objeto de pesquisa – como se o sujeito que pesquisasse fosse um e o que vivesse, outro.

Apesar disso, presenciamos um crescente movimento que discute abertamente o lugar, o valor e os modos de produção e existência do conhecimento acadêmico e científico em uma modernidade considerada líquida (BAUMAN, 1999) ou dita pós-moderna[2] (SANTOS, 2005). Representante desse movimento, Santos (2005) considera todo conhecimento uma espécie de autoconhecimento e vislumbra o sujeito da pesquisa e o objeto pesquisado como continuidades de um mesmo eixo.

---

[1] Este capítulo foi retirado da tese de doutorado *O discurso acadêmico-científico produzido por surdos: entre o fazer acadêmico e o fazer militante,* defendida junto ao Programa de Pós-Graduação em Estudos Linguísticos (PosLin) da Universidade Federal de Minas Gerais (UFMG), em dezembro de 2012. O referido trabalho foi considerado a melhor tese do PosLin em 2012 e recebeu Menção Honrosa na área de Ciências Humanas, Ciências Sociais Aplicadas e Linguística, Letras e Artes no Prêmio UFMG de Teses – Edição 2013. (N.O.)

[2] O amplo e multifacetado movimento sociocultural da chamada pós-modernidade ganha força aproximadamente no último quarto do século XX. A noção, de cunho estético ou histórico, é bastante fluida e tenta caracterizar uma época em que as expressões (artísticas e científicas) são dominadas pela lógica cultural do capitalismo tardio, pelo fim das metanarrativas e por uma cultura instalada pelo pós-guerra e pela visão pós-industrial. Boaventura Santos utiliza-se do termo para falar precisamente da fase de transição paradigmática em que nos encontramos, caracterizada pela extensão ou transformação da ciência pré-existente (moderna) em uma nova (pós-moderna), ainda com perfil indefinido.

Para o autor, apesar de a ciência moderna ter consagrado o homem como sujeito epistêmico, ela o expulsa enquanto sujeito empírico, por considerar que "um conhecimento objetivo, factual e rigoroso não toleraria a interferência dos valores humanos" (Santos, 2005, p. 80). A partir daí, o sujeito da pesquisa e o sujeito social (e as relações que estabelecem com os objetos pesquisados) passaram a encarnar instâncias epistemológicas distintas e distantes. Na liquidez de nossos dias, no entanto, discute-se a importância de se considerarem essas duas instâncias de sujeito como reciprocamente condicionantes e de se tomar o objeto da pesquisa como a continuação do sujeito por outros meios, de forma a se entender o conhecimento advindo dele como uma espécie de autoconhecimento, o que imputaria a muitos trabalhos investigativos um caráter quase autobiográfico. Essa visão leva em conta o fato de sermos sujeitos sociais que pesquisam, não o contrário, de maneira que nossas trajetórias de vida (pessoais e coletivas), nossos valores e crenças compõem, inevitavelmente, nossas escolhas, decisões e visões nas investigações que empreendemos.

Partimos dessa reflexão para focalizar uma situação específica de sobreposição de papéis discursivos e sociais em que fazeres acadêmicos assumem, explicitamente, um engajamento político-social comunitário, mesclando o pensar (e pesquisar) ao viver (e militar) e sobrepondo sujeito e objeto de pesquisa. Abordaremos, especificamente, situações em que cidadãos surdos se voltam para a prática da pesquisa acadêmica e, debruçando-se sobre o seu próprio universo linguístico, cultural e/ou educacional, produzem saberes acadêmicos (sobre si) notoriamente engajados e politicamente posicionados.

Juntamente com Santos (2005), defendemos o estabelecimento de fazeres acadêmico-científicos ditos pós-modernos – ao mesmo tempo, fragmentados e integrados, além de compatíveis com a realidade empírica à qual se dirigem – que seriam, por assim dizer, frutos de um paradigma em ascensão. O autor defende que a ordem científica ainda dominante, herdada do século XVI e consolidada no século XIX, que representa o chamado *paradigma dominante do fazer científico*, está em crise e que um paradigma outro começa a revelar-se: o *paradigma de racionalidade científica emergente*.

Nesse paradigma, não se prioriza o aspecto retroalimentativo da produção do conhecimento (tão característico do paradigma dominante); tampouco se perseguem valores que distanciam o homem (enquanto sujeito vivente em um mundo inteligível) do pesquisador. A partir daí, sustenta-se que um paradigma de racionalidade científica outro não poderia mais apresentar-se apenas como "um paradigma científico (um paradigma prudente)", mas que teria de ser também "um paradigma social (o paradigma de uma vida decente)". Vê-se, pois, que no paradigma denominado emergente, o homem e a realidade social, há muito expulsos do paradigma dominante, entram pela porta da frente, tornando possível conjugar, por exemplo, fazeres acadêmico-científicos com fazeres ativistas e sociais.

É a partir desse cenário que abordamos a relação entre produção de conhecimento acadêmico e engajamento social na comunidade surda brasileira – tema complexo, por um lado, mas, por outro, recentemente bem documentado (ver, por exemplo, RIBEIRO, 2012). O movimento de ingresso da comunidade surda no universo acadêmico – enquanto professores e alunos – reafirma definitivamente a atual tendência dos surdos de deixarem de ser compreendidos em um quadro clínico-terapêutico que os forjava enquanto valores da deficiência, para serem ressignificados em quadros linguístico-antropológicos, que os flagram em suas experiências de vida visual enquanto valores da diferença linguística, cultural e identitária (SKLIAR, 1999; CAMPELO, 2008; RIBEIRO, 2008).

Nesse sentido, recentes alterações conceituais e imagéticas no modo de se conceber a comunidade surda oportunizaram aos surdos experimentar novas e promissoras formas de ser e estar no mundo. Assim, no Brasil, um conjunto de circunstâncias (ou uma série de contingências) político-sociais tem aberto as portas do ensino superior aos surdos que, uma vez graduados, voltam-se, de maneira significativa, para programas de pós-graduação *stricto sensu*, sobretudo para a grande área das Humanidades, preparando-se para (e exercendo) a função de professor de ensino superior. Um levantamento informal revela-nos que, atualmente, há, no Brasil, mais de 150 surdos mestres, mestrandos, doutores ou doutorandos.

Como demonstrou Ribeiro (2012), pós-gradua(n)dos surdos costumam tomar sua própria comunidade como tema de pesquisa, focalizando suas manifestações linguísticas, educacionais e culturais. Trata-se, em sua maioria, de pesquisas engajadas, pró-Movimento Surdo[3], notoriamente imbuídas de valores políticos e sociocomunitários, nas quais é possível flagrar "duelos" entre o sujeito pesquisador e o sujeito surdo ativista. Tais embates são derivados, em grande medida, do fato de o sujeito pesquisador (surdo) e o objeto da pesquisa (surdos ou temas deles derivados) se imbricarem e se constituírem reciprocamente, sobrepondo papéis e fazeres no plano discursivo.

Discutimos, pois, neste capítulo, como a tensão entre sujeito pesquisador e sujeito ativista social se resolve no plano discursivo de pesquisas produzidas

---

[3] De acordo com a pesquisadora surda Gladys Perlin (1998, p. 69), "O movimento surdo é responsável direto pelo [...] impasse na vida do surdo contra a coesão ouvinte, pelo sentir-se surdo: em resumo, é o local de gestação da política da identidade surda". [...] "É no movimento surdo onde estamos mais próximos da divisão entre poder surdo e poder ouvinte, onde surge uma proximidade dinâmica da identidade surda que denominamos política da identidade, que tem sua força na alteridade e que guarda as fronteiras da identidade surda como tal. Por que surge essa resistência surda? Ela é uma força contra o poder ouvinte de ideologia dominante ouvintista".

por surdos e consideradas pró-Movimento Surdo. Em outras palavras, investigaremos como o locutor (L), no fio do discurso, gerencia as vozes de sujeitos topograficamente distintos e determinados – (des)equilibrando forças e tensões discursivamente constituídas.

Para refletir sobre essas questões, abordaremos, inicialmente, a compreensão do *acontecimento discursivo* em foco para, posteriormente, enquadrarmos surdos pesquisadores como intelectuais específicos, produtores de uma cientificidade que questiona outra – ou melhor, como sujeitos do pensar e do agir que abandonam o histórico lugar e a posição do *outro* para enunciar a partir do patamar de um *eu* acadêmico. Em seguida, discorreremos sobre a atividade acadêmica desses sujeitos e, finalmente, ilustraremos a discussão com trechos de uma tese de doutorado em educação, examinada a partir dos pressupostos da análise do discurso de orientação francesa (AD).

O acontecimento discursivo e a intelectualidade surda brasileira

A produção acadêmica de cidadãos surdos pode ser considerada um fenômeno discursivo que rompe, de alguma forma, com a estrutura, uma vez que é como um *acontecimento discursivo* que ela se erige na história dos processos sociodiscursivos e é como tal que ela ecoa nas tramas do poder. De nossa parte, o tratamento do fenômeno como um *acontecimento* não se baseia propriamente na caracterização desse discurso como representativo de um paradigma de racionalidade científica considerado emergente, mas principalmente nas evidências de que discursos acadêmico-científicos cunhados por surdos e sobre surdos perturbam e impõem-se como algo "novo" perante a memória, uma vez que a entrada de surdos na pós-graduação *stricto sensu* brasileira pode ser considerada recente e inovadora (tem pouco mais de dez anos).

Surdos envolvidos tanto acadêmica quanto socialmente com a agenda de lutas do Movimento Surdo são considerados, pois, intelectuais específicos, no sentido que Foucault (2004) atribui à expressão. Ao distinguir o intelectual universal, representante de uma consciência coletiva voltada para as questões das massas, do intelectual específico, que se constrói e se sustenta como membro de um grupo específico para o qual volta sua atenção, Foucault (2004, p. 13) adverte que "é preciso pensar os problemas políticos dos intelectuais não em termos de 'ciência/ideologia', mas em termos de 'verdade/poder'".

O intelectual específico se levanta, em geral, contra um sistema de poder hegemonicamente constituído e questiona um regime de verdade, ao mesmo tempo em que busca instituir outro. Surdos pesquisadores, enquanto intelectuais específicos, questionam, sobretudo, as estereotipias sobre o ser surdo socialmente construídas, assim como os modelos educacionais forjados pelos ouvintes para os surdos – modelos que não costumam levar em conta as especificidades linguísticas e culturais do grupo ou as visões dos surdos sobre a sua própria educação. Intelectuais específicos são, pois, considerados líderes representativos de uma determinada coletividade: se um dado sujeito ostenta defesas em nome próprio, dirá Deleuze, é porque representa certa coletividade, um público específico: "quem fala e age? Sempre uma multiplicidade, mesmo que seja na pessoa que fala ou age. Nós somos todos pequenos grupos", garante o autor, em conversa com Foucault (2004, p. 70).

Autores surdos, como Rezende e Rezende Jr. (2007), defendem, assim, que ao contrário do que os ouvintes historicamente fizeram (e ainda fazem) com os surdos – imposição linguística, cultural e educacional[4] – intelectuais surdos sediados na academia não exigem posturas ou impõem sua vontade política ao padrão de vida ouvinte, pois não tentam fazer prevalecer o seu regime de verdade sobre o dos outros. Ao contrário, afirmam que intelectuais surdos analisam, principalmente, os espaços e acontecimentos que *os cercam e envolvem*, fazendo dissipar conceitos ultrapassados e apresentando problematizações outras, porque concebidas a partir de uma ótica interna.

Tais autores defendem, portanto, a superioridade do intelectual-pesquisador surdo em face dos não surdos na abordagem de problemas que envolvem "povos sinalizadores", pois sustentam que aquele não impõe a produção de suas próprias verdades a outrem (como os ouvintes costumam fazer com os surdos, subentende-se), mas atua em um espaço próprio e produz um autoconhecimento deslocado da lógica da dominação ouvinte. Não se pode perder de vista, contudo, que surdos intelectuais estão enredados na mesma trama de poder que combatem, isto é, deixar de ser dominado parece implicar, em certa medida, exercer algum domínio.

Mas os intelectuais surdos sediados na academia não inovam apenas por se comprometerem com a sua comunidade de origem, desencadeando a produção de um conhecimento voltado para a promoção imediata de seu grupo cultural, mas também por se envolverem em atividades acadêmicas articuladas por sujeitos que, "ao desenvolverem suas pesquisas, privilegiam a parceria 'com' os movimentos sociais e extrapolam a tendência ainda hegemônica no campo das ciências humanas e sociais de produzir conhecimento 'sobre' os movimentos e os seus sujeitos" (GOMES, 2010, p. 494, grifos nossos).

Junto à sociologia, é provável que o campo da educação seja uma das áreas do conhecimento em que a inserção de intelectuais específicos (surdos, negros, homossexuais, feministas...) se faça mais presente e visível. Como é de se esperar – e como informa a autora –, esses sujeitos

---

[4] Autores surdos como Stroebel (2009) consideram o seu povo colonizado pelos ouvintes.

[...] se configuram não só como pesquisadores que atuam no meio acadêmico. Eles produzem conhecimento e localizam-se no campo científico. São intelectuais, mas um outro tipo de intelectual, pois produzem um conhecimento que tem como objetivo dar visibilidade a subjetividades, desigualdades, silenciamentos e omissões em relação a determinados grupos [...] e suas vivências. Para tal, configuram-se como um coletivo, organizam-se e criam associações científicas a fim de mapear, problematizar, analisar e produzir conhecimento (GOMES, 2010, p. 495).

É justamente aí que se enquadram os surdos intelectuais. E, como se vê, eles não são os únicos. A autora citada, por exemplo, trata especificamente da atividade acadêmica de negros intelectuais, embora a reflexão que tece sirva, bem amplamente, para o caso dos surdos, uma vez que o que se discute aqui é a produção de conhecimento politicamente (auto)posicionado.

Nessa perspectiva, ao tematizar questões surdas na academia, tais sujeitos já não produzem um conhecimento pautado pelo olhar do outro – ouvinte eventualmente comprometido com o percurso de lutas do povo surdo –, mas pelo olhar endógeno, crítico e analítico do próprio surdo como pesquisador da temática surda. Não se trata mais de um olhar dito neutro e distante sobre fenômenos sociolinguísticos e educacionais que envolvam surdos, mas, sim, de uma análise e de uma leitura crítica de quem vivencia tais conflitos na sua trajetória de vida tanto pessoal quanto coletiva, inclusive no meio acadêmico-profissional.

Certamente, "equilibrar-se no fio da navalha" traz múltiplas tensões. Apesar de enriquecer e renovar as visões até então apresentadas, o surdo intelectual "ameaça territórios historicamente demarcados", trazendo "elementos novos de análise e novas disputas aos espaços de poder acadêmico", além de ser colocado sob suspeita por aqueles que só acreditam na produção de conhecimento neutro e deslocado dos sujeitos que o produzem, como Gomes (2010, p. 492) nos inspira a pensar.

Foucault (2004) sugere que todo percurso de luta contra formas de opressão é, de alguma maneira, tributário do percurso de lutas operárias, iniciado no século XVIII. Desse modo, ao lutar contra formas de coação e de controle sobre si, mulheres, negros, surdos e homossexuais se mostram ideologicamente afinados com o proletariado, uma vez que "se o poder se exerce como ele se exerce, é, na verdade, para manter a exploração capitalista" (FOUCAULT, 2004, p. 46). Corroborando essa visão, Lane (2002) afirma que a origem da noção de deficiência – veementemente combatida por intelectuais surdos – remonta ao século XVIII, quando foi preciso separar os sadios (aptos ao trabalho) dos considerados deficientes (inaptos e considerados onerosos ao governo). Em outras palavras: os movimentos sociais das minorias estão, de alguma forma, ligados à ideologia do movimento operário, uma vez que buscam combater formas de controle conduzidas pelo mesmo sistema de poder.

Nesse sentido, pensando na intelectualidade negra na academia, Mama (2010, p. 605) relata o descaso da comunidade científica mundial para com as publicações africanas sobre os efeitos nocivos da globalização. Para a autora, deve-se a estudiosos africanos algumas das mais fortes críticas à globalização e ao imperialismo. Tais críticas, no entanto, são reduzidas no máximo à categoria fútil de "literatura de protesto", pois são completamente ignoradas pelas principais obras editadas pelo mundo sobre a temática. No seu entender, os intelectuais negros africanos produzem uma pesquisa acadêmica que se vê como "parte integrante da luta pela liberdade e que responde, não perante esta ou aquela instituição, regime, classe ou gênero, mas perante a imaginação, as aspirações e os interesses da gente comum".

Mama (2010, p. 605) nos leva a pensar que uma atitude responsável e ativa exige que façamos mais do que nos colocarmos à margem dos problemas sociais. Exige que, enquanto acadêmicos, "ultrapassemos a nossa tradição liberal de neutralidade perante as políticas e que desenvolvamos uma ética mais radical, susceptível de questionar e interpelar ativamente as hegemonias globais". A autora se (nos) questiona:

> Qual o contributo que a nossa pesquisa e o nosso conhecimento poderá [sic] trazer aos diversos contextos dos povos que estudamos? Como é que a nossas atividades de pesquisa afetam a vida daqueles que estudamos? Será possível desenvolvermos estudos sobre África de maneira a estes mostrarem um maior respeito para com as vidas e as lutas do povo africano e as suas agendas? Será possível promovermos estudos que contribuam para o bem da África? (MAMA, 2010, p. 610).

Nesse contexto, a contribuição social da pesquisa realizada por surdos não pode ser mais clara: primeiramente, como agenda geral, tem a função de ressemantizar o conceito de surdez, politizando e ressignificando a discussão a partir da suplantação da arraigada ideia da deficiência, da menos-valia, da insuficiência. Em segundo lugar, em sintonia com o paradigma chamado emergente, parece esmerar-se para que a prática se adiante à teoria, pois muitas pesquisas trazem para os espaços acadêmicos questões já debatidas ou vivenciadas em comunidade. Os pesquisadores surdos têm, pois, na academia, o respaldo e a escuta necessários às transformações sociais que almejam.

A seguir, apresentaremos brevemente algumas características da produção acadêmica de surdos – de teses de doutorado, especificamente – para, então, nos debruçarmos sobre amostras da materialidade discursiva, advindas de um desses trabalhos: uma tese de doutorado produzida por uma pesquisadora surda sobre temática relacionada ao seu próprio povo.

A legitimidade do discurso acadêmico produzido por surdos

Mostramos, anteriormente, um movimento vigente na comunidade surda brasileira que busca legitimar as lutas sociais do grupo por meio do empreendimento de pesquisas acadêmicas. No entanto, até aqui corremos o risco de o leitor supor que tais empreendimentos, na verdade, pouco têm de acadêmicos, uma vez que apresentam interesses sociais como pontos de partida e de chegada. Ora, é justamente esse o ponto nevrálgico do presente capítulo: discutir o surgimento de empreendimentos acadêmicos que indubitavelmente se qualificam como tais, mas que escapam aos ditames tradicionais e que devem, portanto, resolver um "problema" de ordem enunciativa que será posto: o gerenciamento de vozes e facetas acadêmicas e ativistas sociais no fio do discurso. É justamente por se legitimarem como pesquisas acadêmicas merecedoras dessa qualificação que a tensão entre as vozes precisa ser equalizada (ou, pelo menos, minimizada). Do contrário, se tais pesquisas se mostrassem como desmerecedoras do lugar enunciativo (acadêmico) do qual partem, haveria um possível superdimensionamento do "eu militante" face ao "eu pesquisador" e, como veremos adiante, isso não acontece. Ao contrário: há uma preocupação constante da parte dos pesquisadores surdos em mostrar suas pesquisas como integradas e representantes do que se considera "a boa prática acadêmica".

Antes de apresentar e analisar a "materialidade discursiva", de modo a lançar luzes sobre a discussão, apontaremos algumas características da produção acadêmica de surdos na pós-graduação, alertando para o fato de que consideramos, especificamente, teses de doutorado em educação defendidas por surdos[5]. Em linhas gerais, esses trabalhos são: i) manifestações de uma escrita de si; ii) automotivados e centrados no perspectivismo, pois vemos amostras de uma ótica inovadora, porque endógena; iii) derivados e/ou integrados ao Movimento Surdo; iv) manifestações de uma política de resistência, pois já não se trata do ponto de vista do outro sobre o "dominado", mas das proposições e visões (de um outro que se torna eu) que nascem em meio à dominação, derivadas de experiências vivenciadas "na pele"; iv) ocasiões em que sujeito da pesquisa e objeto pesquisado se tornam continuidades de uma mesma entidade; v) amostras de uma sobreposição de vozes advindas de um sujeito que pesquisa, mas que, ao mesmo tempo, milita em uma causa social própria; vi) representantes do paradigma de racionalidade científica emergente.

A partir dessas características, pensaremos na configuração discursiva derivada da relação entre produção de conhecimento acadêmico e engajamento social em uma tese de doutorado em educação defendida na UFSC por uma pesquisadora surda[6].

---

[5] Três teses, especificamente: Rezende (2010), Strobel (2009) e Miranda (2007) (vide referências).

[6] REZENDE, P. L. F. *Implante Coclear na constituição dos sujeitos surdos*. 2010. 164 f. Tese (Doutorado em Educação). Faculdade de Educação. Universidade Federal de Santa Catarina, Florianópolis, 2010. Disponível em: <http://repositorio.ufsc.br/bitstream/handle/123456789/8545/281476. pdf?sequence=1>. Acesso em: 15 jan. 2014.

A resolução das "vozes" no fio do discurso

A partir da intrincada configuração discursiva de produções acadêmicas consideradas ativistas, é possível pensar em como se dá a equalização, no fio do discurso, de múltiplas tensões e demandas enunciativas. Por um lado, tais pesquisas respondem a grupos topograficamente distintos: a academia e a comunidade surda. Por outro, precisam ser, ao mesmo tempo, validadas e legitimadas nos dois polos (acadêmico e comunitário), sob pena de serem acusadas, por um deles, de privilegiar o outro.

A hipótese deste estudo é de que a temática e sua abordagem, na tese analisada – que problematiza ou renega o implante coclear[7] e o tratamento da surdez –, bem como a história de ativismo e liderança de sua autora na comunidade surda (que determina uma imagem prévia de si – um éthos pré-discursivo – suficientemente arraigado nas lutas do Movimento Surdo), pré-validam e pré-legitimam, na comunidade surda, a pesquisa em questão. A segunda hipótese, então, é de que será preciso, a partir daí, atenuar a atuação do eu militante na pesquisa, como forma de atingir a validação e a legitimidade necessárias no âmbito acadêmico, já que este, ao contrário, não oferece pré-validações, mas talvez desconfianças quanto à autoria surda e à situação de engajamento apresentadas.

O curioso é que, embora haja um evidente esforço da parte da pesquisadora em atenuar a "voz militante", a ocultação ou dissimulação dessa voz não ocorre no referido trabalho. Ao contrário, a assunção e o comprometimento da faceta ativista são claramente manifestados na ordem do enunciado, como quando a autora diz: "A escolha deste tema é pessoal e inerente à questão da minha vida, por eu ser uma lutadora do povo surdo e hastear a bandeira da Língua de Sinais e da Cultura Surda, artefatos esses fortemente conectados à minha vida, ao meu coração, à minha alma". Ou quando sustenta ser "difícil não tomar posição e partido pelos e com meus pares surdos. São resistências surdas em minha vida, escolhas, renúncias, sentimentos, subjetividades afloradas no meu ser surdo" (REZENDE, 2010, p. 36). A partir daí, é possível prever a necessidade de o sujeito/locutor da tese (L) buscar estratégias discursivas para manter sob controle o ativismo social, ou melhor, para separar o eu-pesquisador do eu-militante, visando à validação e à legitimidade da pesquisa no ambiente acadêmico, como já foi dito.

Mas isso não seria aparentemente contraditório? Para que, afinal, assumir o engajamento para depois tentar negá-lo ou dissimulá-lo? Ora, esse pode ser

---

[7] O "implante coclear" é um dispositivo eletrônico interno que estimula fibras nervosas auditivas remanescentes, revertendo mecanicamente a perda auditiva. Grande parte da comunidade surda é contrária ao recurso, por considerá-lo uma forma de "medicalização" da surdez e um risco iminente de subvalorização da língua de sinais.

justamente o argumento de maior valor da tese em foco. O sujeito pesquisador se coloca como ativista, integrante e profundo conhecedor da realidade a ser analisada, mas, ao mesmo tempo, como um pesquisador que internalizou as "regras do jogo", isto é, como um acadêmico capaz de controlar e vigiar o seu distanciamento/proximidade em relação a seu objeto de pesquisa, conforme lhe convenha, ainda que o locutor lambda (λ) – aquele que, segundo Ducrot (1987), demonstra sua faceta de existência mundana[8] – às vezes o traia e deixe entrever uma parte da sua relação com o mundo, como ilustram os excertos a seguir:

> **(01)** Foram muitos os momentos em que precisei fugir da militância, emergir dos "mergulhos militantes" da causa e dos movimentos surdos [...]. Foram momentos sofridos. Muitas palavras e pensamentos foram apagados das páginas dessa produção por conter conteúdos militantes. Fiz o que era possível para analisar, problematizar e dialogar com Foucault. Ele me fez entender que, mesmo estando enredada pelas práticas sociais e jogos de poder/saber e imersa nos muitos discursos e saberes da norma ouvinte e da norma surda, eu posso me vigiar e ser um sujeito que olha e diagnostica as práticas do seu tempo e espaço. O tempo e o espaço do mundo surdo. [...] Travei, no meu interior, um forte embate, pois, a todo tempo, precisei fugir das armadilhas impostas pela militância. Foi uma vigilância constante para não cair no abismo teórico de uma tese.
> [...] Cada discurso produzido [por terceiros] me doía o coração, a minha alma surda. Eu não podia me sobressair na militância surda. Vivo em constante vigilância para não cair no abismo dessa militância: é preciso viver o auge das teorizações foucaultianas (REZENDE, 2010, p. 157).

> **(02)** Os dados neste campo de pesquisa são uma produção de meus percalços investigativos como pesquisadora, e, apesar dos meus estudos aprofundados e teóricos, foi preciso fazer uma vigilância pela minha posição do saber e uma implicação no objeto de pesquisa (REZENDE, 2010, p. 62).

> **(03)** Acho importante trazer à baila os detalhes dos contatos iniciais da pesquisadora com as entrevistadas. Eles transcorreram em clima de tensão e desconfiança devido à resistência da pesquisadora em aceitar o implante coclear como um fato naturalizado pelas mães dos pequenos surdos implantados. Entretanto, isso foi sanado com o tempo: foram necessários exercícios de autocontrole e o entendimento das distinções entre ser surda e ser pesquisadora para poder capturar os discursos produzidos. Esse fato constituiu muitos atravessamentos significativos durante as entrevistas (REZENDE, 2010, p. 68).

---

[8] De acordo com a perspectiva de Ducrot (1987), haveria aí a emergência do locutor lambda ou λ (locutor enquanto ser do mundo), distinto, portanto, do locutor enquanto tal (L), responsável pela enunciação (e considerado unicamente como tendo essa propriedade). Lembramos ainda que, no âmbito de sua teoria polifônica, o autor distingue o *locutor* dos *enunciadores*, tomados como perspectivas ou pontos de vista aos quais o locutor se assimila ou não. Não nos aprofundaremos nessas distinções por razões de espaço.

> **(04)** Houve momentos em que era nítida a minha militância contra o implante coclear e isso contribuiu para que houvesse olhares de desaprovação. Era preciso ter autocontrole para não revelar a rebeldia e a militância características do ser surdo cultural. Por isso, essa experiência foi uma constituição do meu ser pesquisadora, uma produção que, outrora, não seria significativa se eu não tivesse desbravado essa área, estado lá e participado dos primeiros passos e acordes quanto à produção de saber/poder do implante coclear no território manauara (REZENDE, 2010, p. 63).

Nos trechos apresentados, o sujeito-pesquisador (P) alega manter sob vigilância constante o sujeito-militante (M). Não apenas foge dele, como também busca apagar as suas marcas quando ele insiste em se manifestar ("Muitas palavras e pensamentos foram apagados das páginas dessa produção por conter conteúdos militantes.").

Em termos de éthos (entendido, no sentido tradicional, como a construção de imagens de si), forja-se a imagem de uma pesquisadora consciente e com poder de discernimento, capaz dessa vigília. Ora, se conteúdos militantes foram apagados, presume-se, então, que eles não existam mais, ou, pelo menos, que foram reduzidos a certa insignificância. Por esse viés, é possível supor que explicitar, no nível do enunciado, a existência da relação de militância pode não ser o mesmo que praticá-la na pesquisa. Em outras palavras: apesar de mencionar, na tese, seu engajamento no Movimento Surdo, o sujeito sugere ser possível não praticá-lo no desenrolar da pesquisa. Todavia, de maneira semelhante, sustentar no enunciado tal vigília não é o mesmo que praticá-la. O que nos importa, contudo, em termos discursivos, é a intencionalidade de L ao enunciar tais questões. Aqui, a locutora L parece-nos guiada por uma atitude protecionista da imagem de si enquanto pesquisadora, assim como da sua pesquisa enquanto produção de uma cientificidade, pois, em certo momento, ela prevê a repercussão (com avaliação imprevisível) de sua pesquisa: "O meu discurso será examinado, questionado, debatido e até mesmo impugnado, pois é a produção de uma verdade, de uma cientificidade, de uma prática discursiva, de um embate contra a medicalização do ser surdo" (REZENDE, 2010, p. 40).

Manter a voz do sujeito que milita sob controle não é, todavia, uma atividade fácil ou natural ao sujeito. Afinal, vemos no trecho (01), retirado do capítulo de conclusão da tese, que foram momentos avaliados como *sofridos*, embora certamente determinantes para se jogar com destreza o jogo da academia. Foucault aparece como argumento de autoridade e validação dessa prática. É como se L dissesse, "não sou eu quem diz que é possível vigiar e fugir da militância, mas um autor como Michel Foucault". E a atividade de vigília, ainda dirá L, não é exclusiva às searas da militância; afinal, foi preciso também "uma vigília constante para não cair no abismo teórico de uma tese" – posição que corrobora o éthos de pesquisadora consciente e vigilante de seu processo de pesquisa.

Tal expertise, atribuída ao sujeito pesquisador (P), aparece nos trechos (03) e (04) como um processo de aquisição de habilidades e de amadurecimento propiciados pela atividade de pesquisa atual, visto que "foram necessários exercícios de autocontrole" para promover o "entendimento das distinções entre ser surda e ser pesquisadora" – distinção certamente percebida a partir da pesquisa em análise, não anteriormente, visto que a autora dessa tese não cursou mestrado, tendo ido diretamente para o doutorado. O fato de tal vigília e autocontrole não serem nem passe de mágica nem algo facilmente praticado faz com que o nível de dificuldade ressoe positivamente nas qualidades de L, impactando diretamente na sua imagem de pesquisadora (P).

Neste ponto, a vertente tensiva da semiótica greimasiana[9], com a exploração dos polos da intensidade e da extensidade, contribui para a compreensão da relação vigilância militante *versus* atuação de pesquisador: parece-nos que quanto mais *intensa* é a atividade afetiva e militante do ser comunitário, mais *extensa* é a atividade do ser da pesquisa, uma vez que maiores esforços, técnicas e estratégias serão empreendidas no intuito de fazê-lo "emergir dos mergulhos militantes". Assim, à medida que o éthos de sujeito militante aparece, ele faz crescer e fortificar proporcionalmente o éthos de pesquisador, uma vez que aquele deve ser coibido por este – instância capaz de "fazer doer" o coração militante ("cada discurso produzido me doía o coração, a minha alma surda"), para não deixá-lo "sobressair na militância surda". A princípio, entre o locutor da pesquisa e o locutor que milita não parece haver negociações de espaço: o segundo se mostra presente, mas, de certa forma, subjugado pelo primeiro (ou, pelo menos, há esforços nesse sentido).

Em termos de éthos, nos excertos de (01) a (04), é possível constatar que as atitudes do ser que milita servem de pretexto para a construção do éthos do sujeito pesquisador, que se mostra franco e honesto ao relatar os percalços e conflitos de sua pesquisa, vividos anteriormente ao entendimento da distinção entre ser surda e ser pesquisadora, admitindo, de maneira implícita, que, se no passado "houve momentos em que era nítida a minha militância", eles não existem mais, pois "cheguei aqui!" (REZENDE, 2010, p. 63; 157), o que demonstra sentimento de vitória e satisfação e, em última instância, sucesso na tentativa de controle de P sobre M.

Como se vê, de maneira ampla, L não se coloca em suas pesquisas exclusivamente como sujeito social ou comunitário, mas também – e às vezes prioritariamente – como sujeito do fazer acadêmico. E é esta, a nosso ver, a imagem

---

[9] Como desdobramento recente da Semiótica Francesa *standard*, a Semiótica Tensiva oferece um arcabouço teórico que permite articular o inteligível e o sensível. Assim, a categoria de base do nível fundamental (Semiótica dita *standard*) é, na Semiótica Tensiva, desmembrada em duas valências: intensidade e extensidade, que devem, no entanto, ser vistas como um contínuo.

mais delicadamente construída, pois se trata, com certeza, de uma posição relativamente nova para o sujeito, se comparada com a sua posição como integrante de uma comunidade específica (surda).

Nos trechos a seguir, é possível apreender o locutor em seu engajamento acadêmico, mostrando os meandros de sua pesquisa e delineando, sem rodeios, a sua imagem de sujeito pesquisador:

> (05) Foram e ainda são muitas as passagens e as paragens investigativas, as idas e as voltas, os círculos e os quadrados; às vezes, sem volta, prazerosos, íngremes; por vezes, revoltos e militantes. Muitos espaços foram ocupados e desocupados abruptamente. Muitas ideias feitas e desfeitas, muitos modos de mobilizar a minha investigação. Enfrentando olhares de desconfiança e confiança, foi preciso me mobilizar com calma e ternura para capturar discursos e práticas.
>
> Com as constantes idas e vindas ao campo, muitas metodologias foram pensadas e repensadas, pois não existem respostas prontas para a inquietação de um pesquisador. Os Estudos Culturais oferecem a possibilidade infinita de construir uma metodologia a partir do objeto da investigação em questão, ainda que se atenha a aspirações e desejos do pesquisador para trilhar suas próprias passagens e paragens investigativas (REZENDE, 2010, p. 59).

> (06) Fiz infindáveis leituras que me levaram a concluir que não se faz coleta de dados e, sim, produção de dados (REZENDE, 2010, p. 61)

> (07) Constituí, para problematizar o meu objeto de pesquisa, algumas maneiras e modos de pesquisar. Li os livros *Caminhos Investigativos* [vol. I II e III] e as muitas dissertações e teses produzidas na perspectiva pós-estruturalista e dos Estudos Culturais, o que me inspirou e me moveu em direção à construção e à reconstrução dos meus caminhos investigativos. Foram leituras significativas que me levaram a pensar, a repensar, a questionar, a aprender, a vivenciar (REZENDE, 2010, p. 60).

> (08) Houve tempos em que tive contratempos: eu não conseguia problematizar para poder produzir esta tese. Onde e como seria o meu campo de pesquisa? Os sujeitos surdos implantados? Os surdos militantes contra o implante coclear? Os familiares? Os médicos? Os fonoaudiólogos? Onde seriam os espaços? Seriam simples entrevistas? Ou observar os corpos surdos com implante coclear sendo disciplinados? Analisar e problematizar as piadas e artes surdas sobre implante coclear como resistências surdas? Como questionar e problematizar os saberes médicos e discursos científicos sobre os corpos surdos? Problematizar os discursos das mães das crianças implantadas? O que são discursos normalizadores? E os discursos de resistência surda?Foram tantas perguntas possíveis e impossíveis que tive que mudar inúmeras vezes de metodologias, sujeitos e objetos de pesquisa; inventei e reinventei modos de mobilizar a investigação sobre o implante coclear. Uma vez escolhido o tema, foi preciso percorrer trilhas e me enredar nas tramas de questionamentos inquietantes: **Como os discursos acerca do implante coclear constituem os sujeitos surdos?** Esse é um questionamento basilar desta pesquisa (REZENDE, 2010, p. 37; negrito do original).

Nos trechos reproduzidos, L oferece ao leitor os bastidores de sua pesquisa em processo de construção, não a apresentando apenas como um produto acabado. Apesar de o discurso acadêmico tradicional primar pela assertividade e priorizar o relato de resultados e conhecimentos edificados com alguma segurança, os excertos (05) e (08), ao contrário, relatam contratempos, construções e desconstruções, invenções e reinvenções, mostrando o processo de pesquisa como ele é: exposto a limitações ("eu não conseguia problematizar"), críticas ("enfrentando olhares de desconfiança") e procedimentos em aberto ("foram e ainda são muitas as passagens e as paragens investigativas"). Em (08), a enumeração de quatorze questionamentos seguidos é apresentada para explicitar os movimentos reflexivos do ser da pesquisa e demonstrar a complexidade das escolhas investigativas; escolhas essas favorecidas, certamente, por "infindáveis leituras", algumas determinadas ("Li os livros *Caminhos Investigativos*"); outras não ("muitas dissertações e teses"). Aqui, mais uma vez, processos próprios aos bastidores são trazidos à cena, de maneira bastante clara e explícita no nível do enunciado (dando mostras da manifestação do éthos dito), isto é, um pesquisador, a rigor, mostra as leituras que fez a partir das citações que faz. Explicitar, no enunciado, tal atitude, a partir do uso do verbo *ler*, parece ser uma estratégia com claras preocupações imagéticas, ou melhor, com vistas a construir o éthos do sujeito pesquisador.

Aliás, os excertos de (05) a (08), no que tange à construção do éthos, ativam estereótipos ligados ao mundo ético da academia, com suas máximas relacionadas ao inacabado, como a que diz que toda escrita é uma reescrita; que pesquisar é construir para desconstruir; que um bom problema vale mais do que uma boa resposta, entre outras. Ao demonstrar hesitações próprias ao labor acadêmico de produção de uma tese, L, ao invés de fragilizar-se, constrói um éthos de pesquisador que ganha em obstinação e competência.

Com isso, a incorporação do éthos visado só será possível aos que conhecem de perto o mundo ético (acadêmico) em questão. Projeta-se, assim, um leitor modelo que tomará os aparentes percalços do processo de pesquisa como valores positivos a ser agregados ao éthos do pesquisador. No caso dos demais leitores, alheios à prática da pesquisa e aos discursos que ela engendra, o éthos visado provavelmente não seria o éthos incorporado, uma vez que, no senso comum, a atividade de pesquisa aparece como a instituição de uma verdade, a rigor, jamais hesitante ou tateante. A imagem de si que L vai construindo é, pois, a de uma pesquisadora que cresceu juntamente com o seu processo de pesquisa; que é inventiva e zelosa, ao mesmo tempo em que se mostra questionadora e inquieta.

Entretanto, receoso quanto à eficácia na incorporação do éthos visado, o locutor insiste no éthos dito (explícito no enunciado), parecendo, assim, não confiar apenas na competência interpretativa de seus leitores: argumenta que "não existem respostas prontas para a inquietação de um pesquisador", modalizando o caráter tateante de sua enunciação. De forma complementar, atribui suas hesitações à natureza do seu campo teórico, que "oferece a possibilidade infinita de construir uma metodologia a partir do objeto da investigação em questão".

A distinção entre éthos dito e éthos mostrado, como afirma Maingueneau (2008, p. 18), se estabelece "nos extremos de uma linha contínua, uma vez que é impossível definir uma fronteira nítida" entre o que é explicitamente dito no enunciado, ou apenas sugerido/mostrado pela enunciação. Assim, o éthos dito, nos excertos da tese em foco, revela-se como uma estratégia que, longe de se fiar apenas na competência de leitura do auditório a que se dirige, produz reforços e garantias de que o éthos incorporado será precisamente o éthos visado.

É possível prever, contudo, que os esforços de P nem sempre conseguem manter M sob controle. Observaremos, a seguir, ocasiões em que o conflito de vozes e facetas se intensifica, apesar do ilusório comando exercido por P. Ilusório porque, como defende Santos (2005), são justamente as experiências do sujeito mundano (M) que permitem que o sujeito da pesquisa (P) se apresente como tal. Além disso, há ocasiões em que M inevitavelmente desponta porque, como afirma Maingueneau (2005), somos todos dotados de aptidões discursivas que nos levam a interpretar discursos contrários aos nossos a partir das categorias do nosso próprio sistema de restrições semânticas, de maneira que lemos no discurso B a negação do nosso discurso A.

Assim, na tese em foco, apesar das tentativas de controle de P, em algumas ocasiões M é traiçoeiro e regula a produção de sentidos, colocando em cena a sua própria competência discursiva e o seu próprio sistema de restrições semânticas. Isso pode ser observado a seguir, no excerto (09), na ocasião em que L cita o termo "implante coclear" (problematizado e até combatido na pesquisa) e lança uma definição um tanto pessoal em nota de rodapé; definição que se mostra substancialmente diferente do conceito estabilizado socialmente ou daquele tecnicamente apresentado pelas ciências médicas:

> (09) Neste capítulo, explico a história da medicina no controle do corpo surdo, pois não é o propósito imediato desta tese explicar em maiores detalhes o implante coclear[1] e a sua evolução no Brasil e no mundo, em razão do implante coclear não ter sido o único modo de medicalizar o ser surdo, produzindo, assim, o anormal surdo. E ainda problematizo a surdez como uma invenção de práticas sociais e da medicina.
> 1. Implante coclear é um aparelho que tem o intuito de consertar o ouvido defeituoso dos surdos, trazendo uma possível audição de forma robotizada. Além disso, exige intensa reabilitação fonoaudiológica pós-cirurgia, pois é preciso exercícios para perceber e entender melhor os sons. É uma forma de normalização do sujeito surdo. (REZENDE, 2010, p. 43)

Tecnicamente, o implante coclear poderia ser definido como "um aparelho que serve para recuperar a audição em casos de surdez profunda" (STROBEL, 2008, p. 28) ou como um dispositivo eletrônico de alta tecnologia, também conhecido como ouvido biônico, que estimula eletricamente as fibras auditivas nervosas remanescentes (BEVILACQUA; COSTA FILHO, 2011). Pensando na tese em foco, uma vez que a figura "implante coclear" compõe o tema da pesquisa, seria possível supor que, ainda que contrário a seus usos e efeitos, o sujeito pesquisador conclamasse locutores/pesquisadores outros para defini-lo, ainda que fosse para subverter as definições apresentadas. A opção de L, no entanto, foi outra: silenciar os discursos outros, fazendo operar o sistema de restrições próprio à semântica global de seu discurso. Ao mostrar o lado "avesso" da moeda (seu posicionamento ativista) e ocultar o lado mais corrente e conhecido, P não resgata discursividades outras para se explicar: silencia o discurso estabilizado pelas ciências médicas e faz imperar o seu, ou melhor, o de dada comunidade surda que vê no implante coclear tão somente uma forma de controle e submissão ao padrão de comunicação por meio da audição e, consequentemente, da fala.

Os excertos a seguir também ilustram situações em que, apesar da vigília, o sujeito militante, supostamente controlado no nível do enunciado, deixa-se manifestar na enunciação, que adquire um "tom" de engajamento e até de certa indignação (perceptível sobretudo em (11)); "tom" esse (instância do éthos mostrado) que só pode ser atribuído a M:

> (10) Para mim, pesquisadora, o bolo representou o forte apelo que a audição tem para a mãe do Açaí, o vazio da existência da criança e a demasiada importância concedida ao seu ouvido. O ouvido implantado é mais importante que o restante do corpo do menino, ainda que ele esteja motivado para que o seu ouvido seja normalizado e possa captar todos os sons possíveis (REZENDE, 2010, p. 112).

> (11) Para mim, como pesquisadora nesta incursão investigativa sobre a normalização surda, tanto faz se é a primeira ou a última cirurgia; se foi idealizada por um ou por outro grupo, pela mãe Tucumanzeira ou pela mãe Açaizeira; se foi custeada pelo plano de saúde ou pelo SUS. O fato é que a cirurgia tem o mesmo procedimento, a mesma estratégia, a mesma tecnologia, o mesmo processo de normalização nos corpos surdos e a mesma técnica para corrigir os indivíduos surdos (REZENDE, 2010, p. 127).

O excerto (10) diz respeito ao episódio em que uma mãe entrevistada pela pesquisadora, para comemorar um ano da cirurgia de implante coclear de seu filho, promove uma comemoração intitulada "Um ano de muitos sons", cuja foto, veiculada na tese em foco, mostra um bolo decorado com um ouvido equipado com o receptor do implante (feito de *biscuit*), rodeado por notas musicais, simbolizando a sonoridade. Cabe esclarecer que as mães entrevistadas na pesquisa recebem o nome de árvores amazônicas, e seus filhos, os nomes de seus frutos, como Açaizeira e Açaí, por exemplo.

Diante dos excertos (10) e (11), seria justo perguntar: para você pesquisadora ou para você militante? Em (10), o citado "vazio da existência da criança", certamente não pode ser aferido de maneira objetiva por P, devendo ser atribuído a M, embora a "importância concedida ao ouvido", informação dedutível da decoração do bolo, possa ser atribuída a P. É justamente por causa da (con)fusão de papéis entre M e P que L insere o aposto explicativo "como pesquisadora" para caracterizar-se diante da tentativa de controlar o incontrolável.

Em (11), contrariamente ao que foi exposto, parece legítimo supor que P poderia se interessar, sim, por algumas das variáveis citadas (quem, como e quando idealizou e custeou o implante coclear), apesar de M certamente não se interessar: "tanto faz se é a primeira ou a última cirurgia [...] o fato é que a cirurgia tem [...] o mesmo processo de normalização nos corpos surdos".

A resposta, portanto, à questão "para você pesquisadora ou para você militante?" não existe, porque não pode ser dicotômica: a tese em estudo é entremeada pela sobreposição e entrelaçamento de P e M, uma vez que tais instâncias, em muitos momentos, não podem ser separadas ou distinguidas: uma só existe em função da outra; ou melhor, o sujeito que pesquisa só existe em função do sujeito que milita; e é justamente o último que faz com que o pesquisador seja como ele se apresenta: questionador, inquieto e ousado, fato que evidencia que P e M se condicionam reciprocamente. O que se vê, pois, em (10) e (11) é a tentativa de P em gerir a produção de sentidos de seu discurso, esforçando-se para defini-lo no enunciado como atributo do sujeito em seu engajamento acadêmico, apesar de algumas evidências enunciativas em contrário. As repercussões imagéticas derivadas daí indicam que P se esforça para parecer no controle e para apresentar-se diante do leitor como competente.

O desejo de objetividade ou de neutralidade pode ser observado ao longo de toda a tese examinada. Sabe-se que o discurso acadêmico, centrado no paradigma dominante (SANTOS, 2005), valoriza tal postura e sanciona negativamente aqueles que a ignoram. Foi em função desse paradigma que o produtor da tese buscou estratégias de proteção e de distanciamento, chegando mesmo a explicitá-las em algumas ocasiões, como tivemos a oportunidade de observar.

Considerações finais

A pesquisa acadêmica empreendida por surdos brasileiros pode ser considerada uma amostra significativa do paradigma de racionalidade científica emergente de que nos fala Santos (2005). Por meio dela, assistimos à ascensão de um povo minoritário que aos poucos se desvencilha dos procedimentos de exclusão que o estigmatizavam como pária social. Consideramos, portanto, a entrada de surdos na pós-graduação *stricto sensu* uma empreita de resistência social que estabelece um contracontrole e uma nova força-controle. Tal movimento é deflagrado por contradiscursos produzidos e apresentados como cientificidades: falamos aqui de pesquisas acadêmicas que, ao mesmo tempo em que reivindicam um lugar nas práticas acadêmicas correntes, constroem para si um lugar político e identitário singularizado, que tanto parte de quanto chega a um meio social determinado.

No campo do discurso, vimos que a tensão entre os fazeres acadêmico e ativista foi diminuída pela tentativa de controle de M por P. Tais fazeres, apesar de poderem ser flagrados individualmente em algumas ocasiões, nem sempre se concebem de maneira distinta, pois se condicionam reciprocamente. Dessa maneira, as manifestações do sujeito da pesquisa parecem estar atreladas à impossibilidade de exílio de sua faceta ativista: como um amálgama, essas vozes vão se imbricando na tessitura discursiva, de modo a se tornarem, em muitas ocasiões, indissociáveis.

Assim, o fazer acadêmico que se revela ativista é como o voo de um pássaro que se mostra comprometido com a sua própria liberdade: os pássaros voam porque a imobilidade telúrica oferece riscos à sobrevivência, enquanto a mobilidade aérea os liberta da sujeição.

Referências

BAUMAN, Z. *Modernidade líquida*. Rio de Janeiro: Zahar, 1999.

BEVILACQUA, M. C.; COSTA FILHO, O. A. *Implante coclear*. Disponível em: <http://www.implantecoclear.com.br>. Acesso em 05 jan. 2011.

CAMPELLO, A. R. S. Aspectos da visualidade na educação de Surdos. 2008. 245 f. Tese (Doutorado em Educação). Faculdade de Educação, Universidade Federal de Santa Catarina, Florianópolis, 2008. Disponível em: <www.tede.ufsc.br/teses/PEED0703-T.pdf>. Acesso em: 10 jun. 2010.

DUCROT, O. *O dizer e o dito*. Campinas, SP: Pontes, 1987.

FOUCAULT, M. *Microfísica do poder*. Rio de Janeiro: Graal, 2004.

GOMES, N. Intelectuais negros e a produção de conhecimento: algumas reflexões sobre a realidade brasileira. In: SANTOS, B. S.; MENEZES, M. P. (Org.). *Epistemologias do Sul*. São Paulo: Cortez, 2010. p. 492-518.

LANE, H. L. Do Deaf People Have a Disability? *Sign Language Studies*, Washington, v. 2, n. 4, p. 356-78, 2002.

MAINGUENEAU, D. *Gênese dos discursos*. São Paulo: Criar Edições, 2005.

MAINGUENEAU, D. A propósito do *ethos*. In: MOTTA, A. R.; SALGADO, L. (Orgs.). *Ethos discursivo*. São Paulo, Contexto, 2008. p. 11-29.

MAMA, A. Será ético estudar a África? Considerações preliminares sobre pesquisa acadêmica e liberdade. In: SANTOS, B. S.; MENEZES, M. P. (Org.). *Epistemologias do Sul*. São Paulo: Cortez, 2010. p. 603-37.

MIRANDA, W. O. *A Experiência e a Pedagogia que nós surdos queremos*. 2007. 153 f. Tese (Doutorado em Educação). Faculdade de Educação, Universidade Federal do Rio Grande do Sul, Porto Alegre. 2007. Disponível em: <http://www.lume.ufrgs.br/bitstream/handle/10183/13581/000645759.pdf?sequence=1>. Acesso em: 21 ago. 2009.

PERLIN, G. T. Identidades surdas. In: SKLIAR, C. (Org.) *A surdez: um olhar sobre as diferenças*. Porto Alegre: Mediação, 1998. p. 52-73.

REZENDE, P. L. F. *Implante Coclear na constituição dos sujeitos surdos*. 2010. 164 f. Tese (Doutorado em Educação). Faculdade de Educação, Universidade Federal de Santa Catarina, Florianópolis, 2010. Disponível em: <http://repositorio.ufsc.br/bitstream/handle/123456789/8545/281476.pdf?sequence=1>. Acesso em: 15 jan. 2011.

REZENDE, P. L. F.; REZENDE JR, F. F. Os surdos nos rastros da sua intelectualidade específica. In: QUADROS, R. M.; PERLIN, G. (Org.). *Estudos Surdos*. 1. ed. Petrópolis, RJ: Arara Azul, 2007. v. II, p. 190-211. Disponível em: <http://editora-arara-azul.com.br/ParteB.pdf>. Acesso em: 12 mar. 2010.

RIBEIRO, M. C. M. de A. *A escrita de si: discursos sobre o ser surdo e a surdez*. 2008. 186 f. Dissertação (Mestrado em Estudos Linguísticos). Faculdade de Letras, Universidade Federal de Minas Gerais, Belo Horizonte, 2008. Disponível em: <http://www.bibliotecadigital.ufmg.br/dspace/bitstream/1843/ALDR-7LXNMP/1/1270m.pdf>. Acesso em: 18 mar. 2010.

RIBEIRO, M. C. M. de A. *O discurso acadêmico-científico produzido por surdos: entre o fazer acadêmico e o fazer militante*. 2012. 263 f. Tese (Doutorado em Estudos Linguísticos). Faculdade de Letras, Universidade Federal de Minas Gerais, Belo Horizonte, 2008. Disponível em: <http://www.bibliotecadigital.ufmg.br/dspace/bitstream/handle/1843/LETR-96LNYY/tese_maria_clara_maciel.pdf?sequence=1>. Acesso em: 18 mar. 2013.

SANTOS, B. de S. *Um discurso sobre as ciências*. 13. ed. Porto: Afrontamento, 2005.

SKLIAR, C. B. Uma perspectiva sócio-histórica sobre a psicologia e a educação dos surdos. In: SKLIAR, C. B. *Educação e exclusão – abordagens sócio-antropológicas em educação especial*. Porto Alegre: Mediação, 1999. p. 75-109.

STROBEL, K. L. *Surdos: vestígios culturais não registrados na história*. 2007. 176 f. Tese (Doutorado em Educação). Faculdade de Educação, Universidade Federal de Santa Catarina, Florianópolis, 2008. Disponível em: <http://www.ronice.cce.prof.ufsc.br/index_arquivos/Documentos/karinstrobel.pdf>. Acesso em: 05 maio 2009.

7. A discriminação dos ciganos na imprensa francesa

Béatrice Turpin
Trad. Clebson Luiz de Brito e Aline Saddi Chaves

Representar é "tornar presente à vista ou ao espírito" (*Trésor de la Langue Française*), representação de *coisas*, mas também representação de palavras: a referência se faz a partir das palavras da língua e resulta de uma discursivização. Ela é, nesse sentido, igualmente, subjetivação. A subjetividade está aí marcada, dirá Benveniste, por meio de seus índices na língua, entre os quais os pronomes pessoais e os embreantes. Ela é marcada ainda pelo outro do discurso, o "ele" ao mesmo tempo presente e ausente. Pode se tratar de outra pessoa, mas igualmente do tecido social e suas vozes, aquilo que convém chamar, em referência aos escritos de Volochinov ou Bakhtin, de interdiscurso. Esse interdiscurso não é uno, mas plural, entrecruzamento de vozes mais ou menos próximas ou discordantes, cuja proximidade se cristaliza em normas semânticas e sociais que se manifestam no discurso. Propomo-nos, no presente capítulo, a estudar essas vozes nos discursos da imprensa sobre os Ciganos ou os *Roms*[1], referência à designação *rom*, "homem" na língua romani, termo adotado em 1971 pela União Romani Internacional e, posteriormente, pelo Conselho da Europa e pela União Europeia.

O surgimento da "questão *Rom*" na imprensa francesa

Não encontramos nos arquivos de imprensa qualquer menção à criação da União Romani Internacional e à adoção dessa designação naquela ocasião (*Europresse, Factiva* ou os arquivos do jornal *Le Monde*). A primeira menção encontrada data do

---

[1] O termo *Rom(s)* designa sob o mesmo rótulo diversos grupos de indivíduos que vêm imigrando para a Europa e para o continente americano há vários séculos. Todas essas comunidades podem ser reagrupadas sob o nome de "Tsiganes" ou "Tziganes" (Ciganos, em português), mas, para a grande maioria dos indivíduos envolvidos, o termo em questão tem uma conotação pejorativa. Daí, a escolha de *Rom*. No presente capítulo, optamos por manter o termo *Rom(s)*, até porque não existe uma tradução consagrada em português. (N.T.)

pós-Nicolae Ceausescu (presidente da Romênia entre 1967 e 1989) e associa "*Roms*" a "refugiados" e à "Romênia": "As preocupações dos refugiados *roms* na França. Após a queda de Ceausescu, os Ciganos que tinham fugido do regime romeno temem ser mandados de volta a seu país" (*Le Monde*, 12/02/1990). Nesses artigos, "*Rom(s)*" aparece como uma especificação de *Tsiganes* (Ciganos), a saber: "Ciganos do *Leste Europeu*". Na imprensa, os dois termos aparecem muito frequentemente em concomitância nesse período. Entretanto, é somente a partir dos anos 2009-2010 que o termo "*Rom*" tende a suplantar o de "Tsigane" (ou "Tzigane"), como podemos ver no esquema a seguir, baseado nos artigos da grande imprensa francesa, presentes na base de dados *Europresse* (jornais e revistas de atualidades gerais).

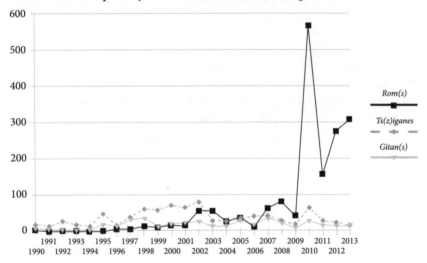

Gráfico 1: Frequência das entradas /*Rom*/, /Cigano *(Ts(z)igane)*/ Gitano (*Gitan*)/ na imprensa francesa[2]

O aumento da frequência dos artigos sobre os "*Roms*", com o emprego dessa qualificação (mais usada no plural), ocorre a partir de julho de 2010, sucessivamente, com a evocação da desocupação do mais antigo "campo *rom*" em Saint-Denis, perto de Paris, e das violências urbanas após a morte de um jovem membro de uma família cigana francesa por um policial, durante uma fiscalização rodoviária em Saint-Aignan, perto de Blois. No final desse mesmo mês, em resposta a outras violências em um grande conjunto de urbanização situado ao sul de Grenoble, o então Presidente da República, Nicolas Sarkozy, evoca, alternadamente, ao longo de um discurso que as mescla, insegurança e delinquência, particularmente aquela dos

---

[2] Veja-se que essa base se enriqueceu de títulos de jornais ao longo do tempo. A maioria dos títulos apresentados em 2013, porém, já era assim em 2000. A pesquisa contemplou a presença dos termos no título e no texto.

jovens provenientes da imigração: "Nós sofremos as consequências de cinquenta anos de imigração insuficientemente controlados, que resultaram no fracasso da integração"; em seguida, faz referência aos "clandestinos" e aos "*Roms*": "Os clandestinos devem ser reconduzidos a seus países e foi nesse estado de espírito que solicitei ao Ministro do Interior que pusesse fim às implantações selvagens de acampamentos de *Roms*. Essas são zonas ilegais que não podemos tolerar na França". (*Discurso de Grenoble*, 20 de julho de 2010).

Desde então, "a questão *rom*" tornou-se objeto de debate tanto na esfera política quanto na imprensa. O termo irá, inclusive, sobrepor-se às outras designações. Assim sendo, é após a adesão da Romênia ao espaço econômico europeu em 1º de janeiro de 2007, seguida da ratificação do Tratado de Lisboa, em 2009, que os "*Roms*" tornam-se uma "questão" – ainda que o direito europeu assegure a livre circulação de pessoas no interior desse espaço.

Após 2010, os títulos dos artigos referem-se regularmente aos *Roms*. A temática recorrente é a das expulsões, ou mesmo a das tensões entre *Roms* e moradores. Assim, apenas no jornal *Le Monde,* no segundo semestre de 2011, identificamos os trechos a seguir: "*Expulsão* dos Roms: a guerra dos números" (30/07/2011); "*Desocupação* forçada de famílias roms em Marselha" (12/08/2011); "Indignação após a *desocupação* de Roms de trens da RATP" (03/09/2011); "Romênia-França-Romênia: a *viagem sem fim* dos Roms" (04/10/2011); "*A ronda sem fim* dos Roms" (19/11/2011). Em 2012, o jornal usa ainda os títulos "*Desocupação* de acampamentos roms em Évry e em Lyon" (28/08/2012); "Entre 2.000 e 3.000 *expulsões* desde o início do verão" (3/09/2012); depois, em 2013: "Manuel Valls anuncia que os *desmantelamentos* de campos de Roms continuarão" (15/03/2013); "4.000 Roms *expulsos* de suas moradias desde 1º de janeiro" (08/04/2013). Além disso, vários títulos fazem referência ao antagonismo entre os *Roms* e a população ou autoridades políticas locais: "Moradores de um alojamento popular de Marselha *expulsam* Roms e *incendeiam* seu acampamento" (29/09/2012); "Recepção aos Roms gera *fortes tensões* na comunidade urbana de Lille" (02/11/2012); "A *ira* de Villeneuve-d'Ascq contra os Roms" (13/05/2013); "Em Wissous, a 'caça à água' dos Roms, *privados de* terminais contra incêndio pelo Prefeito" (30/07/2013); "Prefeito de Croix provoca agitação ao apoiar a *rejeição* dos Roms pela população" (19/09/2013). No final de 2013, com a aproximação das eleições municipais de março de 2014, o jornal fala de desentendimentos no interior do governo, ressituando, nesse contexto político, os diferentes posicionamentos em relação aos *Roms*. A "questão *rom*" torna-se, então, uma questão de peso no debate político, incentivada pelas mídias, ainda mais com a aproximação do dia 1º de janeiro, quando passaria a ser permitido a todo cidadão romeno ou búlgaro trabalhar livremente no espaço econômico europeu.

Situamos nosso estudo antes desse último período, isto é, nos quatro últimos meses do ano de 2013. O *corpus,* extraído igualmente da base de dados *Europresse,* compreende três jornais da grande imprensa francesa, por ordem de importância de distribuição em 2013: *Le Figaro* (329.175 exemplares), *Le Monde* (303.432 exemplares) e *Libération* (105.863 exemplares), aos quais acrescentamos *Le Parisien,* jornal mais lido na região de *Ile-de-France* (da qual Paris faz parte) e que comporta um núcleo comum de informações com sua edição nacional: *Aujourd'hui en France* (416.556 exemplares no total, segundo dados da OJD: <http://www.ojd.com/>). Esses jornais diferem quanto às características socioeconômicas de seu público leitor e quanto às suas tendências políticas (respectivamente, da direita para a esquerda no horizonte político, declarando-se *Le Parisien,* de sua parte, popular e "independente de partidos políticos").

O presente capítulo dá continuidade a uma pesquisa sobre a representação dos Ciganos nos jornais do início do século, estudo no qual nos interrogamos sobre as normas sociais inscritas nos discursos da imprensa (TURPIN, 2013). Propomo-nos aqui, após relembrar essa análise, a verificar se, apesar de os *Tsiganes* do início do século XX serem populações diferentes dos *Roms* do início do século XXI, não se trata das mesmas categorizações, tanto no explícito quanto no implícito do discurso, com um fio semântico que as interliga.

O segundo *corpus* (de comparação) constitui-se, assim, de artigos de imprensa a respeito dos *Tsiganes* (termo então mais frequente, juntamente com *Tziganes*), sobretudo por volta dos anos 1911-1912, que assistiram à criação de uma carteira antropométrica de identidade para as populações nômades consideradas perigosas, um documento concebido para esse grupo em particular. A lei de 16 de julho de 1912, fortemente inspirada nas teorias fisionômicas do final do século XIX, e seu decreto de aplicação, de 16 de fevereiro de 1913, instituem, com efeito, a obrigação de uma carteira com uma "descrição antropométrica que aponte, sobretudo, a altura do indivíduo, as medidas do busto, a envergadura, o comprimento e a largura da cabeça, o diâmetro bizigomático, o comprimento da orelha direita, o comprimento dos dedos médios e auriculares esquerdos, o da palma da mão esquerda, o do pé esquerdo, a cor dos olhos: espaços são reservados para as impressões digitais e para as duas fotografias (de perfil e de frente) do portador da carteira" (Decreto de 16 de fevereiro de 1913, que trata da regulamentação pública para a execução da Lei de 16 de julho de 1912, Artigo 8. Asséo, 1994; 2001). Esses artigos são extraídos do *Petit Parisien* e do *Petit Journal*, jornais de maior tiragem naqueles anos (mais de 1.000.000 de exemplares para o primeiro e de, aproximadamente, 800.000 para o segundo).

No início deste capítulo, relacionamos a subjetividade ao tecido social e a suas vozes e, por fim, à norma: o "eu" se diz em referência ao "ele" do discurso social, esse "ele" sendo, em um contexto democrático, uma pluralidade de vozes que se cristalizam em normas quando emergem e se consolidam as hegemonias. A norma pode ser a língua comum, mas também o *lugar comum*. A norma como cristalização de discursos decorre, assim como os signos da língua, de uma semiologia dos valores, tal como a esboçou Saussure em suas pesquisas sobre os mitos e lendas do Norte da Europa (ver Turpin, 2003).

As normas sociais aparecem de forma mais evidente nos enunciados prescritivos, mas também naqueles que marcam um julgamento. Esses dois tipos de semiotização do enunciado remetem aos valores deônticos e apreciativos da lógica das modalidades (Greimas, 1976; Kalinowski, 1976). Os julgamentos estão ligados a um sistema de representações constituído de múltiplas normas sociais interiorizadas, que podem ser não homogêneas, ou mesmo conflitantes em uma dada sociedade ou para um mesmo enunciador.

Essas normas são introduzidas no discurso por termos indutores, seja de maneira explícita a partir de um léxico particular, seja de maneira mais difusa no nível da própria retoricidade do discurso e do valor que aí adquirem as palavras da língua (ver, por exemplo, Klemperer, 1947). Propomo-nos a analisar os discursos selecionados a partir de algumas dessas marcas linguísticas e a observar, em seguida, as micronarrativas mobilizadas.

Os jornais do início do século XX e a norma: entre o "dever-ser" e o "dever-fazer"

Os indutores jurídicos e avaliativos

Esses termos são constitutivos da argumentação jurídica. Eles remetem às leis de uma sociedade, isto é, às suas normas judiciais. Fazem referência ao que é permitido ou proibido, bem como aos agentes do direito. Abundantes nos artigos do início do século, eles estigmatizam e instalam a figura do "romanichel" como "fora da lei"[3]:

> É voluntariamente que eles *estão* revoltados *contra as leis* e *contra* a sociedade (*Petit Parisien*, 17/10/1913)
> *Depredações* de todos os tipos, por atos de alcoolismo e de selvageria que levaram à *intervenção* da *polícia* (*Petit Parisien*, 08/07/1901)

Aos marcadores jurídicos que induzem uma micronarrativa somam-se aqueles que se situam no nível do sentido da frase-enunciado para aí introduzir um julgamento de valor. Não se trata aqui de fazer um inventário exaustivo desses

---

[3] Entre os itens considerados, o de "Romanichel" é o mais frequentemente associado à figura do "fora da lei". "Cigano" e "Boêmio" são, com efeito, igualmente associados a uma isotopia artística (com sintagmas como valsa cigana, violino do boêmio).

termos indiciais, mas de mostrar o modo como, por meio deles, as normas se inscrevem no discurso: normas morais, normas comportamentais, e até mesmo normas étnicas, postas ou, na maioria das vezes, pressupostas a partir da enunciação de seus contrários. Esses indutores podem ser nomes ou sintagmas nominais, adjetivos ou advérbios desvalorizantes ou com valor de diferenciação.

Exemplifiquemos:

Nomes ou sintagmas desvalorizantes ou julgados como tais:

> Esses *selvagens*, vestidos *de modo estranho* (*Petit Journal illustré*, 28/1/1901)
> O defeito de *não ter nacionalidade* (*Petit Journal illustré*, 08/09/1907)

Adjetivos e advérbios desvalorizantes ou com valor de diferenciação

> A partida deles é sempre seguida de surpresas *desagradáveis* (*Petit Journal illustré*, 28/1/1901)
> Essas *despudoradas* moças da boêmia (*Petit Journal illustré*, 12/11/1905)
> Os romanichels são gente *desonesta*, e não pobre gente (*Petit Parisien*, 17/10/1913)

Os adjetivos desvalorizantes remetem a uma categorização subjacente (agradável, pudico...) que é do registro do éthos. Não definidos no absoluto, eles fazem referência, para o leitor, a normas sociais tidas como partilhadas. Essa última característica é encontrada ainda nos adjetivos diferenciadores que marcam a distância em relação a um ponto de vista igualmente tido como partilhado. Assim, eles engajam o leitor e contribuem para criar emoção.

Os indutores retóricos

Chamamos aqui de indutores retóricos termos que remetem à norma de maneira implícita. Esse é o caso, por exemplo, da negação, do amálgama, da metáfora, das oposições ou das generalizações.

A negação

Já presente lexicalmente (*desagradável, despudorado, insuficientemente*), a negação, na sua dimensão sintática, pode também permitir a introdução da norma de maneira implícita e marcar a distância estigmatizante. Em geral, ela é reforçada por outras marcas diferenciadoras (cf. *"esses selvagens... que vêm não se sabe de onde"*, *Petit Journal illustré*, 28/02/1901). Assim:

> As estatísticas criminais admitem que há neste momento em nossas estradas da França 20.000 indivíduos *sem* domicílio, que *não* dispõem de *nenhum* recurso regular e que *não* se dedicam a *nenhum* trabalho usual (*Petit Journal* ilustrado, 28/01/1901)
> Errantes *sem* fé *nem* lei, *sem* lar *nem* chão (*Petit Parisien*, 20/02/2011).

O amálgama

Esse tipo de recurso leva a uma aproximação entre dois termos semanticamente disjuntos. Assim, um artigo intitulado "Bandos de ladrões" faz um amálgama entre nomadismo e roubo: começando por falar de *romanichels* e, em seguida, deslizando para a história de *bandidos de estradas*. As duas categorias se encontram assim confundidas, sendo esse amálgama sobredeterminado pelas temáticas do nomadismo, do roubo e do rapto de crianças que fazem parte do imaginário ligado ao nômade e que são mencionadas ao longo da narrativa. Veja-se o início do referido artigo:

> Os *romanichels* apareceram pela primeira vez, em Paris, em 1427. [Os parisienses] não tardaram a reconhecer que esses *pretensos peregrinos* eram *perigosos larápios*, e essa descoberta deve lhes ter sido ainda mais desagradável pelo fato de que a França estava então corroída por *quadrilhas de ladrões* e *assassinos*, agindo em plena luz do dia, com uma quase certeza de impunidade [segue a história de diversas quadrilhas de ladrões: *Faux-Visages, Caymands, Coquillards...*] (*Petit Parisien*, 07/09/1913)

A própria lei é constituída sobre esse amálgama:

> Um estado civil administrativo preciso que lhes impõe doravante uma *vigilância em todos os instantes*, comparável àquela de que são alvo *os residentes ilegais* e outros *"fora da lei"* (*Petit Parisien*, 12/12/1913).

O "sem domicílio" – outro nome para nômade, visto que essa categoria remete àquela de "sem domicílio fixo" – é igualmente categorizado como "criminoso" ou ainda como "flagelo":

> As estatísticas criminais admitem que há neste momento em nossas estradas da França 20.000 indivíduos *sem domicílio* (*Petit Journal illustré*, 28/01/1901)
> A aparição, na entrada de um vilarejo, de uma *colônia de romanichels* é um *flagelo* tão temido quanto o granizo ou os gafanhotos; [...] a *ameaça perpétua* de um bando de saqueadores do qual se podem temer tanto as *brutalidades* quanto os *furtos* (*Petit Parisien*, 17/10/1913).

A metáfora

A metáfora pode aqui ser considerada um amálgama implícito. Em vez de relacionar termos e, portanto, seus referentes a partir de uma analogia explicitada na cadeia do discurso, ela se dá por meio de uma ligação entre um tema e um foro, ligação imposta pelo próprio apagamento do tema no foro. Nesse sentido, a metáfora contribui para influenciar as formas de pensar. O emprego frequente de certas metáforas atua no reforço dos estereótipos. Esse é o caso das metáforas, quase sempre lexicalizadas, que aproximam os Ciganos de realidades animais ou vegetais, até mesmo de agentes nocivos:

> Os nômades que *proliferam* em nossas áreas rurais (*Petit Journal illustré*, 08/09/1907)
> Cartomantes, mágicos, domadores de ursos, boêmios aí *proliferavam* (*Petit Journal*, 17/08/2012)

Note-se que o verbo "proliferar" figura igualmente em contextos que remetem a outros grupos sociais considerados perigosos, como é o caso dos "Apaches"[4] em outros artigos de jornais:

> Gente sem confissão, que *prolifera* nos bairros excêntricos (*Petit Journal illustré*, 26/05/1907)
> A *proliferação* dos Apaches (*Petit Journal illustré*, 20/10/1907)

Outras metáforas desvalorizantes são empregadas:

> A *ferida* das áreas rurais ("os *romanichels*", *Petit Journal illustré*, 08/09/1907)
> Os *resíduos* de uma *raça de párias* expulsa da Índia (*Petit Journal illustré*, 08/09/1907)

A oposição

Figura inversa à metáfora ou ao amálgama, a oposição permite instaurar a figura do "*Tsigane*" (Cigano) como aquela do outro estranho-estrangeiro – sem dúvida outra imagem do judeu errante, cristalizador de mitos[5]. A oposição estabelecida é aquela entre, de um lado, o selvagem, o primitivo e, de outro, o civilizado, oposição também subjacente ao discurso colonialista:[6]

> Querer viver segundo as liberdades *primitivas* em países *civilizados* (*Petit Journal illustré*, 08/09/1907)
> Eles vão em frente, usam **nossas** estradas com suas cabanas móveis e alimentam **seus** cavalos *tártaros* em **nossas** escarpas e nas divisas de **nossas** plantações, *saqueadores* e "*squaws*"[6] em liberdade no país que se diz o mais *civilizado* do mundo (*Petit Parisien*, 25/05/1913)

---

[4] Apache é uma criação jornalística que remonta ao início de 1902: repórteres parisienses, querendo dramatizar rixas bem banais entre cafetões de Charonne, tinham imaginado uma luta homérica legal por uma Helena de calçada, Casque d'or, luta envolvendo dois lados rivais, um dos quais apelidado por eles de os apaches. O termo obteve sucesso instantâneo" (A. Dauzat, Les argots, p. 133).

[5] Associa-se igualmente a ele o mito da criança roubada.

[6] O termo designa mulher indígena, mulher de índio da América do Norte (cf. Dicionário do Centre National de Ressources Textuelles et Lexicales). Disponível em:< http://www.cntf.fr/squaws>. Acesso em: 02 abr. 2015. (N.T.)

A oposição é aqui fortemente marcada pelo jogo dos adjetivos possessivos, que conduz implicitamente ao tema da ameaça para a civilização (ou seja, "este país se diz o mais civilizado, mas..."). O discurso estigmatizante engendra o medo que justifica a caça ao nômade, reprimido em toda parte, declarado indesejável por essas vozes imperativas que se apresentam também como a voz do povo:

> Que *se* livre a França dos Boêmios (*Petit Journal illustré*, 08/09/1907)
> [É necessário] livrar nossas províncias desses nômades sempre importunos e, às vezes, perigosos (*Petit Journal illustré*, 08/09/1907)

O tema da segurança é, então, invocado:

> Não era necessário esse novo flagelo [os *Romanichels*, surgidos em Paris no século XV] para *colocar em risco a segurança* das pessoas honestas ("Bandos de ladrões", *Petit Parisien*, 07/09/1913).
> O único meio de contê-los é fechar-lhes a fronteira. [...] isso garantirá a nossas áreas rurais uma *segurança que elas reivindicavam* havia muito tempo [a propósito do decreto de 1913] (*Petit Parisien*, 07/09/1913)

Representações e micronarrativas

Esses indutores remetem a micronarrativas que criam ou fabricam as representações. Estas comportam três argumentos principais: o nomadismo, a violência, o roubo – entre os quais o roubo de crianças.

O nomadismo

O nômade é associado ao vagabundo, inclusive ao ladrão de estradas. Sua errância faz dele um selvagem, voluntariamente contrário ao homem civilizado:

> Estes *romanichels* que percorrem nossos departamentos de Norte a Sul e de Leste a Oeste circulam em trailers. [...] tribos errantes, Peles Vermelhas dos Balcãs, Iroqueses e Pés-Negros de estepes desconhecidas, Algonquinos e selvagens da Europa, saídos não se sabe de que país de caçadas e de roupas de pele, piores que aqueles das Montanhas Rochosas e da Baía do Hudson (*Petit Parisien*, 25/05/1913)
> Os Ciganos comercializaram de uma ponta da Europa à outra dos Balcãs, que não são talvez muito civilizados, até Paris, que o é em grande medida (*Petit Parisien*, 25/05/1913).

A esse respeito, a Lei de 1912 visa especificamente aos *Tsiganes* (Ciganos):

> A lei considera como nômade doravante todo indivíduo que, não podendo ser classificado como vendedor ambulante ou feirante, circula na França sem ter domicílio ou residência fixa. Na grande maioria das vezes, esses indivíduos vivem em trailers. Eles são chamados de *romanichels*, boêmios, ciganos, gitanos (*Petit Parisien*, 15/10/1913)
> A meu ver, o legislador quis cercar o nômade de tal modo que ele terminasse por desaparecer. Acho que a vigência dessa lei fornece os meios para isso (*Petit Parisien*, 12/12/1913).

O roubo

Outra temática recorrente, o roubo é associado a um desejo de marginalidade e de "parasitismo". Apresentamos, a seguir, alguns exemplos.

> Um gitano, de 16 anos, foi conduzido ontem a M. Diolot, juiz de instrução, em função do roubo de duas cerejas em Plaisance (*Petit Parisien*, 20/06/1912)
> Os *romanichels* são gente desonesta, e não pobre gente. Eles estão organizados para o roubo e para a rapina de uma forma às vezes bem inteligente (*Petit Parisien*, 17/10/1913)

O furto, temática que vai da "rapina" a um significativo roubo de dinheiro, é, além disso, relacionado a uma "essência":

> Esses saqueadores são o que são não por miséria, por necessidade, mas por vocação (*Petit Parisien*, 17/10/1913)

O tema do roubo por profissão e não por necessidade é, assim, recorrente:

> Consultem os juízes de instrução: todos são unânimes em afirmar que a maior parte dos *romanichels* são mais ricos do que nossos camponeses (*Petit Parisien*, 17/10/1913)

Esses argumentos permitem estabelecer generalizações:

> Na totalidade, há entre eles alguns que talvez sejam pessoas de bem, mas a maioria não é digna de estima (*Petit Parisien*, 17/10/1913)

A repetição de artigos tratando de roubo e, notadamente, de uma categoria da população em especial é, em si, estigmatizante. Essa estigmatização se manifesta, além disso, no fato de que os roubos de alimentos são mencionados nos jornais estudados apenas no caso dos Ciganos.

O rapto de crianças

Essa temática é também frequentemente enunciada:

> O mutismo no qual se fechavam esses nômades fez crer que essa criança desconhecida teria sido roubada (*Petit Parisien*, 16/01/1912)
> Esses boêmios [...] cujo miserável trailer é estacionado à noite na entrada dos vilarejos, para o grande pavor das mães que se lembram todas dos inúmeros sequestros de crianças cometidos por esses nômades (*Petit Parisien*, 21/01/1912)

Se reencontramos uma modalização epistêmica de incerteza em certos enunciados, a maioria deles, no entanto, estabelece como fato essas histórias de crianças roubadas, rumores difundidos que traduzem obsessões sociais que se encontram, com frequência, também espelhadas na literatura. A criança roubada pelos Ciganos, que é uma variante desse tema da criança roubada, é, com efeito, algo amplamente explorado pela ficção. O tema assombra o imaginário e se acha frequentemente também nos jornais, como observa Vaux de Foletier, em sua obra *Les Bohémiens en France au XIXe siècle* (1981, p. 158). Esse tema influenciará as políticas públicas ainda que os arquivos mostrem que nenhuma investigação apresentou provas da realidade do fato (DE FOLETIER, 1981, p. 159).

Encontramos esses três estigmas em uma publicidade da época:

> Um sequestrador de crianças
> Não se trata aqui de um desses boêmios que cortam nossas estradas da França, vindo não se sabe de onde e indo não se sabe para onde, vivendo de rapinas e cujo miserável trailer é estacionado à noite na entrada dos vilarejos, para o grande pavor das mães que se lembram todas dos inúmeros sequestros de crianças cometidos por esses nômades.
> O sequestrador de crianças neste momento é o tempo úmido e frio, o ar glacial e carregado de micróbios que lhes ataca as gargantas e os brônquios delicados [...]. Defendam suas crianças contra o sequestrador: não as deixem sufocar na sua coqueluche ou na sua tosse de catarro; não as deixem ser atingidas pela inexorável tuberculose.
> Leiam as milhares de confirmações publicadas em todos os lugares sobre os efeitos milagrosos do Xarope de l'Abbaye "Akker" (Convento Santa Paulo) e verão que esse remédio único no mundo protegerá suas crianças e as salvará das graves doenças do peito que as ameaçam (*Petit Parisien*, 21/01/1912)

O discurso da estigmatização se forma, assim, tanto temática quanto for- malmente, suscitado por esses indutores normativos que saturam sua superfície. Pudemos observar a recorrência desses indutores no discurso da imprensa no início do século XX, ao mesmo tempo em que se instala a repressão aos Ciganos. Podemos falar aqui de *estilo normativo,* observando que os indutores têm uma função argumentativa. Juntamo-nos aqui, portanto, a Oswald Ducrot (2004, p. 28) em sua reflexão sobre a argumentação. Com efeito, ele mostra que "há encadeamentos argumentativos na própria significação das palavras e dos enunciados de que o discurso é feito". Uma parte de tais encadeamentos resulta desses *indutores* que estabelecem uma inferência entre um discurso dado e os discursos em circulação que lhe dão sentido.

A representação dos Ciganos na imprensa de hoje

Interrogamo-nos aqui se as representações evoluíram ao mesmo tempo em que passamos da nomeação *"Tsigane"* (Cigano) à de *"Rom"*, nomeação que nos jornais tem um valor especificador, remetendo essencialmente a "Ciganos do Leste Europeu, particularmente da Romênia, e mesmo da Bulgária ou da Croácia". Observamos, porém, que, na imprensa do início do século, a referência a outros lugares era também usual, entre os quais aos Balcãs. Podemos, então, nos perguntar se o *Rom* do início do século XXI é uma figura bem diferente daquela do *Tsigane* do início do século XX, ou se, por meio desta, ressurgem (ou não) representações e micronarrativas do já dito e do já ouvido. De "*Tsiganes*" a "*Roms*" não é a mesma história que se narra, graças a uma compreensão que decorreria do mito, entendido como narrativa recorrente? O estudo linguístico vai se cruzar, pois, com uma outra questão: a de saber se o desdém pelo diferente, por escolha ou por necessidade, desapareceu. Em um artigo do jornal *Libération,* o filósofo André Glucksmann observa: "Em 1990, o *Los Angeles Times* interrogou toda a Europa: 'Qual é a etnia que vocês mais detestam?' Tchecos, poloneses, húngaros, etc indicaram, em 80% dos casos, seus inimigos íntimos: o *Tsigane* e o *Rom*". O autor lembra ainda uma pesquisa *BVA-Le Parisien,* segundo a qual "Os franceses julgam, em 93% dos casos, que os *Roms* têm 'dificuldades de se integrar'".

Na imprensa atual, a estigmatização dos Ciganos se dá, sobretudo, a partir do espaço ocupado e de seu hábitat, semiotizado negativamente. Este é qualificado como *perigoso* tanto para o bairro quanto para os próprios residentes. As designações empregadas são as de *campo, acampamento,* às vezes *favela* ou *gueto*, estas marcando, ao mesmo tempo, uma visibilidade e o problema de um espaço urbano que se quer racional. Os dois primeiros termos, os mais frequentes, remetem a uma "instalação provisória" e, assim, naturalizam sua desocupação: um campo ou um acampamento não têm vocação para tornar-se um hábitat definitivo. As expressões mais recorrentes são: "campo(s)" ou "acampamento(s)", seguidos do adjetivo "ilegal(is)" e adentrando, às vezes, um contexto mais amplo: "desocupação de acampamentos/campos ilegais" ou "desocupação do campo ilegal".

Reencontramos aqui essa referência à lei e implicitamente ao "dever ser" (ou mais exatamente ao "não dever ser"): como é ilegal, o campo (acampamento) não pode existir (ou é somente provisório). Ele é, então, evacuado e destruído, mesmo que os habitantes não estejam necessariamente em situação ilegal e não tenham outra escolha senão a de se instalarem aí. Tal associação convida, em sentido contrário, a se perguntar o que seria um campo (ou um acampamento) legal, já que poucas autoridades municipais propõem essa alternativa.

A norma na negativa

Muitos termos empregados remetem ao campo semântico da lei e funcionam como argumentos para justificar a desocupação. O qualificativo negativo "insalubre" é igualmente associado a *campo* ou a *acampamento* nos diferentes jornais, geralmente por meio da evocação de autoridades políticas (prefeitos, essencialmente) ou representantes do Estado (enunciados de julgamentos de um tribunal, citação de falas de delegados). A desocupação significa, então, uma volta à normalidade do espaço, sendo esse enunciado assumido de maneira diferente dependendo dos jornais. Assim, encontramos enunciados de justificativa em *Le Figaro* e de responsabilidade enunciativa ou de reserva explícita em *Le Parisien*.

> Essa partida, todavia, permitiu aos proprietários dos terrenos limpar a "miséria", como os ocupantes do terreno chamam *essas pilhas de lixo, de resíduos de reciclagem de metais* que estavam em torno do campo (Comentário do jornalista, *Le Figaro*, 25/09/2014)
>
> Por meio de sua ordem judicial, a Prefeitura, em contrapartida, faz valer [o argumento da] instalação *ilícita* e "[d]as condições sanitárias deploráveis decorrentes, sobretudo, da presença de detritos", para justificar sua decisão. Ela faz referência ainda à falta de terminais contra incêndio na proximidade. *Terminais contra incêndio que ela própria interditou neste verão* (*Le Parisien*, 24/09/2013)
>
> Na véspera, os mesmos policiais tinham ido apresentar uma ordem municipal indicando às famílias que elas tinham, "por razões sanitárias", 24 horas para deixar o local (*Le Parisien*, 25/09/2013)

O argumento da legalidade – ou, preferencialmente, da ilegalidade – está igualmente implícito no qualificativo "selvagem", ele próprio frequentemente associado a "campo" ou "acampamento". Se esse termo remete a "ilícito", observaremos, contudo, que ele também entra em ressonância com seu emprego no início do século, articulando-se com outra temática recorrente: a da diferença do Cigano/do *Rom*, que não quer "se integrar" ou que não é "integrável". O qualificativo "selvagem" aparece igualmente nos diferentes jornais, bem como no discurso de Nicolas Sarkozy, em Grenoble, citado anteriormente. Aí também, a nomeação aparece, frequentemente, nos discursos relatados de políticos. Assim:

> "Vamos continuar a ser firmes quanto ao fato de que os campos *selvagens* não podem continuar e que, por outro lado, é preciso buscar as soluções", acrescentou o líder dos deputados socialistas, Bruno Le Roux (*Le Monde*, 26/09/2013)
>
> Seine-Saint-Denis. Esse departamento, que acolhe cerca de 3.200 *Roms* entre os 15.000 a 20.000 presentes na França, em cerca de 50 campos *ilegais* contabilizados pela polícia, constitui uma das primeiras terras de implantação "*selvagem*". (*Le Figaro*, 25/09/2013)

Os campos associativos se multiplicam, assim, para formar um campo lexical constitutivo de um discurso estigmatizante por meio das associações frequentemente induzidas, em geral a partir de indutores jurídicos e de termos de valor negativo.

Do jurídico à estigmatização da pessoa e de seus comportamentos

Os campos associativos induzidos relacionam-se, nós o vimos, a "não integrável", com formulações negativas que remetem a uma norma implícita, ainda mais restritiva por não ser nomeada e por permanecer vaga, ocultando toda e qualquer corresponsabilidade (o que seria um acampamento lícito? Quais seriam as condições de um acampamento salubre?). "Selvagem" e "ilegal" promovem, com isso, um entrecruzamento não mais de maneiras de fazer, mas de maneiras de ser. Assim, esse deslizamento se realiza de maneira explícita no jornal *Le Figaro* quando o jornalista chega a passar da temática dos *Roms* à dos jovens de periferia e à da delinquência (ou mesmo às "estatísticas étnicas", como poderia induzir o vago "qualquer outra população"):

> Falar dos *Roms*, da *delinquência* que eles geram, permite evitar a questão, de outro modo mais vasta, do *reasselvajamento global de nossas sociedades*, notadamente por meio da *delinquência juvenil*, da qual os batedores de carteiras *roms* estão longe de ter o monopólio (mas é visivelmente mais fácil contar os romenos e búlgaros que qualquer outra população nos tribunais e nas prisões). Mas ainda aí levar em consideração essas questões seria falar do fracasso da escola, dos erros da política da cidade, das décadas de discurso vitimizador nas *periferias* (*Le Figaro*, 28/09/2013).

O "reasselvajamento" junta-se aqui ao valor "não civilizado" de "selvagem" e, mais ou menos implicitamente, à temática da decadência da civilização ou da ameaça a esta, o que faz eco aos discursos do início do século passado que foram examinados anteriormente.

Delinquência, roubos e redes mafiosas

Essa temática do roubo é também recorrente. Embora relativamente poucos artigos nela se centrem, os jornais a colocam em circulação a partir de citações. Os termos que remetem a esse campo semântico irradiam no *corpus* estudado, ainda que essa não seja a temática predominante (que é a da disputa eleitoral que se delineia e do desacordo no âmbito do governo): *delinquência, delinquência juvenil, tráficos, delitos, arrombadores, arrombamentos, contrabando, roubos, malfeitores, receptadores, máfias, mafiosos, batedores de carteira, traficantes, furtos, grande banditismo*, a cadeia *"droga-crime-prostituição"* e mesmo *"roubo de frutas"*, discurso cuja nomeação é distanciada pela locução adverbial *"nem assim"* (ou *"nem mesmo"*) que precede a formulação:

> Abandonado quando eles chegaram, o jardim reencontrou um pouco de ordem, o que poderia não ter desagradado aos vizinhos... *Nem assim*. As relações com os moradores não fizeram senão se deteriorar em três meses. Dois prestaram queixa junto à polícia por roubo de frutas. Outro ameaçou crianças com sua arma (*Le Monde*, 07/10/2013)

Note-se que, em sua maior parte, os empregos figuram no plural, a menos que tenham valor genérico como *delinquência, banditismo* ou *contrabando*. Um jornal, porém, encontra-se na contramão desse critério: o diário *Libération*. No período estudado, nenhum artigo tomou essa temática como assunto principal e os raros a citar "roubos e redes mafiosas" o fazem em um contexto de denúncia de estereótipos. Roubos e redes mafiosas não são, porém, o apanágio dos *Roms*, não mais que dos "jovens de periferia" (ver, para as representações ligadas a esses últimos, Turpin, 2012).

Essa temática se entrecruza, além disso, com aquela da segurança, que ocupa um lugar importante nos discursos sociais, políticos e midiáticos e que já é evocada a propósito dos Ciganos nos jornais do início do século. Medo diante daquele que possui menos do que eu – e que, por isso, aparece como uma ameaça – e invocação desse medo para manter uma ordem social.

Quanto ao rapto de crianças, onipresente nos artigos do início do século, ele não desapareceu das colunas dos jornais. A esse respeito, citaremos alguns artigos sobre "o anjo loiro" descoberto entre *Roms* na Grécia. Três jornais do *corpus* fazem referência a isso: *Le Figaro*, *Libération* e *Le Monde*. Trata-se de uma criança loira observada pela polícia em um acampamento, presença supostamente absurda que levou à mobilização da Interpol. Finalmente, com o apoio de análises genéticas, admitiu-se que a criança tinha sido adotada por *Roms* búlgaros que foram trabalhar na Grécia. Esse acontecimento midiático se baseia em dois pressupostos: um estereótipo racial e de aparência física e outro relativo ao rapto de crianças. A própria nomeação remete ao ostracismo que atinge os *Roms*: "loiro" se opõe a "moreno", da mesma forma que "anjo" se opõe a "demônio", não dito que completa essa associação que, além disso, remete a estereótipos implicitamente racistas que associam "anjo" a "loiro".

Antes mesmo que o resultado da investigação fosse conhecido, *Libération* retoma a expressão, colocando-a entre aspas, e, mantendo distância em relação ao acontecimento, comenta no subtítulo e na conclusão: "Sob o risco de fazer ressurgir os piores clichês sobre a comunidade *rom*" (21/10/2013). *Le Monde* expõe a investigação e remete a outros "tráficos de seres humanos", a saber condenações por venda de crianças, acrescentando ainda: "as organizações de direitos humanos temem uma nova estigmatização da comunidade *rom* na Europa" (24/10/2014). O jornal *Le Figaro*, por sua vez, apresenta a investigação, a exemplo de *Le Monde*, depois conclui sobre o tema: "Os guetos que causam medo", expondo as responsabilidades que podem recair sobre o casal de pais adotivos (23/10/2013). Poder-se-ia louvar o fato de certos jornais terem tomado distância em relação ao clichê do roubo de crianças. Todos, porém, dão isso como um fato, antes mesmo que ele seja confirmado.

Da migração à impossibilidade de integração

A norma na negativa encontra a temática da incapacidade de se integrar. Acreditamos que se trata aqui da transformação do estigma que recai tradicionalmente sobre o "nômade" em uma sociedade baseada na terra e no território.

Essa categoria administrativa permite nomear a estigmatização e controlar aquele cuja "diferença" é assim categorizada. Nesse sentido, encontramos, no dicionário *Le Robert* (*GRLF*, 2001), a entrada *nômade:*

> *Dir.* Todo indivíduo que, não tendo nenhum domicílio fixo, desloca-se (na França) e não entra na categoria de feirantes, quer ele seja estrangeiro, quer ele não exerça uma profissão determinada. *Os nômades devem estar munidos de uma carteira antropométrica de identidade.*[7]

A distinção entre "nômade" e "sedentário" não permite, porém, categorizar as populações *roms* em nossa época: muitos Ciganos são, de fato, sedentários na Europa e na França, e os *Roms* vindos da Romênia eram assim antes da queda do comunismo. O argumento levantado para justificar as políticas voltadas para eles é, então, aquele da incapacidade de integração, retomando igualmente, mas de modo mais apurado, a oposição entre "selvagem" e "civilizado". Esse argumento da incapacidade (ou da não vontade) de integração se acha novamente enunciado nos jornais por meio de discursos relatados de prefeitos e de ministros, mesmo que não sejam sempre assumidos:

> Manuel Valls falou sobre a impossibilidade de integrar essas comunidades, cujos modos de vida seriam "extremamente diferentes dos nossos" e entram "em confronto" com os moradores locais (*Le Monde,* 18/10/2013).
> 77% dos franceses aprovam as palavras do ministro, que põe em dúvida a vontade de integração dos *Roms*. Dezesseis políticos socialistas locais o apoiaram publicamente em uma tribuna do Journal du dimanche (*Le Monde,* 01/10/2013).
> Para se integrar, é necessário querer, e se instalar ilegalmente em um terreno é o primeiro sinal dessa falta de vontade (Claude Capillon, Prefeito-UMP de Rosny-Sous-Bois em *Le Figaro*, 25/09/2013).

A menção a uma origem e sua repetição conduzem a um amálgama e à estigmatização de uma população, estigmatização inscrita em micronarrativas que se tornam logo clichês, até mesmo mitos (para essas micronarrativas, ver igualmente TURPIN, 2006). Esses últimos circulam, pois, de *Tsiganes* (Ciganos) a *Roms,* populações, porém, distintas porque elas não têm a mesma *história* (cada *história* sendo ainda, ela própria, constituída de diferentes histórias). Povo sem terra, multiforme e que se diz europeu, mas que é rejeitado pelos países que se querem europeus.

---

[7] A carteira antropométrica foi substituída, a partir de 1969, por uma carteira de circulação, com a obrigação, da parte de seu portador, de estar ligado a alguma comuna e de se apresentar de maneira regular a uma delegacia de polícia (Lei nº 69-3, de 03 de janeiro de 1969, relativa ao exercício das atividades ambulantes e ao regime aplicável às pessoas que circulam na França sem domicílio nem residência fixa. Versão consolidada em 06 de outubro de 2012). Disponível em: <http://www.legifrance.gouv.fr>.

Referências

ASSEO, H. *Les Tsiganes. Une destinée européenne.* Paris: Gallimard, 1994.

ASSEO, H. *L'identité tsigane,* conférence du 27/04, 2001, EHESS, Paris, mise en ligne: <http://barthes.ens.fr/clio/revues/AHI/articles/preprints/asseo.html>.

CONSEIL DE L'EUROPE, Roms et gens du voyage. Disponible sur: <http://www.coe.int/t/dg3/romatravellers/default_fr.asp>.

DUCROT, O. Argumentation rhétorique et argumentation linguistique. In: DOURY, M.; MOIRAND, S. (Éds). *L'argumentation aujourd'hui.* Paris: Presses Sorbonne Nouvelle, 2004, p. 17-34.

GREIMAS A. J. Pour une théorie des modalités. *Langages,* Paris, Larousse, n. 43, 1976, p. 90-107.

KALINOWSKI, G. 1976, Un aperçu élémentaire des modalités déontiques. *Langages,* Paris, Larousse, n. 43, 1976, p. 10-8.

KLEMPERER, V. *LTI, La langue du IIIe Reich.* Paris: Albin Michel, 1996 [1947].

SAUSSURE, F. La légende de Sigfrid et l'histoire burgonde. In : TURPIN, B. (Éd.). *Cahiers de l'Herne "Saussure".* Paris: Éd. de L'Herne, 2003, p. 307-16.

TURPIN, B. Légendes – Mythes – Histoire. La circulation des signes. In: TURPIN, B (Éd.). *Cahiers de l'Herne "Saussure".* Paris: Éd. de L'Herne, 2003, p. 307-16.

TURPIN, B. Pour une sémiotique du politique: schèmes mythiques du national-populisme. *Sémiotica.* Berlin-New-York:Walter de Gruyter, 2006, n. 159-1/4, p. 285-304.

TURPIN, B. (dir). *Discours et sémiotisation de l'espace. Les représentations de la banlieue et de sa jeunesse.* Paris: L'Harmattan, 2012.

TURPIN, B. Inducteurs normatifs et discrimination. Un regard sur les Tsiganes dans les journaux du début de 20e siècle. *Cahiers internationaux de sociolinguistique.* Paris: L'Harmattan, 2013, n. 3, p. 107-21.

VAUX DE FOLETIER, F. *Les bohémiens en France au XIXe siècle,* Paris, J. C. Lattès, 1981.

TRESOR DE LA LANGUE FRANÇAISE. Disponible sur: <http://atilf.atilf.fr/>.

8. Opressão e resistência nas relações interculturais Brasil/Paraguai[1]

Rita de Cássia Pacheco Limberti

A discussão proposta neste capítulo envolve questões complexas. Problematizar os conceitos de "preconceito", de "igualdade", de "(in)tolerância" é mover-se, discursivamente falando, para além dos limiares das "diferenças", dos conceitos estabilizados e circunscritos no âmbito do senso comum. O reconhecimento da diferença começa pelo reconhecimento do espraiamento, do esgarçamento que se tem hoje nas próprias "linhas" de fronteiras. Não é mais possível se ater às diferenças étnico-raciais e linguístico-culturais como espaços esquadrinhados e demarcados, até porque as fronteiras de que falamos pairam acima dos limites duros dos preconceitos e das relações de poder.

Fronteiras

As fronteiras de que falamos são os espelhamentos das diferenças; são as ocorrências de descontinuidades, de interrupções e de erupções. São inapreensíveis como as projeções imaginárias que foram, ao longo da história, sedimentando preconceitos e que devem ser desconstruídas.

O conceito de fronteira que tentamos mobilizar, sob essa ótica instável, é a metáfora de "risco". A figuratividade de fronteira tem seu lugar privilegiado no suporte plano das cartas e dos mapas, onde se visualizam, para demarcar os territórios, os "riscos". Esses "riscos" são as representações seguras, marcadas do que sejam os espaços simbólicos, do que seja o dentro e o fora desses espaços.

---

[1] Não se está considerando aqui o conceito de interculturalidade no sentido restrito e reduzido aos aspectos puramente culturais das relações, mas no sentido abrangente, qual seja, aquele que envolve todos os outros valores que se operam no interior da cultura: sociais, econômicos, ideológicos, linguísticos, históricos.

São os limites, os contratos de unidades e de descontinuidades, a partir dos quais se digladiam povos e culturas e que os colocam em "risco".

Nessa perspectiva, o espaço entre os lugares delimitados pelas fronteiras – que poderia ser considerado um vão, um hiato, uma ruptura – passa a constituir-se como um "entremeio", termo conceptual de E. Orlandi, a partir de reflexões de M. Pêcheux, de que nos apropriamos e sobre o qual passaremos a desenvolver uma reflexão.

O termo "entremeio", no dicionário (HOUAISS, 2009, p. 773), contém, entre outras, as seguintes definições:

> **ENTREMEIO** *s.m.* (s. XIV) **1** o que está de permeio; intermédio **2** espaço, coisa, tempo etc. que se encontra entre dois pontos, dois extremos, dois limites; intervalo **3** faixa bordada ou renda aplicada entre duas peças lisas **4** *p.ext.* renda sem bicos[...].

Enquanto o primeiro conceito remete à ideia de elo, de ligação, de inter-mediação propriamente dita, o segundo diz respeito ao que separa, ao que distancia. Atenhamo-nos, contudo, ao terceiro conceito: "faixa bordada ou renda aplicada entre duas peças lisas". Esse sentido do termo refere-se ao artigo de armarinho que constitui um adorno. À semelhança dos traçados das fronteiras, o entremeio (faixa bordada ou renda) é um produto da criação humana; enquanto os dois primeiros conceitos foram dotados de um sentido político (para delimitar, demarcar, marcar), esse último foi criado com um sentido artístico (para adornar, ornamentar).

Interessante é notar que as reflexões que se podem fazer a respeito dos sentidos atribuídos ao entremeio (adorno) constituem notável metáfora do entremeio constitutivo da fronteira. Vejamos: o entremeio (adorno) é empre-gado em um tecido liso que, estando inteiro, é recortado especialmente para sua aplicação; tem-se, pois, uma ação deliberada de cortar, seccionar, inter-romper. E embora, ao ser aplicado, volte a ligar as duas partes, o entremeio estabelece uma forma de continuidade modificada, que singulariza as partes, fazendo com que sejam iguais, porém não as mesmas, além de atribuir-se – a si mesmo – uma significância: ele é "o" entremeio, não "um" entremeio, é uma das partes constitutivas do todo.

Por outro lado, o emprego do entremeio como adorno adquiriu, por necessidade e também por criatividade, outra função que não a de ornamentar: ele passou a prestar-se como disfarce de remendos, ou seja, o tecido liso que sofre qualquer descontinuidade involuntária (foi rasgado, por exemplo) pode voltar a ser unido, a ser um só, com a aplicação de um entremeio que, antes de unir ou ornamentar, tem a função de esconder, camuflar, neutralizar os efeitos negativos da descontinuidade, da perda da unidade e, sobretudo, as marcas desse rompimento.

Enquanto no primeiro caso – em que o entremeio é empregado como adorno – parte-se de uma situação inicial de continuidade para uma situação final de descontinuidade; no segundo caso – em que o entremeio é empregado para esconder um remendo – parte-se de uma situação inicial de descontinuidade para uma situação final de continuidade. Em ambos os casos, ressalte-se, o entremeio, ao ser aplicado, é costurado, o que fará também com que deixe suas marcas, seus traços, as "cicatrizes" da costura.

Considerando-se ainda o quarto conceito, qual seja, o de "renda sem bicos", em que entremeio é uma faixa de renda modificada (sem bicos), a qual originariamente (com bicos) é aplicada, em geral, nas bordas e pontas, ou seja, em regiões periféricas, pode-se inferir que, embora sua modificação (sem bicos) e seu novo estatuto (ser entremeio) lhe garantam um emprego interno, sua constituição primeira e originária (com bicos) e sua natureza artística evocam sua condição periférica, desimportante, desnecessária.

Curiosamente, o vocábulo "faixa", empregado na definição desse artefato, é também empregado para a região que compreende 150 km de extensão que adentra cada território dividido por uma linha de fronteira: a "faixa de fronteira" que, à semelhança do entremeio, tem a complexa propriedade de dissimular e de evidenciar diferenças.

O sujeito fronteiriço

A situação de fronteira, dada a sua fluidez, desestabiliza conceitos – antes, mescla-os – e suscita algumas inquietações. Como podemos pensar as experiências diárias dos homens que habitam as fronteiras? Como eles constroem seu cotidiano, com sua linearidade rotineira e familiar? O que é tomado como "comum", como o que é "local", como o que é "nacional", como o que é "autêntico", nesse "espaço em movimento"? As correntes diaspóricas dos pequenos hábitos, um cotidiano globalizado pela imitação, fazem do homem comum uma possibilidade de existência em constante movimento. Em um espaço de exacerbação das nacionalidades, o fronteiriço precisa reformular seu cotidiano cotidianamente.

Seu cotidiano não é naturalizado pela familiaridade de conviver com iguais. Há um apelo constante da diferença, que desloca sua relação com o seu espaço, com o seu lugar, que o impele a um deslocamento constante em busca de seu lugar, que o coloca em movimento, que o faz mais "estar" do que "ser". O sujeito fronteiriço procura acolhimento em um ambiente transcultural, onde não é comum ser um homem comum, onde é preciso pensar nisso todo o tempo, porque a vida na fronteira vai além da convivência e das trocas; ela é um exercício diário de reformulações e de ocultamentos.

As relações de fronteira produzem um jogo de imagens (sabe-se que todas as relações as produzem) especial, pois são descontextualizadas e buscam obstinadamente uma estabilização, uma fixação na memória de seus sujeitos. Tais sujeitos travam uma luta diária entre si, no embate de sua fragilidade subjetiva e de sua vulnerabilidade afetiva. A interpelação ideológica que define sua posição-sujeito, projeta-os para fora deles mesmos pelas projeções imaginárias, guinda-os para o palco de uma representação literal, descolada de sua realidade. É como desempenhar um papel; é buscar um posicionamento em um mundo ficcional; é ser personagem, não sujeito.

A(s) língua(s)

Não bastassem todas as suscetibilidades que descrevemos anteriormente, há o problema da língua: os sujeitos fronteiriços falam línguas diferentes. Ao destacar a questão da língua, não queremos aludir a qualquer dicotomia; antes, a língua se coloca como um evento paradoxal. O paradoxo se instaura por se tratar de uma situação em que, ao invés de duas línguas diferentes em contato, em que cada sujeito opera com uma língua-mãe e uma segunda língua, o que há são duas línguas (até três, como é o caso da fronteira sul-mato-grossense entre o Brasil e o Paraguai, em que coexistem três línguas: o português, o espanhol e o guarani), em que cada sujeito opera com duas (ou três) línguas-mãe e nenhuma segunda língua, o que ocasiona o surgimento de um "entremeio linguístico".

A complexidade desse fato não advém apenas dos fenômenos de superfície, em que os falantes hibridizam o léxico e a sintaxe, compondo períodos e frases mesclados dos três idiomas, mas principalmente pelos fenômenos que se encontram "por trás" da(s) língua(s), ou seja: as formações discursivas, os interdiscursos, os intradiscursos, as formas-sujeito, a ideologia. Quando se trata da superfície da língua, depreende-se facilmente um vocábulo diferente, uma sequência sintática invertida, podendo-se distinguir a estrutura linguística predominante (a língua que está posta em uso) dos deslizes e intromissões oriundos dos outros idiomas em contato. Considerando-se, contudo, que o sujeito não enuncia por si mesmo, mas interpelado pela ideologia como forma-sujeito e que, ao enunciar, ele se reconhece em uma família parafrástica, identificando-se (PÊCHEUX, 2009, p. 153), a opacidade da língua não permite observar os desvios e incongruências, tampouco acessar a identidade, a forma-sujeito, a interpelação e a ideologia "posta em uso". Tal inacessibilidade se dá tanto em relação ao enunciador quanto em relação ao enunciatário).

Se a língua é o suporte sobre o qual a linguagem se modela e modela o pensamento, a sobreposição desses códigos vigentes na fronteira pode ser analisada pelo que concebemos e passamos a chamar (evocando a eloquente problematização do terreno movediço) de "metáfora do pântano".

Tomemos cada língua em situação de contato como os elementos da natureza "terra" e "água". As situações de contato entre línguas que não se dão na fronteira podem ser comparadas ao curso de um rio (língua estrangeira, segunda língua) sobre uma planície de terra (língua-mãe): há perfeita identificação de um e de outra, bem como das margens. Já as situações de contato entre línguas que se dão na fronteira, no entremeio, são diferentes: não se divisa a terra, não se divisa o rio, não há curso, a água estagna, cobre a terra, torna-se chão. A terra "dessolidifica-se", deposita-se em partículas móveis ao toque e, nessa "dessolidificação", torna-se lama, na medida em que se deixa penetrar quando pisada. Na superfície, reflete, mas, na profundidade, é embaçada. Uma língua e outra se sobrepõem e, ao serem postas em funcionamento, fragmentam-se suas estruturas de superfície (sintático-semânticas) e as estruturas profundas (ideológicas), o que potencializa sua opacidade. O fio discursivo não flui, desorienta-se, capilariza-se pelo adensamento das formações discursivas distantes, que se põem em contato.

O pântano/discurso revela um paradoxo, em que se tem, na superfície, água em lugar de terra, em que o chão, que é categorizado como terra, é água; é um outro elemento. E mais: espelham-se, interpenetram-se e reproduzem-se imagens de outro elemento: o ar (céu, nuvens). Além disso, esse espelhamento só se dá em águas paradas e calmas, ou seja, passivas, já que as águas revoltas (rio em curso) negam-se a refletir, pois se empenham em sua função de água, em sua existência primordial, e não em ser outra coisa. Assim é o paradoxo da fronteira, das línguas em intenso contato: espaço da contradição. A "água em lugar de terra" é a apropriação da língua estrangeira (água) de forma tão intensa que esta se instala no espaço ideológico da língua materna (terra). Ao constituir-se "outro elemento", a língua passa, nessa condição de apropriação, a discursivizar outras formações imaginárias, passando a constituir-se, hibridamente, de mais de uma forma de estrutura de superfície e de mais de uma forma de estrutura profunda, produzindo novas formações imaginárias (ar).

Na perspectiva da estagnação, a água é tudo menos água. Ela é chão (terra) e é céu (ar). A água, em sua fluidez, ocupa um espaço, um território de forma sobreposta. Não se pode divisar, do ponto de vista da superfície estagnada, a própria terra. Não se pode ver, saber, se essa água é profunda ou rasa, se nela há plantas, tocos ou bichos. A água estagnada é justamente a língua estrangeira na condição de língua materna; sua estagnação se dá pelo entrave da imbricação das formações discursivas em que o falante da língua se encontra. A forma como ele a põe em funcionamento é por reprodução ou por apropriação. A reprodução trabalha a subjetivação, no sentido de que aquele que reproduz passa a ser mais a reprodução do que ele mesmo; a apropriação também afeta a subjetivação, na medida em que aquele que se apropria passa a ter algo que não é seu, passar a ser outro. O sujeito submerge na superfície da outra língua, ficando inacessível ao seu interlocutor.

Interessante é notar ainda as imagens refletidas que se projetam na superfície da água. Refletir significa "negar". O espelho reflete as imagens, isto é, devolve-as invertidas e menores (BERNARDO, 2004, p. 12). Este é o ápice da metáfora dos espelhamentos que se dão nos espaços fronteiriços entre culturas: a resistência, a negação, a impermeabilidade. O espelho, embora reproduza a imagem de um objeto, não se deixa atravessar por ele.

Ao considerar o processo de subjetivação no pântano, no entremeio, na fronteira, centramos nosso foco na preocupação com a diluição da identidade. Quando refletimos sobre o comportamento do sujeito em relação à sua própria subjetividade, podemos visualizar, nitidamente, a água estagnada que reflete (como um espelho) o céu e que desorienta, metaforicamente, os conceitos de fronteiras, lugares, territórios. Da mesma forma, a relação entre sujeitos se dá de maneira instável, fluida, tensa, de modo que cada um que se encontra no jogo enunciativo exerça os papéis de espelhamentos, experimentando uma sobreposição de máscaras, ora consoantes, ora dissonantes, sendo ele mesmo e o outro. Resta saber qual das atualizações intersubjetivas projeta a imagem de "si mesmo" e quem seria capaz de identificá-la como tal.

O ato de enunciar estabelece esse jogo enunciativo entre o sujeito e o "si mesmo", acionando a memória, na qual se projetam formas, estruturas, estratégias de representação. Colocar-se no papel de enunciador é observar-se a si mesmo, é encarar-se, sempre calcado na memória. Mesmo que a história tenha seu curso "para a frente", o sujeito se constrói "para trás". Colocar-se em situação enunciativa é inventar-se como sujeito. Mesmo a memória, que parece tão confiável, nada mais é que a mais subjetiva forma de "autoinvenção". O poema de Pessoa, "Pobre velha música", ilustra perfeitamente essa afirmação. Ele diz: "Pobre velha música/ Não sei por que agrado/ Enche-se de lágrimas meu olhar parado./ Recordo outro ouvir-te/ Não sei se te ouvi/ Nessa minha infância/ Que me lembra em ti./ Com que ânsia tão raiva/ Quero aquele outrora!/ E eu era feliz?/ Não sei: fui-o outrora agora" (PESSOA, 1976, p. 140).

As considerações sobre línguas em contato fronteiriço se alçam para o interior da discussão sobre subjetividade e identidade. A oposição nacionalismo/estrangeirismo coloca em jogo o que estaria no âmbito da "realidade" e o que estaria no âmbito das formações imaginárias. Sabemos, contudo, que tanto a "realidade", quanto as representações são imagens projetadas, sendo que a proposição de relatar uma dada realidade se dá por percursos instituídos ideologicamente que homologam as representações como verdadeiras. Tais homologações se dão tanto por meio do enunciador quanto por meio do enunciatário, pois as relações inter-subjetivas os incumbem dos papéis de uma interpretação solidária dos valores e dos sentidos partilhados, reservando, no interior da bolha do senso comum, um lugar estável para as verdades socialmente construídas. As representações são efeitos do imaginário, são atravessadas pelas práticas imaginárias; não existe relação referente-referência, mas, sim, uma construção discursiva do referente, que parece um "já-lá" pelos efeitos de memória (ORLANDI, 1990).

O mote

No quadro das reflexões que vimos desenvolvendo, situamos nosso objeto de análise: a situação das crianças paraguaias e brasileiras que habitam as cidades gêmeas[2] de Pedro Juan Caballero e Ponta Porã, em Mato Grosso do Sul, e fre-quentam a Escuela nº 290 Defensores del Chaco (Paraguai) e a Escola Estadual João Brembatti Calvoso (Brasil).

A situação a ser analisada é anterior a 2010, ano em que começou a ser im-plantado o PEBF (Programa Escolas Interculturais Bilíngues de Fronteira), uma iniciativa dos Ministérios da Educação da Argentina e do Brasil, concebido a partir de estudos desenvolvidos pelos dois países, a partir de 2008. O programa se define como um "esforço binacional argentino-brasileiro para construção de uma Identidade Regional Bilíngue e Intercultural no marco de uma cultura de paz e de cooperação interfronteiriça", propondo-se como um "modelo de ensino comum em escolas de zona de fronteira, a partir do desenvolvimento de um programa para a educação intercultural, com ênfase no ensino do português e do espanhol" (PEBF, Buenos Aires/Brasília, 2008).

Embora o Paraguai não tenha, inicialmente, participado da elaboração do Programa, foram observadas semelhanças entre as situações das escolas de fronteiras tanto do Brasil com a Argentina quanto do Brasil com o Paraguai, o que motivou e possibilitou a tentativa de implantação do Programa na fronteira com esse país. Ressalte-se o papel fundamental das professoras da Escola Estadual João Brembatti Calvoso (Brasil), as quais, a partir do ingres-so no Programa de Mestrado em Letras da Universidade Federal da Grande Dourados (UFGD), em Dourados, MS, instrumentalizaram-se teoricamente para avaliar e questionar suas próprias práticas didático-pedagógicas, impul-sionando a implantação do PEBF.

---

[2] Por "cidades gêmeas internacionais" entendam-se "aquelas cidades que contam com uma parceira no outro país, propiciando condições ideais para o intercâmbio e a cooperação interfronteiriça". (PEBF - Programa Escolas Bilíngues de Fronteira, Buenos Aires/Brasília, 2008).

O depoimento contido em um trabalho da Professora Eliana Aparecida Araujo Fernandes, aluna do referido Mestrado, relata:

> Uma prática comum dos educadores das escolas da fronteira é a negação da existência das outras línguas que circulam neste contexto linguisticamente complexo e, ao negar essa existência, reforçam a falsa visão de que o Brasil é um país monolíngue, quando sabemos que na verdade no Brasil se falam mais de 280 línguas, de acordo com pesquisas realizadas pelo IPOL (Instituto de Investigação e Desenvolvimento em Política Linguística). Essa também sempre foi a prática da Escola Estadual João Brembatti Calvoso, onde trabalhei durante quinze anos como professora de Língua Portuguesa para os anos finais do Ensino Fundamental, quatro anos como Professora Coordenadora, e atualmente sou Diretora Adjunta. Sempre corrigi meus alunos e os fazia corrigir os textos várias vezes, até que não houvesse nenhum vestígio de escrita em espanhol e muitas vezes não entendia por que seus textos ficavam sem sentido na escrita, parecia que faltava alguma coisa, uma palavra, uma expressão, um sentido, um significado para o que o aluno estava tentando me dizer. Eu não percebia que eles não conseguiam escrever porque seu conhecimento estava atrelado a sua língua materna e, quando [eu] proibia seu uso na sala de aula, estava mutilando os textos dos meus alunos e assim a sua identidade também. Quando iam cantar o Hino Nacional Brasileiro, fazíamos questão de ressaltar que como estavam do lado brasileiro tinham que saber cantar o hino sem "sotaque" em espanhol e ainda insistíamos em afirmar *"estão no Brasil, então são brasileiros, têm que cantar o hino direito...se não sabem nem cantar o hino então como vão aprender?"*, Não tenho nenhum orgulho em relatar isso; pelo contrário, me envergonho das minhas atitudes e de meus colegas, mas isso era feito com tanta naturalidade que não percebíamos o mal que fazíamos aos nossos alunos e também ajudávamos a fazer com que se sentissem menos valorizados. Sentiam-se excluídos, realmente estrangeiros, não faziam parte da escola apenas vinham assistiam aula e iam embora, às vezes passavam anos e anos mudos nas salas de aula com medo de falar e serem ridicularizados pelos colegas e até pelos professores que ficavam repetindo o que falavam várias vezes na tentativa inútil de fazer com que sua pronúncia ficasse o mais parecida possível com o português. Nos anos iniciais, muitas vezes os professores, além de proibir que os alunos falassem em sua língua materna, pior que isso, nas reuniões incentivavam os pais a não falarem com eles em casa em sua língua materna para que fossem forçados a aprender o português *"não fale com ele em guarani ou espanhol para que ele aprenda o português e possa aprender a ler e escrever"*... (FERNANDES; RAMIREZ, 2011, p. 10-11).

Nesse longo trecho de depoimento, nosso primeiro impacto é perceber que, em uma situação em que os sentidos deveriam ser partilhados, têm-se sentidos "patrulhados". Um misterioso poder abstraído de narrativas automatizadas pela reprodução – e tornadas evidências – impulsiona os professores a perpetuar tal reprodução, e os alunos a vivenciar um cotidiano alienado de seu próprio cotidiano. O espaço em que atuam, a escola – um dos ícones do Estado enquanto instituição –, encontra-se crivado de variáveis silenciadas, enquanto ecoa o dogma do nacionalismo e do purismo linguístico.

Mesmo que não nos demos conta disso, o processo de alfabetização de um sujeito que possui outro(s) idioma(s), e que deve mantê-lo(s) clandestinamente – pois tal habilidade constitui uma transgressão –, está fadado ao insucesso, pois "a forma do pensamento guarda relação com a forma da linguagem, ou seja, a linguagem influi no pensamento" (SCHAFF, 1973, p. 146)[3]. Quantas vezes forem repetidos esses "procedimentos metodológicos" incongruentes, tantas serão as vezes em que eles serão infrutíferos e ter-se-á tão somente fracasso.

Os alunos não aprendem, emudecem, não escrevem. A eloquência de seu silêncio incômodo transforma-se num mal-estar (antes "mal-*ser*") generalizado, que atesta a falência de uma prática e que requer reflexão, reformulação. A observação de Fernandes (2011) de que "quando os alunos atravessam a fronteira, que para nós aqui é apenas atravessar a rua, não podemos esperar que deixem do outro lado sua cultura, seus costumes, sua língua materna, enfim sua identidade.", aponta para conexões insuspeitas, tecidas nas falhas de um discurso jurídico que institucionaliza sentidos ("*estão no Brasil, então são brasileiros têm que cantar o hino direito...se não sabem nem cantar o hino então como vão aprender?*"), enquanto nega o caráter sensível da coexistência, da convivência em um mesmo chão sobre o qual, a despeito da fenda ideológica que cinde os territórios, trafegam as sutilezas das afetividades, das identidades, das subjetividades, das memórias.

A memória

Nesse contexto, o nacionalismo[4] começa a sofrer estocadas. Um conceito positivista, significado primeiro e sinônimo de patriotismo, começa a revelar-se como conservadorismo político e cultural, com o agravante de caracterizar-se por um saudosismo que tenta prolongar e reproduzir o passado. Lateja sobre o solo da fronteira uma convulsão entre as classes, que trazem à arena suas desigualdades históricas, sociais, econômicas, ideológicas e linguísticas, buscando erguer-se contra um poderio voluntarioso e míope e abrindo caminho para a senda da solidariedade, bem como para um conceito renovador de educação,

---

[3] Tradução livre de: "La forma de pensamiento guarda relación con la forma de linguage, o lo que es igual, que el linguage influye sobre el pensamiento."

[4] O conceito positivista de nacionalismo integra, na verdade, um conjunto de conceitos a respeito desse termo, que oscilam, combinando-se e sucedendo-se, não necessariamente nessa ordem, entre o ufanismo, o realismo pessimista, a valorização da mestiçagem, a xenofobia, a reprodução de modelos europeus, a ânsia de originalidade, o culto ao patrimônio econômico, o conservadorismo reacionário, as correntes de esquerda, o culto à cultura popular etc. O pêndulo dessa oscilação descreve um movimento que atinge dois extremos: o conceito positivista relacionado ao Estado, que é aquele que empregamos aqui, e o conceito identitário de nação, engendrado antes mesmo que o Brasil se constituísse como um Estado.

uma "formação, penso eu, para que esses sujeitos que ingressam no trabalho saibam objetivar-se nas relações sociais produtivas em que estão inseridos" (ORLANDI, 2012, p. 138)

A perspectiva de mudança que subjaz a esse relato da professora Eliana deve extrapolar o conceito holístico de educação, da formação "integral" do ser humano, na medida em que esse conceito traz uma noção fechada e acabada de formação do sujeito, a qual, contrariamente, deverá caracterizar-se pela preservação do espaço da falha, ponto de acesso às possibilidades e aos sentidos. Educar, formar um sujeito, é desenvolver latências e potencialidades, é fazer desabrochar aptidões e habilidades para as relações sociais, nas quais o sujeito poderá conhecer-se e dar-se a conhecer. Essa é a perspectiva que prevê o caráter transformador da educação, de formar sujeitos atuantes e transformadores, não assujeitados à alienação do mundo, dos outros homens, de si mesmo. Estar/ser alienado é quase não existir... É de Orlandi (2012, p. 217-218) a formulação teórica que inspira essas reflexões:

> O verdadeiro eu, na teoria marxista, é um eu social e em decorrência a compreensão da individualidade não pode ser calcada em qualidades abstratas inerentes ao indivíduo, mas na análise histórica concreta do caráter da sociabilidade. É esta que define a natureza humana, pois esta não pode ser encontrada dentro do sujeito, mas nas suas relações objetivadas [...] *A alienação desenvolve-se quando o indivíduo não consegue discernir e reconhecer o conteúdo e o efeito de sua ação interventiva nas formas sociais* (grifo do original).

O patriotismo mencionado – que parece nortear a conduta dessa educação também positivista – ecoa da guerra (Guerra do Paraguai[5]), lugar privilegiado do culto à afirmação nacional, na medida em que desperta nos sujeitos forte sentimento de coesão e de unidade, neutralizando as diferenças e as individualidades. Todos são levados a ser um "nós", em detrimento da subjetividade de um "eu mesmo(a)" e da capacidade de depreender contradições. A esse respeito, Zoppi-Fontana (2011, p. 192) faz uma observação notável em seu exercício de analisar a "cidade". Diz a autora:

> Este deslizamento metonímico, que leva do *eu* ao *nós* [...] e finalmente a *todos* [...] faz **invisíveis as descontinuidades reais que dividem contraditoriamente o urbano, enquanto ordem real da cidade.** Esses processos de sobreinterpretação universalizante e dissimulação da contradição constituem uma das condições de funcionamento e de realização da ideologia (grifos do original).

---

[5] A Guerra do Paraguai foi o maior conflito armado internacional ocorrido na América do Sul. Ela foi travada entre o Paraguai e a Tríplice Aliança, composta por Brasil, Argentina e Uruguai. A guerra estendeu-se de dezembro de 1864 a março de 1870. É também chamada de Guerra da Tríplice Aliança (Guerra de la Triple Alianza), na Argentina e no Uruguai, e de Guerra Grande, no Paraguai. (Informações disponíveis em: <http://pt.wikipedia.org/wiki/Guerra_do_Paraguai>. Acesso em: 31 mar. 2015).

Pode-se tomar o excerto da autora (substituindo-se os termos "urbano" e "cidade", respectivamente, por "país" e "Brasil") para perscrutar as causas da passividade dos professores e dos gestores das escolas de fronteira que, a despeito da confirmação dos maus resultados, ano a ano, permaneciam(permanecem ainda, em muitos casos) inertes, reproduzindo o modelo de atuação sem protagonismo, sem senso crítico ou questionamentos, partindo de uma evidência historicamente construída de total enrijecimento do que sejam os limites das fronteiras. Negligencia-se a inerente propriedade da ação humana de mover-se, de deslocar-se, de estar em movimento, o que faz com que a exatidão e a precisão utópica entre as diferenças ganhem matizes gradativos, tanto no sentido material (língua, cultura) quanto no sentido imaterial (ideologia), fazendo da fronteira algo fluido e inapreensível, um local de "risco". Risco de encontrar o novo, o imponderável, o imprevisível, o estrangeiro e o estranho paradoxalmente dotados de traços tão familiares que desorientam os processos de percepção identitária.

Ainda no estudo de Zoppi-Fontana, Pêcheux, citado por ela, analisa, de forma ainda mais abrangente, os mecanismos de controle e de manutenção da hegemonia, o que pode explicar o comportamento dos professores e dos gestores das escolas de fronteira. O autor afirma: "A dominação da ideologia política introduz, assim, por meio de seu universalismo, uma *barreira política invisível*, que se entrelaça sutilmente com as fronteiras econômicas visíveis engendradas pela exploração capitalista". (Pêcheux, apud Zoppi-Fontana, 2011, p. 192; grifo do original). O sentido de tal afirmação subjaz ao sentido histórico da relação entre o Brasil e o Paraguai, instalada na memória como assimétrica desde o século XIX, quando se deu a Guerra Grande. Os efeitos de sentido produzidos por uma derrota bélica, por uma dizimação populacional e um aniquilamento econômico refletem-se no *éthos*[6] dos sujeitos de ambas as partes, brasileiros e paraguaios: aqueles como os vitoriosos, os dominadores, os superiores; estes como os derrotados, os subalternos, os inferiores.

Acrescente-se a isso a evidência de que o Paraguai (especialmente na extensão de sua fronteira com o Brasil) é hoje lugar onde se comercializam as falsificações, onde pessoas de qualquer nacionalidade podem se estabelecer livremente, sem entraves, para comercializar produtos industrializados oriundos das mais remotas partes do mundo. Vicejam negócios ilícitos, reforçando a ideia de que o país não é confiável, nem respeitável.

Talvez repouse aí a gênese do aspecto refratário da identidade paraguaia: o que vem do Paraguai não é "autêntico", parece ser "verdadeiro", mas não o é, é "falso". No que é falso não se pode "crer", tem-se um sujeito "de mentira",

---

[6] A exemplo do que faz Kerbrat-Orecchioni (2010), estamos usando o termo éthos em sentido mais amplo, ou seja, como éthos "coletivo" ou "cultural".

com quem se estabelece uma relação de "faz de conta". Por seu lado, o sujeito paraguaio, para ser "verdadeiro" deve ser "falso", deve imitar, deve ser outro. Essa paradoxal condição de existência se acentua nas relações de fronteira, no cotidiano das trocas, nos desvãos das culturas.

As relações de fronteira acirram o nacionalismo, sobretudo no que se refere ao lado dominante. Pulsa na oposição a exclusão do outro, a geração de um provincianismo singularizante, em detrimento de uma pluralidade inegável e fora de controle. Em nome de uma suposta "defesa", persegue-se uma utópica originalidade, o poderio econômico, por meio de posições políticas conservadoras. Orbitam em torno da imagem de uma identidade nacional valores culturais que flutuam ao sabor da oscilação entre rejeição e assimilação de modelos estrangeiros, entre xenofobias e mestiçagens.

O aluno da escola de fronteira como objeto paradoxal

As escolas de fronteira enfrentam uma situação linguisticamente diferenciada, considerando-se que seus alunos possuem rico repertório linguístico: são bilíngues (quando não, trilíngues). As crianças paraguaias entendem razoavelmente a língua portuguesa, sendo que a grande maioria delas fala português com relativa facilidade. O fator coadjuvante desse desempenho linguístico são as mídias brasileiras, com seu forte poder de penetração no território paraguaio. Além disso, muitas crianças paraguaias têm ascendentes brasileiros e, por essa razão, atravessam, com frequência, a fronteira para estar no Brasil. Mais do que isso, frequentam escolas brasileiras, atraídas pela qualidade do ensino, pelos benefícios (fornecimento de uniforme, material didático e merenda), pela oportunidade de obter uma vaga nos bancos escolares, vantagens que as escolas de seu país de origem não oferecem.

Essa situação seria considerada normal, não fossem os sérios entraves político-ideológicos, além da inépcia didático-pedagógica, que fizeram, nos últimos anos, um verdadeiro extermínio linguístico na fronteira Brasil/Paraguai – mais especificamente nas cidades gêmeas de Ponta Porã/Pedro Juan Caballero, onde se situam, respectivamente, a Escola Estadual João Brembatti Calvoso e a Escuela nº 290 Defensores del Chaco, que são objeto de nosso estudo.

Os entraves a que acabamos de nos referir têm origem, em primeiro lugar, no efeito de *pré-construído* a respeito do conceito de monolinguismo nacional, que orbita nas formações imaginárias a respeito de nação, que se traduz nos/pelos símbolos nacionais (brasão, bandeira), um território rigidamente demarcado por suas fronteiras e uma língua "oficial". A carga semântica de "oficial" é forte o suficiente para produzir pressupostos de apagamento de toda e qualquer outra manifestação linguístico-idiomática que não seja a língua portuguesa. Funciona de modo mais ou menos semelhante aos efeitos de *pré-construído* produzidos pela norma culta da língua, geradores de equívocos, de preconceitos e de estigmatização das variantes, consideradas "erros". Analogamente, falar outra língua que não seja a língua portuguesa, ou falá-la com vestígios de outra língua, em um ambiente institucional, de educação formal, como a escola, constitui um "erro". Não há o reconhecimento da diferença; há o banimento.

As proposições que se articulam, produzindo efeitos de sustentação do mito do monolinguismo, estão contidas, entre outras, na *Constituição Federal do Brasil* (1988), no §2 do art. 210: "O ensino fundamental regular será ministrado em língua portuguesa, assegurada às comunidades indígenas também a utilização de suas línguas maternas e processos próprios de aprendizagem.", que podemos denominar de proposição "fundadora" – dado o estatuto de legitimidade que o discurso jurídico possui – e na própria fala da Professora Eliana, ainda que seja uma avaliação feita sobre um comportamento passado e já modificado, como se vê na parte introdutória do já citado depoimento, que reproduzimos, novamente, a seguir:

> Uma prática comum dos educadores das escolas da fronteira é a negação da existência das outras línguas que circulam neste contexto linguisticamente complexo e, ao negar essa existência, reforçam a falsa visão de que o Brasil é um país monolíngue, quando sabemos que na verdade no Brasil se falam mais de 280 línguas, de acordo com pesquisas realizadas pelo IPOL (Instituto de Investigação e Desenvolvimento em Política Linguística). Essa também sempre foi a prática da Escola Estadual João Brembatti Calvoso, onde trabalhei durante quinze anos como professora de Língua Portuguesa para os anos finais do Ensino Fundamental, quatro anos como Professora Coordenadora, e atualmente sou Diretora Adjunta. Sempre corrigi meus alunos e os fazia corrigir os textos várias vezes, até que não houvesse nenhum vestígio de escrita em espanhol... (FERNANDES; RAMIREZ, 2011, p. 10).

Entretanto, os efeitos do *pré-construído* por si sós não consistiriam na origem dos entraves mencionados, não fossem as *discrepâncias*[7] apresentadas. São elas, aliás, os verdadeiros entraves. Esse ensino monolíngue em língua portuguesa prevê alunos cuja língua materna é o português e, sobretudo, que eles aprendam satisfatoriamente a modalidade escrita, progridam em seus conhecimentos e passem de ano. Não é, porém, o que acontece quando a professora Eliana relata, em mais um trecho do referido depoimento:

---

[7] O termo "pré-construído", proposto por P. Henry, designa "o que remete a uma construção anterior, exterior, mas sempre independente, em oposição ao que é 'construído' pelo enunciado. Trata-se, em suma, do efeito discursivo ligado ao encaixe sintático." (PÊCHEUX, 2009, p. 89; grifo do original). Para Pêcheux (2009, p. 142), o efeito de pré-construído é "a modalidade discursiva da discrepância pela qual o indivíduo é interpelado em sujeito... ao mesmo tempo em que é 'sempre-já sujeito'". Segundo o autor, "essa discrepância (entre a estranheza familiar desse fora situado antes, em outro lugar, independentemente, e o sujeito identificável, responsável, que dá conta de seus atos) funciona 'por contradição'..." (grifos do original).

> [...] Sentiam-se excluídos, realmente estrangeiros, não faziam parte da escola, apenas vinham assistiam aula e iam embora, às vezes passavam anos e anos mudos nas salas de aula com medo de falar e serem ridicularizados [...]." (FERNANDES; RAMIREZ, 2011, p. p. 10-11).

E o depoimento prossegue:

> O índice de repetência nos anos iniciais era preocupante, só quando os alunos tinham maturidade linguística para ler e escrever ou na maioria das vezes, quando já quase não usavam a língua materna a não ser no contexto familiar é que esses alunos conseguiam passar de ano (FERNANDES; RAMIREZ, 2011, p. 11).

Em tais formulações, mostra-se uma discrepância entre os efeitos dos pré-construídos, entre o sujeito da enunciação e a posição-sujeito, produzindo-se uma "desidentificação". O sujeito do discurso é desdobrado em sujeito da enunciação (aquele que fala e que toma uma posição) e a *forma-sujeito*, ou seja, segundo Pêcheux (2009, p. 150), "a forma de existência histórica de qualquer indivíduo, agente das práticas sociais".

O silêncio das crianças ("passavam anos e anos mudos") levava a uma invisibilidade, a qual, somada ao mau desempenho escolar ("O índice de repetência nos anos iniciais era preocupante"), produzia um efeito de sentido de insignificância, de inexistência, de inutilidade (ORLANDI, 2012, p. 222). Esse estado de inércia e de retraimento contribuía para o processo de segregação naturalizado por práticas institucionalmente legitimadas, traduzidas na conduta míope e automatizada dos professores. "Com medo de falar e serem ridicularizados", os alunos reprimiam seu direito à expressão, à interação, à troca dialógica essencial à sua constituição enquanto sujeito.

Mais do que no fato em si de não serem reconhecidos em sua individualidade/ diferença – que dizia respeito à exterioridade, na relação com o(s) outro(s) –, a gravidade de seu apagamento residia no desdobramento disso, ou seja: se não eram visibilizado/reconhecidos pelo outro (professores e colegas brasileiros da escola), o processo de produção de sentido em si mesmo era rompido, interceptado, fazendo com que aqueles alunos se sentissem "ninguém". A relação que a princípio se colocava como não reconhecimento atingia o estatuto de humilhação, pois, segundo Orlandi (2012, p. 224), humilhar "consiste em colocar o indivíduo em uma posição em que progressivamente ele perde sua identidade, sua estima e o respeito de si". Por outro lado – na interioridade –, a memória de suas relações com seus iguais iluminava os contornos de sua identidade, revelando um sujeito resiliente, pulsando internamente, sustentando o peso das diferenças.

Os fatos e acontecimentos constantes no relato constrangido e constrangedor da professora Eliana recebem atenuantes, primeiramente pelo fato de terem ocorrido em um momento anterior à instauração do PEIBF; em segundo lugar, porque o que ocorre com as relações interculturais na escola é a pedra de toque das relações interculturais na fronteira como um todo. Não se pode esquecer, a despeito de medidas como o PEIBF e de um discurso politicamente correto sobre o respeito às diferenças culturais, que

> Esses sujeitos, do modo como são individu(aliz)ados na sociedade [...] que se constitui na conjuntura da mundialização com todos os seus componentes [...] não estão ao alcance do consenso produzido pelo imaginário de nossas políticas públicas. Por isso são, de certo modo, para nós, in-compreensíveis (Orlandi, 2012, p. 225).

No curso da história, em que a sequência cronológica imprime um caráter ilusoriamente retilíneo, as relações sociais descrevem uma trajetória marcada por avanços e recuos, semelhante aos movimentos das marés. Sob esse ponto de vista, pode-se divisar grandes acertos (avanços) e lamentáveis equívocos (recuos). Entre esses últimos, destaca-se o exemplo emblemático das relações de fronteira Brasil/Paraguai.

Findas as contendas bélicas, um estereótipo cristalizou-se no imaginário popular como o ícone de todas as atribuições pejorativas: o paraguaio inevitavelmente pobre e fraco. Toda sorte de eufemismos foi produzindo um discurso hipócrita que manteve virtualmente controlável uma situação realmente insustentável. Outras vozes, contudo, foram se erguendo e propondo, senão a erradicação, ao menos um espraiamento das abissais fronteiras socioeconômicas e culturais. Uma delas é o PEIBF. Maré alta.

O aluno paraguaio agora pode falar espanhol e/ou guarani dentro da escola. Falar outra língua, antes motivo de vergonha, torna-se natural, motivo de valorização pessoal e de aumento da autoestima. Agora, sem perder rótulos – ao contrário, reforçados –, as crianças paraguaias se livrarão ao menos do estigma da incapacidade. O que a proposta do PEIBF tem de mais louvável, contudo, é a proposta implícita de um estreitamento da convivência entre as diferenças, o que propiciará, a cada um, rever seus conceitos e, a partir daí, assumir posturas renovadas, tomar posições e atitudes que contribuam efetivamente para a construção de uma relação fronteiriça mais equilibrada e humanitária.

> E se não o fazemos, e pensamos que todo o tempo a sociedade e seus sujeitos estão em movimento na história, movimento que, barrado, não significado politicamente, explode em sentidos que estão do outro lado da história, na base da produção da delinquência, da marginalidade, do terrorismo, da ilegalidade etc., nos tornamos, nós mesmos, in-compreensíveis. E talvez seja justamente aí que podemos pensar a noção de *resistência*. Fora dos padrões em que tem sido pensada. Porque as formas de assujeitamento são outras, a conjuntura histórica é outra, o capitalismo desenvolve outras formas de dominação e segregação. E se produzem outras formas de resistência (Orlandi, 2012, p. 225; grifo do original).

Considerações finais

Nesse exercício de análise, duas importantes citações de Pêcheux devem ser mobilizadas, uma vez que elas remetem à questão da contra/des/identificação, que nos interessa aqui:

> [...] esse "antagonismo" [...] se manifesta, em realidade, *no interior da forma-sujeito*, na medida em que o efeito daquilo que definimos como *o interdiscurso continua a determinar a identificação ou a contra-identificação do sujeito com uma formação discursiva, na qual a evidência do sentido lhe é fornecida, para que ele se ligue a ela ou que a rejeite.* (Pêcheux, 2009, p. 200; grifos do original).

> [...] *efeito das ciências e da prática política do proletariado sobre a forma-sujeito*, efeito que toma a forma de uma *desidentificação,* isto é, de uma *tomada de posição não-subjetiva* (Pêcheux, 2009, p. 201; grifos do original).

A *forma-sujeito* aqui é a capitalista; a posição-sujeito, o lugar (projetado pela ideologia) de onde se fala. Na contramão da determinação histórica que produz os sentidos, os alunos das escolas na fronteira Brasil-Paraguai apresentam-se como um objeto paradoxal: são brasileiros e são paraguaios; falam português e falam espanhol e falam guarani. Esse *acontecimento* abre uma nova série de repetições que estarão contidas no novo PEIBF – Programa de Educação Intercultural Bilíngue de Fronteira. Há uma nova proposta de abordagem, mas o objeto paradoxal encontra-se lá; para que a proposta – e, sobretudo, as práticas que dela decorrem – tenha(m) êxito, é preciso, antes, analisar e entender o objeto.

A questão assume maior grau de complexidade em virtude da pluralidade linguística, considerando-se que as designações e conceitos formulados pelos sujeitos são maneiras como o real é tomado pela linguagem. Nesse contexto e sob esse ponto de vista, tem-se, a partir da sobreposição de uma língua sobre a outra, a segmentação e a ordenação da experiência, que refratam a visão de mundo e a interpretação dos atores envolvidos na relação de contato intercultural. Tal relação entre culturas se dá por meio de sistemas simbólicos diferentes (linguagens), que consistem nos mediadores da objetivação da experiência de cada uma das partes, produzindo conflitos e contradições ao longo de sua historicidade.

Os contatos entre os fronteiriços no interior das escolas bilíngues de fronteira colocam em evidência os aspectos civilizatórios e os aspectos culturais: estes, por dizerem respeito à identidade, ao relativismo dos valores, a uma localização no passado (tradição); aqueles, por se tratar de uma situação de privilégio de uma educação escrita, orientada para o futuro, para o progresso, para a expansão de valores. O multiculturalismo em contato apresenta-se como uma situação natural de um continente colonizado; o que não se pode aceitar, contudo, é que cada povo, na tentativa de empreender seu próprio processo civilizatório – o que significa livrar-se do colonialismo –, reproduza as mesmas formas colonialistas de opressão em suas relações. Os contatos entre as culturas produzem sempre a parte subalterna, dominada, mais fraca, de modo a produzir, na outra parte, o sentido de dissipação da própria subalternidade. Mas esse efeito de sentido apaga outro, qual seja: há sempre uma relação de subalternidade circulando entre as partes, como um efeito cascata, que faz com que aquela que domina, em algum momento se submete ao domínio de outra. Esse círculo vicioso garante a manutenção das relações opressoras.

No microcosmo da instituição "escola", os sujeitos são constituídos por meio da língua – e não somados ou acrescentados a um espaço (até porque a escola é um espaço simbólico). Ao se constituírem, os sujeitos de línguas diferentes passam a experimentar sentidos de perda e/ou de pertencimento. A relação polêmica, tão propícia a discussões, é rompida pela defesa de um discurso politicamente correto que impede as discussões. Habilmente elaborado, seus enunciados são uma série de derivas, ofertando lugar aos sentidos que convêm.

O Programa Educacional Intercultural de Escolas Bilíngues de Fronteira apresenta-se como uma intervenção em um espaço institucional concebido para a reprodução de práticas convencionais, enquanto aparelho ideológico de Estado. As ações do Programa constituem uma intervenção porque o conjunto delas será capaz de fazer irromper um processo discursivo cujos efeitos afetarão os elementos simbolizantes estabilizados sob a égide da memória. As novas concepções de práticas sociais que o Programa propõe fundam novamente as nacionalidades, juntamente com seu imaginário e seus efeitos políticos, operando uma gramaticalização do espaço que foi sendo naturalizado. Os valores humanos sofrem significativo adensamento e, uma vez inscritos na memória, passam a emoldurar os espaços mentais, como *frames*. São inestimáveis os mecanismos de identificação que isso promove junto aos sujeitos, tanto em relação a si mesmos quanto em relação aos outros.

A observação e a análise de nosso "objeto" (a difícil situação das crianças paraguaias nas escolas brasileiras de fronteira e a problemática das práticas educacionais), bem como o respaldo teórico da Análise de Discurso nos permitem chegar a estas palavras finais com um olhar complacente sobre a questão. Pode-se vislumbrar nitidamente nessas falhas e equívocos, os ecos de um discurso fundador que cunhou a formação do país e a construção da sua identidade. Reverberam nas práticas atuais, embora com outra roupagem, a necessidade de uma língua comum, com interesse utilitário e não para promover unidade entre os povos; com interesse de dominação e não de preservação das culturas. Perdura o mesmo modelo de ordem nacional, com propósitos de fixação dos sujeitos e permanência da língua, em detrimento de uma mobilidade, simbolicamente tomada como falta de estado e de ordem.

"É preciso fazê-los viver quietos", teria dito o padre Nóbrega em relação aos índios (que eram "o outro", o "estranho", com outra língua) no auge da colonização. Não é difícil ouvir essa frase nas palavras do depoimento da Profª Eliana em relação às crianças paraguaias (que são "o outro", o "estranho", com outra língua), quando ela diz: "Sentiam-se excluídos, realmente estrangeiros, não faziam parte da escola apenas vinham, assistiam aula e iam embora, às vezes passavam anos e anos mudos nas salas de aula com medo de falar [...]". Da mesma forma, não é difícil visualizar a Escola João Brembatti Calvoso como uma das "reduções" daquele período colonial. Naqueles tempos, a ordem era "Reduzir as almas à fé", "reduzir a língua à escrita e à arte", "reduzir o índio à vida civilizada". E como se poderia chamar hoje a forma como, segundo o depoimento, a Escola se posicionou, o papel que ela desempenhou na fronteira? A resposta "redução" mostra-se, claramente, nas frases do relato: "Uma prática comum dos educadores das escolas da fronteira é a negação da existência das outras línguas que circulam neste contexto linguisticamente complexo[...]", "Sempre corrigi meus alunos e os fazia corrigir os textos várias vezes, até que não houvesse nenhum vestígio de escrita em espanhol [...]", "[...] tinham que saber cantar o hino sem "sotaque" em espanhol e ainda insistíamos em afirmar "*estão no Brasil, então são brasileiros, têm que cantar o hino direito...*[...]".

Os tempos mudam, os sujeitos mudam, os traçados dos territórios mudam, mas uma dicção discursiva, um sotaque ideológico de fundo permanece na ordem nacional e se projeta sobre as instituições. A percepção que se tem de "novos tempos" pode ser apenas uma deriva dos sentidos: os objetos, sujeitos e suas relações hibernam sob uma crosta discursiva, mas continuam projetados na memória, indeléveis. Ao nos debruçarmos sobre a situação das crianças paraguaias na Escola Brembatti da fronteira, fomos guiados pela memória aos seus primórdios, à sua gênese, à sua matriz, como se tudo fosse uma coisa só.

Talvez estejamos sendo "reducionistas", mas é a própria Análise de Discurso que erige toda a sua teoria sobre o tripé: sujeito-sentido-ideologia. Mesmo sem o saber sempre, isso é o que buscamos em todo estudo: perscrutar o sujeito (aqui as crianças paraguaias, os professores), o sentido (aqui o preconceito, a violência simbólica, a resistência), a ideologia. Esta, o disco duro do "sistema", é aquela que diabolicamente guia nossos olhos para o modo pelo qual ela deve ser lida. Como não há existência fora dela, resta-nos continuar a caminhada, inscrevendo mais este estudo na busca da falha.

Referências

BERNARDO, G. *A ficção cética*. São Paulo: Annablume, 2004.

CONSTITUIÇÃO DA REPÚBLICA FEDERATIVA DO BRASIL. Brasília, DF: Senado Federal: Centro Gráfico, 1988.

FERNANDES, E. A. A.; RAMIREZ, A. S. *Proyecto Escuela Bilingue de Frontera Brembatti Calvoso/Brasil y Escuela nº290 Defensores Del Chaco/Paraguay*. Digitado, Maestra Pedro Juan Caballero/Paraguay e Programa de Mestrado em Letras/UFGD, 2011.

HOUAISS, A. *Dicionário Houaiss da língua portuguesa*. Rio de Janeiro: Objetiva, 2009.

KERBRAT-ORECCHIONI, C. O *ethos* em todos os seus estados. In: MACHADO, I. L.; MELLO, R. de (orgs.). *Análises do discurso hoje*. Rio de Janeiro: Nova Fronteira, 2010, v. 3, p.117-35.

ORLANDI, E. P. *Terra à vista*. São Paulo: Cortez, 1990.

ORLANDI, E. P. *Discurso em análise:* sujeito, sentido, ideologia. Campinas, SP: Pontes, 2012.

PÊCHEUX, M. *Semântica e discurso: uma crítica à afirmação do óbvio*. Campinas, SP: Ed. Unicamp, 2009.

PESSOA, F. *Cancioneiro*. Rio de Janeiro: Nova Aguilar, 1976. p. 140-141.

SCHAFF, A. Lenguage y acción humana. In: SCHAFF, A. *Ensayos sobre filosofia de language*. Barcelona: Ariel, 1973.

ZOPPI-FONTANA, M. G. A cidade se mexe. Da bicicleta ao cycle chic. In: *Cadernos de Estudos Linguísticos,* n. 53, Campinas, IEL/Unicamp, 2011, =p.179-96.

9. Reprodução de exclusões sociais: a vítima da desapropriação de terras em *Semana.com*

Neyla Graciela Pardo Abril
Trad. Tânia Maria de Oliveira Gomes e Glaucia Muniz Proença Lara

A construção das identidades na modernidade permitiu evidenciar a forma como os saberes, que se ativam quando se dotam grupos, culturas e sujeitos de existência social, estão articulados a exercícios de poder, de cuja ação derivam-se formas de assumir-se na vida social. Essa constatação, objeto de reflexão em Foucault (2011), Scott (2000) e Butler (2011), entre outros, enfatiza não apenas as tecnologias de poder, que se colocam em cena quando se atribuem identidades aos atores sociais, mas também a dominação que as imposições rituais supõem. Evidencia também o caráter ambivalente das maneiras como os sujeitos assumem papéis e lugares sociais em relação às possíveis práticas de que podem derivar situações de poder. Apesar de diferentes disciplinas abordarem o tema da identidade, poucos estudos relacionaram a atividade semiótica com as formas pelas quais, através do discurso midiático, constroem-se identidades e se reproduzem relações de poder.

O presente trabalho se localiza no quadro dos estudos críticos do discurso multimodal e de multimídia, para analisar a forma como, em *Semana.com*, representa-se semioticamente a identidade da "vítima", quando esse meio de comunicação faz referência ao tema da desapropriação de terras na Colômbia. Propõe-se aqui examinar a representação midiática da vítima e dos efeitos de poder que podem derivar de tal construção sígnico-discursiva, identificando o sistema ético que se elabora e que denota a base axiológica a partir da qual se posicionam as mídias para representar as vítimas da desapropriação. Parte-se da ideia de que a construção discursiva da identidade nas mídias opera como técnica de disciplinamento. Para tanto, elas (as mídias) hierarquizam axiologias e ações atributivas, construindo uma imagem que tem incidência sobre as formas como a comunidade se entende, define, visualiza a si mesma e aos problemas que se associam a ela.

Para esta investigação, que integra o projeto *Representação midiática da desapropriação*, selecionou-se um *corpus* amplo, recolhido entre 20 de julho de 2010 e 20 de julho de 2012, período de relevância para a investigação, por ser o marco temporal da formulação e ratificação da Lei n. 1448, de 2011, ou "Lei de Vítimas e de Restituição de Terras". A amostra para este trabalho é a notícia: "Governo anuncia 'plano de choque' para a restituição de terras", de *Semana.com*, publicada em 20 de outubro de 2010,[1] na qual, de maneira explícita, aparecem as palavras-chave "desapropriação", "restituição de terras", "Lei de Vítimas e Restituição de Terras" e "processo de restituição de terras". A lei é referência fundamental na administração de Juan Manuel Santos e foi problematizada por diversos setores sociais, articulados ao movimento de vítimas da violência na Colômbia. As questões controversas relacionam-se ao fato de essa lei ser considerada um paliativo não orientado para o pleno restabelecimento dos direitos dos vitimizados, uma vez que aprofunda a impunidade e deixa inalteradas as bases do conflito social e armado sobre as quais pretende intervir.

Da normalização social à "despotencialização" coletiva

A importância de abordar o tema da identidade e as formas de saber coletivo que surge como consequência da atividade midiática consiste em que, no processo de construção da memória coletiva, colocam-se em destaque os distintos sistemas de significados que as sociedades elaboram e preservam para proporcionar inteligibilidade social. A construção de referentes compartilhados para nomear aqueles que interagem nos espaços sociais permite refletir sobre a função que deriva dos processos de produção de identidade, nos quais se envolvem diversos agentes e se colocam em cena recursos de representação cuja junção estabiliza, axiologicamente, formas de categorizar e conceituar o mundo. A identidade da vítima, no quadro desta reflexão, deve ser entendida como o mecanismo simbólico, materializado discursivamente, mediante o qual os diversos atores sociais reconhecem a condição de sujeito prejudicado daqueles que foram objeto de diversas contravenções no quadro do conflito armado interno colombiano.

A análise da identidade, a partir da perspectiva de ação midiática, implica o sujeito de direitos pelo qual, no processo representacional, elaboram-se construções ontológicas, em virtude das quais se define o ator social como sujeito de intervenção. O questionamento sobre o sujeito de direitos constitui uma entrada para aprofundar o debate sobre a articulação da ação comunicativa, midiaticamente regulada, com as formas como a estrutura jurídica da política de restituição de terras tem sido útil a objetivos governamentais reguladores e normativamente produtivos.

---

[1] Ver notícia na íntegra em: <www.semana.com/nacion/articulo/gobierno-anuncia-plan-choque-para-restitucion-tierras/123467-3>.

A partir das contribuições dos estudos de gênero, das correntes de descolonização e dos debates pós-estruturalistas, assume-se a identidade como uma representação que tem efeitos sobre a materialidade do sujeito e que ocupa um lugar operacional no âmbito dos procedimentos políticos que pretendem, por um lado, ampliar a visibilidade do grupo social e, por outro, focalizar normativamente o aspecto da realidade que será levado em conta em relação a tal grupo. Assim, a identidade que se modela a partir da institucionalidade do Estado constitui o ponto de referência para o exercício de políticas que serão aplicadas à comunidade e orienta o conjunto de ações autorizadas e sucessivas a partir das quais, por meio do efeito performativo do discurso, as instituições atribuem papéis, estabelecem e outorgam lugares do ser e do fazer, nos âmbitos individual e coletivo.

No quadro da complexa trama de interações nas sociedades contemporâneas, a identidade deve ser entendida como uma construção dinâmica, em permanente transformação, que está definida por temporalidades, contingências e posições relacionais nas quais se conjugam redes de sentido, relações de poder e mecanismos de regulação social. Nesse sentido, as identidades não seriam conjuntos de qualidades predeterminadas, definidas substancialmente, mas, sim, construções caracterizadas por gerar unidade de ação com base em referentes constitutivos múltiplos, descontinuidades, incompletudes e inacabamentos. A identidade, por conseguinte, na discussão filosófica do ser e do devir, é resultado de processos históricos, discursivos e culturais, cujo núcleo se sustenta nas narrativas que os sujeitos individuais e coletivos entrelaçam para dar conta de si mesmos e dos outros; a identidade se constrói no âmbito simbólico e, portanto, da representação que se materializa na subjetividade.

A importância do componente narrativo na explicação do identitário pode ser rastreada nas reflexões de Arendt (2005) e Ricoeur (2004), nas quais se manifestam as formas como se realizam os processos de autocriação, como se elaboram as tramas de sentido, através das quais os atores sociais se interpretam mutuamente, e como se formulam, discursivamente, as experiências históricas de tais atores. A partir da perspectiva de Arendt (2005), o processo de construção da identidade implica a reflexão sobre uma narrativa situada historicamente, passível de ser diferenciada de outras narrativas similares que se desenvolvem nos mesmos ou em diferentes espaços e tempos. A ênfase na dimensão discursiva, desenvolvida por Ricoeur (2004), possibilita refletir sobre o problema da referencialidade e do autorreconhecimento, ancorado na identidade narrativa que está relacionada com a estrutura espaço-temporal que incide sobre as estruturas narrativas, a partir das quais os agentes se entendem mutuamente e atribuem valores a si mesmos e entre si.

Se a identidade é uma construção que deriva da atividade narrativa dos sujeitos, não se pode considerar sua manifestação como um hipotético imediatismo do "Eu", que precede a atividade narrativa, mas sim como algo que se torna um conjunto de produções discursivas. As noções de dialogismo e interdiscursividade, presentes em Bakhtin (2003), oferecem ferramentas analíticas para dar conta dos vínculos entre as produções discursivas e a identidade. A construção da discursividade centrada no "Eu", como efeito do diálogo entre diferentes tipos de vozes e da existência do conglomerado social que habilita o "Eu" interlocutor, constitui o antecedente teórico das atuais conceituações da relação entre discurso e identidade. As noções de polifonia e heteroglossia, a partir das quais se aborda a pluralidade de vozes que se amalgamam na voz do "Eu" e que remetem aos registros e marcas culturais e identitárias, supõem a existência de um "Eu" e um "Outro", indispensáveis para realizar uma interação em qualquer ato de comunicação. A partir dessa perspectiva, enfatizam-se os pontos de encontro de olhares múltiplos caracterizados pela variabilidade, pela contingência e por sua condição inacabada – de cuja correlação se estruturam os cenários discursivos e de comunicação, nos que se realizam as formulações ideológicas e as relações de poder.

As elaborações de sentido, que derivam das práticas de significação, constroem um tecido sígnico, no âmbito do qual as identidades surgem, ao mesmo tempo, com a memória coletiva, que lhes proporciona uma estabilidade mais ou menos descontínua. O tema da identidade está estreitamente relacionado com o conhecimento de si e, em consequência, com o conhecimento dos outros.

O tema do conhecimento de si e a identidade que deriva das relações entre o "Eu" e a "alteridade", constituiu a base de abordagens nas quais o poder foi a interface entre o que o "Eu" representa e assume de si mesmo e o que os outros agentes sociais, com os quais concorre no espaço social, atribuem-lhe. As considerações de Foucault (2011) sobre a contraposição entre o "cuidado de si mesmo" e o "conhecimento de si mesmo" permitiram articular reflexões sobre o papel das relações de poder nas sociedades modernas e as formas como os dispositivos reguladores, enquanto produtos do capitalismo, desenvolveram-se com base na produção de tecnologias do "Eu", no quadro das quais os sujeitos são produtos de distintas relações de poder, baseadas no saber de que dispõem para interpretar a si mesmos e para atuar nos distintos espaços da vida social.

O aprofundamento das reflexões em torno de identidade, poder e interação potencializaram-se com as análises de Butler (2004; 2011), as quais, por um lado, abordam os regimes de poder que se constroem nas formas de nomeação dos agentes sociais e, por outro, dão conta dos mecanismos que incidem sobre a formação do sujeito e, em particular, sobre seu desejo de submissão. O sujeito, propõe Butler, é constituído e imerso no mundo social como resultado das práticas performativas do uso da linguagem.

O caráter construtivo e orientador da linguagem da proposta de Butler aproxima-se da abordagem de Ricoeur (2004) sobre o processo narrativo e a construção dos constituintes espaciais e temporais da identidade. A ação nominal é descrita por Butler (2004) como um ato instituidor do ser social e da temporalidade histórica associada ao dito processo de produção de identidade. A partir dessa perspectiva, a identidade é analisada como um ritual cerimonial que, por meio do uso da linguagem, convenciona-se de maneira descontínua no tempo através da repetição. Assim, a identidade sintetiza a historicidade condensada nos discursos que lhe dão lugar, invocando saberes prévios e atualizando conhecimentos que transcendem a lógica da enunciação, em um *continuum* que vai da ação discursiva ao reconhecimento da existência de quem é nomeado.

O reconhecimento do lugar de construção do subjetivo e da identidade, por meio dos usos da linguagem, verifica-se na capacidade de agir que é produzida e transformada como efeito dos atos discursivos. De acordo com Butler (2004), quem atua o faz precisamente na medida em que é constituído como ator e, portanto, opera desde o princípio, dentro de um campo semiótico de restrições que são, ao mesmo tempo, potencialidades. A proposta de Butler é redefinida por autores como Fairclough (2003), que reconhece a existência social como inscrita em um campo de práticas de poder de cujas manifestações semióticas surgem os universos que habilitam e orientam a ação individual e coletiva.

A discussão sobre o poder, a identidade e os mecanismos reguladores pode ser abordada, por um lado, quando se entendem as formas como as estruturas de submissão têm efeitos sobre a vida psíquica dos sujeitos que tais mecanismos regulam; e, por outro, quando essas estruturas contribuem para definir suas identidades em coerência com a ordem social estabelecida. Essa forma de relacionar os jogos de poder com os processos de formação da subjetividade e da identidade permite refletir sobre a incorporação de normas sociais e sobre os efeitos de controle e regulação que geram as subjetividades: atos de autoacusação, autocensura, internalização de axiologias, moralização, culpa e o fomento de quadros psíquicos, como a ansiedade, a paranoia, a melancolia, a angústia e a depressão.

Bourdieu (2012) enfatizou os rituais de institucionalização dos papéis e lugares que ocupam os agentes no espaço social, através dos discursos. Nesse sentido, o autor afirma que o discurso público, caracterizado pela encenação de normas de etiqueta que geram validação e dispositivos de hierarquização, dá conta das gramáticas que elaboram os grupos de poder para restringir o acesso à visibilidade pública, construindo uma aparência de prestígio e *status* e promovendo exibições que têm como função reforçar o aparente consenso geral em torno das relações de poder. Nessa ação ritual, a identidade constitui a construção performativa que gira em torno da polaridade poder-resistência e que designa o conjunto de teatralizações coletivas que objetivam gerar envolvimento entre os interlocutores, direcionar os focos da atenção e influir sobre as possíveis condutas dos demais atores sociais.

Procedimentos metodológicos

Abordar o tema das identidades e como o discurso midiático as produz, através das práticas de afirmação de atribuição, implica dar conta dos distintos tipos de recursos e estratégias que se conjugam nos atos comunicativos midiáticos. A análise do discurso da imprensa digital, a propósito do tema da desapropriação de terras, possibilita identificar e analisar como se elaboram e se socializam as construções sociocognitivas constituintes das representações, que se propõem sobre os agentes sociais, em um momento sócio-histórico particular. A proposta metodológica que se faz, neste trabalho, pretende colocar em relação os recursos usados estrategicamente e as representações que tais estratégias produzem e reproduzem para construir sentido. Além disso, propõe-se reconhecer os efeitos do poder que tais elementos têm sobre o conjunto da organização da vida coletiva, ao tentar atribuir aos agentes sociais papéis, lugares, expectativas e práticas atribuídas a identidades essencialistas.

Seguindo a proposta elaborada em Pardo (2012; 2013), esta reflexão apropria-se de métodos e metodologias múltiplas para realizar uma abordagem multidimensional da construção da identidade das vítimas da desapropriação de terras, no cenário comunicativo, que articula a lógica imediatista da produção de discursos contemporânea e a reiteração de lugares identitários dos agentes referenciados. Pretende-se identificar as formas como ficam registrados os traços sociodiscursivamente atribuídos aos agentes sociais implicados na dinâmica da desapropriação, em particular, aqueles que são representados como vítimas. A análise se localiza no campo dos estudos críticos do discurso multimodal e combina diferentes categorias que se enquadram em um processo qualitativo cujo propósito é descrever, explicar e interpretar as especificidades do discurso multimodal e multimidiático que circulam em *Semana.com*.

O procedimento metodológico se elabora em fases que incluem o reconhecimento do problema social, sua interpretação, a análise das configurações semiótico-discursivas, a identificação das representações que se constroem no discurso e sua relação com os mecanismos e as estratégias de poder desdobradas nos atos de comunicação.

Construção da identidade da vítima em *Semana.com*

A revista *Semana.com* vem construindo a identidade da vítima de acordo com diversos interesses que giram em torno, por um lado, da "visibilização" de problemáticas associadas a fenômenos como o conflito armado e o deslocamento forçado; por outro, da reiteração da condição subordinada da vítima, obtida por meio da encenação de estratégias de legitimação que buscam reforçar o imaginário dominante sobre o regime, no quadro do qual se formulam e se implementam as políticas públicas.

A notícia "Governo anuncia 'plano de choque' para a restituição de terras" – publicada por *Semana.com*, em 20 de outubro de 2010 – faz referência às medidas que o Governo Federal tentou desenvolver, meses antes da implementação da Lei de Vítimas e de Restituição de Terras, ou Lei n. 1448, de 2011, medidas essas que foram discutidas em um evento organizado por *Semana*, pela Organização Internacional para as Migrações, pela *United States Agency for International Development* (USAID) e pelo Ministério de Agricultura e Desenvolvimento Rural. A intervenção de *Semana*, no evento que é objeto da narração jornalística, situa esse meio de comunicação em um lugar específico de posicionamento político, orientado para a validação do discurso presidencial que se visibiliza. Isso pode ser visto através de diversos recursos, como a quantificação, a metaforização, a evocação de vozes discursivas e a formulação de formas de nomeação de ações e de coletivos, que se tecem em uma estratégia de legitimação para dar conta da identidade das vítimas, que é reconstruída em função das estratégias de intervenção governamentais.

A presença de diversas instituições privadas e públicas, assim como de uma organização internacional que trabalha em prol dos interesses estadunidenses, no âmbito das discussões sobre as quais a notícia faz referência, dá conta das formas como se propõem determinados tipos de relações entre um agente externo, o Estado, os agentes privados e a cidadania. A representação midiática desses vínculos, além de atribuir um lugar de marginalidade àqueles que são definidos como vítimas, referenda o conjunto de representações e de lógicas, a partir das quais se valida o regime neoliberal. O discurso de *Semana.com* se propõe como a prática simbólica que dá visibilidade aos referentes da lógica dos atores privados na gestão de assuntos públicos, nesse caso, o processo de restituição de terras àqueles que foram objeto de desapropriação e de deslocamento forçado.

Na notícia, evidenciam-se estratégias e recursos distintos, através dos quais se elabora a representação das pessoas vitimadas como credoras da "dívida moral" do Estado e da sociedade. Mediante essa representação, formula-se, discursivamente, a mercantilização do bem-estar, para o qual apontam as políticas públicas do governo de Juan Manuel Santos.

A construção representacional da identidade das vítimas se define em termos economicistas, através dos quais o sujeito vitimizado deixa de ser definido em correspondência com a lógica de direitos, para ser assimilado a um credor com quem a sociedade deve saldar uma conta pendente. Expressões como "dívida histórica" e "dívida moral" enquadram-se na atividade de garantia, proteção e restituição de direitos, na lógica mercantil, segundo a qual o Estado deve pagar, satisfazer ou reintegrar um benefício àqueles que foram prejudicados por causa do conflito interno armado: "No total, 3.223 famílias serão beneficiadas com mais de 21 mil hectares de terra para trabalhar", garantiu o mandatário. A elaboração desse tipo de quadro cognitivo, além de inscrever o horizonte de ação público-estatal na mecânica econômica, elabora uma imagem do Estado que sugere obrigatoriedade. Ao fazer uso da voz discursiva do Presidente, insinua-se a disposição das instâncias governamentais na implementação de medidas em prol dos interesses dos sujeitos vitimizados.

O caráter mercantil na notícia reforça-se quando se faz uso de expressões nas quais o cumprimento dos padrões de direitos humanos é proposto como uma "iniciativa", com a qual, em associação com a informação que se conhece dos organizadores do evento, coincidem os postulados da corrente da nova gestão pública. Essa vertente teórico-política focaliza a eficiência na gestão, na inclusão de critérios de inovação, eficácia e efetividade, na racionalização dos recursos, na transformação da noção de sujeito de direito em razão da construção de formas de clientela, bem como a progressiva eliminação da responsabilidade estatal no suprimento dos direitos sociais.

A unidade lexical "iniciativa" também equipara a ação do Estado com as decisões que derivam das qualidades pessoais dos atores da iniciativa, que são capazes de se adiantarem aos demais atores. Nesse sentido, além do ato inovador, que se associa ao quadro ideológico do conceito, falar de "iniciativas", no lugar de "direitos", implica enfatizar sujeitos particulares, nesse caso, do governo, deixando de lado as redes relacionais que possibilitam que uma iniciativa possa realizar-se ou que os interesses dos diferentes atores envolvidos se materializem em uma decisão.

A construção da perspectiva economicista constitui a base de um processo de ocultamento que, através da individualização dos processos coletivos, deixa de lado a função que deveriam desempenhar as instituições, no quadro do Estado Social de Direito, para colocá-las a serviço da visibilidade daqueles que se propõem como inovadores.

A partir do título da notícia, ressalta-se o papel central que se outorga tanto ao Governo Federal quanto às agências estatais. O texto, que tem 23 parágrafos, em dezesseis postula o Governo como ator central e, em dois, faz referência ao Ministério da Agricultura ou ao chefe desse ministério naquela época: Juan Camilo Restrepo. A construção do papel "agencial" do Governo e de seu lugar de relevância discursiva se observa em expressões como: "Governo anuncia", "O presidente Juan Manuel Santos apresentou", "O presidente Juan Manuel Santos foi o encarregado", "Santos insistiu", "O Presidente indicou", "o chefe do Estado explicou", "Santos anunciou", "o mandatário acrescentou" etc.

A excessiva focalização do papel do Governo é acompanhada do uso das citações diretas, sete das quais são fragmentos das declarações oficiais do Presidente no evento. Ao não serem tais declarações problematizadas por *Semana.com*, pode-se inferir que a função desse meio de comunicação é de ressonância e amplificação da voz governamental. Também é possível observar o uso de uma citação direta, de cujo produtor não se explicita a identidade, salvo em sua condição de poeta: "O mandatário acrescentou: 'como dizia um poeta, estamos fazendo justiça aos homens e mulheres do campo, aos presentes na gestão da vida, aos ausentes na insensatez da morte'".

O uso dessa forma de referenciação direta acentua o sentido de compromisso emocional do Presidente e elabora uma aparente solidariedade que se mostra funcional à encenação do processo de legitimação por avaliação moral. Essa forma de legitimação toma como ponto de referência axiologias a partir das quais se sustentam saberes comuns (Van Leeuwen, 2007) que, na cultura colombiana, gozam de lugares de inquestionabilidade, tal como pode se observar quando se evoca o valor da justiça. O uso de tal valor adquire relevância quando, ao se tematizarem as formas de vitimização derivadas do conflito armado interno, atribui-se à ação governamental o lugar do "necessário" em relação à consecução do objetivo de restituir terras às comunidades despojadas.

A utilização de recursos, como a metáfora, em expressões como "plano de choque" ou "população [...] mergulhada na pobreza", elabora uma relação entre o tipo de política governamental, que se referencia, e a forma como são representados os sujeitos vitimizados. Em "plano de choque" se constrói uma metáfora ontológica que tem como propósito conceituar o processo de restituição de terras em termos de um ser susceptível de ser reanimado por meio de procedimentos médicos. A base conceitual da metáfora é uma personificação que permite entender uma experiência concreta que envolve uma entidade não humana – o processo de restituição de terras – em termos das características do corpo humano, atribuindo-lhe uma condição de enfermidade ou de disfuncionalidade que pode ser superada através de procedimentos específicos. A construção metafórica, além de ativar saberes sociais sobre a realidade a que se refere, convoca os interlocutores a assumir uma posição e a realizar ações frente às representações construídas.

O processo de restituição de terras, representado como um corpo humano enfermo ou em condição de disfuncionalidade, implica junção (o corpo como unidade), sugere a existência de pessoas habilitadas para auxiliar o corpo enfermo e, por intermédio da mobilização axiológica que, no ocidente, associa-se com o dever que tem a sociedade para com os enfermos, incita a adesão às medidas que aqueles que se propõem como interventores definem para tramitar a situação. Em consequência, a metáfora "o processo de restituição de terras é um corpo susceptível de ser curado" traz consigo, de maneira implícita, um conjunto de significados sobre possíveis ações econômicas e políticas que devem ser implementadas pelas pessoas que a própria metáfora habilita para realizar tais intervenções.

O dever moral para com o enfermo, cujo mandato social se ativa através da metáfora, incita a sociedade a legitimar as medidas assinaladas pelo Governo, validando a centralidade dos interesses definidos pelos agentes governamentais e a não focalização das demandas dos sujeitos vitimizados que poderiam ir "na contramão" dos interesses governamentais. Os sujeitos definidos como vítimas são reafirmados em seu lugar de passividade, nesse caso, na completa "invisibilização" de suas demandas.

A metáfora ontológica "população [...] mergulhada na pobreza" também contribui para a formulação do papel de paciente, dos sujeitos que são definidos como vítimas. Por meio desse recurso discursivo realiza-se um duplo processo: em primeiro lugar, simplifica-se a forma como se representa a pobreza ao se construir uma ontologia material de um fenômeno que é produto social; em segundo lugar, realiza-se a objetivação da comunidade representada, com a qual sua capacidade de volição e sua autonomia são substituídas por uma condição inercial, ocultando, assim, o caráter social da pobreza e da vitimização dos cidadãos. O processo de dupla objetivação dos sujeitos que são conceituados como vítimas baseia-se na representação da pobreza como uma substância com propriedades físicas, na qual podem ser submergidos distintos tipos de corpos.

A atribuição de inércia, tanto à pobreza quanto aos atores representados, constitui a base para a elaboração de uma implicatura, a partir da qual se sugere a pertinência da intervenção de um ser consciente sobre os seres e os processos que são representados com características objetais. A metáfora apropriada para descrever os sujeitos representados como vítimas realiza uma estratégia de naturalização, a partir da qual são atribuídas aos sujeitos as características dos objetos que servem de base para a representação. Assim, por exemplo, supor que a vítima equivale a um objeto susceptível de ser afundado propõe, por sua vez, a existência de uma força externa capaz de se impor a tal objeto, de tal forma que a vítima é representada como um ser manipulável. Nesse caso, o sujeito capaz de assumir uma posição de direcionamento na relação com o destino das vítimas é o Governo.

A representação do fenômeno social da pobreza como um corpo físico contribui para eliminar a possível reflexão sobre o conjunto de relações sociais, políticas, econômicas e culturais que tiveram como efeito o aprofundamento das brechas sociais, a desapropriação de amplos setores sociais e a institucionalização da desigualdade. Quando um fenômeno social é objetivado, os atores nele envolvidos, suas cotas de responsabilidade, os interesses em confronto e os lugares sociais que esses atores ocupam, são eliminados do campo de visualização dos interlocutores, de forma que as possíveis controvérsias que se poderiam derivar do exercício crítico são minimizadas em função da reprodução de uma ordem social, a qual, indiretamente, é dotada do *status* simbólico de inquestionabilidade.

O uso do recurso metafórico, ao propor os fenômenos sociais como objetos do mundo físico, sugere sua resistência temporal, sua contingência às leis físicas e sua posição de exterioridade em relação à vontade humana. Essa forma de representar os sujeitos vitimizados e a situação de pobreza em que se encontram impede o questionamento sobre o papel do Estado e dos atores econômicos e políticos dominantes, vários dos quais são participantes do evento a que se faz referência na notícia em foco. Além disso, não se focaliza a desestruturação dos regimes que os agentes hegemônicos estabilizaram.

Em *Semama.com,* a construção da identidade da vítima como beneficiária torna-se patente em expressões do tipo: "No total, 3.223 famílias serão beneficiadas" e "ajudar mais de 82 mil famílias afetadas", com as quais se evidencia a distância entre a representação do cidadão, sujeito de direito, e quem é destinatário de favores e benefícios que, assim representado, constituem prerrogativas dos agentes do governo. A combinação de recursos como os verbos atributivos "beneficiar" e "ajudar" com quantificadores cardinais exatos (3.223) e indeterminados ("mais de 82 mil") imprimem objetividade às formas segundo as quais o meio comunicacional identifica a vítima, repercutindo sobre os consensos gerais que a sociedade constrói em torno do fenômeno da desapropriação de terras e as ações que o Estado deve implementar para restituir os direitos dos sujeitos vitimizados. A combinação estratégica desses recursos contribui para tirar o foco da condição de cidadania dos sujeitos vitimizados que são representados discursivamente e despotencializam suas reivindicações e exigências, na medida em que estas se distanciam dos critérios propostos pelo governo.

A nomeação dos sujeitos vitimizados como beneficiários e favorecidos permite à revista deslocar toda a discussão sobre os direitos dos cidadãos, cuja lógica não corresponde à da ação público-estatal. Em expressões como: "o Presidente Santos disse que tantas vezes quantas forem necessárias assistirá a esse tipo de evento para defender e impulsionar 'esse compromisso da alma que temos: ressarcir os milhões de colombianos que foram expulsos de suas terras e padeceram com a violência'", elabora-se uma atribuição da ação do presidente que se enquadra na estratégia de legitimação por avaliação moral. A forma de nomear a ação com a expressão "compromisso da alma", além de sustentar-se sobre a figura do Presidente – voz discursiva evocada –, ativa o processo introspectivo com base no qual cada sujeito avalia as disposições que tem e, nesse caso, decide apoiar um setor da sociedade caracterizado por estar em condição de desvantagem social.

O conceito de alma, na tradição judaico-cristã, designa uma entidade imaterial que concentra a essência humana e que tem, dentro de si, a potência vital de cada ser. A evocação desse quadro insiste na conceituação da obrigação do Estado de garantir os direitos dos cidadãos como uma disposição metafísica da equipe de governo e daqueles que aderem a esse projeto político. Nesse sentido, "ressarcir os milhões de colombianos que foram expulsos de suas terras e padeceram com a violência" propõe-se como uma ação que, dentro dos critérios religiosos prevalecentes, não pode ser contestada quanto ao seu método e ao critério empregado para realizá-la. Dada que a lógica de reparação e de restituição não corresponde ao quadro do direito, mas sim a racionalidades que operam nos âmbitos doméstico e religioso, pode-se inferir que apropriação da expressão "compromisso da alma" é um recurso de validação do tipo de política pública que se legitima na notícia.

A forma como se elabora o sentido metafísico de serviço, ajuda e acompanhamento aos sujeitos vitimizados se articula à construção do mérito, a partir do qual se define o acesso aos programas de restituição de terras. Na expressão "Unidos podemos devolver o bem-estar a milhões de colombianos inocentes que padeceram com a violência", também proposta a partir da evocação da voz discursiva do Presidente, conceitua-se o sujeito que acede à identidade da vítima, midiática e estatalmente construída, como "colombiano inocente". A construção representacional da vítima como inocente evoca o sentido de culpabilidade e faz merecedor da ação do Estado aquele que é colocado como alheio à culpa que lhe poderia ser atribuída se respondesse com violência perante sua situação.

A construção da identidade da vítima, por meio do quadro moral da culpa, designa os sujeitos vitimizados merecedores da intervenção estatal como seres cândidos e sem malícia, cujas qualidades, comumente associadas à passividade, são os critérios que validam um tratamento diferenciado por parte das autoridades públicas. Essa forma de representação dos sujeitos vitimizados constitui um mecanismo de exclusão daqueles que não se encontram no lugar de moralidade construído e, ao mesmo tempo, permite a reificação da axiologia evocada para hierarquizar a conduta daqueles que são propostos, midiaticamente, como seres passivos. Essa forma maniqueísta de representar os sujeitos vitimizados evita a reflexão sobre as causas pelas quais os distintos atores sociais podem assumir práticas violentas o que, em um cenário de possível transição para um pós-conflito, pode dificultar as possibilidades de diálogo e de reconhecimento da complexidade do conflito social e armado colombiano. Portanto, a proposição da vítima como sujeito inocente simplifica o fenômeno da violência e, ao mesmo tempo, suprime a reflexão sobre a obrigatoriedade do Estado de garantir os direitos dos cidadãos, independentemente das circunstâncias nas quais os sujeitos vitimizados tenham sido objeto de violação de direitos.

O arranjo de representação da vítima como sujeito inocente, destinatário de benefícios e favores, é o antecedente representacional para ativar saberes sobre o papel do Estado e do Governo, que se concretiza na expressão: "'Tendo conseguido isto, poderemos parar diante de Deus e justificar – com esta obra somente – nossa passagem pelo mundo', concluiu". Novamente, ativa-se o sentido religioso para reforçar a estratégia de legitimação por avaliação moral. Como a sociedade colombiana é, em sua maioria, cristã, a evocação de Deus como entidade divina e das ações condizentes com essa ideologia, expressa na bondade, propõe o clima simbólico propício à validação da ação governamental e ao usufruto da condição dos sujeitos vitimizados para referendar a posição do Governo.

À noticia associa-se uma imagem fixa, atribuída ao Sistema de Informação Geográfica – SIG, que, no plano geral, recupera a paisagem de uma zona montanhosa, não identificada e que mantém com a notícia uma relação disjuntiva, na medida em que não serve ao propósito de informar sobre os tipos de territórios desapropriados, não se localiza em uma zona do conflito e não constitui referência para o processo de restituição, assunto que está tematizado neste caso.

A representação produzida conduz, pelo menos, a uma interpretação de via dupla se se articula a imagem à notícia. Em primeiro lugar, propõe-se a ideia de restituição associada aos minifúndios, o que contrasta com a realidade social da desapropriação, cujos territórios, objeto de latrocínio, converteram-se, nas mãos dos empresários nacionais e estrangeiros, em projetos agroindustriais, energéticos e de mineração. Em segundo lugar, propõe-se uma imagem de sossego e bem-estar que deriva de uma paisagem em que o verde do território, a proteção da montanha e a presença da água entrelaçam-se com a ideia de pequenas comunidades em harmonia, produzindo o sentido de "futuro".

A elaboração discursiva sugere a ideia de que os territórios devolvidos são equivalentes às terras que foram objeto de latrocínio: "[...] não vamos esperar até este momento (o momento da aprovação da Lei de Vítimas) para iniciar a devolução das terras desapropriadas". Essa representação cria a expectativa de que o processo de restituição de terras pode ser interpretado como o retorno à plena situação em que se encontravam aqueles que foram desapropriados de sua terra, antes do fato vitimizante. Entretanto, como se adverte no mesmo texto, uma das "iniciativas" de gestão que o Governo propõe corresponde à "devolução de 312.000 hectares a 130.000 famílias campesinas", ou seja, 2.4 hectares para cada família, o que permite supor que aqueles que foram espoliados de mais de 2.4 hectares não poderão ter acesso a uma restituição que equivalha, pelo menos, à magnitude do latrocínio de que foram alvo.

A imagem sustenta o ideário de que as vítimas da desapropriação podem retornar a um estado de bem-estar igual ou similar ao perdido. O uso dessa cena põe em relação práticas sociais que envolvem as condições históricas e socioeconômicas dos vitimizados, gerando o sentido de nostalgia, com significado negativo, que se impõe quando, claramente, encontra-se desarticulada a relação entre o público e o meio de comunicação. O conceito de nostalgia, nesse caso, é um uso estratégico que não somente permite a atribuição do estilo nostálgico à imagem, mas que também produz fatores desencadeantes desse tipo de sentimento nas comunidades. As sequelas próprias de um conflito armado, no qual se violaram, de maneira sistemática, os direitos humanos, constituem um problema social coletivizado em que se elabora uma justificativa associada, negativamente, à luta ou à defesa do que é próprio e por direito.

Essa maneira de construir a representação do futuro estado dos vitimizados elimina da reflexão pública a essência do conceito de desapropriação no qual a vítima não somente perdeu os vínculos materiais, mas também, fundamentalmente, perdeu os recursos simbólicos que a definiam como cidadã e que a desenraizaram de seus costumes, de suas relações familiares, de seus vínculos sociais e, em geral, de condições que garantiam uma vida com dignidade.

A imagem fixada serve ao propósito de minimizar o dano social, cultural, político e econômico causado às vítimas, pois desarticula do processo de restituição o conjunto de complexos fatores que constituem a causa do fenômeno da desapropriação e elimina a identidade dos que foram vitimizados.

Conclusões

As formas como os distintos agentes enunciam as identidades próprias e as dos outros evidenciam os saberes que se ativam, quando se dotam de existência social grupos, culturas e sujeitos articulados aos exercícios de poder que incidem sobre as maneiras como os sujeitos se assumem e atuam nos espaços sociais.

As estratégias de poder que os atores midiáticos empregam, quando fazem referência ao tema da desapropriação de terras e aos sujeitos vitimizados, no quadro do conflito armado interno, são indicativas das imposições rituais, discursivamente definidas, e do conjunto de papéis e lugares sociais atribuídos aos agentes que se representam discursivamente. A identidade das vítimas apontadas pelas instâncias midiáticas obedece a um regime semiótico-discursivo, em cuja base se postulam saberes e axiologias que resultam disfuncionais ao exercício da democracia e da cidadania, componentes indispensáveis quando se aborda o dever de garantir, restituir e proteger os direitos dos que foram vitimizados.

A construção discursiva da identidade das vítimas da desapropriação de terras nas mídias opera como uma prática de subjetivação. *Semana.com* constrói axiologias e realiza práticas atributivas quando faz referência aos vitimizados, construindo, por meio disso, uma imagem que tem efeitos indeterminados sobre a forma como a sociedade entende, define e visualiza os sujeitos vitimizados e, em geral, o problema da desapropriação de terras na Colômbia. Essa forma de propor a identidade dos sujeitos vitimizados inscreve a reflexão pública no ideal do retorno, o qual impede os interlocutores de pôr em questão a ordem social que, no cenário temporal no qual ocorreram os fatos de vitimização, gerou as condições para que a violação fosse possível. Assim, o ideal do retorno elimina a formação do diálogo necessário para reavaliar o regime político, social e cultural que criou e consolidou o fenômeno da desapropriação de terras.

A formulação dos cenários de restituição de direitos dos sujeitos vitimizados, na lógica economicista, corresponde a outras das características do discurso midiático sobre as vítimas. Por essa razão, os sujeitos vitimizados são assumidos como beneficiários anônimos, o que imputa relevância ao Governo como agente capaz de outorgar benefícios e deixa de focalizar a obrigação estatal de garantir plena e efetivamente os direitos dos sujeitos vitimizados. O uso da imagem se propõe como um mecanismo representacional de atribuição identitária. A imagem fixada delineia a identidade da vítima como um sujeito anônimo, sem capacidade de agir e, por meio de repetições de imagens de arquivo, estabiliza-se a representação da ausência da vítima.

Em *Semana.com* põem-se em evidência os distintos recursos e estratégias por intermédio dos quais se caracteriza a vítima como credora da dívida moral do Estado e da sociedade. Mediante sua representação, formula-se o quadro cognitivo e simbólico para a mercantilização do bem-estar para o qual apontam as políticas públicas do governo.

Referências

ARENDT, H. *La condición humana*. Barcelona: Paidós, 2005.

BAJTÍN, M. *Estética de la creación verbal*. México: Siglo XXI, 2003.

BOURDIEU, P. *La distinción. Criterio y bases sociales del gusto*. Madrid: Taurus, 2012.

BUTLER, J. *Lenguaje, poder e identidad*. Madrid: Síntesis, 2004.

BUTLER, J. *Mecanismos psíquicos del poder*. Madrid: Cátedra, 2011.

FAIRCLOUGH, N. En análisis crítico del discurso como método para la investigación en ciencias sociales. In: WODAK, R.; MEYER, M. (comps.). *Métodos de análisis crítico del discurso*. Barcelona: Gedisa, 2003.

FOUCAULT, M. *La hermenéutica del sujeto*. Buenos Aires: Fondo de Cultura Económica, 2011.

PARDO, N. *Discurso en la Web. Pobreza en YouTube*. Bogotá: Universidad Nacional de Colombia, 2012.

PARDO, N. *Cómo hacer análisis crítico del discurso. Una perspectiva latinoamericana*. Bogotá: Universidad Nacional de Colombia, 2013.

RICOEUR, P. (2004). *Tiempo y narración I. Configuración del tiempo en el relato histórico*. Buenos Aires: Fondo de Cultura Económica, 2004.

SCOTT, J. *Los dominados y el arte de la resistencia*. México: Era Ediciones, 2000.

VAN LEEUWEN, T. Legitimation in Discourse and Communication. *Discourse & Communication*. v. 1, n. 1. London: SAGE, 2007.

10. O discurso sobre a criminalidade no YouTube: juventude e estigma[1]

María Laura Pardo
María Valentina Noblía
Trad. Tânia Maria de Oliveira Gomes e Glaucia Muniz Proença Lara

A partir da crise social e econômica que se inicia na década de 1990, na Argentina, cuja eclosão se dá em 2001, o panorama da pobreza muda, redefinindo seus espaços, atores e processos, que se incorporam ao imaginário social a partir das representações que as grandes mídias, escritas e televisivas, difundem. Os processos migratórios, a falta de trabalho, a droga e a criminalidade têm um cenário e atores privilegiados nos discursos: a juventude (em alguns casos, inclusive a infância) e as favelas.[2] A proeminência jornalística que adquirem esses temas é tal que se erigiu como problema político e social fundamental do país e se instalou, na vida das pessoas, com um nome próprio: a insegurança. Cotidianamente, os noticiários destinam a maior parte do tempo de sua programação para a difusão de roubos, assaltos à mão armada e atos violentos que, muitas vezes, têm como destinatária a população trabalhadora, de parcos recursos econômicos. Essa informação, pela sinergia que produz entre essas mídias e as redes sociais, reproduz e multiplica sua chegada a um público cada vez mais amplo.

Com o ingresso das novas tecnologias nas mídias tradicionais, paulatinamente, as notícias têm privilegiado as imagens e o material audiovisual, em detrimento dos textos (KRESS, 2003, 2010), na medida em que contam com o poder empático e direto da imagem. Não há palavra que possa competir com o dramatismo de presenciar, de maneira direta, um acontecimento. Esse fenômeno tem sido reforçado pela aparição de ferramentas e recursos que trazem

---

[1] Este trabalho se enquadra em uma investigação sobre a relação que os meios de comunicação social geram, na Argentina, entre jovens, delinquência e pobreza (PARDO, no prelo).

[2] No texto original, as autoras usam o termo "villas", explicando que se trata de assentamentos precários urbanos. Grosso modo, tais espaços recebem distintas nomeações, em função dos lugares onde ocorrem: no Chile, chamam-se "callampas"; na Argentina, "villas"; no Brasil, "favelas". (N.T.)

a possibilidade de se dispor de espaços de armazenamento desse material e de elaboração *amadora* de vídeos, que antes somente eram acessíveis aos profissionais no assunto. O *YouTube* tem sido, desde o seu surgimento em 2005, uma das fontes mais ricas e mais utilizadas tanto pelas pessoas como pelas mídias jornalísticas, para o armazenamento e a reprodução de conteúdos multimídia.

Dentro da enorme variedade de conteúdos que essa rede social abriga, existe um número cada vez maior de vídeos vinculados ao problema da insegurança: fragmentos de programas televisivos; vídeos fornecidos por pessoas que relatam suas experiências pessoais sobre atos criminais dos quais foram vítimas ou testemunhas; e outro tipo de vídeo que tem como particularidade o fato de ter sido elaborado por usuários da rede *YouTube*, a partir da edição sincrética dos dois anteriores. Esses vídeos resultam da produção individual de usuários que acrescentam à rede conteúdos que são próprios do *YouTube*, realizados por *youtubers* (ou seja, por usuários que participam da rede social ativamente – já não somente como espectadores – e que compartilham seus padrões, utilizam os recursos que oferece a plataforma e se identificam com ela). Esses vídeos se distinguem dos primeiros por sua função, por sua circulação e por seus destinatários.

No quadro deste trabalho, propomo-nos analisar o modo como os usuários do *YouTube* recontextualizam as representações discursivas, que constroem os noticiários televisivos sobre os jovens que delinquem, ressignificando-as e gerando um circuito alternativo para sua distribuição, que transforma a notícia em um conteúdo atemporal. Esses discursos retomam as representações que as grandes mídias difundem e as reelaboram como relatos novos. Ao fazê-lo, redefinem seu propósito, que deixa de ser informativo e passa a cumprir uma finalidade argumentativa e identitária dirigida a um público diferente do original. Os destinatários desses discursos são outros *youtubers*, ou seja, usuários que compartilham essas práticas e que fazem parte de uma rica rede intertextual de vídeos vinculados, fundamentalmente, por essa temática. Essa rede que inclui outros vídeos realizados pelo mesmo produtor textual, ou por outros, que dão forma à sua rede de contatos, vai consolidando um corpo textual que reforça as representações discursivas e, portanto, sociais sobre a insegurança atemporal, retirando-lhe a perspectiva histórica e política. Nesse processo, desempenham um papel central os comentários dos outros participantes da rede, o que inclui também o espectador casual desses conteúdos, que valorizam tanto o vídeo como produto estético ou testemunhal quanto a realidade narrada por eles. Cada uma dessas contribuições põe, em um presente indefinido, esses acontecimentos. Desse modo, as representações sociodiscursivas sobre a insegurança, que em suas múltiplas vozes – a que reproduz o vídeo; a do autor, com seus comentários e epígrafes; e as dos comentaristas – vão dando corpo a sujeitos e cenários, configuram um repertório de evidências cada vez mais sólido, articulado a partir da acumulação de testemunhos que a rede permite hospedar acriticamente. Ao circular nos espaços em que o limite entre o privado e o público é difuso e em que desaparece o controle que exercem as mídias institucionalizadas, com relação às expressões preconceituosas, discriminatórias e xenofóbicas, reaparecem, na cena pública da rede social, suas formas mais violentas e radicalizadas.

Metodologia e *corpus*

Este trabalho se enquadra na Análise Crítica do Discurso, em sua vertente latino-americana, que enfatiza a importância da análise linguística dos dados, a partir de uma metodologia qualitativa. Para a análise linguística, esta investigação adota o *Método sincrônico-diacrônico de análise linguística de textos* – MSDAT (PARDO, 2011; para uma versão em português, ver PARDO, 2014). Esse método permite a observação do modo como se operam, nos textos, as categorias gramaticalizadas, de caráter obrigatório, e as semântico-discursivas, que variam de texto a texto. As categorias gramaticalizadas são:

• *Falante-Protagonista* (doravante, F-P): categoria que corresponde a qualquer pessoa pronominal ou referente nominal que assuma o *argumento* do falante. Essa categoria não necessariamente deve aparecer na posição de sujeito gramatical ou lógico da emissão.

• *Verbo 1*: são os verbos vinculados às ações do F-P.

• *Ator/Atores*: qualquer pessoa pronominal ou referente nominal que assuma os argumentos, geralmente opostos aos que sustenta o falante.

• *Verbo 2*: são os verbos vinculados às ações do(s) Ator(es).

• *Tempo e Lugar*: essas categorias correspondem à orientação espaço-temporal em que se situa o texto.

• *Operador pragmático*: aparece em todos os textos e tem distintas funções, desde a de apontar como se deve interpretar uma parte da emissão, conectar distintas emissões ou setores na emissão, ou como recurso para interpelar ou conseguir a cumplicidade do ouvinte ou leitor.

O *corpus* do trabalho é formado por 10 crônicas, cuja fonte é o *YouTube*. Para este capítulo, selecionamos uma delas: "Piranhas e ratazanas[3] do Bajo Flores". Devido à sua extensão, tomaremos para exposição o fragmento inicial, ainda que nos refiramos, quando necessário, a outras partes do vídeo em seu conjunto. Sua duração é de 2:06' e seu *link* no *YouTube*: <http://www.youtube.com/watch?v=5gPIV74zhzc.>

---

[3] A modalidade criminosa intitulada "roubo piranha" ("robo piraña", no espanhol) consiste em uma ação na qual a vítima é surpreendida por um ataque em bando, cujo ato ocorre, de forma violenta, em menos de dez segundos, assim como um cardume de piranhas que ataca sua presa.

Piranhas e ratazanas: o caso

O vídeo que analisaremos se denomina "Piranhas e ratazanas do Bajo Flores".[4] Seu autor aparece identificado de duas maneiras no *YouTube*: a) como autor do vídeo, como o nome "B Rivadavia 1,[5] e b) como usuário: "Themistopoloi". Esse último tem sua origem na mitologia grega (*Temis*, deusa grega da justiça) e significa "juízes". Se levamos em conta os temas da maioria dos vídeos que esse usuário publicou em aproximadamente 6 anos, podemos dizer 876 estão majoritariamente vinculados a atos criminosos, corrupção, drogas e ao funcionamento da justiça e da polícia e que eles são realizados a partir da edição de extratos de notícias que aparecem nos principais canais televisivos, o que nos dá um claro indício de qual papel se atribui o autor na produção desse material. Nesse sentido, podemos também dizer que não se trata de um usuário que atua ingênua ou espontaneamente; pelo contrário, seus vídeos parecem responder a um objetivo, um planejamento, ou seja, ele sabe bem o que busca e a quem se dirige. Tem um público (seus assinantes e aqueles que, eventualmente, acessam o vídeo) e atua com uma finalidade concreta: fazer uso da denúncia para reforçar a condenação social e a indignação que esses acontecimentos provocam nas pessoas, sem que essas ações transcendam esse circuito. A publicação desse material – do mesmo modo que a reação que provoca nos comentaristas – não se traduz em ações concretas diante das instituições competentes, seus efeitos parecem ser do tipo fático ou catártico.

Dado o perfil particular que tem esse usuário e o tipo de vídeo que publica, é interessante ter em mente certos dados: ele conta com 1.166 "assinantes" (ou seja, pessoas que cada vez que ele publica um vídeo ou um comentário visualizam-no em sua página do *YouTube*); seus vídeos receberam, desde o início, 5.826.496 de visualizações. Com relação ao vídeo, objeto de análise, ele foi reproduzido 730.320 vezes, tendo 174 valorações positivas e 57 negativas, e recebeu 696 comentários, números que vêm aumentando progressivamente. Esses dados colocam em evidência que esses circuitos são alternativos às mídias tradicionais e que, se a quantidade de público não é semelhante, tampouco é um fenômeno menor.

Situação da área

Nesta investigação, dois são os eixos que devemos ter em mente para dar conta da questão: por um lado, os estudos que têm abordado a relação entre jovens e criminalidade; por outro, as características dos novos espaços nos quais esses discursos circulam, em particular a rede social *YouTube*.

---

[4] O Bajo Flores é um bairro da Cidade de Buenos Aires, onde se encontra uma das maiores favelas da cidade.

[5] B Rivadavia 1 faz referência a outro bairro.

Criminalidade, pobreza e juventude

Alguns autores (ADDISON, BACH e BRAUNHOLTZ-SPEIGHT, 2013, p. 161) sustentam que a pobreza pode ser um fator capaz de gerar conflitos violentos. Para muitos deles, tentar reduzir a pobreza, especialmente quando ela é crônica, justifica-se em grande parte para que se consiga diminuir a predisposição à violência. A pobreza crônica pode inflamar o descontentamento social, chegando, em algumas circunstâncias, a se converter em violência ou a gerá-la mais rapidamente. Entretanto, para outros autores, a situação pode ser entendida de forma inversa: a falta de igualdade socioeconômica, educativa, de oportunidades é a que causa a violência (CIAFARDINI *et al.*, 2009).

Um dos lugares nos quais se vincula a violência à pobreza são as favelas. Nelas, adquirem peculiar proeminência os grupos sociais que migram do interior ou do exterior, agregando, então, um novo elemento, que é a questão étnica e a xenofobia. Os migrantes que vêm em busca de oportunidades na Capital precisam adaptar-se a essa brusca chegada à favela urbana, já que eles provêm de outras realidades. Não é raro, assim, que no interior dos grupos que vivem em situação de pobreza, os imigrantes sejam associados – mais do que outros grupos – à violência, já que todos estão mergulhados nessa representação sociodiscursiva. Segundo Rastier (1982, p. 74), há aqueles que optam pela chamada "adaptação pela delinquência", ainda que, muitas vezes, o delinquente venha de fora da favela, buscando nela modos de esconder-se.

Outro dos grupos aos quais se vinculam a criminalidade e a delinquência é a juventude/adolescência. Desde os anos 1990, com a eclosão do neoliberalismo, os jovens, em geral, têm sido estigmatizados como uma juventude que não estuda, não trabalha, não tem projetos. Paulatinamente, eles têm sido transformados em um estereótipo da pós-modernidade. Quando à juventude se soma a pobreza, quer dizer, quando se trata de jovens que vivem em situação de pobreza, acrescenta-se ainda o estigma da delinquência. O simples fato de viverem em uma favela os transforma, segundo a visão social, em delinquentes. Tal como sustenta Chaves (2005), já não nos encontramos no paradigma do disciplinamento ou da normalização,[6] mas sim no da segurança (AGAMBEN, 1998, 2003). Nesse contexto, "onde o sujeito jovem pode ser lido, este se converte no inimigo interno, porque é o que representa a insegurança". Segundo Chaves, a aparente contradição que surge na concepção de um perigo representado por um sujeito inseguro se resolve ao se atribuir a essa mesma insegurança a causa do perigo.

---

[6] Esses paradigmas refletem os modos como os governos utilizam aparelhos normalizadores ou de disciplinamento da sociedade, que impulsionam internamente nossas práticas cotidianas (cf. FOUCAULT, 1984).

O jovem é perigoso porque tem a possibilidade de agir. É um perigo para si, para sua família, para os cidadãos e para a sociedade. Entretanto, para o Estado não interessa, principalmente, disciplinar; o que lhe interessa é o mecanismo da segurança: "já não importa que os meninos se comportem mal, o problema é que são perigosos" (CHAVES, 2005).

Nesse paradigma, os meios de comunicação de massa, em sua grande maioria, incentivam um olhar sobre a insegurança que condena fundamentalmente os delinquentes jovens que se encontram em situação de vulnerabilidade. Nesse sentido, o chamado "crime de colarinho branco",[7] na maioria dos casos, está fora do olhar das mídias. O marco ou roteiro que criam as mídias é de tal envergadura que não faz falta sequer mencionar que esses jovens são pobres. Como sustenta Molina (2009):

> Os roteiros, compartilhados culturalmente, são formados por conhecimento convencional de episódios da vida social, baseados em representações sociodiscursivas. Nesse caso, há um roteiro ajustado aos leitores, um roteiro que se forma a partir da internalização dos dados de várias notícias das mídias gráficas, mas também das audiovisuais, que mostram os pobres como delinquentes (PARDO ABRIL, 2008; MOLINA, 2008).

YouTube: o poder da Internet 2.0

No âmbito dos novos meios de comunicação pelos quais circulam essas representações sociodiscursivas, encontram-se as redes sociais. Estas surgem, na *Internet*, em meados de 2000, depois da crise das *ponto.com*, em 2001 (GRABOWICZ, 2014). Desde essa época, grande parte das interações sociais na *web* alargou-se. Foram-se, progressivamente, deslocando algumas práticas e colonizando outras, como o *e-mail*, *chats*, páginas *web* (NOBLIA, 2013, 2014).

As redes sociais se caracterizam pela colaboração massiva de seus usuários, pela convergência ou sinergia entre as diferentes mídias (quer dizer, o fluxo de conteúdos que retroalimenta as distintas redes: do *Facebook* ao *Twitter*, do *Twitter* ao *Facebook*, do *YouTube* ao *Facebook* etc.) e por uma cultura de participação, na qual o consumidor passivo se transforma em produtor ativo. Desse modo, as redes sociais marcam a passagem de um sistema tradicionalmente vinculado aos meios de comunicação de massa a um sistema, no qual o fluxo das mensagens transforma as formas de comunicação pessoa a pessoa (PÉREZ LATRE, PORTILLA e SÁNCHEZ BLANCO, 2010).

---

[7] No original, "delito de guante blanco" (literalmente, "delito de luva branca") que faz referência aos crimes cometidos sem que se "manchem as mãos", daí a associação ao branco das luvas, coloração passível de ser maculada, com facilidade, por outras tonalidades. Furto, roubo e estelionato são exemplos de atos criminosos desse tipo. No Brasil, a expressão equivalente seria "crime de colarinho branco". (N.T.)

Um dos aspectos mais relevantes da *web* 2.0 é que, diferentemente da *web* anterior, o produtor dos conteúdos é o próprio usuário. As plataformas e as aplicações definem novos espaços de interação social. Essas redes (*Facebook, Twitter, Pinterest, YouTube*) não planejam maiores inovações com relação nem às linguagens, nem à produção textual, mas com relação aos modos de interagir, de gerar comunidade e sentido de pertencimento e identidade em seus usuários. Para tanto, cada rede tem desenvolvido modos de valorizar seu *status*, segundo a repercussão ou "viralização" de seus conteúdos. Essa função é cumprida pelos *"likes"*, pela quantificação das vezes que se compartilha um conteúdo no *Facebook;* pelos *retweets* ou pelos *FAVs* (favoritos), no *Twitter;* pelas visualizações no *YouTube*. Esses recursos são mostras da importância que tem essa publicação para os outros usuários nessa rede social.

O sucesso de toda rede social está na sua capacidade de conseguir a maior quantidade de tráfego de usuários. Sua relevância se mede segundo o volume de informação e capacidade de interação que circula por elas. Esse objetivo se quantifica a partir de três critérios: a) a quantidade de usuários; b) seu nível de participação (a quantidade de informação com que se alimenta a rede); c) a capacidade de dispersão de tal informação nessa rede social (Noblia, 2013). Desse modo, uma publicação se torna "viral" quando a circulação na rede (ou inclusive fora dela) se multiplica exponencialmente. Podemos dizer, então, que o impacto desses modos de interação social nas redes não é tanto de inovação quanto de refuncionalização e de uso. O *YouTube* inova menos no que diz respeito à "linguagem audiovisual" do que em relação às formas de produção de conteúdo que propõe.

Qual é a natureza das notícias no *YouTube*? Qual é a relação que essas mídias têm com as mídias tradicionais de notícias? Para alguns autores (Pew Research Project Staff, 2012), a produção que fazem os usuários representa um novo tipo de jornalismo visual. A maior parte desse material é gravada por testemunhas presenciais. Esse processo supõe, no *YouTube*, uma relação complexa e simbiótica entre os cidadãos e as organizações de notícias, uma relação que se aproxima à de um "diálogo" jornalístico, que se poderia pensar como o novo jornalismo *on-line*: as pessoas criam seus próprios vídeos de notícias e os publicam, compartilham vídeos sobre notícias produzidos por profissionais do jornalismo, ao mesmo tempo em que as organizações de notícias tomam os conteúdos produzidos por pessoas comuns e os incorporam em suas notas (Pew Research Project Staff, 2012).

O *YouTube* exerce cada vez mais influência em distintos âmbitos sociais. Sua forma de participação e produção cultural, por meio do que se denomina *"vlogging"* (*video-sharing*), é emblemática (Adami, 2009; Burgess e Green, 2008; Bou-Franch, Lorenzo-Dus e Garcés-Conejos Blitvich, 2012). Uma das características iniciais da produção no *YouTube*, que as sucessivas atualizações dos programas que oferece a rede tem melhorado, é a precariedade dos recursos com os quais os usuários elaboram vídeos. Os conteúdos audiovisuais não têm que ser "perfeitos" visualmente, mas sim úteis à rede. A mercadoria das redes sociais são seus usuários (e os conteúdos com que estes alimentam a rede) e a facilidade para transformá-los em nós de informação. O usuário que posta, checa, envia *e-mails* ou utiliza um instrumento de busca é um consumidor para a colocação de produtos e serviços ou, mesmo, um produto em si mesmo que se comercializa como uma mercadoria a mais do mercado que circula pelas redes (NOBLIA, 2013). Isso explica grande parte da produção audiovisual que circula pelo *YouTube*. O usuário que adquire maior visibilidade na rede, o que tem muitas visualizações do vídeo, o que tem muitos seguidores, é quem compreendeu as normas dessa comunidade. Esse usuário cuida dos seguidores/consumidores de seu produto; podemos dizer que gerencia ou tem uma política editorial na emissão de seus conteúdos. Esses novos modos de produção da informação convivem com os das grandes mídias e têm começado a transformar a lógica que vincula às mídias a informação e seus leitores. Isso ocorre também por se constituírem em práticas discursivas que conseguem pôr no espaço público discursos que, por seu grau de violência ou preconceito, não poderiam circular nas mídias tradicionais. Nesses discursos ressurgem, de maneira visceral, e sem condenação, os preconceitos que a correção política eliminou do discurso público.

Análise linguística

"Piranhas e ratazanas do *Bajo* Flores" é um dos tantos vídeos que "Themistopoloi" tem publicado no *Youtube* e que se soma a uma constelação de vídeos publicados pelo autor e também por outros usuários sobre a "insegurança" na Cidade de Buenos Aires. Nesse vídeo, apresentam-se atos criminosos, roubos, realizados por jovens, cujas vítimas são gente humilde, trabalhadora (taxistas, caminhoneiros, famílias).

O autor deixa explícito o objetivo desse texto audiovisual na descrição do vídeo, na qual tematiza: "Piranhas e ratazanas do Bajo Flores (Riestra e Bonorino) assaltando à mão armada os condutores de veículos e que, espantosamente, não têm a capacidade[8] para sair da área para roubar a polícia. E depois os bandidos se gabam com os vizinhos, como se tivessem roubado um blindado". Essa introdução, que figura como rodapé do vídeo, sintetiza, valorativamente, a narrativa, que planeja o texto multimodalmente, por meio do verbal, do visual e da música que opera como trilha sonora, marcando o início e o fim do relato. Sobre esse aspecto, voltaremos mais adiante.

---

[8] No original: "no les da el cuero". Trata-se de uma gíria que, na Argentina, é comumente traduzida como: "não ter capacidade, nem possibilidade, nem habilidade de decisão para fazer algo". (N.T.)

O vídeo se inicia com os primeiros acordes da canção de Andrés Calamaro, "Tres Marías", cujo ritmo é o da *cumbia*.[9] Esses acordes introduzem o primeiro fragmento da América Notícias, intitulado: "Operação pelas 'Piranhas'. Roubos no Bajo Flores", com uma duração de 2:06, que mostra diferentes situações registradas por câmeras de segurança na área, nas quais se veem jovens armados que interceptam carros e caminhões para assaltá-los. A voz em *off* da jornalista acompanha as imagens.

O texto[10]

Jornalista: e1[Jovens que empunham armas e que o faziam dominando o território em pleno Bajo Flores.]; e2[Que te rodeavam, assim como fizeram com este caminhoneiro.]; e3[Bom, estas imagens já estão em poder da justiça...]; e4[A polícia já desmembrou cada um dos momentos em que a insegurança ocorre por meio dos distintos episódios.]; e5[Aqui vemos quando queriam atacar este taxista, queriam abrir a porta traseira e o taxista aí consegue desviá-los, retrocedendo, em uma jogada que poderia ter sido mortal.]; e6[Outra das situações que foi registrada por este vizinho, quando quiseram assaltar este caminhão de entrega, em plena luz do dia, com carros que passavam por ali e que não podiam fazer nada.]; e7[Ou quando saqueavam este carro e escapavam rumo à 1-11-14, olhem vocês.]; e8[Ou quando esta família vivia a insegurança na própria pele, roubavam-lhe até os objetos que haviam comprado em uma casa para crianças.]; e9[Isto ocorria na Capital Federal, no Bajo Flores, na Avenida Riestra e Bonorino, nas portas da favela 1-11-14.]; e10 [Eles dominam o território.]; e11[Até agora, porque a Polícia Federal já os identificou por meio destas imagens.]; e12[E agora os procura.]; e13 [Neste momento, a Polícia Federal realiza operações distintas e é iminente a detenção desses delinquentes que se sentiam donos do território ali no Bajo Flores, mas que graças a estas imagens estão a ponto de sucumbir.].

Nesse fragmento, as representações semântico-discursivas que encontramos são: "jovens", "delito", "lugar", "vítima", "justiça", "polícia", e "insegurança". Como "Lugar" é uma categoria gramaticalizada, pode – como neste caso – tornar-se semântico-discursiva, ao se converter na representação do espaço da favela. O

---

[9] "Cumbia" é um tipo de dança popular, típica da Colômbia e do Panamá, que se caracteriza pela presença de uma vela nas mãos dos bailarinos. Na Argentina, a Cumbia remete mais ao fenômeno chamado "Cumbia Villera", que, inspirada na Cumbia de outros países latinos, assume nova roupagem nos assentamentos da grande Buenos Aires, de forma mais marcada, gerando um novo ritmo. A "Cumbia Villera", em seu auge, atravessou todas as classes sociais e podia-se ouvi-la em aniversários e festas da alta sociedade. (N.T.)

[10] No apêndice, pode-se observar o quadro em que se desenvolve o método sincrônico-diacrônico de análise linguística de textos.

mesmo ocorre com a categoria gramaticalizada "atores", que, no texto, refere-se às representações tanto dos "jovens", como da "polícia" e das "vítimas".

A observação sincrônica da primeira categoria que aparece, "jovens", vincula-se à de "lugar", uma vez que se refere ao espaço onde estes delinquem: o Bajo Flores, um bairro da Cidade de Buenos Aires. Logo na aparição inicial, a categoria "jovens" não tem referências até um "os", clítico, que os representa, quando um taxista consegue "desviá-los". À categoria de "lugar" se faz menção por meio dos dêiticos: "aqui", "aí" e "ali" que se referem, de modo indireto e sem nomeá-la, à favela 1-11-14. Entretanto, mais adiante, essa categoria vai adquirindo progressivamente maior precisão: primeiro, em sua menção direta à favela: "rumo à 1-11-14" e logo ao estabelecer as ruas que definem os limites e as coordenadas da favela: "na Capital Federal, na Av. Riestra e Bonorino, na entrada da favela 1-11-14". Finalmente, a favela é nomeada três vezes como "o território" (e1, e10, e12). Esse termo, "território", condensa uma representação do espaço em termos de domínio (a metáfora das "portas da favela 1-11-14" reforça a noção de propriedade), sobre a qual se exerce certa dominação ("dominando", "dominam"), uma marcação e apropriação ("se sentiam donos"), ("donos"), na qual os delinquentes cometem suas ações criminosas ("empunham armas"). Todos os termos referentes ao território aparecem em foco[11] em todas as emissões que ocorrem, pondo em evidência que isso é o que quem relata a nota quer ressaltar: que os jovens tentam delimitar uma área que julgam própria, que a dominam e na qual exercem o poder.

Essa marcação ou domínio sobre um território parece replicar as ações que, em outros domínios ou territórios, realizam outros grupos ou as mesmas instituições ao levantar paredes ou alambrados que estabelecem os limites dos *countries* ou alguns bairros fechados. Essa delimitação do território exercida pelas autoridades ou por pessoas que podem ter acesso a esses lugares "seguros" tem como correlatos outros tipos de demarcações sociais e territoriais nas quais, diferentemente dos municípios e dos bairros fechado, não há casas, nem parques, nem segurança, mas apenas assentamentos precários. De ambos os lados podem existir delitos, só que estes costumam acontecer nos bairros fechados: convivência com narcotraficantes, ladrões de colarinho branco, vigaristas, sonegadores fiscais, não só não serão, em muitos casos, tratados como delinquentes, mas também não serão "espetacularizados" com as sequelas que isso costuma deixar na vida de tais pessoas (BAUMAN, 2014 [2006], p. 185-189).

---

[11] O foco se relaciona aos últimos segundos que podem ser memorizados pelo falante e com a informação mais relevante do rema de uma emissão, ou seja, aquela que o falante alcança quando consegue atingir seu objetivo comunicacional e finaliza a emissão. Desse modo, na emissão: "A menina bonita é a que tem uma boneca nova que lhe deu seu pai", "A menina bonita" é o tema, "que tem uma boneca nova que lhe deu seu pai" é o rema e "seu pai" é o foco.

As ações que se atribuem a esses jovens, representadas no NV1, são todas violentas: "empunham armas", "que te roubavam", "queriam atacar", "queriam abri-la (a porta)", "quiseram assaltar", "saqueavam e escapavam", "roubava". O uso particular da modalidade do "querer" reforça a intencionalidade desses atos, que o autor lexicaliza na epígrafe do vídeo, ao se referir a esses jovens como vermes ("piranhas e ratazanas"). A ênfase recai, por um lado, no fato de que são "jovens" e, por outro, no fato de que cometem ações criminosas, que roubam perto da favela, proximidade que leva ao entendimento de que é de onde eles vêm, onde vivem.

As vítimas são "o caminhoneiro", "o taxista", "os vizinhos", "caminhão de entrega", "carros", "família". O contraste entre os "Atores", entre os que se definem como "vítimas" e os que se associam com os "jovens violentos", reforça a natureza covarde dos atos: é um "pobre" que rouba outro "pobre", já que a maioria é gente humilde e trabalhadora, famílias com filhos. Esses atos têm como alvo pessoas para as quais o dinheiro não sobra e que o estão ganhando quando são "atacados" e "saqueados". Novamente, essa interpretação está antecipada na epígrafe do vídeo, na qual os jovens são definidos como "bandidos" que não "têm a capacidade" para "sair desse território e enfrentar a polícia". A associação entre favela, jovens delinquentes e delito vai-se consolidando à medida que o texto avança.

A categoria "delito" se refere especialmente às "circunstâncias", aos "momentos" nos quais os jovens delinquem e às "imagens" que evidenciam as falas do jornalista e que possibilitarão que a polícia tenha elementos para buscá-los e fazê-los "cair". As câmeras que registram são o único modo de "ingressar" nesse território, no qual – como se menciona em outra sequência do vídeo – até alguns vizinhos devem "pagar pedágio para entrar em sua própria casa[12]". A categoria semântico-discursiva da "insegurança" aparece duas vezes (e4, e8). Na primeira, enfatizando a reiteração dos atos criminosos. Na segunda instância, especificando a vivência da insegurança experimentada "na própria pele".

Conclusões

No vídeo apresentado, estamos diante de uma edição muito rudimentar de um compilado de notícias. Entretanto, essa compilação vai além da simples reprodução desse material. Não se trata de um pastiche, mas sim de uma edição que narra, de um modo particular, os fatos extraídos dos noticiários. O procedimento intertextual é muito claro: a citação direta, seja pela voz do jornalista, seja pela apresentação das imagens que testemunham, de "maneira objetiva", ações que só podem provocar a

---

[12] Essa menção figura em outra sequência do vídeo, mas nos parece oportuno nos referirmos a ela, ainda que não se exponha a análise do fragmento correspondente.

condenação por parte do espectador. Esse recorte e compaginação de conteúdos recontextualiza as imagens e as palavras, que, nesse processo, perdem seu propósito jornalístico-informativo. A função desse novo texto não é mais comunicar, mas tipificar um modo de ação criminosa em uma zona específica, em um território particular, que é o Bajo Flores, mais especificamente, nas áreas próximas à Favela 1.11.14. Nessa edição, é clara a tentativa de marcar as identidades: "nós/as vítimas", as "pessoas comuns", que trabalham, que circulam honestamente pela cidade, "os trabalhadores", as "famílias", diante de um "eles": "jovens", "ladrões" etc., definidos por seu lugar de procedência, por sua suposta dominação de um território (os arredores da favela) e por uma modalidade criminosa (o roubo em quadrilha ou piranha). Ao discurso citado se soma outro que o enquadra e estabelece a chave da sua interpretação: a epígrafe do vídeo. Nele, o autor polariza, reforça com a seleção lexical, a valoração dos delinquentes, que de "jovens que roubam e empunham armas" passam a ser "ratazanas" e "piranhas".

Por último, existe um terceiro processo de ressignificação que se produz nos vídeos em cada instância de leitura e que coloca em evidência os comentários que os leitores fazem. A publicação desses vídeos, diferentemente dos textos fonte, não tem vencimento; eles podem permanecer sem perder a vigência. Essa vigência permite rastrear as representações sociodiscursivas que os leitores trazem em seus comentários, aqueles que, em consonância com os do autor do vídeo, levam ao extremo a estigmatização, atualizando preconceitos que não têm necessariamente sua origem no vídeo. Desse modo, traduzem-se, na forma de insulto, expressões que nas mídias não teriam possibilidade de circulação, como "negros de merda", "negros cabeça",[13] "negrinhos favelados", "merdas", "parasitas sociais"[14] e outras que somam, nesse processo, os imigrantes: "imigrantes", "peruano, boliviano,[15] paraguaio, equatoriano, colombiano, chileno". Também circulam expressões que, no discurso público constituiriam delitos, pela incitação da violência, como "a solução: litros de gasolina e fogo", "teria que bombardear as favelas", "o que esperamos para ir queimar as favelas?" etc.

Para concluir, podemos dizer que esse fragmento, embora curto, exemplifica o modo como se representa a pobreza, os jovens e o crime, quando estão vin-

---

[13] O termo "negros cabeça" (originalmente, "negros cabeza") carrega uma carga semântica pejorativa, pois remete, de forma preconceituosa, aos migrantes internos da Argentina, de origem indígena, cujos cabelos apresentam uma coloração escura. (N.T.)

[14] No texto original, o termo "parasitas sociais" aparece por meio do adjetivo "lacras", gíria típica, na Argentina, que se refere tanto às pessoas avaras, sovinas, como àquelas que são tachadas, de modo preconceituoso, como "parasitas sociais". (N.T.)

[15] Os bolivianos são qualificados, no texto original, como "bolitas", expressão comumente usada no futebol para se referir a tal nacionalidade de forma pejorativa. (N.T.)

culados a um cenário particular, que é o das favelas. Os textos põem em foco a categoria de lugar, que será central para essa representação. A composição do vídeo metaforiza multimodalmente essa representação: o início do relato apresenta um panorama geral, amplo, no qual se observam as ruas que circundam a favela e os jovens armados agindo contra suas vítimas. Dessa imagem panorâmica passa-se a outros recortes, nos quais o olhar do espectador pode presenciar, de maneira direta e frontal, o aspecto das casas e as pessoas que vivem na favela, sua vida cotidiana (uma mulher que varre a calçada, os cachorros, pessoas que passam caminhando, um senhor que olha com indiferença, um menino com avental [16]que colabora com outros meninos que cometem um ato criminoso). Como conclusão, o autor retorna, novamente, a essas imagens distantes, em uma espécie de movimento de entrada e de saída do espaço do crime.

Referências

ADAMI, E. "We/YouTube": Exploring Sign-Making in Video-Interaction. *VisualCommunication*, v. 8, n. 4, p. 379–399.

ADDISON, T.; BACH, K.; BRAUNHOLTZ-SPEIGHT, T. Violent Conflict and Chronic Poverty. In: SHEPHERED, A.; BRUNT, J. (eds). *Chronic Poverty*. Concepts, Causes and Policy. London: Pallgrave, 2013. p. 160-83.

AGAMBEN, G. *Homo Sacer*. Valencia: Pre-Textos, 1998.

AGAMBEN, G. *Stato di eccezione*. Torino: Bollati Boringhieri, 2003.

BOU-FRANCH, P.; LORENZO-DUS, N.; GARCE'S-CONEJOSBLITVICH, P. Social Interaction in YouTube Text-Based Polylogues: A Study of Coherence. *Journal of Computer-Mediated Communication*, n. 17, 2012, p. 501–521.

BURGESS, J.; GREEN, J. B. *YouTube: Online video and participatory culture*. Cambridge: Polity, 2009.

CHAVES, M. Juventud negada y negativizada: Representaciones y formaciones discursivas vigentes en la Argentina. *Última década*, v. 13, n. 23, Santiago dic. 2005, p. 9-32. Disponível em: <http://www.scielo.cl/scielo.php?pid=S0718-22362005000200002&script=sci_arttext>.

CIAFARDINI, M. *Criminalidad urbana en la Argentina*. Las verdaderas causas y las acciones posibles. España: Ariel, 2006. p.17

CIAFARDINI, M. *et al. Debate sobre la inseguridad: entre la sensación y la realidad*, 2009. Disponível em: <http://www.iade.org.ar/modules/noticias/article.php?storyid=2834>.

FOUCAULT, M. *Vigilar y castigar*. Nacimiento de la prisión. Bogotá: Siglo XXI, 1984.

GRABOWICZ, P. The transition to digital journalism. *Berkeley Graduate School of Journalism*, 2014. Disponível em: <http://multimedia.journalism.berkeley.edu/tutorials/

---

[16] Essa menção figura em outra sequência do vídeo, mas nos parece oportuno nos referimos a ela, ainda que não se exponha a análise do fragmento correspondente.

digital-transform/web-20>. KRESS, G. *Literacy in the New Media Age.* London/New York: Routledge, 2003.

KRESS, G. *Multimodality: A Social Semiotic Approach to Contemporary Communication.* London: Routledge, 2010.

LANGE, P. Publicly Private and Privately Public: Social Networking on YouTube. *Journal of Computer-Mediated Communication,* n. 13, 2008, p. 361–380.

MOLINA, L. Pobres = delincuentes. Las representaciones discursivas de la pobreza y la delincuencia en la prensa gráfica. In: *Actas del III Congreso Internacional: Transformaciones culturales. Debates de la teoría, la crítica y la lingüística.* UBA: Facultad de Filosofía y Letras, 2008.

MOLINA, L. ¿Niños o criminales? La representación discursiva sobre los chicos pobres en la prensa gráfica. In: *Actas del IV Congreso de Investigadores de la Asociación Latinoamericana de Estudios del Discurso,* Capítulo Argentino. Facultad de Letras, Universidad de Córdoba: 2009. Disponível em: <http://aledar.fl.unc.ar/files/Molina-Lucia.pdf>.

NOBLÍA, M. V. (en prensa). Textos digitales e interacción en las redes sociales. In: *Actas de las II Jornadas Beatriz Lavandera.* Facultad de Filosofía y Letras (UBA), 2013.

NOBLÍA, M. V. Modes, Medium and Hypertext: Some Theoretical and Methodological Issues in the Conceptualization of Genre in Digital Texts. In: ALSOP, S.; GARDNER, S. (Eds.). Language in a Digital Age: Be not Afraid of Digitality. In: *Proceedings from the 24th European Systemic Functional Linguistics Conference and Workshop.* Coventry: DEL Coventry University, 2014, p. 119-123.

PARDO ABRIL, N. *Qué nos dicen? ¿Qué vemos? ¿Qué es...pobreza? Análisis crítico de los medios.* Bogotá: Universidad Nacional de Colombia. Facultad de Ciencias Humanas. Departamento de Lingüística. Instituto de Estudios en Comunicación y Cultura, 2008.

PARDO, M. L. *Teoría y metodología de la investigación lingüística. Método sincrónico--diacrónico de análisis lingüístico de textos.* Buenos Aires: Tersites, 2011.

PARDO, M. L. El método sincrónico-diacrónico de análisis lingüístico de textos. In: MELO, M.; CATALDI, C.; GOMES, M. C. A. (Org.). *Estudos Discursivos em foco: novas perspectivas. Viçosa – MG:* Editora UFV, 2014, 159-185 (Traducción al portugués del cap. 6 de mi libro: *Teoría y metodología de la investigación lingüística. Método sincrónico--diacrónico de análisis lingüístico de textos*).

PÉREZ-LATRE, F. J., PORTILLA, I.; SÁNCHEZ BLANCO, C. Social Networks, Media and Audiences: A Literature Review. *Comunicación y Sociedad,* n. 1, Universidad de Navarra, 2011, p. 63-74

Pew Research Center. *The State of the News Media.* Retrieved March 21, 2013. Disponível em: <http://stateofthemedia.org/>.

RATIER, H. (1982). *Villeros y villas miserias.* Buenos Aires: Centro Editor de América Latina, 1982.

ANEXO:

Jovens	NV1	Delito	Lugar	Vítima	OP	Tempo	NV2	Justiça	Policia	NV3	Insegurança	NV4	NV5
1[Jovens	que empunham que faziam dominando	armas o	o território em pleno Bajo Flores										
	2[que rodeavam fizeram	assim como o		te com este caminhoneiro]									
		estas imagens			3[Bom,	Já	estão	em poder da justiça]					
		por meio dos distintos episó-dios]				e4[Já cada um dos momentos							
									a polícia	desmembrou			
											nos quais a insegurança	ocorre	
os	queriam atacar queriam abri-la	a porta traseira e	e5[Aqui aí	a este taxista o taxista		quando	consegue fugir retrocedendo						vemos
				em uma jogada			que poderia ter sido						
				mortal]									
	quiseram assaltar	e6[Outra das situações		por este vizinho		quando	que foram registradas						
			por ali	este caminhão de entrega com carros		em plena luz do dia	que passavam e que não podiam fazer nada]						
	saqueavam e escapavam		rumo à 1-11-14,	e7[Ou este carro	olhem vocês]	quando							

Jovens	NV1	Delito	Lugar	Vítima	OP	Tempo	NV2	Justiça	Polícia	NV3	Insegurança	NV4	NV5
				e8[Ou esta família o		quando	vivia				a insegu-rança, na própria pele		
	roubava	até os objetos					que haviam comprado						
		em uma casa para crianças]											
		e9[Isto											
	ocorria		na Capital Federal, na Avenida Ries-tra e Bonorino, nas portas da favela 1-11-14]										
e10[Eles	dominam		o território]										
						e11[Até agora			porque a Polícia Federal				
por meio destas imagens	os												
	procura]												
						e12[Até agora já			porque a Polícia Federal	realiza operações distintas			
desses delin-quentes que se	sentiam		donos do ter-ritório ali no Bajo Flores,			e é iminente				a detenção			
					mas								
		que graças a es-sas imagens											
	estão a ponto de cair]												

11. Representações discursivas das mídias sobre as favelas

Wander Emediato

As permanências do *ban*

Favela, musseque, caniço, bairro de lata, *shantytown, squatter community, ghetto, slum, bidonville*. Periferia, *banlieue, sub-urbe*, subúrbio, subur*ban*o: o *ban*. A existência da favela e de aglomerados equivalentes revela o estágio primitivo da luta de classes na infraestrutura econômica e, por sua vez, o estágio de relativa inércia em que se encontram as superestruturas ideológicas que contribuem para manter inalterada a sua existência material, como o sistema jurídico, a escola, a igreja, a família e as mídias. Infraestrutura material (econômica) e superestruturas ideológicas reforçam a inércia que torna a favela um espaço de dominação, de abandono, de exclusão e de violência, mais recemente transformada também em objeto cultural e curiosidade turística. Banalizada em sua existência amorfa e em sua estética grotesca como um inevitável resíduo do capitalismo insustentável, o lixo, *l'ordure*, passa a ocupar o não lugar, o sub-urbano, o *fora dos muros*, as *margens* da *cité*, portanto, a não cidadania, o lugar do *marginal*. Aquele que não pode entrar na cidade porque, justamente, não possui *droit de cité*. Quando entra, o gesto dêitico, colofônico, indicador e designador: olha *lá o invasor*! Protejam seus bolsos, prendam a respiração e o nariz, olhem para o outro lado, *lá vem o favelado*! Esse parece ter sido o gesto colofônico apontando para os adolescentes que "ousaram" dar um "rolezinho" no espaço dos *shopping centers* de várias cidades brasileiras, chocando, por sua presença, os cidadãos "efetivos". E foi assim que as mídias, de modo geral, enquadraram[1] discursivamente o passeio dos excluídos.

---

[1] Estou utilizando o termo "enquadramento" no sentido dado por mim em Emediato (2013), a partir da noção de *cadrage*, de Jean-Blaise Grize (1990, 1996). Os diferentes tipos de "enquadramento"

O favelado, o homem do *ban*, é o *homem do lado de lá*, aquele que não pode e nem deve estar *aqui*. Não tem direito à cidade; é uma espécie de pária estrangeiro desprovido de cidadania e de direitos e, por isso, tem em si incorporada uma identificação genérica e exemplar que nenhum outro habitante da cidade tem: ser um *favelado*. Nenhum eufemismo substitui, no pensamento habitado pelo imaginário, essa designação primeira: morador de *comunidade*, de *vila*, de *aglomerados*, designações eufemísticas que circulam nas mídias e nos discursos oficiais que buscam mascarar por essas tintas retóricas um fenômeno de base real e social: morador de *favela, favelado*. Parece duro demais reconhecer, mas isso vem de muito longe; essa permanência já estava lá na Idade Média e muito antes. A permanência do excluído da cidade persiste radicalmente em sociedades desiguais cuja infraestrutura é mais primitiva, como a brasileira. Mas suas diferentes formas se encontram também em sociedades menos desiguais. Aqui é o favelado do morro, lá é o *voyou* do *banlieue*, a *racaille*.

Na Idade Média, em pleno sistema feudal, o *ban* era o espaço fora dos muros, o exterior da *cité* medieval. No *ban*, o *lado de fora*, estavam os *ban*idos, base material de sentido que gerou os *ban*didos. Quando insistem em entrar representam um perigo para a ordem da *cité* e são chamados à ordem pelos *bandos*, soldados da *cité* que portam as bandeiras e que, legitimamente, atacam e reprimem esses *banidos* oficiais sob os aplausos dos citadinos, os *de dentro*, os protegidos, os que recebem proteção do senhor em troca de sua lealdade e de seu trabalho. Essa dimensão da violência está historicamente ligada ao *ban*, aos banidos, aos excluídos da cidade. O *ban* fica bem ali, do lado de fora, nas margens, desterritorializado, mas, ao mesmo tempo, exposto à contemplação enojada dos *de dentro*, como uma ameaça ao presente e ao futuro – uma ameaça que necessita de controle, de mais presídios, de mais força policial –, como uma máquina virtual de produção de bandidos e invasores que ameaçam os de dentro, os incluídos. O problema do *ban* não é, para a sociedade, a sua própria existência material na infraestrutura econômica, mas a sua ameaça virtual à segurança pública. O problema do *ban* não é a violência que ele representa em si mesmo na infraestrutura socioeconômica, mas a violência *que vem do ban*. A vítima (o *banido*) se torna o agressor (o *bandido*) e as superestruturas ideológicas não conseguiram ainda lidar com isso.

A violência que vai ao *ban* é, portanto, a violência legítima. É assim que a inércia se instala entre a infraestrutura material e as superestruturas ideológicas. De um lado, o aparelho do Estado não consegue dar solução para o problema e incluir o favelado na infraestrutura econômica. De outro, as superestruturas

---

(temático, por designação, por narrativização etc.) ajudam a construir os diversos modos de representação (do acontecimento, do destinatário, do gosto, do julgamento etc.).

ideológicas, com os aparelhos jurídico, escolar, religioso e midiático, os inserem em sua lógica própria: a lógica condenatória jurídica do favelado, que passa a constituir a grande maioria dos presidiários; a lógica reprodutivista escolar, que não consegue emancipar o favelado por sua escolarização e reproduz a situação de dominação; a lógica fundamentalista religiosa, ora pelo tratamento humanitário-solidário, ora pela solução epifânica da revelação divina; e a lógica midiática, cujos enquadramentos temáticos e problematológicos da favela contribuem para a banalização e a naturalização dos imaginários sociais da exclusão.

Origens etimológicas e imaginárias dos banidos

A etimologia relaciona historicamente o bandido, a bandeira, a banalização, o banimento, a periferia (a favela) e até as tropas oficiais de soldados. O termo que une todas essas noções é o prefixo BAN, representante francês, popular, de um conjunto de palavras germânicas que constituíram duas famílias originalmente distintas, mas que se influenciam:

1 – do franco: *ban* = proclamação.
2 – gótico *bandwa (sinal)* = banda, estandarte que servia para distinguir um corpo de tropas. Liga-se a essa palavra o verbo *bannjan* (latinizado em *bannire*), gótico *bandwjan* "dar um sinal". As duas famílias se confundiram ao longo do tempo.

- Representantes de *ban*:

Um primeiro sentido remete à proclamação do suzerano, visando a uma convocação das tropas e dos vassalos. Já a palavra *banal*, no século XIII, qualifica diversos objetos, tais como o forno, o moinho, os pastos, objetos e proprieda-des do suzerano que eram colocados à disposição dos habitantes que podiam deles se servir mediante algum tipo de pagamento, as *banalidades*. *Abandonar* significava relegar ao *ban*, ao poder de alguém. No francês atual, conserva-se a palavra *banlieue*, que outrora significava o espaço de uma légua em torno da cidade sobre o qual se estendia o *ban*. Em português, adotaram-se os termos *subúrbio, suburbano*, dos termos latinos *sub* (inferior) e *urbe* (cidade). Nesse sentido, tudo o que não pertence à parte central da cidade (intramuros) é o *ban* (o extramuros). Embora fora da cidade, relegado ao seu exterior, o *ban* se mantém sob o poder do suzerano, ou na falta deste, sob o poder de alguém, como ocorre nas favelas brasileiras, onde os moradores, na ausência do poder do Estado (o senhor), submetem-se ao poder e à lei dos traficantes (os senhores da periferia).

- Representantes de "banda":

O termo se referia ao corpo de tropas reconhecíveis por suas bandeiras (*bando*). Desse termo surgem palavras como *debandar* (sair do bando, fugir da área, dispersar da tropa) e *bandoleiro*. No catalão, o bandoleiro era o membro dos bandos que tomaram parte nas lutas civis da Catalunha, entre os séculos XV e XVII. Bando (facção), derivado de banda, ou contrabando (ação contra a lei. Lembre-se que *ban* era relativo ao suzerano, que aplicava a lei).

- Formas contaminadas:

Banir: dar um sinal ou proclamar uma condenação ao exílio. Banimento. Bandido: século XVII. Banditismo.

Todas essas formas oscilantes nos mostram a relação entre o uso dos termos e a permanência dos objetos discursivos que constroem imaginários sociais e discursivos sobre a organização da cidade, a exclusão, o poder e a dominação material.

A favela: novo termo para a mesma noção-objeto

O termo *favela*, genuinamente brasileiro, esconde a etimologia da exclusão cuja origem é o *ban*, mas coloca em evidência a permanência do mesmo imaginário social. O termo *favela* deriva de uma árvore que leva esse nome (favela, cujo termo científico é *cnidoscolus quercifolius*). Sua relação com o aglomerado hoje conhecido como favela tem ligação com a Guerra de Canudos, em especial, com os soldados das tropas que participaram da repressão contra a revolta de Canudos e que teriam se instalado entre essas árvores conhecidas como favelas, no estado da Bahia, no século XIX. Esses soldados marcharam rumo ao Rio de Janeiro para reclamar seus soldos e se instalaram em um dos inúmeros morros do Rio, que eles batizaram de *Morro da favela*, para se referirem às arvores que os abrigaram durante a batalha contra Canudos. O governo não pagou os soldos reclamados, e os soldados acabaram se instalando naquele morro, constituindo o que seria, então, a primeira favela do Rio de Janeiro e, oficialmente, os primeiros favelados designados e discriminados como tais. Os excluídos, curiosamente, eram do *bando* oficial do senhor (do Estado). Ironias do discurso, ironias do imaginário. O corpo repressor do Estado é também parte do corpo de excluídos da cidade. O bando que carrega as bandeiras agora também é bandido e banido. É parte constitutiva do *ban*.

Representações, ideologias, imaginários

A análise do discurso (AD) busca compreender a relação entre as práticas discursivas e uma certa "consciência social" subjacente ao discurso. Essa consciência social se mostra, por exemplo, na obra de Pêcheux (1997) por meio dos conceitos de formação discursiva e de formação ideológica. Em Charaudeau (2006a), o conceito de imaginários sociodiscursivos sugere o lugar do posicionamento do sujeito em termos de valores partilhados e, em Ducrot e Anscombre

(1983), os *topoi*, pelo menos na versão inicial da teoria, desempenham o papel dessas representações discursivas que justificam a argumentação. Tais conceitos se confundem bastante com o de *representação social*, cuja história perpassa a sociologia, a antropologia e a psicologia social. Meu objetivo, aqui, se limita a operacionalizar a noção proposta por Charaudeau de *imaginário sociodiscursivo* para colocar em evidência certos saberes partilhados sobre o espaço e as identidades das classes populares e dos excluídos no Brasil que, com frequência, são reproduzidos e reforçados em diferentes mídias.

O conceito de imaginário social dialoga, em certa medida, com o de representação social proposto pela psicologia social. Esta busca estudar a dialética indivíduo/sociedade, assumindo uma posição intermediária sobre o lugar do individual e do social na dinâmica das representações. Jodelet (1989) propõe o conceito de "interface" entre os dois níveis, individual e social, para considerar que as representações sociais seriam geradas pelos indivíduos, mas também adquiridas da sociedade, sendo responsáveis por reproduzir o social, como pretendia Durkheim, e, ao mesmo tempo, produzir novidade. Retomemos a definição que Jodelet nos dá de *representação social*:

> Forma de conhecimento corrente, dita de "senso comum", caracterizada pelas seguintes propriedades: 1. ela é socialmente elaborada e partilhada; 2. ela tem uma finalidade prática de organização, de controle do meio-ambiente (social, material, ideal) e de orientação de condutas e comunicações; 3. ela concorre para o estabelecimento de uma visão da realidade comum a um conjunto social (grupo, classe, etc.) ou cultural determinado (JODELET, 1991, p. 668).

Essa definição de representação parece bastante familiar a conceitos que circulam entre os analistas do discurso. Estes buscam, porém, enfatizar a sua ação na produção discursiva, delimitando-a no campo da linguagem. Com as devidas restrições, cada um desses aspectos poderia se confundir com o que, em análise do discurso, corresponderia à função e às características de um imaginário sociodiscursivo ou de uma formação discursiva.

O sujeito do discurso se reconhece em si mesmo e nos outros sujeitos, encontrando, assim, a condição de uma espécie de *consenso intersubjetivo* ou suas *ilusões de verdade*. A existência de um *consenso intersubjetivo* é crucial e perpassa toda teoria do discurso, seja ela representacional, como é o caso de Michel Pêcheux, seja enunciativa, como se caracteriza a AD de Patrick Charaudeau.

O conceito de *imaginários sociodiscursivos* faz referência a um lugar da organização de saberes e de valores compartilhados em termos de objetos de identificação e de posicionamento dos sujeitos e dos grupos sociais aos quais eles supostamente pertencem. Em seu livro sobre o discurso político, Charaudeau procura definir melhor o termo, situando o lugar do *imaginário* na análise do discurso:

Esse lugar é o da organização dos saberes em que é realizada a demarcação de ideias e dos valores colocados como epígrafe sem prejulgar o sistema de pensamento ao qual eles poderiam corresponder. À medida que esses saberes, enquanto representações sociais, constroem o real como universo de significação, segundo o princípio de coerência, falaremos de "imaginários". E tendo em vista que estes são identificados por enunciados linguageiros produzidos de diferentes formas, mas semanticamente reagrupáveis, nós os chamaremos de "imaginários discursivos". Enfim, considerando que circulam no interior de um grupo social, instituindo-se em normas de referência por seus membros, falaremos de "imaginários socio-discursivos" (Charaudeau, 2006a, p. 203).

Notemos que, por essa definição, os imaginários sociodiscursivos se instituem como normas de referência para os membros de uma comunidade, funcionando, assim, como representações partilhadas que garantem a coesão dentro do grupo. Vale lembrar que a psicologia social ressaltava igualmente o papel da comunicação na formação, na manutenção e na transformação das representações sociais. Trata-se, certamente, de uma problemática transdisciplinar que remete os analistas do discurso, de modo privilegiado, a conceitos da sociologia e da psicologia social, como os de *representação* e de *identidade*. Esses conceitos situam os indivíduos comunicantes diante de uma subjetividade que não é a deles, mas à qual eles se conformariam, reivindicando-a pelos seus discursos. Eles chamam a nossa atenção para o problema da *conformidade social* e de como ela opera nas práticas discursivas, inclusive pela força de instituições, como as mídias, que garantem sua circulação e sua manutenção. Esses conceitos apontam para o que, em Emediato (2008), chamei de *lugar social dos posicionamentos*.

Os imaginários, como representações discursivas do real, permitem aos indivíduos construir hipóteses sobre o outro (sobre o espaço, o tempo, as identidades, os grupos sociais etc.) a partir de uma memória discursiva (dos modelos de situação, de seus *scripts*, das atitudes conformes). Essas representações ligadas aos imaginários correspondem a "maneiras de ver", a formas de julgamento, a afetos, a atitudes e posicionamentos sobre diferentes aspectos de um real construído pelo discurso.

Mídia, favela e representações de classes populares

Eixos da tematização

Para compreender melhor a relação entre mídias e favela, não devemos nos limitar à tematização específica desse espaço nos noticiários, seja na imprensa escrita ou televisual. Vamos ampliar o escopo da tematização no noticiário específico sobre fatos ocorridos no espaço das favelas e nos bairros pobres de periferia, assim como no modo de representar e tematizar as classes populares. O espectro temático pode ser sintetizado por um conjunto de fatos já previsíveis e banalizados que se repetem à exaustão nas mídias: conflitos envolvendo membros do tráfico de drogas para o controle de pontos de vendas de entorpecentes; confrontos entre traficantes, bandidos e policiais; assassinatos; relatos de vítimas diversas de confrontos internos e dos próprios policiais; tragédias repetidas como incêndios, desmoronamentos, explosões de gás, inundações, espaços epidêmicos etc. Estes são, de longe, os fatos que dominam o noticiário da mídia de referência sobre esses espaços, representando o "lado negativo – e normal – da favela". De modo menos regular, podemos ver também reportagens e matérias sobre projetos sociais em favelas e bairros de periferia; ações políticas e afirmativas de populares; manifestações artísticas; e, claro, festas *punk* e carnaval, configurando o que seria "o lado positivo – e exceptivo – da favela". Em termos gerais, o esquema abaixo representa, em relação ao eixo normal e ao exceptivo, o enquadramento temático sobre o espaço da favela:

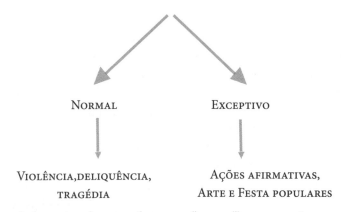

De um lado, o eixo do enquadramento "normal" corresponde ao acontecimento esperado, banalizado, corporeificado no espaço de exclusão e nele naturalizado. De outro, o eixo do enquadramento "exceptivo" vem se acrescentar como "novidade" positiva no espaço de exclusão, dimensão que passa uma mensagem implícita de esperança para esse espaço tão marcado pela normalidade negativa.

A informação jornalística insere o espaço num campo semântico construído em torno de certos *topoi* (lugares comuns) que passam a qualificar o espaço da favela por sua reiteração. Esses enquadramentos tópicos estruturam o tema favela na base de noções como violência, perigo, tráfico de drogas, pobreza, bailes *funk*, carnaval, que delimitam a relevância do tema. Ao se delimitarem os temas dominantes em um campo semântico normal, o da violência, são excluídas da relevância outras relações possíveis, como infância, família, escola, economia, política, saúde, desenvolvimento, arte, modernidade, etc. Essa delimitação temática equivale ao que Angenot (2008) chama de "circunscrição da pertinência e do debatível", fenômeno bastante comum nas mídias que, por razões diversas, são levadas a limitar o campo do que é suscetível de interessar o leitor e de captar seu interesse. Para Angenot (2008, p. 150), "o *consenso de circunscrição e de pertinência* é uma das normas do debate no sentido de que um debate só é possível quando um enquadramento é estabelecido e estão todos de acordo sobre o assunto a ser debatido" (tradução minha).

Perspectivas de problematização do espaço de excluídos

A informação midiática não é uniforme. Como um produto destinado a um consumo específico, ela se orienta em direção a diversas áreas de difusão, pois o gosto e as formas de julgamento estão relacionados ao capital econômico e cultural dos leitores e dos modos de distinção das classes sociais (BOURDIEU, 2007). Como propus em Emediato (2009), os jornais impressos, assim como os programas televisuais, se distribuem em subgêneros – ou subcontratos – da informação jornalística, cujos dispositivos comunicacionais são distintos (identidade dos sujeitos, tematização, problematização, organização discursiva). Essa diversidade de dispositivos nos leva ao problema das tipologias de mídias. Em Emediato (2009), propus distinguir e analisar as diferentes problematicidades das mídias, levantando hipóteses sobre o princípio de pertinência que parece orientar a produção industrial de informação. Essas diferentes problematicidades incidem não só sobre as razões (*logos*) que movem os leitores específicos, como também sobre os sentimentos (*páthos*) que os interpelam, dimensões que contribuem para figurativizar a identidade psicossocial dos leitores, e ainda sobre um *éthos* projetado pela instância jornalística sobre seus leitorados ideais e sobre as próprias mídias. Por isso, tenho ressaltado que é necessário interpretar o discurso das mídias, considerando as *proposições implícitas* que traduzem a problematicidade subjacente aos enunciados midiáticos, pois essas proposições implícitas colocam em cena suas representações discursivas. É na análise da *problematicidade* subjacente aos textos jornalísticos que consiste a análise refinada de seu *quadro de questionamento* e de suas representações e imaginários.

O tipo de dispositivo midiático (os parâmetros de seu contrato de comunicação) contém uma problematicidade que corresponde a uma orientação simbólica própria ao subgênero midiático em questão. Na imprensa de referência, por exemplo, a problematicidade está associada a uma *ética cidadã* pressuposta que circula no espaço público. Tal pressuposição funciona como a pré-validação[2] necessária à instância de produção para poder manter suas formas de tratamento da informação. Podemos, é claro, questionar a pertinência dessa *problematicidade implícita*, como também a legitimidade da instância pré-validadora de uma ética cidadã[3]. Porém, parece-me evidente que o discurso jornalístico de referência, por exemplo, sustenta-se nessas representações discursivas da cidadania. Isso equivale a afirmar que a leitura desse tipo de jornal exige do seu leitor que ele assuma a posição da ética cidadã implícita em sua leitura. Fora dessa posição, a informação perde seu sentido e sua orientação simbólica. Por exemplo, não se deve ler uma informação de jornal de referência na posição de militante político-partidário, mas como instância cidadã crítica e interessada no bem comum e nas implicações éticas dos fatos noticiados. Meu objetivo, aqui, será o de identificar algumas representações discursivas que circulam na mídia impressa sobre violência, pobreza e favela e mostrar que elas correspondem a diferentes problematicidades das mídias. A problematicidade faz parte do sentido do enunciado, pois corresponde à lógica (abdutiva) de suas leituras possíveis e está estreitamente ligada às representações discursivas inerentes à situação.

Se é na problematicidade que devemos ancorar as representações discursivas, devemos considerar que, no caso da mídia impressa, ela não é uniforme. Não podemos tratar igualmente o jornal de referência, o jornal popular, o jornal político, o jornal religioso e o jornal corporativo das empresas. As representações que sustentam cada um desses subgêneros do discurso jornalístico não são as mesmas. O jornal de referência caracteriza-se por uma relação deontológica mais regulada com a figura simbólica do cidadão. O jornal popular esteia-se, de modo privilegiado, numa razão catártica, figurada nos *faits divers* e nos esquemas de pré-figuração narrativa que seduzem o leitor de histórias, propondo-lhe situar-se no limite entre o real e a ficção por meio de efeitos diversos, como a amplificação, a metáfora, a personificação, o bem e o mal. O jornal político aproxima-se do jornal de referência no campo da tematização e da implicação social, mas distancia-se da ética cidadã, figurada como imparcial, republicana e pragmática, para propor o engajamento explícito nos saberes de crença da política (razão partisã e militante). Por sua vez, o jornal religioso insere as temáticas sociais em uma razão fundamentalista, ancorada nos aspectos simbólicos do conhecimento

---

[2] Sobre o problema da validação e da pré-validação em situações monolocutivas, ver Emediato (2007).

[3] Ver sobre isso Emediato (2008).

religioso. Para cada problematicidade, há um campo próprio de representações discursivas, como mostra o Quadro 1, a seguir, extraído de Emediato (2009):

Quadro 1: As diferentes razões e afetos da problematicidade midiática				
Jornal de referência	Jornal Político	Jornal popular	Jornal religioso	Jornal corporativo
Razão (ética) cidadã	Razão (ética) *partisã* e militante	Razão (ética) catártica (*páthos*)	Razão (ética) fundamentalista e epidídica	Razão (ética) empresarial
Indignação e idealidade social	Engajamento ideológico	Medo, ódio, simbólica do mal	Temor, louvor	Sentimento de pertença à cultura organizacional

A violência nas mídias: influência ou banalização?

Há uma grande discussão sobre a influência das mídias no aumento da violência. Podemos identificar dois pontos de vista sobre o assunto:

a) Para o primeiro, as mídias não influenciam os comportamentos violentos. Ao contrário, ao falar da violência e mostrá-la, elas poderiam até sublimar o desejo real de violência, transformando-o em violência simbólica e transferindo a pulsão de violência para os jogos, as simulações de combate, a catarse diante da exibição (em filmes, jornais, novelas) e da punição etc. A reiteração da violência contribui para a sua *banalização*.

b) O segundo ponto de vista é o que acredita que as mídias podem alterar comportamentos. Nesse caso, acredita-se que a violência simbólica poderia se transformar em agressividade real.

As ciências humanas não conseguem, com seus métodos atuais, gerar provas materiais, experimentais ou conclusivas para afirmar ou negar essas hipóteses. O mesmo ocorre com o "efeito estufa". Provas parciais existem, mas sua comprovação conclusiva é mais complicada, pois é impossível simular em laboratório os diferentes processos que resultariam no efeito estufa planetário.

Seja como for, todos parecem concordar que existe hoje, de forma bastante visível, uma banalização da violência, e que essa violência se distribui, de modo dominante, nas camadas mais pobres da população. O excesso de violência, exibida diante dos olhos do cidadão em seu consumo diário de televisão, internet, rádio, imprensa etc., coloca em evidência a sua (da violência) superexibição e seu enquadramento dominante no espaço da periferia urbana.

Dependendo do auditório e da categoria social, a violência pode assumir uma linha de interpretação específica. Por exemplo, para o corpo de policiais, a diminuição dos delitos pode passar por uma política de dissuasão ou de repressão. O geoprocessamento de ocorrências de crimes, por exemplo, não ataca as causas da violência, mas é um instrumento de racionalização que mapeia as ocorrências, localiza os crimes no espaço da cidade (geralmente na periferia, na favela, no *ban*) e permite o planejamento de ações repressivas. Não é uma surpresa que a tecnologia do geoprocessamento vem localizando os maiores índices de criminalidade (homicídios, em especial) nas favelas e nas periferias das grandes cidades, o que pode servir de "consolo" ao habitante dos bairros mais nobres e tradicionais, onde os índices de violência e de homicídio são menores.

O discurso da informação jornalística vai bem além da simples informação (noticiar a favela), já que esta só completa o seu sentido quando inserida num quadro de representações discursivas e de relações tópicas determinadas que lhe dão a direção problematológica. Diante de tais relações tópicas, o leitor habitua-se a problematizar a favela com base nos imaginários que se formam por sua reiteração, já que sua competência enciclopédica e sua competência axiológica encontram-se esvaziadas, nesse tipo de leitura, de outras relações potenciais. Tais relações tópicas engendram saberes que uma comunidade passa a compartilhar, correspondendo, assim, às noções de imaginário sociodiscursivo de Charaudeau e de formações discursivas de Pêcheux sobre o objeto discursivo "favela" ou "periferia".

Tematização e ponto de vista enunciativo

Como foi discutido no item anterior, através da tematização, as mídias circunscrevem e delimitam a pertinência da notícia sobre favelas no campo semântico da violência em seus diversos *token*, ou ocorrências: tiroteios entre bandidos ou confrontos com policiais, tráfico de drogas, assassinatos, acidentes e tragédias naturais. Nesses "acontecimentos rotineiros", certos *frames* (ou *scripts*) vão sendo naturalizados pela repetição, construindo, na recepção leitora, expectativas comuns e generalizadas: a violência surge *da* e *na* favela pela ação dos bandidos e dos favelados; a força policial amplifica a violência no confronto, mas não detém sua iniciativa; seu papel narrativo é de resposta e reação à violência que vem *da* favela. Os exemplos desse esquema narrativo são diários e tipificantes na imprensa popular: "PM invade a pedreira e manda seis para o além" [*Jornal Meia Hora*, 15/06/2011, Primeira Página], mas, na imprensa de referência, embora a forma de apresentação seja mais comedida, o esquema narrativo subjacente é bastante semelhante.

Em geral, as vítimas são supostamente bandidos em confronto com a polícia e, mais raramente, residentes que se encontram no meio do tiroteio. Quando isso ocorre, não é incomum a reportagem problematizar a responsabilidade policial (mídia de referência) ou limitar-se ao seu aspecto resultativo (mídia popular). O *script narrativo* mais comum é o da reação policial contra a violência praticada na favela.

O ponto de vista enunciativo assumido nas reportagens se mantém no regime do apagamento enunciativo da instância jornalística, que procura, em geral, se manter no modo do *acontecimento relatado* (CHARAUDEAU, 2006b), que coloca em cena pontos de vista de terceiros, no relato de falas de testemunhas ou pessoas envolvidas de alguma forma nos acontecimentos noticiados. É o que chamamos de "gestão do dialogismo interno" nos textos (RABATEL, 2013). Nesse sentido, o ponto de vista predominante nas reportagens sobre conflitos e violência nas favelas é o da polícia ou o do Estado. O ponto de vista da favela é, em geral, silenciado: os agentes designados como "bandidos" ou "traficantes" não são entrevistados e raramente são ouvidos e publicados os pontos de vista dos "residentes". Quando há uma vítima designada como "externa" ao conflito, podemos encontrar publicada alguma reação – geralmente afetiva – de um parente ou de uma pessoa próxima da vítima. Se o conflito se estende e toma dimensão pública, pontos de vista "externos" surgem na palavra de especialistas ou ativistas de movimentos sociais, na mídia de referência.

Na mídia popular, esse aspecto é mais raro, já que a razão catártica é dominante e incide sobre o aspecto resultativo representado pela morte do bandido (imaginário da justiça do talião: "olho por olho, dente por dente"). O ponto de vista dominante das mídias é o da polícia e do Estado; o ponto de vista dominado – e silenciado – é o da comunidade interna, ou seja, o ponto de vista da favela. De modo geral, os leitores/telespectadores conhecem as versões e os fatos noticiados sobre as favelas pela voz desses locutores-enunciadores privilegiados. Excluídos fisicamente da cidade, os "favelados" são também excluídos enunciativamente, pois ouvimos muito raramente suas vozes e pontos de vista nos jornais.

A tematização já oferece, portanto, um enquadramento (circunscrição) da relevância: o conjunto de fatos considerados noticiáveis no espaço da pobreza urbana. Porém, é pela *problematização* que temos acesso à perspectivação dos temas. De modo geral, a tematização recebe duas formas de tratamento: *narrativizada* e *resultativa*. Ambas as formas pertencem ao que Charaudeau (2006b) chama de *acontecimento relatado*. O tratamento narrativizado fornece uma roteirização das ações que são reconstruídas, ora por imagens filmadas no local e simultâneas aos eventos (relato fílmico de um confronto no presente – "Policiais entram em confronto com bandidos na favela x" –, ora pela fala de testemunhas (relato de dizeres). No primeiro, a perspectiva do observador é próxima da perspectiva policial, quando se trata de relatar confrontos entre policiais e *bandidos*. Isso porque a equipe de jornalistas, de modo geral, recebe autorização para filmar e proteção da polícia e não dos *bandidos*. Portanto, o ponto de vista narrativo é o da polícia (ponto de vista externo) e não da outra parte envolvida no confronto (ponto de vista interno). Já o relato de dizeres (testemunhas) pode vir igualmente dos policiais envolvidos na ação (ponto de vista da polícia, *externo*) e também dos residentes (ponto de vista *interno*). É extremamente raro o ponto de vista interno dos *bandidos*. O tratamento resultativo não é diferente em termo dos pontos de vista relatados. Sua diferença está na perspectiva, que é focada no resultado da ação e não no processo acional. Em geral, esse tratamento não é simultâneo, pois a ação já foi realizada e o que se tem é o resultado, com o relato, por exemplo, do número de vítimas ("6 bandidos mortos na favela após confronto com a polícia").

Representações das classes populares

Não se trata aqui de propor uma sociologia do gosto e das formas de julgamento das classes populares. Bourdieu (2007), em seu brilhante trabalho sociológico sobre as distinções de gosto entre as classes sociais na França, já nos fornece uma crítica social do julgamento que nos permite compreender como se reproduzem os diferentes princípios de distinção de classe na infraestrutura econômica e nas superestruturas ideológicas. Essa distinção social é representada pelas relações de gosto e de julgamento que as classes sociais mantêm com a cultura, com os objetos de consumo, o vestuário, a música, a língua, a escola, a leitura (inclusive de jornais) e com a detenção dos títulos de nobreza pelas classes mais favorecidas econômica ou culturalmente. São os *estilos de vida,* detentores de uma natureza ética, estética, hedônica, axiológica, econômica, comportamental etc.

No sentido da distinção social, a leitura de jornais de referência, também chamados de "imprensa burguesa" por alguns autores, traz em si a distinção de um hábito "nobre" diante da informação jornalística, um jornal "sério" e "informativo" para um leitor "sério" e "bem informado". Do outro lado da escala social, existe um hábito pouco "nobre" de leitura de jornais populares, feitos para o "povo", "pobres de espírito" e pouco exigentes, que parecem gritar aos berros em suas manchetes histéricas, ao contrário da frieza e do comedimento dos jornais burgueses. Esse jornalismo estranho e grotesco, sem formato padronizado, com cores fortes e fotografias aberrantes e aparentemente semiprofissionais, uma leitura desestetizada, uma informação pobre, simplificada e eivada de afetos, é o contrário da informação burguesa, marcada pela razão ética e letrada do homem culto. Se, de um lado, a imprensa de referência (impressa ou televisual) é marcada pela factualidade narrativa, narrando os fatos numa lógica de *demonstração* própria ao acontecimento relatado, a imprensa popular dramatiza o narrado e o insere em uma simbólica própria: a simbólica do mal e do insólito.

No jornalismo referencial, o mundo da pobreza é relatado como uma parcela do real que deve ser interpretada pelo próprio leitor no interior da ética cidadã. No jornalismo popular ela vem junto com uma estética (uma sensação), com um *páthos* e com uma identidade (*éthos*) que qualifica o mundo narrado como um *mundo marginal.* Nessa estética do caos e da histeria, o natural e o sobrenatural se sobrepõem. Os pontos de vista, encenados pela instância jornalística, são atribuídos à instância receptora: ponto de vista sobre o gosto, sobre o julgamento e sobre a interlíngua das classes populares. Esse jornalismo se apresenta como o rosto da favela (da periferia, do pobre, do *ban*). Na televisão, esse "rosto" e esse gosto popular, com suas formas de julgamento passionais, são configurados em telejornais como *Balanço geral* e *Cidade Alerta,* assim como nesses programas vespertinos que encenam a vida privada dos pobres em sua dimensão mais patética, vulgar, histérica e insólita.

Algumas representações se repetem na imprensa popular. Em geral, elas colocam em evidência representações de gosto temático, de esquemas narrativos tipificados e da posição na interlíngua que a instância midiática atribui às classes populares. Vejamos algumas delas:

a)– O factual sobrenatural

O jornal *Notícias populares*, conhecido como NP, funcionou entre 1963 e 2001 e foi o melhor representante dessa imprensa popular escrita que buscava figurativizar o gosto da periferia e das classes populares. O jornal pertencia ao grupo *Folha*. Com o surgimento, na época, dos telejornais populares, como o *Aqui agora*, entre outros, o grupo *Folha* resolveu encerrar o jornal NP. De fato, inúmeras características da imprensa escrita popular, como a reação afetiva, a encenação de emoções fortes, o universo da violência nos meios mais pobres, os crimes hediondos e uma estética tipicamente popular migraram para a televisão, podendo ser apreciadas atualmente em telejornais como *Cidade Alerta, Balanço Geral, Brasil Urgente*. O gosto pelo sobrenatural era um diferencial importante da imprensa escrita popular e voltava com constância às edições, misturado à factualidade e ao próprio universo da violência. Uma representação frequente é a do diabo. Ela reaparece ora na figura do exorcista, ora na do bebê-diabo. O exorcista pode ser representado pela própria mostração fotográfica da cena de exorcismo, como na matéria intitulada "Geladeira voa na cabeça do padre exorcista"[*Notícias Populares*, 06/04/1995, Primeira Página] ou num templo onde se efetuam exorcismos dominicais: "Padre extermina 15 diabos por domingo" [*Notícias Populares*, 24/08/2001, Primeira Página]. Note-se aqui que o verbo "exterminar" reforça o tom hiberbólico que se deseja dar ao universo da violência na ótica da mentalidade popular representada no jornal.

Já o bebê-diabo é uma figura simbólica que ressurge quase como uma invariante (em suas diferentes formas, de bebê-diabo ou de bebê-lobisomem). Geralmente surge em um conjunto de edições, numa sequência dramática e factual, situado no espaço da periferia. Pode-se tratar de uma criança real com alguma deformação física (pelos no corpo, deficiência grave). Os efeitos de real, produzidos pela modalização assertiva dos enunciados e pelas fotografias, misturam-se aos efeitos de ficção das ilustrações desenhadas na página e pela alusão a crenças e ao sobrenatural. Juntam-se na página os imaginários sociais do sobrenatural com os imaginários de crença atribuídos às classes populares pela instância jornalística, que busca representá-las em todos os seus estados de alma.

b)– Atos e agentes insólitos

A narrativização do universo insólito é uma marca da imprensa popular e remete a uma identidade atribuída a uma classe social mais pobre, ela mesma percebida como insólita. A instância jornalística busca representar esse "gosto" atribuído às classes populares assim figuradas e privilegia as notícias nas quais sobressai algum aspecto insólito, como no caso do deficiente mental encontrado em um cemitério de São Paulo fazendo "sopa de osso" e designado na capa do jornal como "paraibano": "Paraibano come bebê na cova" [*Notícias Populares*, 13/06/1995, Primeira Página]. Esse caso junta o insólito da ação ao estereótipo da categoria social designada.

As ações incomuns e grotescas também contribuem para a criação do universo insólito no qual parecem viver as classes populares. No primeiro exemplo, a designação do agente pela categoria social de "paraibano" permite notar a força, nesse jornalismo, das *identificações exemplares* que potencializam estereótipos sociais. E os estereótipos ajudam a construir e reforçar os imaginários. Certamente, o fato de ser paraibano não possui nenhum laço de causalidade com a ação grotesca e insólita do agente. Nas páginas internas do jornal, sua identificação como deficiente mental que havia fugido de um hospital psiquiátrico preenche o laço causal motivador da ação. Mas a primeira página do jornal, que fornece a relevância maior e a identificação do agressor como "paraibano" não é inocente. Ela vai ao encontro da imagem que a instância jornalística faz do julgamento popular marcado pelo estereótipo, pela experiência do preconceito e por comportamentos bizarros.

Em outra edição do mesmo jornal, um aluno é expulso da escola em razão de seu chulé: "Aluno é expulso por causa do chulé"[*Notícias Populares*, 11/08/2000, Primeira Página]. Aqui, é a causa da ação de expulsar um aluno que aciona o universo insólito e, ao mesmo tempo, qualifica o ambiente popular. A fotografia com o grande foco nos pés descalços do aluno (o resto do corpo desaparece para mostrar os pés hiperbólicos) amplifica o imaginário bizarro, como se o sentido da visão preenchesse na página impressa a impossibilidade de se reproduzir o próprio sentido do olfato. É esse mesmo sentido do olfato que se intensifica na fala da mãe do aluno pelo uso do verbo "feder" na primeira página. Gosto, estética e sinestésica populares. O jornalismo popular "faz ver", à sua maneira, a classe popular em seus diversos estados. Assim se constroem e se reproduzem os imaginários sociais.

c)– Posicionamento na interlíngua: a língua e o julgamento da classe popular

As capas de jornais populares carregam diferentes representações do gosto, do julgamento e da posição na interlíngua das classes populares. Tais capas são construídas por uma instância jornalística cujos atores são basicamente os mesmos da imprensa de referência, jornalistas que detêm os títulos de nobreza e os gostos próprios às classes burguesas. Nos jornais populares, no entanto, eles constroem uma figura de destinatário que serve de ponto de vista para a configuração temática, enunciativa, crítica e (inter)linguística. A configuração temática reproduz o eixo normal do enquadramento tópico sobre o universo periférico (o crime e a hiperviolência). A configuração enunciativa associa à modalidade assertiva (realismo factual) um tom patético-emocional (bandido *bundão*, ladrão *traíra*, *mala*, *mané*). A faculdade de julgamento atribuída ao destinatário não é a de uma ética cidadã problematizadora dos fatos no âmbito socioideológico, mas de formas de julgamento situadas na derrisão, no julgamento passional e violento, legitimador da repressão policial e até mesmo do linchamento. A posição na interlíngua busca representar a variedade popular, que carrega em si o preconceito linguístico, atribuindo-se usos e jargões socioletais à enunciação popular.

Conclusão

A reflexão aqui proposta partiu de um cenário etimológico sobre os excluídos da cidade feudal para pensar a permanência, na atualidade, de um imaginário social sobre a exclusão, os excluídos e o espaço urbano da exclusão – a favela, a periferia e o *ban* –, bem como as formas pelas quais as mídias reproduzem, fazem circular e reforçam esses imaginários sociais da exclusão e dos excluídos. Certamente não é a instância midiática que os produz, já que esses lugares e representações da exclusão são anteriores à própria invenção das mídias e de suas tipologias. Os imaginários e os lugares da exclusão fazem parte da organização material da sociedade, da relação entre as classes sociais, refletindo-se na organização urbana como espaços da cidadania e espaços da exclusão. Eles são, portanto, criação e invenção do humano, de seu sistema de organização e de produção, refletido em seu urbanismo. As mídias, no seu papel de instituição mediadora entre a construção da realidade e o espaço público, reproduzem, fazem circular e retroalimentam os imaginários sociais da exclusão através de seu processo de tipologização midiática. De um lado, a mídia de referência reproduz os imaginários sociais da burguesia pela problematização incidente sobre a ética cidadã figurada: a necessidade de segurança pública, de repressão republicana, de resposta do Estado aos bandidos, de preservação e auxílio aos excluídos (*banidos*), de racionalização da miséria, de representação de uma esperança nos projetos sociais de assistência; explora, enfim, os aspectos que levam, ao mesmo tempo, à indignação e à conformidade cidadã.

De outro lado, a mídia popular investe na representação identitária do pobre, do favelado e do marginal numa dimensão patética que põe em cena, ao mesmo tempo, a natureza inculta e vulgar das classes populares, suas formas simplificadas de julgamento, seu gosto pelo insólito, suas patemias histéricas e irracionais e sua posição na interlíngua. É o real puro, sem racionalidade, sem estética, sem ordem, analogias da pobreza contra o real simbólico, racionalizado, ordenado e comedido da burguesia. As mídias não são certamente o espelho da sociedade, mas dizem muito sobre o que nós somos e sobre como imaginamos os excluídos e *ban*alizamos a pobreza.

Referências

ANGENOT, M. *Le dialogue de sourds*. Traité de rhétorique antilogique. Paris: Mille et une nuits, 2008.

ANSCOMBRE, J-C.; DUCROT, O. *L'argumentation dans la langue*. Bruxelles: Pierre Mardaga, 1983.

BOURDIEU, P. *A distinção social*. Crítica social do julgamento. São Paulo: Edusp, 2007.

CHARAUDEAU, P. *Discurso político*. São Paulo: Contexto, 2006a.

CHARAUDEAU, P. *Discurso das mídias*. São Paulo: Contexto, 2006b.

EMEDIATO, W. Contrato de leitura, parâmetros e figuras de leitor. In: MARI, H. *et al.* (Org.). *Ensaios sobre leitura 2*. Belo Horizonte: Ed. Puc-Minas, 2007. p. 83-98.

EMEDIATO, W. Os lugares sociais do discurso e o problema da influência, da regulação e do poder nas práticas discursivas. In: LARA, G. M. P. *et al.* (Org.) *Análises do discurso hoje*. v. 1. Rio de Janeiro: Lucerna, 2008. p. 71-92.

EMEDIATO, W. Representações discursivas de cidadania na mídia. In: SILVA, D. E. G. da *et al.* (Org.). *Discurso em questão*. Goiânia: Cânone, 2009. p. 49-62.

EMEDIATO W. (Org.). *A construção da opinião na mídia*. Belo Horizonte: FALE/UFMG, 2013.

GRIZE, J-B. *Logique et langage*. Paris: Ophrys, 1990.

GRIZE, J-B. *Logique naturelle et communication*. Paris: PUF, 1996.

JODELET, D. Représentations sociales. Un domaine en expansion. In: JODELET, D. (Org.). *Les representations sociales*. Paris: PUF, 1989.

JODELET, D. Représentation sociale. *Grand dictionnaire de la psychologie*. Paris: Larousse, 1991. p. 668.

PECHEUX, M. *Semântica e discurso. Uma crítica à afirmação do óbvio*. Campinas, SP: Ed. Unicamp, 1997.

RABATEL, A. O papel do enunciador na gestão interacional dos pontos de vista. In: EMEDIATO, W. (Org.) *A construção da opinião na mídia*. Belo Horizonte: FALE/UFMG, 2013.

12. Discurso, silêncio e identidade indígena

Aline Saddi Chaves
Marlon Leal Rodrigues

A proposta a ser desenvolvida neste capítulo consiste em analisar alguns dos aspectos do funcionamento do discurso do/sobre o indígena na atualidade, a partir de um acontecimento discursivo (PÊCHEUX, 2012) recente: a tentativa de retomada de terras por parte de indígenas Terena no estado de Mato Grosso do Sul, um fato noticiado nacionalmente. Tal análise de alguma forma também reconfigura a "identidade" (RODRIGUES, 2007) indígena, ocasionando uma tensão de sentidos "entre o mesmo e o diferente" (ORLANDI, 2007a, p. 36) em sua historicidade, se considerarmos os mais de quinhentos anos da chegada dos invasores europeus, que aqui se instalaram e constituíram um povo, uma nação, em um espaço outrora ocupado pelos habitantes *brasilis*, os indígenas.

Compreender alguns dos aspectos do funcionamento do discurso do/sobre o indígena implica também assumir que "a materialidade específica da ideologia é o discurso" (ORLANDI, 2007a, p. 17). Nisso, vale ressaltar que a ideologia constitui o "efeito da relação necessária do sujeito com a língua e com a história para que haja sentido" (ORLANDI, 2007a, p. 48). Esse funcionamento discursivo/ideológico, nas últimas décadas, tem tensionado as "redes de memória" (PÊCHEUX, 2012, p. 54) do indígena na relação com a terra. Essa tensão de sentidos sobre a terra também tem acontecido pela atuação do MST (Movimento dos Trabalhadores Rurais Sem Terra) desde a ocupação de terras na Encruzilhada Natalino (RS), em 1982, quando mais de quinhentas famílias ocuparam uma fazenda exigindo a desapropriação (RODRIGUES, 2007; 2011). A relação de sentidos da "prática discursiva e da prática não discursiva" (PÊCHEUX, 1997) entre a posição-sujeito indígena e o MST está em que o primeiro é tutelado pelo Estado (o Estado discursiviza por ele), enquanto o segundo assume o discurso de sua posição política perante a sociedade, ainda que amparado em algumas resoluções da Constituição

Brasileira, que garante ou procura garantir discursivamente igualdade aos cidadãos e direito de acesso à terra. Sua atuação é, pois, decorrente muito mais de sua posição política na agenda nacional do que pelo que prescreve a Constituição Federal e o Estatuto da Terra.

Essas duas posições discursivas nas últimas décadas se apresentam como acontecimento discursivo na ordem do discurso do Estado capitalista, de um lado significando uma afronta para o Estado; de outro, uma luta pela terra que todos os países capitalistas desenvolvidos já fizeram. O acontecimento, entre outros aspectos, está relacionado ao fato de que tanto o indígena quanto o MST conseguiram inscrever seus sentidos enquanto demanda na agenda política do país; o acontecimento se afigura, pois, como uma questão a ser resolvida no interior do discurso capitalista.

Vale ressaltar que a referência ao MST (que não é nosso objeto de análise) serve apenas para mostrar que ambos se constituem na luta pela terra. No entanto, cada um o faz com sentidos distintos, que ora se entrecruzam, ora se afastam; sentidos distintos de um mesmo acontecimento discursivo na luta pela terra, cada qual se inscrevendo em espaços políticos diferenciados.

A luta pela terra, como, de algum modo, as demais disputas, exige certas demandas de inscrição na ordem do discurso, e ela não se faz de qualquer forma. Parafraseando K. Marx e F. Engels (1985), diremos que ninguém se apropria de um objeto sem se submeter a ele. Nem o objeto, nem os sujeitos saem "impunes" dessa relação de apropriação, de um lado, e de subjugação, de outro (Marx e Engels, 1985). Considerando que o objeto do mundo já é simbólico em sua existência, condição que lhe confere efeitos de "imposição" de certos sentidos aos sujeitos que porventura adentram sua ordem ou a disputa para se apropriar do objeto, tal apropriação não é imune e nem tampouco impune aos sentidos. Na realidade, é sobre isso que este capítulo procura refletir: de um lado, o funcionamento do discurso, e de outro, como o indígena se constitui na relação, não com a terra em si, mas com a luta pela retomada de sua terra face ao Estado e ao sistema capitalista.

Por uma Análise do Discurso franco-brasileira

A Análise do Discurso que comumente se denomina AD francesa se constituiu em um primeiro momento – a bem dos sentidos, ainda não cessou de demandar efeitos – como um incômodo para uma certa linguística (sintaxe, morfologia, fonética/fonologia). A prática discursiva e não discursiva de desqualificação (algumas vezes, de interdição) tem sido uma constante, de forma velada ou não. No entanto, as "Análises do Discurso" estão presentes praticamente em todos os Programas *Stricto Sensu* do país. A referência é um desafio para se conceber que o domínio da Linguística não pertence somente ao que vulgarmente se denomina "núcleo duro". De acordo com Bourdieu (2013), a disputa na academia é pelo capital simbólico e pelos financiamentos de projetos de pesquisa. Talvez seja esse o sentido fulcral e nem tanto teórico e metodológico que o chamado "núcleo duro" reclama em sua posição-sujeito.

O grau de "popularidade" da AD adquire contornos nítidos na comunidade científica a partir do momento em que, sob esta "etiqueta acolhedora" (Paveau; Rosier, 2005, p. 2), outras concepções de "discurso" vão sendo definidas e reconfiguradas, por exemplo, para atender às demandas sociais que se discursivizam em "novas" materialidades, a exemplo das análises do discurso da interação, da ação coletiva, dentre outras. Observa-se, então, uma tensão na concepção e na prática analítica, o que Rodrigues (2012) aborda nos termos de "distensão, deserção e distorções".

Ao definir seu objeto, o analista o faz a partir de certas configurações teóricas que o delineiam, condições que o diferenciam de outros. Essa prática requer, ainda, um conjunto de instrumentos que no "batimento" (Pêcheux, 2012) com o objeto possibilitará configurar seu modo de existência e de funcionamento material. No entanto, se a definição do objeto fica comprometida por falta de especificidade, não se torna clara sua inscrição em um espaço teórico próprio, visto que os instrumentos de análises são diversificados e pertencentes a domínios distintos, que ora divergem, ora se contradizem.

À medida que essa prática se diversifica, sob o rótulo de AD, emerge uma infinidade de combinações entre autores e modelos de análise. A questão também não é apenas o uso ou o desuso do rótulo AD, mas sim o que esses usos e desusos representam em termos de sentidos para o campo científico da Linguística, de forma geral, e para as teorias que ela aborda em suas propriedades. Não está em questão a palavra "discurso", como bem a definiu Orlandi (2007a, p. 15), quando apontou que ela "tem a ideia de curso, de percurso, de correr por, de movimento. O discurso é assim palavra em movimento, prática de linguagem: com o estudo do discurso observa-se o homem falando". O que está em questão é a própria historicidade/memória da análise do discurso, considerando-se que "nem os conceitos, nem as teorias nascem *ex nihilo*" (Paveau; Rosier, 2005. p. 1).

É, pois, nesse sentido que, sem menosprezar outras abordagens, reivindicamos uma concepção de análise do discurso fiel às questões iniciais e caras a Michel Pêcheux, na França, prolongadas por Eni Orlandi e seus colaboradores no Brasil, a partir da década de 1980. Com efeito, tal conjuntura tem origem na França do final dos anos 1960, palco das mais variadas reivindicações políticas, com repercussões claras sobre o modo de se fazer ciência, sobremaneira, as ciências sociais. Por seu alto poder de interpretação dos textos, a chamada análise do discurso francesa almejava "abrir uma fissura teórica e científica no campo das ciências sociais" (HENRY, 1997, p. 14), tendo por instrumento científico o discurso.

Após a morte de Pêcheux, no início dos anos 1980, assistiu-se, primeiramente na França, a um apagamento progressivo daquele quadro teórico, fortemente marcado pela análise dos *corpora* doutrinários, relacionados à política. No prolongamento dessa tendência, eclodiram as mais variadas análise(s) do(s)/de discurso(s) (PAVEAU; ROSIER, 2005), cujas problemáticas foram gradativamente se distanciando das formulações iniciais de Pêcheux e seus pares. Nesse movimento, ouviu-se cada vez menos falar na tríade de inspiração marxista "formação social-ideológica-discursiva". Segundo Bonnafous (2004), "desde os anos 80, o termo 'ideologia' perdeu terreno para outras expressões como *doxa* ou *representação* [...], tornando-se "raramente objeto de teorizações explícitas" (BONNAFOUS, 2004. p. 268).

A "diluição teórica e metodológica" (PAVEAU; ROSIER, 2005, p. 2) desses questionamentos não está livre de consequências. Uma delas, a nosso ver, é o apagamento (esquecimento?) do projeto jamais abandonado por Pêcheux ao longo da constituição de uma disciplina teórica situada "na tensão entre história e linguística" (MALDIDIER, 2003, p. 91): reivindicar as ciências sociais como "prolongamento direto das ideologias que se desenvolveram em contato estreito com a prática política" (Henry, 1997, p. 24). Seguindo a tradição inaugurada por Bachelard e Canguilhem (HENRY, 1997), a análise do discurso francesa, originalmente, rompe com a concepção vigente de ciência – objetiva, empiricista –, pautada no método lógico-formal, imune à história, ao sujeito, às demandas sociais e políticas envolvidas em todo fazer científico. Segundo Henry, as ciências sociais, para Pêcheux, não são ciências, mas ideologias: "uma ciência é, antes de tudo, a ciência da ideologia (ou das ideologias) com as quais ela rompe" (HENRY, 1997, p. 18).

A essa visão de ciência, Pêcheux acrescenta uma análise marxista, pela leitura do filósofo francês Louis Althusser sobre as relações sociais de produção em uma sociedade dividida em classes. Segundo essa abordagem, os indivíduos são interpelados em sujeitos pela ideologia. A ideologia é:

> [...] o processo que produz e mantém as diferenças necessárias ao funcionamento das relações sociais de produção em uma sociedade dividida em classes [...] a ideologia tem como função fazer com que os agentes da produção reconheçam seu lugar nestas relações sociais de produção (HENRY, 1997, p. 24).

É nesse sentido que, para a AD, a ideologia se materializa no discurso, ou ainda, que o discurso é um efeito de sentido, na medida em que o signo não é estável, igual em cada ocorrência, mas constitutivamente heterogêneo, porque atravessado pelo(s) outro(s) discurso(s), constituindo-se aí o interdiscurso, condição mesma de enunciação e interpretação dos signos fornecidos pelas línguas.

O discurso situa-se, assim, para Pêcheux, entre a linguagem e a ideologia. Eis o campo em que o filósofo pretende atuar, intervir teoricamente, desestabilizando muitas bases, notadamente nas universidades. Para encerrar este ponto, retomamos Orlandi (2012), quando a autora concebe que:

> [...] a análise do discurso tem um objeto: o discurso. Nem novo nem velho. A Análise do Discurso, sem adjetivo, tem instrumentos teóricos e metodológicos para trabalhar com os objetos de análise, materiais de análise, *corpora*, textos de qualquer natureza material significante [...]. Basta refletir sobre a relação entre o dispositivo teórico e o dispositivo analítico de interpretação [...]. E a natureza material significante é importante na maneira como construímos nosso dispositivo analítico. Faz parte da relação entre o dispositivo teórico e o analítico refletir sobre a natureza do material analisado. Materiais diferentes exigem modos de construção do dispositivo analítico diferentes e esta é uma das tarefas do analista (ORLANDI, 2012, p. 56).

A espessura teórica de um tal quadro, enfim, é o que nos permite resgatá-lo e reivindicá-lo para explicar os efeitos de sentido do discurso *do/sobre* o indígena. Esse quadro teórico-metodológico é o que nos parece pertinente e fundamentado para abordar conflitos sociais como a questão indígena, no estado em que ela se encontra na realidade brasileira, qual seja, a de um conflito permanente, objeto de debates polêmicos que, mais de quinhentos anos após o trágico contato étnico com os europeus, ainda ocupa as principais páginas dos veículos de informação.

Condições de produção do discurso: um pouco de historicidade

Há, nas "formações imaginárias" (PÊCHEUX, 1997), um saber geral sobre o índio[1] no Brasil, um saber romanceado, empírico, estereotipado, preconceituoso etc. Um saber que marca, em muito, uma posição de classe social (um discurso que significa uma posição do pensamento europeizado e de elites locais), principalmente uma posição-sujeito daqueles que ainda lhe expropriam as terras e continuam a expropriação de sua força de trabalho, seu saber sobre a flora e a fauna e, em última instância, sua cultura, enquanto mercadoria no formato artesanal.

O índio, no entanto, nunca deixou de reagir às tentativas de expropriação e exploração, mesmo sendo tutelado pelo Estado, o que implica que seu discurso também o é. Essa questão é significativa para nossa reflexão, pois, para uma posição-sujeito

---

[1] Apesar de serem tomados, muitas vezes, como sinônimos, os termos "índio" e "indígena" possuem raízes etimológicas distintas. O primeiro termo se refere à denominação dos colonizadores europeus, que, desviados de suas rotas, acreditavam ter desembarcado nas Índias. O segundo termo, "indígena", refere-se ao povo nativo de uma determinada região. Para além dessas definições lexicográficas, observa-se, nas últimas décadas, o emprego privilegiado de "indígena", o que se explica, em grande parte, pela conotação historicamente negativa/pejorativa de "índio" na língua portuguesa do Brasil. Neste texto, empregamos ambas as designações, mas semanticamente contextualizadas.

de tutelado, ele é discursivizado pelo Estado, como já foi dito, e por outras posições comprometidas com as questões indígenas, como certos pesquisadores, movimentos sociais etc. Ou seja, suas condições materiais de existência e suas demandas são apreendidas e significadas pelo outro. Mesmo havendo uma prática discursiva e não discursiva comprometida com a causa indígena, o indígena em si não é/tem sido "porta-voz" de sua própria existência e causa. Nisso, de ser tutelado/discursivizado pelo outro, o seu próprio discurso não produzia/produz sentido, permanecia/permanece no "silêncio" (ORLANDI, 1997) como se estivesse "in-significado" (ORLANDI, 2007b), "preso" nas redes de memória daqueles que discursivizam por ele.

O índio não ocupa lugar na ordem do discurso; nele é representado, com tudo o que essa representação provoca em termos de sentidos outros, dentre os quais o de uma identidade que se constitui nas/pelas "redes de memória" e "filiações identificadoras" (PÊCHEUX, 2012), entendendo-se que a identidade "é um movimento na história" (ORLANDI, 2012, p. 88).

É nesse movimentar-se na história que sujeitos se configuram sempre na relação com o outro, na tensão dos sentidos, sob o peso da memória, na relação com o acontecimento (PÊCHEUX, 2012). Esse movimentar-se é "uma construção histórica no bojo da luta de classe a partir de um complexo de condições materiais de existência" (RODRIGUES, 2007, p. 45), assumindo, assim, determinada posição política: discursivizar por si mesmo diante de interlocutores. Essa tomada progressiva do seu próprio discurso pelo sujeito não se faz sem ao menos afetar a rede de sentidos de sua própria identidade.

A tomada de posição na ordem do discurso não acontece sem uma nova roupagem (MARX; ENGELS, 1985) ou identidade que venha afetar os processos de identificação em sua desestabilização e reestabilização (PÊCHEUX, 2012), aí operando os processos de paráfrase e polissemia. De acordo com Orlandi (2007a, p. 36), "os processos parafrásticos são aqueles pelos quais em todo dizer há sempre algo que se mantém, isto é, o dizível, a memória", enquanto "na polissemia, o que temos é deslocamento, ruptura de processos de significação. Ela joga com o equívoco".

Nesse jogo entre desestabilização e reestabilização, em que operam os processos parafrásticos e polissêmicos na tomada do próprio discurso, a identidade não é mais a mesma. Não há como manter o sentido do "dizível" em uma outra posição discursiva qualquer, considerando que se trata de um "movimento na história" marcado pela incompletude dos sujeitos, dos sentidos e dos discursos. Nesse sentido, a identidade se ressignifica tensamente: o indígena não deixa de ser indígena, mas, ao mesmo tempo, é um outro, com outros sentidos, outras roupagens, uma outra identidade (embora continue sendo tutelado pelo Estado), em uma posição identitária tensa. Diante disso:

> A identidade surge não como algo que nunca tivesse acontecido, como se irrompesse de um vazio e assim viesse à existência milagrosamente, mas pode-se dizer que ela surge a partir de "fragmentos" e de "reminiscências" de outras identidades que são ressignificadas – pertencentes, em alguma instância, a um campo de coexistência. Os "fragmentos" e as "reminiscências" fazem parte das condições materiais que trazem consigo algo que se desestabilizou ou deixou de existir como tal (nunca para "morrer" ou deixar de existir, mas para se recolher ao seu lugar "reservado" na memória a partir das disputas onde há vencedores, derrotados, esquecidos, ignorados, silenciados) (RODRIGUES, 2007, p. 67).

Nesse movimento, há um deslocamento identitário por parte do indígena ao tomar a palavra. Ele passa a discursivizar tensamente por si (sem deixar que o Estado também o faça), mas tensionando o próprio Estado e chegando a desafiá-lo, quer seja discursivamente ou não: com palavras de ordem, reocupando antigos espaços físicos, fazendo passeatas, interditando estradas e rodovias, fazendo-se presente nas assembleias, dialogando com instituições que lhe dão apoio e, principalmente, aliando-se, em alguns momentos, aos demais movimentos populares na luta pela terra e por direitos.

Na medida em que o sujeito toma uma posição na ordem do discurso enquanto acontecimento, não apenas fura-se e "esburaca-se" a memória, mas também o silêncio o tensiona, uma vez que:

> [...] em face do discurso, o sujeito estabelece necessariamente um laço com o silêncio; mesmo que esta relação não se estabeleça em um nível totalmente consciente. Para falar, o sujeito tem necessidade de silêncio, um silêncio que é fundamento necessário ao sentido e que ele reinstaura falando (ORLANDI, 1997, p. 71).

Se, para o analista do discurso, o lugar *de onde* se fala condiciona/aprisiona *aquilo* (de) que se fala, como condição mesma do dizível, faz-se necessário delimitar o período histórico aqui analisado, até mesmo para relacioná-lo à cadeia de memória que torna possível compreender o discurso do/sobre o indígena, dentro de uma *certa* ordem.

Trata-se, aqui, de analisar os dizeres proferidos em repercussão a um acontecimento recente na atualidade brasileira, nomeado pelas mídias nacionais como "invasão" de terras por indígenas da etnia Terena, em 15 de maio de 2013, no município de Sidrolândia, localizado em Mato Grosso do Sul.

Apesar de distante, geograficamente, dos grandes centros urbanos brasileiros, esse estado brasileiro possui papel de destaque nacional e internacional no setor agropecuário (carne bovina, soja, algodão, dentre outros). Nessa potência econômica que abriga mais de dois milhões de habitantes, aproximadamente setenta mil indígenas lutam para preservar sua identidade, fragmentada, é verdade, pelo inevitável contato interétnico. Um número expressivo para a realidade nacional:

o estado de Mato Grosso do Sul abriga a segunda maior população indígena do Brasil, segundo dados do IBGE/2012.

Essa configuração socioeconômica reproduz, na realidade, uma organização instituída desde os primeiros contatos entre as populações nativas do estado e as correntes migratórias sucessivas de europeus; primeiramente os portugueses e espanhóis, seguidos de seus descendentes brasileiros oriundos de São Paulo, Minas Gerais e Rio Grande do Sul. Com efeito, desde o século XVI, coabitam, em terras sul-matogrossenses, duas realidades sócio-históricas antagonistas, por assim dizer, na medida em que manifestam interesses distintos. Surpreendido pelas ondas de expansão econômica dos europeus e seus descendentes, o povo nativo do Mato Grosso do Sul resiste-lhes de todas as formas e até os dias atuais.

Por si só, esse retrato denota a complexidade da questão: nem extinto, nem assimilado à cultura nacional, o indígena contraria as expectativas. Em pesquisa realizada no século XX, Darcy Ribeiro (1977) mostra que "a maioria deles foi exterminada e os que sobreviveram permanecem indígenas [...] já não nos seus hábitos e costumes, mas na autoidentificação como povos distintos do brasileiro e vítimas de sua dominação" (RIBEIRO, 1977, p. 8). Nessa luta pela manutenção da identidade, "o impacto da civilização sobre as populações tribais dá lugar a transfigurações étnicas e não à assimilação plena" (RIBEIRO, 1977, p. 8).

É nesse cenário que, em maio de 2013, tem lugar mais um dentre os incontáveis episódios de luta pela (re)tomada de terras. O confronto coloca em lados opostos duas etnias: indígenas da etnia Terena e proprietários rurais. O episódio segue a narrativa habitual: ocupação pelos indígenas, confronto com a polícia, retaliação com arcos e flechas e novo confronto, culminando na morte de um indígena quinze dias após o início do conflito.

Com base nesse breve relato, interessa-nos dar a ver o episódio de Sidrolândia como parte de um processo histórico ininterrupto. O Brasil do período colonial revisita o Brasil do século XXI, deixando expostas as fraturas/fissuras que nunca foram, efetivamente, fechadas nesse rincão distante. O trecho a seguir, extraído de Ribeiro (1977), dá conta da atualidade desse retrato histórico.

> O Brasil de que vamos tratar é, principalmente, este Brasil interior, de matas e campos devassados, que só agora vão sendo integrados ao sistema socioeconômico nacional. Ali, índios e civilizados se defrontam e se chocam, hoje, em condições muito próximas daquelas em que se deram os primeiros encontros da Europa com a América indígena. De um lado, são índios armados de arcos e flechas que, do recesso de suas matas, olham o brasileiro que hoje avança sobre suas terras, tal como o Tupinambá quinhentista olhava as ondas de europeus que se derramavam das naus portuguesas. De outro lado, são brasileiros engajados nas frentes de expansão da sociedade nacional que avançam por uma terra que consideram sua e veem no índio uma ameaça e um obstáculo (RIBEIRO, 1977, p. 7).

Tomando esse episódio como um acontecimento discursivo, ou ainda, como parte da rede de memória que atualiza o discurso, conferindo-lhe todo o sentido, observa-se seu pertencimento a um processo histórico que tem início na época do "descobrimento", segundo o discurso de uma certa posição histórica. A esse respeito, ao traçar o perfil das etnias indígenas do sul do Mato Grosso, Darcy Ribeiro (1977) relembra o histórico de contato dos índios com os europeus, marcado por episódios constantes de confrontos violentos e de resistência daqueles em prol da conservação das terras e, por conseguinte, da sua identidade cultural. O antropólogo descreve ainda o espírito guerreiro dos índios da etnia Mbayá-Guaikurú à época do contato com os portugueses e espanhóis, que, apesar de todo o aparato militar, encontraram dificuldades para combatê-los, "sem jamais lograr êxito completo contra esses índios cavaleiros que conheciam profundamente seu território e sabiam fugir a todo encontro que lhes pudesse ser desfavorável" (RIBEIRO, 1977, p. 80).

Esse espírito guerreiro é, aliás, o que explica a conservação das etnias indígenas mesmo após séculos do contato interétnico. Estamos longe, portanto, do discurso do índio *domesticado* e *passivo*, aquele da história consignada nos manuais escolares, fortemente arraigado no discurso oficial sobre a formação da etnia nacional (RIBEIRO, 1977). Temos, em lugar disso, uma história de lutas e resistências pela conservação da identidade, que se materializa, se discursiviza na *terra*.

A fim de situar a tensão presente nas vozes e sentidos *do/sobre* o indígena, interessa-nos, neste capítulo, analisar duas posições-sujeito, tomadas como formações ideológico-discursivas: de um lado, o discurso *do* indígena, ao reivindicar a conservação de sua identidade, a qual se traduz, notadamente, na luta pela *terra*; de outro, o discurso *sobre* o indígena, que reivindica o *campo* como meio de produção/produtividade.

Na luta pela atualização/reformulação desses diferentes sentidos – *terra* versus *campo* –, entram em jogo inusitadas estratégias retórico-enunciativas, manifestadas em vozes apenas audíveis por um desdobramento do sentido, em um verdadeiro jogo de essência *versus* aparência, que torna confusos os limites entre civilizado e selvagem; invasor e invadido; identificação e distanciamento; inserção e exclusão; voz e silêncio.

Vozes em confronto: por uma análise do discurso *do/sobre* o indígena

No intuito de analisar a posição-sujeito do indígena brasileiro na atualidade, tal como essa identidade excluída se manifesta na ordem do discurso, operamos um recorte do *corpus* segundo duas orientações. De um lado, observamos como o indígena é *falado* em diferentes instâncias de construção dessa identidade:

pela voz de entidades sindicais ligadas aos produtores rurais e em veículos de comunicação de massa, lugares privilegiados de circulação da informação. De outro lado, buscamos identificar como o indígena *fala*, quando lhe é "dada a palavra", devendo-se observar de antemão que se trata de instâncias discursivas de menor repercussão junto à opinião pública. Trata-se, nesse último caso, de espaços e regimes enunciativos fracamente estabilizados.

O citado episódio da tentativa de retomada de terras pelos indígenas ganhou espaço instantâneo nas mídias de informação, em âmbito local e nacional. Em reportagem de 7 de junho de 2013, menos de um mês após o início dos confrontos, um veículo de informação local[2], de circulação digital, estampou a manchete "Cavalos invadem centro de capital pedindo paz no campo". A informação dava conta de uma "aglomeração espontânea", nos dizeres de um dos manifestantes, ou ainda, de uma "Agro-mera-ação" que "reuniu aproximadamente 500 produtores rurais e profissionais envolvidos no agronegócio para repudiar as demarcações de terras indígenas no Mato Grosso do Sul", segundo o texto da reportagem.

O título da manchete dá o tom do texto, ao materializar a formação ideológica do produtor rural em torno da formação discursiva do *campo*, numa rede de referências linguísticas que o associam à *produtividade*. Nessa rede, encontramos os termos *cavalos* – na reportagem, esses animais personificam o produtor rural, na medida em que "pedem" paz no campo –, *alimento* ("nós alimentamos o Brasil", estampado na camiseta de uma manifestante), *sustenta* ("O Agronegócio sustenta o Brasil"), *trabalho* ("Queremos paz para quem trabalha").

A essa construção discursiva de *si* opõe-se uma representação discursiva do *outro*, indígena, em torno da formação discursiva do *selvagem*, por ações que são consideradas violentas, como em *invasão* – termo recuperado, aliás, no título da reportagem, dessa vez, pela formação discursiva antagonista –, *invasores*, *esbulho*, *barbaridade*, *crime*, *violência*, *roubo*: "'Se *roubaram* a terra, que deixassem tirar o gado', declara a proprietária da fazenda" (grifos nossos).

Entretanto, uma tal representação do outro, indígena, surpreende pelo que podemos chamar de uma mudança no rumo dos acontecimentos mais recentemente, sobretudo a partir da vinculação do discurso indígena ao discurso dos movimentos sociais, em particular o Movimento dos Trabalhadores Rurais Sem Terra (MST). Sob essa ótica, ainda no título da reportagem, "Cavalos invadem centro de capital pedindo paz no campo", o apelo a semas presentes na palavra invasão ("invadem") revela o interdiscurso com a formação discursiva daquele movimento social, historicamente engajado na Reforma Agrária, uma bandeira

---

[2] Disponível em: <http://ruralcentro.uol.com.br/noticias/cavalos-invadem-centro-de-capital-pe-dindo-paz-no-campo-70361#y=3651>. Acesso em: 7 jun. 2013.

frequentemente discursivizada na imprensa nacional nos termos de "invasão" de propriedades particulares.

Com efeito, uma semana após o início dos confrontos em Sidrolândia, um manifesto intitulado "Movimentos Sociais Solidários – à luta pela demarcação de terras indígenas em MS", conclama "a sociedade civil e as entidades dos movimentos sociais a se somarem ao grande **ato** [...] pela reforma agrária e pela demarcação de terras indígenas e quilombolas em Mato Grosso do Sul" (grifo do original). Assinam esse manifesto dezoito entidades, dentre as quais: a CUT/MS (Central Única dos Trabalhadores), MST/MS (Movimento dos Trabalhadores Rurais Sem Terra/MS), Fetems (Federação dos Trabalhadores em Educação – MS), CTV (Coletivo Terra Vermelha), MMC (Movimento de Mulheres Camponesas), ONG Azul, CPT-MS (Comissão Pastoral da Terra), Sintsprev/MS (Sindicato dos Trabalhadores Públicos em Saúde, Trabalho, Previdência e Assistência Social em MS), entre outras.

A associação do discurso indígena ao MST e outros movimentos populares garante, com efeito, a credibilidade e o reconhecimento necessários para que essa voz, outrora silenciosa/silenciada, se faça ouvir e respeitar. Isso porque, como já dissemos, tais movimentos são tutelados pelo Estado, possuindo, pois, uma legitimidade política, nos termos da lei. Essa pluralidade de vozes é o que permite ao indígena, então, legitimar seu discurso e encontrar uma nova via de fortalecimento de sua causa e, evidentemente, de sua identidade. Como consequência, a formação ideológico-discursiva em torno do *campo*, "sinônimo" de produtividade, vê-se ameaçada e até mesmo acuada, ao que se seguem estratégias retórico-enunciativas de autovitimização.

É nesse sentido que o termo *paz* é evocado, em mais de uma publicação, para se referir àquilo que, para os coletivos sociais, é designado como *luta*. Trata-se de um deslizamento de sentido que não está imune à historicidade da língua, na medida em que *luta* afirma-se como um desafio a ser superado, diante de uma situação de desigualdade, ao passo que *paz* remete a guerra ou conflito, termo que, por sua vez, contribui para alardear o acontecimento junto à opinião pública, propiciando uma ampla e polêmica repercussão dos fatos noticiados pela imprensa. A estratégia de autovitimização consiste, ainda, em "menorizar" a responsabilidade enunciativa, pelo apagamento da real identidade do sujeito agente das manifestações, tal como na substituição alegórica de "cavalo" pelo sujeito de carne e osso "produtor rural".

Outra estratégia empregada consiste em provocar a identificação. Na medida em que os defensores do *campo* recorrem ao apoio popular, por já não estarem amparados pela lei, a via possível é unir-se ao adversário, buscando traços em comum, o que, em alguns casos, pode levar a uma verdadeira inversão de papéis: não mais senhor das terras, o produtor rural agora se coloca no lugar do excluído/invadido. É significativa dessa nova ordem de coisas a criação de um Movimento Nacional de Produtores (MNP), que tem por missão "defender a dignidade do produtor rural, bem como seus direitos de usufruir e manter suas propriedades conquistadas pelo fruto do trabalho"[3]. O MNP soma-se, assim, ao rol de siglas de movimentos populares surgidos nas últimas décadas no Brasil, a exemplo do Movimento dos Trabalhadores Rurais Sem Terra, o Movimento dos Trabalhadores Sem-Teto, o Movimento Passe Livre, o Movimento de Mulheres Camponesas, entre outros.

Menos de um mês após o início dos confrontos, um cartaz assinado pela Federação da Agricultura e Pecuária de Mato Grosso do Sul (Famasul) começou a circular em suportes variados, em particular no formato de adesivos estampados em carros.

Figura 1: Cartaz da Famasul (jun. 2013)[4]

Na rede de memória que une os textos relacionados ao acontecimento discursivo de Sidrolândia, esse cartaz é revelador da estratégia de identificação. Nele vê-se, lado a lado, como em uma imagem de espelhos, o rosto de um indígena à esquerda, e de um produtor rural à direita. Os signos não verbais não deixam dúvida sobre o sentido que se quer despertar. O "índio" é retratado em seu estereótipo mais bem-sucedido: rosto e corpo pintados, desnudo, cabelos pretos e lisos, diante de sua grande oca – lar da numerosa família –, erguida sobre a *terra* de chão batido, sem qualquer destaque para o verde da vegetação, a não ser por algumas árvores esparsas e pouco frondosas ao fundo.

A outra metade, à direita, apresenta-se como um homem de certa idade, desprovido de acessórios ou adornos, vestido com uma camisa e de cabelos bem

---

[3] Disponível em: <http://www.mnp.org.br/index.php?pag=texto&sub_id=1>. Acesso em: 7 jun. 2013.

[4] Disponível em: <http://economia.zerouminforma.com.br/2013/06/>. Acesso em: 14 jul. 2013.

cortados, o que lhe confere um ar *civilizado*, completando tal cenário o verde abundante do *campo* cultivado, *produtivo*, com vasta floresta ao fundo. Perfaz esse retrato o olhar compenetrado do homem branco, as linhas da testa e a barba levemente por fazer, assegurando-lhe uma imagem de trabalhador incansável, apesar dos sinais de cansaço.

No tocante aos dizeres, a formação ideológico-discursiva agropecuarista é recuperada/rememorada nesse cartaz, mediante um procedimento interdiscursivo singular: aparentemente, as fronteiras entre o discurso do *um* e o do *outro* são indistintas, pois, não obstante as diferenças entre as duas identidades, explicitadas nos signos não verbais, o texto do cartaz convida o outro, indígena, a fazer parte de "todos", "sem conflitos", surgindo aí a paráfrase com a *paz no campo*. No entanto, o convite não é outra coisa senão "descruzar os braços pela produtividade e subsistência" por meio da "justiça", uma alusão clara aos acontecimentos recentes, bem como um reforço do discurso do não-índio sobre o valor da *terra* para o índio, que não é o da "produtividade", mas tão somente o da "subsistência".

A busca pela identificação não-índio/índio não data dos acontecimentos de Sidrolândia; estes apenas a atualizam, trazem-na à tona. Em 10 de dezembro de 2013, outro jornal local (*Boca do Povo*)[5] entrevista uma deputada estadual sobre "A questão indígena em MS". Transcrevemos abaixo alguns trechos dessa entrevista:

> **Boca: O que fazer para trazer paz aos nossos campos?**
> **Dep. Mara** - É triste ver a situação que estamos atravessando. É uma tragédia anunciada. Há muito estamos vivendo conflitos e confrontos, com perdas para os índios e os fazendeiros, sem que nada efetivamente esteja sendo feito.
> **Boca: Não estão deixando o índio evoluir?**
> **Dep. Mara** - O índio quer se inserir, mas não o deixam. Vive condenado a condições sub-humanas. Uma mulher índia de 33 anos já tem "oito" filhos. O que ela quer? Quer conforto, casa, médico, remédios, estudo e a transformação do filho num profissional, e não é isso que a Funai prega.
> **Boca: Estão criando um Brasil indígena?**
> **Dep. Mara** - O que se vê é a criação ainda que extraoficialmente de uma nação indígena dentro da nossa Nação, como se eles não estivessem sob o mesmo manto da nossa Constituição. Existem pressões internacionais para que eles se isolem e não evoluam. E esses são fatos. O recente assassinato de um líder indígena em Caarapó evidencia a existência de uma briga interna nas aldeias pelo poder.
> **Boca: Algo mais?**
> **Dep. Mara** - Desejo que a paz volte aos nossos campos, e que este Natal seja um marco de entendimento, amor e fraternidade entre todos. Que a evolução humana seja permitida a todos e também nas aldeias. Agradeço o espaço que me foi concedido e deixo-lhes meu carinhoso abraço.

---

[5] Disponível em: <http://bocadopovonews.com.br/entrevista-mara-caseiro-deputada-estadual/>. Acesso em: 10 dez. 2013.

Tanto nos dizeres do jornalista quanto nos da deputada, os acontecimentos relacionados às tentativas de retomada de terras por parte dos indígenas são tratados nos termos de "tragédia anunciada", "conflitos e confrontos", havendo um desejo de que "a paz volte aos nossos campos", o que permite inferir que, antes dos confrontos, nos momentos em que não havia qualquer tentativa de retomada de terras, a paz existia, seguindo uma espécie de ordem natural das coisas, garantindo "amor e fraternidade entre todos", de acordo com a entrevistada.

A busca pela identificação/aproximação também é uma estratégia empregada pela entrevistada, que fala em "inserção" ("O índio quer se inserir"). No entanto, seus dizeres deixam à mostra a realidade da exclusão, que, segundo a deputada, deve-se a "pressões internacionais para que eles se isolem e não evoluam", ou ainda, à Funai (Fundação Nacional do Índio), órgão indigenista do governo federal, que não permite que o índio se insira na sociedade e goze dos direitos garantidos pela Constituição a todos os brasileiros.

De modo semelhante ao que ocorre no cartaz analisado anteriormente, observa-se um discurso de vitimização, tanto do índio quanto dos fazendeiros, na medida em que ambos estão sofrendo "perdas [...], sem que nada efetivamente esteja sendo feito". A solução proposta pela deputada consiste, então, em fazer agir/intervir, em nova paráfrase ao "descruzar os braços" do texto da Famasul, apresentado anteriormente.

De forma velada, eis que surge então uma terceira estratégia observada no *corpus* de estudo: a ilusão enunciativa. Nos gêneros discursivos mais estabilizados, de maior circulação social nas mídias de informação, o discurso indígena permanece em silêncio. Em seu lugar, outros falam por ele: entidades sindicais dos produtores rurais, políticos, a Universidade, a Igreja, entre outros. São esses os atores socialmente autorizados a tomar a palavra para abordar a causa indígena. Um exemplo de convocação de uma voz legítima, também oriunda do meio político, é fornecido por outra entrevista, intitulada "O clamor da causa indígena"[6], publicada em 10 de agosto de 2014. O entrevistado em questão é candidato a deputado estadual.

A estratégia da ilusão enunciativa é aí ilustrada com perfeição, a partir do momento em que a imprensa local convoca um índio para levantar a bandeira da causa indígena. Trata-se, efetivamente, de um índio da etnia Terena, nascido na aldeia de Ipegue (distrito de Aquidauana), segundo o texto de apresentação. No entanto, o mesmo texto apresenta o entrevistado como engenheiro, ocupante de diferentes cargos administrativos e executivos no governo do estado (subsecretário,

---

[6] Disponível em: <http://bocadopovonews.com.br/entrevista-evodio-vargas-candidato-a-deputado--estadual-pelo-pmdb/>. Acesso em: 10 ago. 2014.

engenheiro de obras, chefe de gabinete, coordenador de obras), funções relacionadas a assuntos indígenas (assentamentos rurais e aldeias indígenas).

Desde o início, vai se configurando a estratégia da ilusão enunciativa pela convocação de um índio cujo espaço não é mais o da aldeia, e cuja identidade é atravessada pela formação ideológico-discursiva do não-índio. Isso pode ser melhor observado em alguns trechos da entrevista, a seguir:

> **Boca: Como um índio sai da aldeia para se transformar no grande e respeitado engenheiro civil que o senhor é?**
> **Eng. Evódio** – Realmente é um curso de ponta, que como qualquer outro como Medicina, Odontologia ou outros exige grande dedicação. Meu pai nunca acreditou nas benesses governamentais ou esperou que algo fosse feito para melhorar sua vida, portanto, dedicou-se ativamente à agricultura, e exigiu que eu estudasse. Achava ser a única forma de nos libertarmos daquele sistema que até hoje não é bom para o povo indígena.
> **Boca: A falta de ocupação para os jovens indígenas pode ser então um fato gerador de violência nas aldeias?**
> **Eng. Evódio** - Sem perspectivas eles partem para outro tipo de vida, caindo nas drogas ou bebidas. Só serão libertados através da educação, conhecimento. Assim alcançarão uma vida feliz e terão a autoestima melhorada.
> **Boca: Evódio, que você faça uma excelente caminhada política e consiga minorar o sofrimento do seu povo, que são nossos irmãos!**

A primeira pergunta do jornalista estabelece a distinção clara entre as duas identidades, índio e não-índio, podendo ser pragmaticamente analisada, não como uma interrogação visando a conhecer um assunto desconhecido, mas, preferencialmente, como uma falta de compreensão, uma atitude de surpresa, sobre o que leva um "índio" a sair da aldeia e se transformar em um "respeitado engenheiro civil". É então que a estratégia de aproximação das identidades se desmascara, o lugar do índio sendo discursivamente representado pela voz do jornalista como um lugar não desejado, daí a realidade da exclusão.

A resposta do entrevistado corrobora o distanciamento entre as identidades em questão, pois, ao destacar seu empenho e dedicação em uma formação de nível superior, que lhe garantiu a inserção social e o *libertou* de um sistema que apenas prejudica o povo indígena, o entrevistado afirma seu pertencimento à formação ideológica do não-índio. Estabelece-se, desse modo, a contradição/cisão do sujeito, que, ao mesmo tempo em que pretende afirmar sua identidade indígena, esta sendo, inclusive, seu argumento de campanha eleitoral, fornece uma visão do índio como ser desprovido de liberdade, carente de felicidade e autoestima.

O entrevistado afirma que a libertação só pode vir "da educação, conhecimento", parecendo ignorar que a causa indígena integra, nos dias de hoje, a agenda dos movimentos sociais e, notadamente, das políticas governamentais, pois ela se tornou um movimento popular de fato, uma demanda social expressa,

Discurso, silêncio e identidade indígena 219

a título de exemplo, na política de cotas para o ingresso em algumas universidades brasileiras.

Quando perguntado sobre as invasões, em referência explícita aos repetidos acontecimentos de tentativa de retomada de terras pelos indígenas, o entrevistado prossegue em suas contradições identitárias, no trecho que segue:

> **Boca: E quanto às invasões?**
> **Eng. Evódio** - Os índios não estão invadindo as terras para retomar o que lhes pertence. Mas precisam de uma política para que sejam inseridos na sociedade. Não é mais possível o isolacionismo que os índios estão vivendo. É necessário estabelecer parceria, convênios com cursinhos para que sejam preparados para poder concorrer em pé de igualdade com todos os demais.

No enunciado "os índios *não* estão invadindo as terras para retomar o que lhes pertence. *Mas* precisam de uma política para que sejam inseridos na sociedade" (grifos nossos), aparecem o que consideramos como duas contradições instaladas no nível semântico e sintático do enunciado. No primeiro período, a causa atribuída às invasões ("não estão invadindo as terras para retomar o que lhes pertence"), introduzida pela negação, contraria o discurso indígena sobre a motivação da retomada de terras, reivindicadas como suas. Na condição de índio, o entrevistado não compartilha, pois, da visão de seus pares sobre a motivação e a necessidade das "invasões".

Num movimento oposto, o candidato dá mostras de que compartilha da representação disseminada na imprensa nacional a respeito da causa indígena, quando os episódios de confronto são nomeados nos termos de "tumulto", "baderna", "choque civilizatório", "fúria de vândalos", exemplos extraídos da reportagem "Isso é progresso?", publicada na revista de atualidades *Veja,* em 4 de junho de 2014, em referência a um protesto indígena em Brasília, às vésperas da Copa do Mundo.

No segundo período, a contradição identitária do entrevistado se manifesta discursivamente no emprego do operador argumentativo "mas", que não marca, efetivamente, uma oposição/concessão entre os dois períodos, mas traz à tona um ato de falha linguístico, revelador dessa identidade fragmentada/cindida – ou disfarçada?

Os textos analisados dão conta, assim, da permanência da realidade da exclusão, não obstante as tentativas de se diluírem as diferenças índio/não--índio, o que significa, na realidade, não reconhecer a identidade indígena em sua completude, deixando-a sob silêncio, camuflada. Um silêncio, contudo, "necessário à significação", pois, "sem considerar a historicidade do texto, os processos de construção dos efeitos de sentidos, é impossível compreender o silêncio" (ORLANDI, 1997, p. 47). Esse silêncio é tão constitutivo da história de resistência do povo indígena no processo de formação da nação brasileira, que passa a se figurativizar até mesmo na representação corporal do índio, questão que abordaremos antes de encerrar nossas reflexões.

Tanto no discurso do não-índio quanto no discurso indígena, essa representação se manifesta pela ocultação discreta – seja pelas penas do cocar, seja por algum outro tipo de sobreposição – da região facial de onde se enuncia/discursiviza, em sentido próprio e literal: a boca. Em mais de um texto, encontramos tal representação, velada, da voz indígena, como na capa do manifesto dos Movimentos Sociais Solidários, no *folder* da Grande Assembleia do Povo Terena e no cartaz de divulgação do vestibular indígena da Universidade Federal de São Carlos/UFSCar, a seguir.

Figura 2: Manifesto Movimentos Sociais Solidários (jun. 2013)

Figura 3: Folder Grande Assembleia do Povo Terena (maio 2014)

Figura 4: Cartaz da UFSCar (2015)[7]

O mesmo procedimento é adotado com relação à posição do corpo do índio, raramente frontal, como se pode ver na foto da referida reportagem de *Veja*. A imagem contrapõe-se, com efeito, ao ângulo privilegiado da foto do policial que, do alto do cavalo sobre o qual está montado, impõe-se para conter os protestos dos indígenas à época da Copa do Mundo de 2014.

Figura 5: Reportagem da revista *Veja* (ed. 2376, de 04/06/2014)

Em todas essas representações icônicas, é visível o retrato estereotipado do índio brasileiro: corpo pintado e seminu, armado com lanças, arcos e flechas, portando acessórios de cunho simbológico, o ar sério e calado. Pelo menos esta é a representação discursiva que circula socialmente sobre o "índio", incluindo-se aí signos verbais e não verbais – pois o silêncio e as coisas/objetos também significam, a seu modo. Eles significam dentro de uma ordem, que não é a da língua, mas a da história. Como diz Orlandi (1997), "em sua relação à alteridade, em sua relação ao dizer, a cultura brasileira acolhe o silêncio" (ORLANDI, 1997, p. 42).

---

[7] Disponível em: <http://www.ingresso.ufscar.br/indigena/manual_ufscar_indigenas_2015.pdf>. Acesso em: 20 jan. 2015.

Na ordem discursiva dos acontecimentos de Sidrolândia, outro texto, a charge do cartunista militante Carlos Latuff, traz sua contribuição para a compreensão dessa identidade marcada pela resistência à cultura daquele que, para o índio, é o verdadeiro "invasor".

Figura 6: Charge do cartunista Latuff (2013)[8]

Nesse texto, o silêncio é marcante. Vemos apenas a imagem de um índio vencido pela guerra, apunhalado pelas costas com a lança que demarca a propriedade do agronegócio; o mesmo objeto com que, outrora, ele próprio feria os inimigos para se defender. O espírito guerreiro dá lugar ao homem derrotado, cujo rosto/identidade já não é possível atingir. Sua identidade, ameaçada/aculturada, é semitiozada por um símbolo inequívoco da cultura consumista ocidental: a calça jeans. Enfim, temos o retrato do sujeito indígena na atualidade: dividido/preso entre dois espaços, um lugar de onde não consegue escapar.

Considerações finais

O processo de formação da identidade do povo brasileiro dá conta de um confronto de vozes historicamente situadas: de um lado, o discurso oficial dominante, do "branco", português, europeu; de outro, o "discurso" silenciado do povo nativo do Brasil, o índio. Ao longo dos mais de quinhentos anos de história que marcam esse contato interétnico, alguns esforços foram empreendidos no sentido de defender a chamada "causa indígena", por diferentes atores sociais: a Igreja, engajada na ocidentalização do índio; a Universidade, em particular, no domínio da antropologia e da etnografia, interessada em recontar a história oficial em bases científicas; enfim, o Estado, que, por meio da criação de órgãos oficiais, institucionaliza a causa. Tais esforços não foram suficientes, entretanto,

---

[8] Disponível em: <https://latuffcartoons.wordpress.com/tag/indios/>. Acesso em: 13 jul. 2014.

para tornar o índio protagonista de sua própria história, visto ser ele, ainda hoje, objeto da fala do outro.

Tomando como ponto de partida o panorama histórico da questão indígena no Mato Grosso do Sul, segundo estado brasileiro com maior contingente dessa população, o presente capítulo buscou explicitar o antagonismo presente nas duas formações discursivas referidas, inspirado no "jogo de imagens" proposto por Michel Pêcheux em sua perspectiva de constituição de uma disciplina teórica crítica e interpretativa da linguagem.

Com base no *corpus* de estudo, analisamos, assim, o que dizem os atores sociais não-índios sobre a causa indígena, e, inversamente, o que diz o índio (e seus porta-vozes legítimos) sobre si mesmo e sobre suas reivindicações. Partindo do questionamento sobre o modo de funcionamento do discurso *do* e *sobre* o indígena, observamos diferentes estratégias retórico-enunciativas. Nesse funcionamento, destacaram-se as estratégias de autovitimização e de identificação, por parte da formação discursiva antagonista. Pelo lado do indígena, detectamos a "presença" marcante do silêncio, seja pela delegação de voz à voz legítima dos movimentos sociais organizados, seja pela ilusão enunciativa, na apropriação desviante das causas indígenas por um índio transformado, "inserido". Esse retrato pouco otimista da voz indígena é personificado até mesmo em sua representação corporal, na qual predominam a ocultação dos lábios e uma certa lateralidade do corpo.

Ao operar tal recorte, na escolha dos textos que compõem o *corpus* de estudo, reiteramos a opção por uma análise do discurso que poderia ser qualificada como franco-brasileira: fiel à problemática do discurso, tal como Pêcheux a vislumbrou, e que ainda possui um vigor interpretativo fundamental para compreender o(s) sentido(s) de uma formação identitária excluída, como a do índio brasileiro. Nesta perspectiva, insistimos sobre uma concepção de discurso como "efeito de sentido entre locutores" (ORLANDI, 2007a, p. 21), sendo fundamental a noção de *sentido* como constitutivamente atravessado pela história, para além do quadro pragmático imediato dos textos.

Referências

BONNAFOUS, S. Ideologia. In: CHARAUDEAU, P.; MAINGUENEAU, D. (ed.) *Dicionário de análise do discurso*. São Paulo: Contexto, 2004.

BOURDIEU, P. *A economia das trocas simbólicas*. São Paulo: Perspectiva, 2013.

HENRY, P. Os fundamentos teóricos da análise do discurso. In: GADET, F.; HAK, T. (Org.). *Por uma análise automática do discurso*: uma introdução à obra de Michel Pêcheux. 3. ed. Campinas, SP: Ed. Unicamp, 1997. p. 13-38.

MARX, K.; ENGELS, F. *Manifesto do Partido Comunista*. 5. ed. São Paulo: Global, 1985.

MALDIDIER, D. *A inquietação do discurso: (re)ler Michel Pêcheux hoje.* Trad. Eni P. Orlandi. Campinas, SP: Pontes, 2003.

ORLANDI, E. P. *As formas do silêncio: no movimento dos sentidos.* 4. ed. Campinas, SP: Ed. Unicamp, 1997.

ORLANDI, E. P. *Análise do discurso: princípios e procedimentos.* Campinas, SP: Pontes, 2007a.

ORLANDI, E. P. Maio de 1968: os silêncios da memória. In: ACHARD, P. *et al. Papel da memória.* 2. ed. Campinas, SP: Pontes, 2007b, p. 59-67.

ORLANDI, E. P. *Discurso em análise: sujeito, sentido e ideologia.* Campinas, SP: Pontes, 2012.

PAVEAU, M.-A.; ROSIER, L. Éléments pour une histoire de l'analyse du discours. Théories en conflit et ciment phraséologique. *Communication au colloque franco-allemand : "L'analyse du discours en France et en Allemagne. Tendances actuelles en sciences du langage et sciences sociales",* Créteil, Céditec, 2 juil. 2005. Disponível em: <http://www. johannes-angermuller.net/deutsch/ADFA/paveaurosier.pdf>. Acesso em: 13 abr. 2014.

PÊCHEUX, M. *Semântica e discurso: uma crítica à afirmação do óbvio.* 3 ed. Campinas, SP: Ed. Unicamp, 1997.

PÊCHEUX, M. *O discurso: estrutura ou acontecimento.* Campinas, SP: Pontes, 2012.

RIBEIRO, D. *Os índios e a civilização.* 2. ed. Petrópolis, RJ: Vozes, 1977.

RODRIGUES, M. L. Discurso e silêncio: "14 de maio: o dia que ainda não terminou". In: RODRIGUES, M. L. (Org.). *Discurso e Sentido: questões em torno da mídia, do ensino e da história.* São Carlos, SP: Claraluz, 2007. p. 167-192.

RODRIGUES, M. L. *Introdução ao estudo da ideologia que sustenta o MST.* Dourados, MS: Nicanor Coelho Ed., 2011.

RODRIGUES, M. L. Análise do discurso: distensão, deserção e distorções. In: GOMES, N. dos S. e ABRÃO, D. (Org.). *Pesquisa em Letras: questões de língua e literatura.* Curitiba, PR: Appris, 2012. p. 251-264.

13. A exclusão pela morte: suicídio no trabalho

Alain Rabatel[1]
Trad. Clebson Luiz de Brito e Aline Saddi Chaves

Há poucas experiências tão traumáticas quanto a confrontação com o suicídio de alguém próximo – o suicídio em segunda pessoa, parafraseando V. Jankélévitch (1977). Mas a experiência brutal de um colega de trabalho que comete suicídio – o suicídio em terceira pessoa –, também difícil de administrar, é, por outras razões, igualmente difícil de representar, como mostra a representação midiática dos suicídios que atingiram os funcionários da France Télécom em 2008 e 2009. A análise de discurso[2] que faremos aqui, com o apoio da linguística textual (ADAM, 2005), dará continuidade a uma reflexão linguística sobre a responsabilidade enunciativa, mas também a uma reflexão ética e política sobre a responsabilidade cidadã dos jornalistas (RABATEL, 2006, 2008, 2009), por meio do estudo da representação midiática dos suicídios ligados ao mundo do trabalho. Com efeito, a maneira pela qual evocamos a representação enfatiza o fato de que essa noção significa mais do que uma representação fiel de uma realidade pré-existente. Ela

---

[1] Uma primeira versão deste capítulo foi publicada na revista *Questions de communication* (n. 20, 2011, p. 175-98), com o título: "La levée progressive du tabou des responsabilités socio-professionnelles dans les suicides en lien avec le travail à France Télécom (fin août-octobre 2009)". (N.T.)

[2] Em um trabalho não publicado até o momento, *Pour une histoire des idées. Les analystes du discours 1968-2002*, pesquisa FNRS por entrevistas filmadas, Paveau e Rosier elencam seis tendências da análise do discurso (AD): AD1 ou "Semântica discursiva", iniciada por M. Pêcheux; AD2 ou "Análise de discurso", introduzida na França pelos textos de Z. Harris e voltada para a análise textual, formal e intradiscursiva; AD3 ou "Análise do discurso em interação (ou Análise conversacional)", em torno de C. Kerbrat-Orecchioni; AD4 ou "Análise crítica do discurso", em torno de N. Fairclough (Grã-Bretanha), R. Wodak (Áustria), T.-A van Dijk (Espanha/Holanda), V. Vincent (Quebec), que estuda o impacto do social no discurso; AD5 ou "Análise de discurso enunciativa", sobretudo com D. Maingueneau; e AD6 ou "Análise de discurso comunicacional", que estuda o discurso midiático, com S. Bonnafous e P. Charaudeau. É claro que os cruzamentos são sempre possíveis, como mostra este trabalho, que se inscreve na AD 5 e 6, mantendo-se ao mesmo tempo bem próximo das preocupações da AD4. Para uma síntese online, ver o artigo de Paveau e Rosier (2005).

indica uma construção nova, uma maneira de apresentar os objetos do discurso que opera com efeitos de real para fins argumentativos particulares, de modo que a re(a)presentação é uma marca do ponto de vista do enunciador, ainda que ela adquira a aparência de uma representação objetivante das coisas. Essa ancoragem política, com base na dimensão ideológica da re(a)presentação, é uma forma de homenagem e fidelidade à capacidade crítica inicial da análise do discurso francesa (MAZIÈRE, 2005; GARDIN, 1987 [2005a], 1990 [2005b]), presente ainda em Guilhaumou (1998, 2006) ou em certos setores das ciências humanas, como mostram algumas referências deste trabalho, ou ainda publicações recentes como *Questions de communication* (n. 16, de 2009) ou *Langage et société* (n. 132, de 2010).

Nosso *corpus* é composto por mais de cem artigos da imprensa escrita publicados durante o ano de 2009 (jornais de circulação nacional e regional, jornais gratuitos, publicações semanais, textos de agências de notícia, imprensa especializada, sites da web[3]). A análise da materialidade linguística implicará escolhas, pois é impossível praticar análises enunciativas pormenorizadas sem citar trechos. Estes são, porém, escolhidos por seu caráter exemplar. O *corpus* mostra uma evolução sensível no tratamento das informações durante o verão de 2009, passando de um confronto geral entre autoridades da empresa e sindicatos para uma representação que multiplica os pontos de vista: os de diferentes especialistas, de trabalhadores, de autoridades políticas etc. Não trataremos aqui da re(a)presentação dos suicídios da primeira metade do ano de 2009 – que foram tema de uma publicação anterior (RABATEL, 2010a) –; abordaremos, sobretudo, as mudanças no tratamento midiático dos suicídios no fim do verão e início do outono de 2009, quando estes se multiplicaram, tomando formas espetaculares, incriminadoras. Esse agravamento obriga primeiramente as autoridades patronais e governamentais a agir publicamente, como veremos na primeira parte. Ele incita também as mídias a modificar as cenografias anteriores, em grande medida restritas ao debate entre fontes enunciativas patronais e sindicais.

A partir disso, a imprensa manifesta uma vontade deliberada de inscrever cada suicídio em uma série dramática (em episódios) e de passar do espetacular à explicação e à interpretação, por meio das modificações do debate anterior: essas primeiras alterações na re(a)presentação da morte no trabalho constituirão o foco da segunda parte. Na terceira parte, mostraremos que a modificação qualitativa e quantitativa na re(a)presentação do suicídio passa pela exploração

---

[3] *Le Monde, Libération, Le Figaro, France Soir, Le Parisien, L'Humanité, 20 Minutes, Le Progrès, Les Dernières Nouvelles d'Alsace, Le Journal du Dimanche, Le Point, L'Express, Le Nouvel Observateur, Télérama, Charllenges, L'Expansion, Marianne, Politis, AFP, Santé et Travail, Arrêt sur images, Basta, Médiapart.* Mencionamos aqui apenas as publicações citadas no artigo, mas o *corpus* contém outros títulos.

mais sistemática da hiperestrutura[4], recorrendo a depoimentos dos funcionários ou dos especialistas da saúde ou do trabalho. Essas modificações no tratamento midiático desempenham um papel importante na evolução do modo como emerge, afinal, a ideia de uma responsabilidade da empresa nos suicídios, não apenas no local de trabalho, mas, mais amplamente, na relação com o trabalho, sendo esses desfechos fatais a manifestação mais dramática de um conjunto de indicadores da degradação das relações sociais no trabalho. Fazendo o percurso, o leitor constatará que os suicídios são raramente mostrados, que a referência a eles situa-se sempre em um além da morte que busca compreender suas motivações. Tendo em vista a dimensão social dessa tragédia, a explicação surge nos conflitos intensos, que inscrevem o suicídio em uma complexa cadeia de causas que não se restringem à história pessoal dos sujeitos, o que orienta a análise na direção da ação, pela tomada de consciência quanto à prevenção coletiva dos riscos.

As causas externas da virada na cobertura midiática do 20º para o 23º suicídio

É sempre difícil datar com precisão uma virada na cobertura de um acontecimento. Arrisquemos, porém, alguns argumentos nesse sentido, inicialmente de natureza externa à esfera midiática, em seguida de natureza interna. A virada ganha consistência no fim do verão de 2009, quando toda a imprensa (jornais de circulação nacional (JCN), jornais de circulação regional (JCR), jornais gratuitos, publicações semanais etc.) concede um novo lugar, tanto quantitativa como qualitativamente, à referência aos suicídios que ocorrem na France Télécom ou que atingem seus funcionários. Se comparamos a cobertura do 23º suicídio com o tratamento da informação relacionada aos suicídios anteriores, contatamos mudanças. Uma das explicações para tais mudanças midiáticas é que esse 23º suicídio emocionou mais do que os outros, indicando o ponto crítico de uma degradação recente. A série de suicídios e de tentativas de suicídio se acelerou durante o verão frequentemente em circunstâncias trágicas, a partir do 20º suicídio. Essas características chamaram a atenção do público e o tornaram mais receptivo, como confirma o posfácio de Pierre Morville e Patrick Ackermann para o livro de Yvan du Roy (2009), intitulado *Un été meurtrier,* que recapitula a sinistra ladainha daquele verão: Marselha, 14 de julho[5]; Draguignan, meados de julho; Quimper, 31 de julho;

---

[4] A hiperestrutura consiste em uma fragmentação de longos textos em vários módulos textuais, infográficos ou fotográficos. A noção é definida mais detalhadamente no início da terceira seção.

[5] O executivo que se suicida em Marselha (14/07/09) denuncia em uma carta sua "sobrecarga de trabalho" e uma "gestão pelo terror" (DU ROY, 2009, p. 245). Um ano depois, o novo presidente da France Télécom reconhece esse suicídio como acidente de trabalho (ver o site do *Libération,* de 13/07/10).

Besançon, 11 de agosto; Lannion, na madrugada de 29 para 30 de agosto (este será o 22º suicídio na France Télécom).

O segundo elemento reside no caráter espetacular do suicídio: com efeito, a suicida, uma mulher de 32 anos, se atirou da janela diante dos colegas de trabalho. Esse gesto, por sua vez, dá sequência a uma tentativa de suicídio igualmente espetacular, a de um empregado de Troyes que se apunhalou diante de uma quinzena de colegas e de seu chefe, após terem sido anunciadas a supressão de seu cargo e sua transferência para cerca de cem quilômetros dali – a diretoria contestaria a distância (ver os sites de *20 Minutes* e de *L'Expansion* de 09/09/09). Estamos aí com a morte, "no instante mortal" (JANKÉLÉVITCH, 1997), diante dos colegas, e essa dramatização voluntária é claramente um sinal direcionado a expor o fim das solidariedades socio-profissionais (DEJOURS; BÈGUE, 2009, p. 19-20; BAUDELOT; ESTABLET, 2006, p. 79-81), que a imprensa repercute, então, nos espaços concedidos a certos sociólogos ou psicólogos, entre os quais Christophe Dejours (*Le Monde*, 14/08/09; *L'Humanité*, 21/09/09).

As infelizes declarações da direção da France Télécom na sequência desses fatos representam um terceiro elemento que favorece a virada, uma vez que elas chocam a opinião pública. As declarações do Presidente da empresa, Didier Lombard, sobre a moda e o contágio ("O mais urgente agora é conseguir interromper o fenômeno do contágio, acabar com essa moda de suicídio", *Le Monde*, 17/09/09) são retomadas nas manchetes dos jornais e das publicações semanais, o que lhes confere um valor de fórmula (KRIEG-PLANQUE, 2009): assim, a revista *Télérama* (23/09/09) intitula seu artigo "Sobre a 'moda do suicídio'" e o inicia com estas palavras: "Haveria uma 'moda de suicídio' na France Télécom. 23 suicídios em 18 meses: de fato a tendência é forte". Essas declarações foram mal recebidas, o que confirma, por exemplo, a manchete do *Télérama*[6], que tira de Didier Lombard as mais desconcertantes palavras em um sentido que, certamente, não era aquele a que ele visava, mas que, por outro lado, podia ser inferido sem má-fé. Ora, a ideia de "moda", de contágio não é absurda; ela é bem fundamentada em E. Durkheim, que mostrou que, a cada período de crise, o suicídio atinge com maior força os indivíduos mais frágeis. Mas o que choca é a vontade de reduzir esses suicídios a casos particulares, enquanto, como esclarecia Émile Durkheim (1897), eles remetem a uma dimensão social incontornável. Essa é a razão pela qual Jean-Pierre Soubrier, apresentado como psiquiatra do hospital americano de Paris (e também especialista junto à

---

[6] O título do *Le Progrès*, na seção da terceira parte, reservada à imprensa cotidiana regional, segue essa mesma tendência.

Organização Mundial da Saúde – OMS), quando consultado por *L'Expansion*, indica com ênfase que "uma onda de suicídios é reveladora de um grave mal-estar social" (fórmula durkhaemiana que serve de título para o artigo de Julie de la Brosse, no *L'Expansion* de 09/09/09).

Um quarto indicador da virada consiste no fato de que o governo, sob pressão midiática, é compelido a mudar. Xavier Darcos, Ministro do Trabalho, dá várias declarações que são percebidas como uma pressão (discreta, mas real) sobre a direção da France Télécom e envia em missão seu Chefe de Gabinete. Essas tomadas de posição, no entanto, não são unânimes. Xavier Bertrand (29/09/09, na *France Inter*) isenta de culpa os dirigentes da empresa por não terem percebido nada, com o pretexto de que os sindicatos não tinham sido mais perspicazes, parecendo esquecer a criação do *Observatório do Estresse e das Transferências Compulsórias*[7] desde a primavera de 2007, o que leva o *Libération* (15/10/09) a publicar que "Xavier Bertrand reescreve a história". No mesmo sentido, *Politis* (2009, p. 8) indica que "Claude Guéant, secretário geral do governo francês, estimou, assim como o diretor de recursos humanos da France Télécom, que não se podem reduzir os 23 suicídios de funcionários 'a um problema de organização do trabalho'".

A mudança afeta também a direção da empresa, que não permanece mais na denegação ou mesmo na explícita camuflagem de uma verdade incômoda[8], aceitando, finalmente, reunir-se com os sindicatos em torno da questão no dia 18 de setembro. Porém, ainda aí, o avanço não se dá sem recuos: a direção "recusa qualquer ligação com sua gestão" e fala, com efeito, "de 'dramas individuais', o que remete [...] a problemas pessoais, argumentando que nenhum suicídio foi qualificado como acidente de trabalho na France Télécom", segundo comentários relatados pelo sindicato (SUD-PTT) em *L'Humanité* (01/09/09). Assim sendo, as medidas planejadas medicalizam e individualizam o problema, oferecendo canais

---

[7] Associação fundada pelos sindicatos SUD-PTT, CFE-CGC e UNSA, que é assistida por um comitê científico composto por sociólogos, ergônomos e psicoterapeutas e que dispõe de um site: <http://www.observatoiredustressft/org>. Essa associação teve papel determinante na midiatização dos suicídios para que se reconhecesse a responsabilidade da empresa nos suicídios no trabalho e, mais amplamente, na degradação do conjunto das relações sociais no trabalho.

[8] Em *Orange stressé* (2009, p. 13-17; 177-181), I. du Roy indica que ocorreu à direção da France Télécom solicitar ao médico-chefe da empresa que reescrevesse o relatório de seus colegas ou que os proibisse de participar de reuniões dos comitês de higiene e segurança, o que levou o Sindicato Nacional dos Profissionais da Saúde no Trabalho a protestar junto à direção da France Télécom. A empresa sofreu, além disso, uma debandada de seus médicos. O sociólogo V. de Gaulejac lembra que, quando um médico do trabalho escreveu à direção da IBM para lhe comunicar o hiperestresse que reinava na empresa, esta solicitou seu desligamento pelo fato de que ele ultrapassava suas atribuições (ver *Politis*, 17/09/09). Esses fatos são raramente evocados na imprensa, sem dúvida para evitar processos ou para não conflitar com um anunciante em potencial.

de comunicação gratuitos e escutas psicológicas, ao passo que negligenciam as relações do indivíduo no grupo[9].

Esses fenômenos, exteriores à esfera midiática, influenciam claramente o modo como esta relata os acontecimentos. Vejamos agora os argumentos internos, com base na tese de uma virada no tratamento midiático dos suicídios relacionados ao trabalho, primeiramente com a seriação e o abandono da apresentação neutralizada das fontes e, em seguida, com a hiperestrutura, elementos que justificam que se possa falar em um novo "momento discursivo", segundo a expressão de Moirand (2007).

As causas internas na re(a)presentação do suicídio[10]

Cabe salientar que falamos "da" re(a)presentação do suicídio no singular, na medida em que a análise do *corpus* não revela diferenças significativas no tratamento desse acontecimento na imprensa nacional ou regional. Tendo em vista o peso determinante dos textos das agências de notícias, a imprensa de informação, qualquer que seja a sensibilidade política dos periódicos, limita-se, em um primeiro momento, a reescrever a informação. É verdade que a imprensa de opinião se distingue pelas análises manifestamente mais completas e mais críticas, mas, como seu impacto é menor, isso não afeta consideravelmente as características dominantes da representação aqui apreendida. É nesse sentido que podemos dizer que as mudanças na re(a)presentação ligadas à seriação e à hiperestrutura afetam todos os periódicos, à medida que a multiplicação das tragédias torna insuficiente a simples oposição entre as fontes sindicais e patronais. Essa mudança passa, então, de uma abordagem psicologizante dos suicídios – com a neutralização das fontes (RABATEL, 2010a) – para uma contextualização que despsicologiza o problema para pôr em questão uma organização do trabalho perversa e deletéria, o que se tornou possível pela utilização de depoimentos diretos de funcionários e de análises de especialistas que vêm legitimar o discurso sindical. A re(a)presentação dos suicídios se revela inicialmente pela inscrição da seriação no discurso primário, aquele que é de responsabilidade direta do jornalista. A seriação não se resume à adjetivação pelo numeral ordinal;

---

[9] Sobre os limites desse tipo de práticas, ver *Santé et travail* (n. 60, 2007, sobretudo, p. 29-37). A dissolução do social no psicológico é acompanhada, então, de um assédio a funcionários que se encontram em estado de "perfusão psíquica": "Enfatizando exclusivamente a relação entre dois indivíduos, o agressor e a vítima, interpretada a partir da psicanálise das perversões, ela [a abordagem psicológica compassiva e não social do trabalho] abriu caminho mais para a criminalização das condutas do que para as transformações da organização do trabalho" (CLOT, 2008, p. 177).

[10] O subtítulo original desta parte, que achamos por bem sintetizar, é: "Les évolutions de la re-présentation du suicide avec l'inscription dans le discours primaire de la sériation et l'abandon du retranchement derrière des sources qui se neutralisent". (N.T.)

ela é indicada por termos (grifados nas citações abaixo) que indicam a duração, a reiteração e que produzem implicitamente efeitos de incriminação.

Para ilustrar esses procedimentos, nós nos apoiaremos em duas notícias sobre o 25º suicídio no site do *20 Minutes* e do *Nouvel Observateur* (15/10/09). O *Nouvel Observateur* traz como manchete um "Novo suicídio[11] na France Télécom, na Bretanha", e o *20 Minutes*, "Um 25º funcionário da France Télécom se suicidou na quinta-feira". Fato importante, a seriação é acompanhada de uma referência às fontes particularmente surpreendente, na medida em que o emprego sistemático de *segundo x*, para remeter à fonte patronal, parece às vezes forçado, produzindo efeitos contraprodutivos. No *20 Minutes*, o artigo contém três subtítulos: "Trabalho – Ele tinha 48 anos e trabalhava em Lannion", "O Presidente da companhia está no local" e "Os funcionários estão ainda em risco". A empatia inicial é forte: o suicida é apresentado como um "engenheiro de 48 anos, em licença médica havia um mês sobre [sic] prescrição de seu médico do trabalho. Casado e pai de família, ele se enforcou em sua casa, segundo a direção" (*20 Minutes*, 15/10/09).

Nesse primeiro parágrafo, a referência à fonte é certamente um sinal de que a direção está, a partir desse momento, na dianteira para gerir a crise. Isso é confirmado pelo segundo subtítulo, centrado no presidente da empresa – é sabido que ele demorou muito a agir, ele ou outros membros da direção. O texto informa que ele foi "profundamente afetado" por esse gesto e decidiu ir "imediatamente" ao local, segundo um porta-voz da direção" (*20 Minutes*, 15/10/09).

A segunda referência à fonte (indicada por "segundo") confirma uma estratégia enunciativa e argumentativa que consiste em fazer, em dizer que se faz e em fazer sabê-lo. Porém, há mais. "Segundo" é uma preposição de enquadramento que anuncia uma opinião, pensamentos, falas. Desse ponto de vista, seu emprego não cria problema no segundo fragmento. No primeiro, seu emprego é mais problemático; tratando-se de um fato, a preposição mais adequada seria "de acordo com" (SCHREPFER-ANDRÉ, 2005). O leitor compreende que a informação é dada pelo canal da direção, e é exatamente isso que o jornalista quer dizer. Mas é inadequado apresentar um fato como opinião. Esse erro é certamente a marca de um processo de reescrita dos textos das agências de notícias, mas é também significativo ao indicar que, em situações complexas, conflituosas, os jornalistas se escondem por trás de uma obstinada referência às fontes das informações, com o risco de confundir os limites entre fato e opinião, a fim de escapar às responsabilidades relativas ao que é dito no discurso primário do locutor, correndo também o risco de que essa reiteração obstinada da fonte patronal produza efeitos sem dúvida inesperados, fragilizando os depoimentos do patronado, já que fatos são reduzidos a opiniões.

---

[11] Em todas as citações, os grifos são de nossa responsabilidade.

Essa dificuldade aparece igualmente no trecho referente ao suicida de Lannion (ver adiante), em que o fato de se cometer suicídio em determinadas circunstâncias pode certamente ser relatado *de acordo com* a direção, mas muito dificilmente *segundo* a direção. A gestão das fontes enunciativas não se limita, porém, a essa única estranheza. Nos artigos anteriores à virada, os jornalistas contrapunham bem sistematicamente as informações *segundo* a direção e *segundo* os sindicatos (RABATEL, 2010a). Entretanto, se aqui as informações *segundo* a direção são mantidas, e isso com os efeitos incoerentes (mas significativos) que acabamos de apontar, a fonte sindical, por outro lado, desaparece (e, consequentemente, também *segundo*), sendo substituída por duas ocorrências de *trata-se de* e *tratava-se de*, que apresentam as circunstâncias da tragédia independentemente de tal fonte, o que, na memória discursiva, consiste em validar as informações dadas sistematicamente, antes da virada, pelas fontes sindicais: "Trata-se do <u>segundo funcionário que comete suicídio em Lannion</u>. Um técnico do centro de pesquisa tinha se matado na madrugada de 29 para 30 de agosto passado, sem deixar mensagem explicando seu gesto. <u>Tratava-se, então, do vigésimo segundo suicídio</u>" (*20 Minutes*, 15/10/09).

Além do fato da seriação, as circunstâncias são evocadas segundo uma perspectiva mais ampla, com a história do lugar, convidando a ultrapassar uma análise psicológica que não levaria em conta a dimensão psicossocial do fenômeno, que não é, de modo algum, um caso único. No contexto, a referência ao suicídio anterior assinala que há mesmo um problema de organização do trabalho, o que é confirmado pelo subtítulo seguinte, que reproduz as declarações dos sindicatos. Estas são validadas, em primeiro lugar, pela exposição dos fatos diretamente assumida pelo discurso primário na citação anterior; em seguida, pelo fato de que as declarações da direção são apresentadas como uma resposta defensiva em relação à situação, já que os dirigentes "<u>multiplicam</u> os *mea-culpa*. <u>Depois de</u> D. Lombard, <u>que havia admitido na sexta-feira</u> não ter 'levado em conta suficientemente os sinais' de aflição dos funcionários, <u>coube ao novo nº 2</u> do grupo, Stéphane Richard, reconhecer que a empresa tinha 'talvez ido longe demais' nos mecanismos de controle dos funcionários" (*20 Minutes*, 15/10/09).

A natureza dos verbos de elocução (admitido, reconhecer) ou a qualificação destes pelo jornalista (*mea-culpa*), as modalizações (suficientemente, talvez) indicam um incômodo por parte da direção, que está, ao mesmo tempo, na defensiva e que, apesar de tudo, busca contra-atacar. Em resumo, a orientação do artigo é feita de maneira que tudo convirja para a validação da fala dos sindicatos, que insistem na realidade do estresse, que deve ser objeto das negociações de 20 de outubro. Essa orientação é, além disso, anunciada, já de saída, pela foto que encabeça o artigo, na qual se veem as grades de uma outra unidade da France Télécom atingida por um suicídio. Ora, essas grades (que evocam o universo da penitenciária) trazem um pequeno cartaz ("suicídios + tentativas de suicídio = redução de emprego"), como se, do ponto de vista cínico da direção, a onda de suicídios se inscrevesse em sua estratégia de enxugamento ou de demissão voluntários. O artigo do *Nouvel Observateur*, mais curto, retoma o mesmo esquema para noticiar o suicídio – confirmando a importância do *rewriting* dos textos das agências de notícias – e apresenta características idênticas: "Um funcionário da France Télécom se suicidou em sua casa em Lannion (Côte d'Armor), confirmou a direção da empresa. [...] O homem, de 48 anos e que trabalhava no centro de pesquisa e desenvolvimento da empresa em Lannion, cometeu suicídio em sua casa, na quinta-feira de manhã, segundo a direção. Ela informa que ele estava em licença médica havia um mês" (*Le Nouvel Observateur*, 15/10/09).

Vem, em seguida, um parágrafo que se refere ao deslocamento de Didier Lombard "segundo a direção", sem mencionar sua fala. O parágrafo seguinte amplia o ângulo de análise: "Esse novo suicídio eleva para 25 o número de suicídios na empresa em 19 meses, segundo os sindicatos". O quinto parágrafo evoca uma recente tentativa de suicídio em Marselha e, em seguida, os dois últimos, os mais longos do artigo, são dedicados aos sindicatos, que fazem referência às negociações relativas ao estresse ocorridas no dia 20 de outubro e colocam em xeque o antigo nº 2, Louis-Pierre Wenes, "acusado de métodos de gerenciamento considerados brutais". O artigo confere uma importância crescente às circunstâncias da tragédia e à sua explicação, tentando dar a entender que a repetição das tragédias é indicativa de um problema maior do que aquele de que fala a direção. Há certamente uma comunicação implícita: a referência à substituição de Louis-Pierre Wenes por Stéphane Richard, chamado desde sua nomeação a substituir Didier Lombard, sugere que as mudanças no mais alto escalão são o sinal das responsabilidades da área de gestão na degradação das condições de trabalho, pois a hipótese de um bode expiatório não está presente. A relação entre suicídio e condições de trabalho é apresentada como um fato estabelecido, nos próprios textos, e, é claro, por meio da reiteração dramática da série. A inscrição dos fatos em uma série transforma o fato particular em um acontecimento, inserido em uma trama causal/explicativa. O suicídio não é mais um caso trágico particular, evocado de maneira emocional na cena midiática; ele se torna um signo em uma série, a qual se inscreve em uma história global que tem um sentido: o das degradações de uma gestão liberal (ver GARDIN, 1987; 2005a, p. 232).

Como destaca A. Badiou (1988, p. 202), o acontecimento é uno, por sua globalidade, e múltiplo, pela diversidade dos fatos que o compõem. No entanto, essa globalidade é difícil de emergir e de ser apreendida – pois a situação da France Télécom é complexa e relativamente inédita – por uma imprensa que trata pouco de questões sociais e que se sente mais bem preparada para tratar de *faits divers* ou de negócios. Além do mais, todos os especialistas que trabalharam com a noção de acontecimento destacaram que aqueles que são facilmente detectáveis e analisáveis são os que se repetem e se inscrevem em uma classe, aqueles em relação aos quais se podem prever a reiteração e o desfecho (RICOEUR, 1983, p. 48; ARQUEMBOURG, 2003, p. 40). É, então, progressivamente – exceto para os militantes e jornalistas engajados que dispõem de tabelas de análise que dão um sentido imediato a esses suicídios em série – que a representação dos suicídios na France Télécom deixa de se reduzir a uma simples narração de um fato, passando a se inscrever em uma série; a trama narrativa e a visada informativa se desdobram em visadas explicativa e argumentativa, acompanhadas de mudanças significativas na explicação à medida que os suicídios se multiplicam. Mas essas visadas explicativas e argumentativas se desenvolvem apenas no quadro das hiperestruturas, que permitem a emergência de uma dimensão práxica, política, particularmente importante.

A ascensão do tratamento analítico dos suicídios em hiperestruturas

No tratamento dos suicídios, o segundo indicador de uma mudança diz respeito à generalização do emprego de hiperestruturas. Esse termo – forjado por Grosse e Seibold (1994, p. 54) em referência aos recursos da internet que permitem navegar de *link* em *link* nos hipertextos[12] – remete às mudanças em curso na imprensa escrita assim como na internet (DE BROUCKER, 1995, p. 75; MOURIQUAND, 1997, p. 109; ADAM; LUGRIN, 2000, 2006; LUGRIN, 2000). Formalmente, a hiperestrutura consiste em uma fragmentação dos longos artigos heterogêneos, no plano de tipos de texto, em pequenos módulos, mais homogêneos, no plano do tipo de texto, independentes uns dos outros e, assim, geralmente enquadrados. Essa disseminação, que dá às hiperestruturas uma forma de rede (HERRENSCHMIDT, 2007), combina-se com um aumento da parte visual (fotografias e infográficos), a fim de facilitar a compreensão e permitir percursos de leitura mais livres. Em geral, as hiperestruturas se estendem por uma página ou uma página dupla, mas elas podem também ocupar menos de uma página. Elas são encontradas tanto nos JCN como nos JCR com entrevistas de especialistas do trabalho, do suicídio, de sindicalistas, de políticos – sendo que os JCR raramente vão até hiperestruturas que ocupam uma página dupla inteira. A hiperestrutura multiplica os artigos e, sobretudo, os ângulos de ataque, explorando tipos de textos e gêneros variados, com textos meramente informativos, outros com visada claramente explicativa, outros, ainda, com visada argumentativa, às vezes no contexto de controvérsias etc. Com isso, a questão das responsabilidades, em geral antes denegada ou diluída, torna-se um elemento importante do debate, ultrapas-

---

[12] Com o formato HTML (Hyper Texte Markup Language).

sando o quadro factual do suicídio e sua dimensão emocional. As hiperestruturas selecionadas adiante são relativamente emblemáticas das representações dominantes, sem que se observem distinções claras entre os JCN e os JCR, o que é em si forte indício da maneira homogênea como a informação é tratada.

Poder-se-ia perguntar o que a hiperestrutura traz em relação a uma análise clássica dos acontecimentos. É oportuno deixar clara a natureza das diferenças entre essa noção e as estruturas que permitem dar conta dos acontecimentos, tanto em Veron (1981) e Van Dijk (1985), como em Cicurel (1993). Esses autores insistem na existência de estruturas de inteligibilidade, cognitivas e formais, que facilitam a análise do evento (no caso, uma catástrofe). Assim, em torno do acontecimento central, acrescentam-se, em Veron, considerações relativas a consequências e acontecimentos anteriores, à periodicidade, ao plano de fundo, às reações verbais e às histórias paralelas. Em Van Dijk (1985), o artigo combina comentários (expectativas, avaliações) e relato analítico do acontecimento (acontecimento principal, acontecimentos anteriores, plano de fundo, circunstâncias, contexto, história). Essas matrizes, encontradas também em Cicurel (1993), operam no nível do texto e, portanto, dizem respeito apenas à parte verbal da hiperestrutura. É certo que elas são encontradas no artigo central da hiperestrutura, focalizado nos componentes "centrais" do acontecimento, mas também nos outros módulos textuais, suscetíveis de ser consagrados a este ou àquele componente "periférico" do acontecimento. Mais fundamentalmente, a hiperestrutura rompe com a existência de um texto único que hierarquiza os dados e os argumentos em benefício da existência de módulos mais ou menos autônomos que propiciam percursos de leitura mais diversificados. Esse modo de apresentação e de análise permite dar conta da complexidade, rejeitando-se todo ponto de vista[13] único, o que põe em termos inéditos a questão da responsabilidade jornalística. Voltaremos a isso mais à frente. Esse enfraquecimento do texto primário e unitário implica que o jornalista faça um esforço particular para assegurar uma visibilidade às partes contratantes do pacto social, a fim de que elas sejam conhecidas e reconhecidas (HONNETH, 2000; RABATEL, 2010b).

As hiperestruturas nos jornais de circulação regional (JCR)

Tendo em vista a abundância de textos, nós nos concentraremos em um exemplo prototípico. *Le Progrès* (16/09/09) volta-se para a questão em uma hiperestrutura que abrange três quartos da página (6 colunas em 8)[14]:

---

[13] Quer se trate de um ponto de vista enunciativo único ou de uma perspectiva única e unilateral sobre o evento.

[14] Agradecemos a M.-L. Florea os esquemas das hiperestruturas.

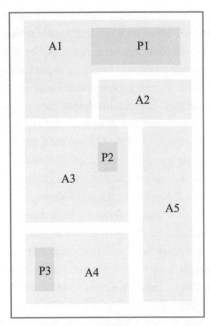

Figura 1: *Le Progrès* (16/09/09, p. 3)

No alto da página, com um título em 6 colunas, um artigo (A1) confirma o caráter de fórmula das declarações de Didier Lombard (P1) sobre o contágio, indicando "Suicídio e estresse na France Télécom: o medo do contágio". O título do texto, em sua primeira parte, articula em posição temática "suicídio" e "estresse": essa tematização, que corresponde por definição à retomada de elementos co(n)textualmente relevantes, indica que a ligação entre o suicídio e o estresse é indiscutível – mesmo que a natureza semântica da relação não seja explicitada –, como confirma o início do artigo. Com efeito, o artigo, que se volta para o 23º suicídio, inscreve o fato particular não somente em uma série, mas em um quadro societário bem amplo: "A pressão no trabalho pode matar. Isso não é novo, mas a onda de suicídios e de tentativas na France Télécom (23 em um ano) expõe os desgastes causados pelo estresse no trabalho e pelas reestruturações brutais vividas pelos empregados" (*Le Progrès*, 16/09/09, p. 3).

Le Progrès também evoca as medidas adotadas pela Renault e pela PSA Peugeot Citroën, que passaram por tais problemas e tentaram solucioná-los, do mesmo modo que a Électricité de France (EDF) e o banco Societé Générale – o que sugere por oposição, no contexto, a demora da France Télécom em tomar medidas. O artigo trata das responsabilidades políticas, por meio do desejo de Xavier Darcos de integrar aos fatos o acordo interprofissional sobre as condições de trabalho aceitas em novembro de 2008 entre patrões e sindicatos, assim como por meio das declarações da ANACT (Agence Nationale pour l'Amélioration des Conditions de Travail), as quais confirmam as resistências dos responsáveis (referindo-se a um "tabu") e destacam a importância de agir quando a crise pesa sobre o moral dos empregados.

A hiperestrutura compreende igualmente um artigo estatístico (A2), indicando que "o suicídio mata mais do que as estradas" e informando que, na France Télécom, "se se excluem os jovens e as pessoas com mais de 60 anos, o índice torna-se duas vezes maior do que na população ativa da mesma faixa etária". Um terceiro artigo (A3) dá a palavra ao delegado central da CGC-UNSA (P2), sindicato que desempenhou um papel central na criação do Observatório do Estresse. O delegado faz referência ao "assédio institucionalizado" e à "hierarquia de pequenos chefes", eles próprios submetidos às pressões de seus superiores, e cita o caso de um funcionário de "52 anos que, em 5 anos, mudou cinco vezes de função no interior da empresa". O artigo entrecruza, de modo bem eficaz, esse depoimento com a análise de Dominique Decèze, um dos primeiros autores a se debruçar sobre essas questões, na France Télécom, em 2004, com *La machine à broyer* (edição revista e aumentada em 2009). Ele lembra que a diminuição de efetivos (de 160.000 para 90.000 empregados em 10 anos) não se fez sem pressão, apesar da fraseologia patronal de demissões voluntárias, com notadamente 22.000 cortes em três anos no último escalão, que compreende, acima de tudo, os funcionários com mais de 50 anos. É interessante destacar a convergência em relação a esses posicionamentos, convergência tornada ainda maior com o posicionamento do sociólogo Henri Vacquin (P3) na entrevista que segue (A4), cujas análises são confirmadas por Dominique Decèze e, mais ainda, pelos depoimentos de funcionários a Jean-Yves Claret. Com efeito, Henri Vacquin confirma que "os suicídios foram ocultados pelas empresas", que o caso da France Télécom não é isolado, mas deriva de uma

> [...] gestão ultraliberal, fundada sobre a ganância e a individualização da relação no trabalho. Atualmente, as organizações mudam a cada dois meses, assim como as estruturas. As mutações geográficas e profissionais são permanentes e sem acompanhamento: isso implica vulnerabilidade para os mais fracos. Alguns vivenciam às vezes uma solidão colossal [...]. A multiplicação das células de escuta e dos DRH [Departamentos de Recursos Humanos] não serve para nada, tanto que as condições de desestabilização no trabalho estão aí. É necessário questionar novamente a relação na hierarquia e no trabalho (em entrevista a Nathalie Mauret, *Le Progrès* (16/09/09, p. 3).

Enfim, um último texto, intitulado "Mal-estar na Web" (A5), relata depoimentos de funcionários[15].

---

[15] A leitura dos artigos na internet permite ter acesso aos comentários dos leitores. Assim, o texto de C. Azzaro em *Le Point* (06/11/09) é seguido de depoimentos particularmente significativos

Essa cobertura do acontecimento, ampla e diversificada, vai além do que essa única hiperestrutura digna de nota dá a entender, se levarmos em conta o fato de que esse conjunto de 5 artigos dá sequência, com três dias de diferença, a dois outros artigos.

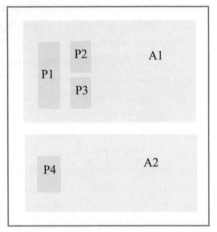

Figura 2: *Le Progrès* (13/09/09, p. 5)

No dia 13 de setembro de 2009, um artigo (A1) de *Le Progrès* mostra a foto do imóvel de cuja janela uma funcionária tinha se atirado (P1) e dá a palavra a Xavier Darcos (P2) e a Didier Lombard (P3), entrevistando ainda, em um segundo artigo (A2), Marie Pezé (P4), especialista em psicopatologia do trabalho junto a tribunais e responsável, há 12 anos, pela consultoria *Sofrimento e Trabalho* no Hospital Max-Fourestier de Nanterre. Esta última destaca que "a violência do gesto é proporcional à violência sofrida", fórmula que é destacada por um subtítulo negritado e uma fonte de tamanho maior que a do restante da entrevista. Marie Pezé evita psicologizar o caso, destacando a insuficiência de certas medidas (como a suspensão provisória das remoções[16]) ou o caráter nocivo de decisões organizacionais, como

> [...] formar chefias que detectem os sinais de fragilidade dos funcionários: são os chefes que dão as ordens, prescrevem a intensificação do trabalho, as mudanças de cargo. São, então, aqueles que aplicam o insuportável que vão ser encarregados de detectar os sinais (*Le Progrès*, 13/09/09, p. 5).

---

de trabalhadores da France Télécom. Às vezes, os posicionamentos são categóricos, como no site do *Figaro*, mas esse jornal, cujos leitores são claramente de direita, abriga comentários que estão longe de ser homogêneos e hostis para com os funcionários da France Télécom, mesmo se um certo número deles seja violentamente antifuncionários.

[16] Até 31 de outubro, como informa o *Libération* (14/09/09).

Em suma, a publicação concede amplo espaço ao caráter trágico do último suicídio sem ceder ao espetacular. A análise em contraponto de Marie Pezé explica o suicídio, fazendo dele o fim de um processo desintegrador; além disso, ela expõe, de forma clara, as responsabilidades, anunciando antecipadamente outros suicídios caso mudanças radicais na gestão não sejam colocadas em prática.

As hiperestruturas nos jornais de circulação nacional (JCN)

Os JCN dedicam também artigos no formato de hiperestrutura às tragédias na France Télécom, confirmando, assim, que o 23º suicídio marca uma intensificação no tratamento midiático da questão na imprensa escrita de um modo geral. É o que ocorre no *Libération*.

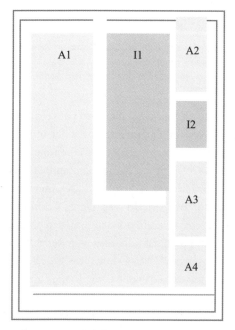

Figura 3: *Libération* (14/09/09, p. 16)

A estrutura da página é assegurada por um artigo de Luc Peillon (A1), bastante didático como indica o título: "Nas origens da epidemia de suicídios". Os subtítulos tomam a forma de interrogações ("Quantos suicídios na France Télécom?", "Por que uma sequência assim?", "O que fazem a direção e o governo?"), às quais responde o corpo do artigo, apoiando-se em exemplos bem incriminadores: assim, a jovem mulher que se jogou da janela tinha passado por "um triplo remanejamento. Após uma remoção três anos atrás (de Courbevoie para Paris) e uma mudança de estrutura (da Orange para a France Télécom), ela tinha acabado de tomar conhecimento de um novo remanejamento de seu serviço. De uma forma geral, a empresa está em reestruturação permanente faz vários anos" (*Libération*, 14/09/09, p. 16).

Os índices que seguem (idênticos àqueles citados em *Le Progrès*, de 16/09/09, e que podem ainda ser encontrados nos textos das agências de notícia), relativos a "demissões forçadas" e ao programa "*It's time to move*", que leva parte dos funcionários a dever mudar de atribuição a cada três anos, validam também a tese da responsabilidade da empresa. A referência às medidas adotadas pela direção ou pelo governo suscita, desse modo, reservas idênticas àquelas que são expressas por especialistas entrevistados nas edições dos dias 13 e 16 de setembro de 2009 de *Le Progrès*, com a diferença significativa de que, no *Libération,* o distanciamento é diretamente assumido pelo jornalista, não passando pela mediação de especialistas ou de sindicalistas:

> No mais, não nos devemos deixar iludir pelo arroubo de empatia do governo. Isso porque o Estado ainda é o principal acionista com 26,65 % do capital e, mais importante, o empregador dos 65.000 funcionários da ex-empresa pública (*Libération*, 14/09/09, p. 16).

Esse distanciamento é igualmente marcado pela charge de François Ayroles (I1), com funcionários em compartimentos/prisões e um compartimento vazio. O *Libération* completa o artigo principal (A1) com uma coluna de dados: sobre os índices de suicídios (A2), sobre a divisão do capital (I2), destacando a parte majoritária do Estado e assim, sem dúvida, indiretamente, a sua ampla responsabilidade. Seguem uma imagem de Jean-Denis Combrexelle (A3), chefe de gabinete de Xavier Darcos, enviado por seu ministro para acompanhar o caso, e, por fim, a referência às medidas adotadas pela Renault após os três suicídios do Tecnocentre de Guyancourt (A4). Depreende-se dessas hiperestruturas uma idêntica vontade de informar, de explicar, facilitando um retorno ao passado e recorrendo a especialistas e, mais especificamente, a especialistas independentes e claramente engajados, o que permite tomar uma posição mais explícita.

Isso é demonstrado ainda pela hiperestrutura de *L'Humanité* (21/09/09): a "primeira página" anuncia que "também há suicídio no ministério" (do equipamento), mencionando, em uma impressão sobre a foto do Ministério da Ecologia, uma correspondência interna do ministério sobre o mal-estar dos agentes do equipamento. A "primeira página" anuncia enfim, em sua parte inferior, uma grande entrevista com o psiquiatra e psicanalista Christopher Dejours na página 4. As páginas 2 e 3 compõem uma grande hiperestrutura com um artigo, na segunda página, que desenvolve informações relativas à epidemia de suicídios encoberta no referido ministério, como foi anunciado na primeira página (A1). Esse artigo é acompanhado, em seu centro, de uma ilustração que reproduz uma face deformada por uma espécie de mola elevada por uma chave, como se essa face torturada – que não deixa de evocar as criaturas deformadas de Francis Bacon – retratasse, de modo sem igual, a crônica de um suicídio anunciado. O artigo, que ocupa praticamente toda a página da esquerda, continua na primeira coluna da página seguinte, à direita. Um segundo artigo (A2) colhe "o ponto de vista" de um responsável da CGT (Confédération Générale du Travail) sobre as repercussões na vida familiar que a sobrecarga de trabalho implica. Na página 3, um pequeno texto (A3) informa o número de agentes em licença médica por depressão grave em um ano (500), em contraste com uma ilustração do ministério, nas instalações modernas da *Grande Arche de la Défense* (P1), centro de negócios de Paris. Embaixo, figura um artigo (A4) com trechos atribuídos ao comitê central de higiene e segurança sobre a necessidade de "velar pela promoção do bem-estar no trabalho", e, em seguida, um segundo "ponto de vista" (A5), de um secretário regional da CGT sobre a sobrecarga de trabalho na direção inter--regional das estradas do norte. Finalmente, o editorial (A6) trata da responsabilidade do Estado-acionista. Se essa hiperestrutura se distancia das precedentes pela representação excessiva dos dirigentes da CGT, ela não se distingue destas na forma global como as responsabilidades são estabelecidas, no que diz respeito tanto à empresa como ao sistema mais amplo de gestão.

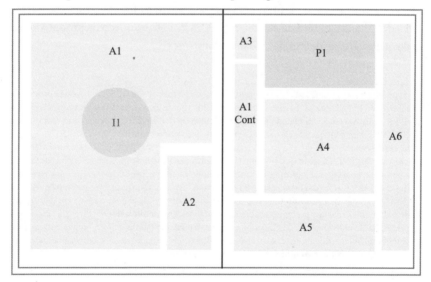

Figura 4: *L'Humanité* (21/09/09, p. 2-3)

O emprego generalizado das hiperestruturas para tratar desses suicídios é um indicador bastante forte do sentido político, dispensado pelas mídias, para que se pense a reduplicação dos suicídios como um verdadeiro problema da sociedade cujos responsáveis são, em primeiro lugar, as empresas. De fato, a multiplicação dos módulos permite dar a palavra a outros atores (os funcionários) ou a especialistas que confirmam que os suicídios, longe de se restringir a fraquezas individuais, remetem a um modo de organização da produção e a um tipo de relações na empresa. Porém, se essas práticas são certamente atribuíveis à direção da France Télécom, elas são também amplamente disseminadas. Daí a importância de um duplo movimento: vertical, para tentar estabelecer as responsabilidades na empresa, e horizontal, para lembrar que a questão, não sendo própria de uma empresa, constitui um verdadeiro problema social que surgiu no início dos anos 1990[17]. Os módulos das hiperestruturas fazem, assim, eco às análises de pesquisadores (DEJOURS, 2003; LINHART, 2004; GAULEJAC, 2005, 2007; DEJOURS; BÈGUE, 2009) ou de jornalistas especializados, como Ivan du Roy, que destacam que os suicidas ou os que tentam o suicídio têm (ou tinham), na maioria das vezes, uma longa trajetória profissional, sendo funcionários dinâmicos e competentes que reagiram mal às práticas gerenciais desestruturantes e desvalorizantes que os atingiram[18]. Em resumo, o suicídio emerge como um indicador da relevância das patologias psicossociais (bulimia no trabalho, insônias, uso de ansiolíticos, aumento de licenças médicas, estresse que pode levar ao esgotamento nervoso – *burn out*) e disfunções no trabalho (anonimato, falta de diálogo, ritmo das reestruturações, *turn-over*, concorrência entre os funcionários, ida para a "geladeira", afastamento ou assédio moral, absenteísmo, queda da produtividade e da qualidade, acidentes de trabalho, demissões)[19].

---

[17] Os problemas surgiram paralelamente às mudanças de política gerencial. Sobre isso, será proveitosa a leitura do trabalho de M. Feynie. Este, consultor interno de uma empresa pública (que ele chama de LP), mostrou em seu trabalho de tese, como "etnólogo indígena", as mudanças que, entre 1992 e 2002, atingiram a LP, quando ela mudou seu estatuto para poder se abrir à concorrência. Consultem-se, em especial, o relato de convenções restritas aos chefes (FEYNIE, 2010, p. 40-60), reveladoras da ideologia do gerenciamento (p. 64-6); as análises dedicadas à língua de madeira gerencial, idealizante e pomposa, cheia de neologismos, de anglicismos, de metáforas bélicas, esportivas ou cinegéticas (p. 70-89); a descrição das estratégias para mascarar a hierarquia sob o estabelecimento de relações mais igualitárias (por meio do tratamento informal, o emprego do primeiro nome em detrimento do sobrenome), mas que permanecem bem dissimétricas, em um clima de concorrência exacerbada pela avaliação individual dos desempenhos, o que leva uma testemunha a dizer: "nunca nos tratamos tão informalmente, nos abraçamos e tratamos os outros pelo primeiro nome e, paralelamente, nunca dissemos tantas coisas baixas uns em relação aos outros" (p. 125).

[18] Esses suicídios decorrem do que É. Durkheim chama, em sua tipologia, de "suicídio fatalista" daqueles que se matam porque pensam que seu futuro está sem perspectivas e suas vidas, por demais opressivas. Estamos longe do "suicídio altruísta" das sociedades tradicionais ou do "suicídio egoísta" das sociedades individualistas; por outro lado, será que estamos tão longe assim, como quer C. Lemieux (2010, p. 98), do "suicídio anômico" das sociedades em crise, na medida em que os valores e as regras de outrora são desprezados?

[19] Ver I. du Roy (2009), C. Dejours, F. Bègue (2009) e A. Rabatel (2010a).

Do ponto de vista da responsabilidade enunciativa, a hiperestrutura se apresenta como uma técnica de escrita graças à qual os jornalistas podem dar conta da complexidade, contornando a exigência de simplicidade, na medida em que cada módulo é simples de ler e que a ausência de ligação entre os módulos deixa para o leitor a tarefa de estabelecer relações. A hiperestrutura permite ainda contornar a exigência da brevidade, já que a soma de textos breves não produz o mesmo efeito de um texto único de mesma extensão. Enfim, a hiperestrutura permite ao jornalista respeitar a exigência de objetividade e de neutralidade, exigência certamente discutível, como as anteriores, mas que é tão forte que explica a tendência à redução do discurso primário e a propensão a se proteger por trás das fontes, frequentemente colocadas em confronto. Ora, a multiplicação dos módulos permite dar a palavra a uma multiplicidade de atores diferentes, contemplar aspectos diversos e escapar ao simplismo das confrontações sistemáticas (e esperadas) que se neutralizam. Desse modo, ela se revela um instrumento que permite não apenas analisar a complexidade, mas também dar espaço a segmentos do corpo social que nem sempre são "visíveis" (funcionários, especialistas) e de lhes assegurar, assim, uma melhor compreensão e reconhecimento (HONNTH, 2000), jogando com efeitos argumentativos indiretos bem eficazes, a partir do momento em que a fala dos atores é mostrada, colocada em imagem (fixa ou móvel), segundo processos de convocação dos discursos à maneira dos *links* nos hipertextos (RABATEL, 2010c). É verdade que certos periódicos apresentam esse discurso complexo sem passar pela técnica da hiperestrutura, como o *Politis*, de 17/09/09, *L'Humanité*, de 21/09/09, *Le Point*, de 06/11/09. Mas, no fundo, essas exceções não confirmariam a tendência? Pois elas estão relacionadas ou a periódicos engajados (jornal – *L'Humanité* – ou publicação semanal – *Politis*), que não estão submetidos às mesmas exigências de neutralidade, ou a uma publicação semanal de "informação" (*Le Point*), que, em função do seu ritmo de publicação, não está submetida às mesmas coerções de rapidez e simplicidade para facilitar a captação do público. Sem contar que é necessário integrar a mudança geral das expectativas do público em tais momentos, critério que explica a cobertura que *Le Point* dedica ao acontecimento. Pode-se, então, considerar que a hiperestrutura compreende uma técnica de escritura particularmente interessante para contornar as exigências nos jornais, técnica essa que supõe, porém, que o trabalho de jornalista não seja mais exercido isoladamente, mas em uma equipe de redação que prepare antecipadamente seus dossiês, a fim de facilitar a cobertura e a análise de um acontecimento complexo.

Conclusão

Concluiremos com quatro observações: as duas primeiras incidem sobre a temática do tabu e da denegação dos suicídios e, sobretudo, dos suicídios no trabalho, enquanto as duas últimas se voltam para o âmbito dos métodos semio-linguísticos da representação midiática dos suicídios no trabalho.

1. Se a morte é uma realidade difícil de ser abordada diretamente, o suicídio, mais ainda o suicídio no trabalho, é uma dessas realidades difíceis de ser tra-duzidas em palavras[20]. Tal situação pode ser explicada pelo impacto dos tabus em relação à morte. Pois o tabu existe, contrariamente à ideia segundo a qual a abundância dos discursos sobre a morte nas artes, as mudanças das práticas (AIDS, tratamento paliativo, eutanásia), dos rituais mortuários ou do tratamento midiático da morte modificariam seu impacto (WALTER, 1994). Com efeito, além do fato de essas mudanças serem dominantes no mundo anglo-saxão – em que a denegação da morte tinha sido particularmente forte –, temos o direito de nos perguntar se elas modificam consideravelmente o tabu (DÉCHAUX, 1996, p. 164), na medida em que este pode ser reforçado por denegações sociais ou societárias. Testemunha disso é a emblemática argumentação de Laurent Zylberberg, diretor de relações sociais na France Télécom – em resposta a uma pergunta da jornalista Isabelle Horlans sobre o suicídio de um funcionário quinze anos antes –, na medida em que a persistência do tabu da morte por suicídio, relacionada ao mistério dos indivíduos, forma a base que permite na sequência desenvolver a denegação das responsabilidades patronais:

> Vocês compreenderão que eu não posso me manifestar publicamente sobre um caso individual. Em uma empresa que emprega em torno de 200.000 pessoas no mundo e cerca de 100.000 na França, somos evidentemente confrontados com todo tipo de situação. Tratando-se dessa senhora, eu não sei se seu gesto está relacionado às condições de trabalho, mesmo se tendo a pensar que não há nunca uma única razão que leva as pessoas ao suicídio. Eu não acredito na causalidade única. [...] Irei mesmo mais longe: quando um de nossos colaboradores comete suicídio, pouco importa se ele põe ou não em xeque sua chefia; em todos os casos, eu não posso nem devo excluir, *a priori*, as condições de trabalho como uma das razões possíveis desse gesto. Se alguém acusa sua chefia, o importante não é que isso seja verdadeiro ou não, mas que ele acredite que assim seja: quer dizer que falhamos em algo. É um drama para sua família, mas também para a empresa (*France soir*, 18/05/09).

O diretor de relações sociais, que não deseja se manifestar sobre um caso particular, "tende a pensar", no entanto – ele chega a ser categórico ("eu não acredito") –, que a causalidade única para o suicídio deve ser rejeitada, revelando um relativismo suavizante e vago ("falhamos em algo") que exime a empresa do

---

[20] A imbricação entre *morrer e matar* analisada por B. Gardin (1990, 2005b, p. 225) a propósito de um acidente de trabalho ("X foi morto") já havia mostrado, em um contexto muito diferente, uma dificuldade que só pode aumentar no caso de um suicídio.

exame de suas responsabilidades. Como se o erro da direção fosse menos sua política industrial e sua gestão do que sua comunicação, que leva os funcionários a pensar erroneamente o que pensam. Em suma, com os suicídios no trabalho, acumulam-se, de um lado, o tabu em relação à morte e, mais especificamente, ao suicídio e, de outro, a denegação de questões sociais vivas, tratadas como uma história pessoal incompreensível e não coletivizada.

Esses esquemas de pensamento são ainda mais eficazes à medida que são mais amplamente partilhados, pois a maior parte dos atores diretos ou indiretos encontra-se em estado de denegação ou de dificuldade de falar. Afora a estratégia intencional que consiste em ocultar uma verdade que incomoda[21], as testemunhas e pessoas próximas podem sentir-se culpadas por não terem pressentido o que iria acontecer, ou por terem percebido, mas não terem sabido impedir o desfecho fatal. Mesmo a imprensa está pouco aparelhada para tratar dessas questões e, além disso, precisa contar com empresas no provimento de significativos suportes publicitários. Daí, inicialmente, uma re(a)presentação do suicídio restrita à denegação das responsabilidades gerenciais, a uma abordagem psicologizante, antes de proceder a uma primeira tentativa de explicação que opõe (e neutraliza) as fontes patronais e sindicais.

2. Apesar dos avanços em relação ao reconhecimento do suicídio entre as psicopatologias profissionais e das responsabilidades da empresa, persiste o fato de que as empresas resistem[22]: assim, elas contestam suas responsabilidades diante do Sistema Nacional de Saúde. De fato, apenas um em cada cinco suicídios ocorridos em local de trabalho – que são imediatamente notificados – é reconhecido como acidente de trabalho. A responsabilidade da empresa é ainda mais difícil de ser estabelecida quando o suicídio ocorre fora do local de trabalho, muito embora uma decisão da corte de cassação tenha estendido a jurisprudência em um sentido mais favorável aos empregados[23]. Além disso, expor

---

[21] M. Feynie (2010, p. 107-116) mostra o quanto é difícil penetrar numa empresa, primeiramente porque é necessária a autorização do empregador; depois porque é imperativo ganhar a confiança dos funcionários. E mesmo quando essas condições são preenchidas, o pesquisador ainda não se vê livre de julgamentos, pois a publicação do trabalho é geralmente mal vista tanto pelos responsáveis da empresa como pelos funcionários de base. Nos dois casos, M. Feynie fala em um sentimento de "traição".

[22] Em 19 de setembro de 2010, data de fechamento do presente texto, e durante os quinze dias que precederam essa data, cinco suicídios tinham sido registrados, elevando para 23 o número de funcionários da France Télécom que cometeram suicídio em 2010.

[23] Uma decisão da Corte de Cassação (decisão da segunda Câmara Civil, de 22/02/2007) considerou a tentativa de suicídio de um funcionário em sua residência como acidente de trabalho, já que ele estava em licença médica por depressão, tal como foi atestado pela Seguridade Social, contrariando o parecer do empregador (www.village.justice.com, *O suicídio ligado ao trabalho: qualificação, causas, responsabilidade do empregador,* consultado em 25/09/09). A mudança da lei destaca que,

os efeitos indesejáveis da lógica empresarial e gerencial não chega a colocar em xeque o peso dos acionistas e da financeirização da economia. Ademais, a análise permanece ainda setorizada, privilegiando as empresas de economia mista – ou, ao menos, são as análises que incidem sobre esse tipo de empresa que detêm a preferência das editoras –, enquanto outras profissões são atingidas: "agente penitenciário, policial, psiquiatra, socorrista e bombeiro são consideradas 'atividades vulneráveis' ou 'atividades de risco'". Profissões nas quais se confronta com a violência ou mesmo com a morte. Mas a questão permanece sendo tabu." (France 5, *La santé au travail*, consultado em 25/09/09). Esse tabu da ligação meio profissional/meio de vida pesa, assim, particularmente quando se trata de setores de função pública em que a responsabilidade do Estado nas consequências gerenciais está diretamente implicada: desse modo, um tabu e uma denegação persistentes remetem timidamente a um "mal-estar educativo" de natureza psicológica[24], sem, evidentemente, se restringir à função pública, pois o tabu, assim como a denegação, é ainda mais forte no caso dos suicídios em meio carcerário, dos párias que são "nossos" prisioneiros. Mas aqui a interpelação ética e política ultrapassa o quadro da análise das práticas midiáticas.

3. A amplificação dos suicídios e de seus ecos obriga a imprensa a mudar seus modos de representação dos suicídios com a seriação, o abandono do uso da mera montagem de citações, o incremento da análise do discurso primário dos jornalistas (independentemente dos turnos enunciativos) ou de uma cenografia que favorece a multiplicação dos ângulos de análise e dos pontos de vista no quadro das hiperestruturas. Esses métodos ultrapassam a confrontação patrões/ sindicatos, sem, porém, eliminá-la, já que, no final das contas, a fala sindical é legitimada. Eles permitem, assim, apresentar uma análise mais completa da complexidade do acontecimento, às vezes de maneira cômoda, poupando os jornalistas de estabelecer relações, que ficam a cargo dos leitores, tendo em vista a rarefação do discurso primário jornalístico. Todas essas modificações demonstram que a necessidade de representar o irrepresentável, que é a morte – e mais ainda a morte no trabalho –, incita as práticas de escrita jornalística a se modificarem. Fato importante: não se trata de negar a emoção nem o relato, trata-se de integrá-los em um método explicativo, argumentativo, e de considerar a questão da ação, segundo uma dialética que não deixa de lembrar aquela pela qual Jean-Marc Ferry (1991) pensa as relações entre narrativa, interpretação, argumentação e

---

mesmo na falta de um comunicado formal, desde o momento em que laudos médicos ou atestados indiquem a existência de distúrbios graves e compatíveis com ocorrências advindas do trabalho, a falta inescusável da parte do empregador pode ser constatada.

[24] Sobre as evoluções do gerenciamento na educação nacional, no ensino superior e na pesquisa francesa, ver C. Laval (2009), I. e M. This Saint Jean (2009), assim como B. Cassin (2009).

reconstrução (Rabatel; Florea, 2011), em um sentido mais complexo que a simples técnica do *storytelling* (Salmon, 2007).

4. A mudança no tratamento midiático dos suicídios atravessa toda a imprensa, tanto os JCN, quanto, digno de nota, os JCR, as publicações gratuitas e as publicações semanais. Isso demonstra que a imprensa pode, em certas condições, desempenhar um papel positivo de mediador social ao não reduzir o espaço social a dois grupos antagônicos que se neutralizam; ao abrir espaço para outros atores; ao não se contentar em ser apenas um "maestro" ou porta-voz; ao ultrapassar o mero relato do evento para tentar explicar o curso das coisas e ajudar na reflexão e nas tomadas de decisão. Interpelamos tão frequentemente a imprensa quanto à questão da responsabilidade (Rabatel; Chauvin-Vileno, 2006a, 2006b; Rabatel; Koren, 2008), que é justo destacar aqui a dimensão positiva da mediação social desempenhada pelas mídias de informação ou, ao menos, as potencialidades dessa mediação, quando a imprensa fornece os meios para tal.

Referências

ADAM, J.-M. *Introduction à l'analyse textuelle des discours*. Paris: A. Colin, 2005.

ADAM, J.-M.; LUGRIN, G. L'hyperstructure: un mode privilégié de présentation des événements scientifiques. *Carnets du cediscor*, n. 6, 2000. p. 133-49.

ADAM, J.-M. Effacement énonciatif et diffraction co-textuelle de la prise en charge des énoncés dans les hyperstructures journalistiques. *Semen*, n. 22, 2006. p. 127-44.

ARQUEMBOURG, J. *Le temps des événements médiatiques*. Paris: De Boeck, 2003.

BADIOU, A. *L'être et l'événement*. Paris: Seuil, 1988.

BAUDELOT, C.; ESTABLET, R. *Suicide. L'envers de notre monde*. Paris: Seuil, 2006.

BONNAFOUS, S.; TEMMAR, M. (éds.). *Analyse du discours et sciences humaines et sociales*. Paris: Éd. Ophrys, 2007.

BROUCKER de, J., 1995. *Pratiques de l'information et écritures journalistiques*. Paris: CFPJ, 1995.

CASSIN, B. L'état schizophrène, Dieu et le nous raisonnable. In: GORI, R.; CASSIN, B.; LAVAL C. (dirs.). *L'appel des appels. Pour une insurrection des consciences*. Paris: Éd. Mille et une nuits, 2009. p. 351-371.

CICUREL, F. Pré-visibilité des discours journalistiques. À propos d'un événement catastrophe. *Carnets du Cediscor*, n. 1, p. 55-76.

CLOT, Y. Le statut de la critique en psychologie du travail : une clinique de l'activité. *Psychologie française*, n. 53, 2008, p. 173-193.

CUSIN-BERCHE, F. *Le "management" par les mots. Étude sociolinguistique de la néologie*. Paris: L'Harmattan, 2003.

DECHAUX, J.-H. Walter (Tony). The revival of death. *Revue française de sociologie*, n. 37, 1996, p. 161-64.

DEJOURS, C. *L'évaluation du travail à l'épreuve du réel. Critique des fondements de l'évaluation.* Paris: INRA Éd., 2003.

DEJOURS, C.; BEGUE, F. *Suicide et travail, que faire ?* Paris: PUF, 2009.

DU ROY, Y. *Orange stressé. Le management par le stress à France Télécom.* Paris: La Découverte, 2009.

DURKHEIM, E. *Le suicide.* Paris: PUF, 1960 [1897].

FEYNIE, M. *Les maux du management. Chronique anthropologique d'une entreprise publique.* Paris: Le Bord de l'eau, 2010.

FERRY, J.-M. *Les puissances de l'expérience. Essai sur l'identité contemporaine*, Paris: Du Cerf, 1991.

GARDIN, B. Comment dire la mort d'un travailleurs ? *Mots*, n. 14, p. 149-69. Repris in GARDIN, B. *Paroles d'ouvrières et d'ouvriers.* Textes édités et présentés par Gardin N. et Boutet J. Limoges: Lambert Lucas, 2005a.

GARDIN, B. La sociolinguistique française. *Lexikon der romanistischen Linguistik*, n. 1, 1990, p. 224-30. Repris in GARDIN, B. *Langage et luttes sociales.* Textes édités et présentés par Gardin N. et François F. Limoges: Lambert Lucas, 2005b.

GAULEJAC de V. *La société malade de la gestion.* Paris: Le Seuil, 2005.

GAULEJAC de V.; AUBERT, N. *Le coût de l'excellence.* Paris: Le Seuil, 2007 [1991].

GROSSE, E.-U.; SEIBOLD, E. Typologie des genres journalistiques. In: _____ (hrsg) *Panorama de la presse parisienne.* Frankfurt, Berlin: P. Lang, 1994. p. 32-55.

GUILHAUMOU, J. *La parole des sans. Les mouvements actuels à l'épreuve de la Révolution française.* Fontenay aux Roses: ENS Éd., 1998.

GUILHAUMOU, J. *Discours et événement.* Besançon: Presses universitaires de Franche-Comté, 2006.

HERRENSCHMIDT, C. *Les trois écritures. Langue, Nombre, Code.* Paris: Gallimard, 2007.

HONNETH A. *La lutte pour la reconnaissance.* Trad. de l'allemand par P. Rusch. Paris: Du Cerf, 2000.

JANKELEVITCH, V. *La Mort.* Paris: Flammarion, 1977.

KRIEG-PLANQUE, A. *La notion de "formule" en analyse du discours.* Besançon: Presses universitaires de Franche-Comté, 2009.

Langage et société.Linguistique légale et demande sociale : les linguistes au tribunal, 2010, n. 132.

LAVAL, C. La réforme managériale et sécuritaire de l'école. In: GORI, R.; CASSIN, B.; LAVAL, C. (éds.). *L'appel des appels. Pour une insurrection des consciences*, Paris: Éd. Mille et une nuits, 2009. p. 153-168.

LEMIEUX, C. Vague de suicides aux usines Renault: relire Durkheim. In: _____. *La sociologie sur le vif.* Paris: Presses des Mines, 2010. p 97-9.

Libération.20 ans de faits divers. Enquêtes sur les crimes qui ont secoué la France, Paris: Le Seuil, 2007.

LINHART, D. *La modernisation des entreprises*. Paris: La Découverte, 2004.

LUGRIN, G. Le mélange des genres dans l'hyperstructure. *Semen*, n. 13, 2000, p. 65-96.

MAZIERE, F. *L'analyse du discours. Histoire et pratiques*. Paris: PUF, 2005,

MOIRAND, S. *Les discours de la presse quotidienne. Observer, analyser, comprendre*. Paris: PUF, 2007.

MOURIQUAND, J. *L'écriture journalistique*. Paris: PUF, 1997.

PAVEAU, M.-A.; ROSIER, L. Éléments pour une histoire de l'analyse du discours. Théories en conflit et ciment phraséologique, 2005. Accès: <http://www.johannes-angermuellerde/deutsch/ADFA/paveaurosier.pdf>.

Politis. "Floués jusqu'au désespoir", 17/09/2009.

Questions de communication. "Journalistes et sociologues. Retour sur des luttes pour 'écrire le social'", n. 16, 2009.

RABATEL, A. L'effacement de la figure de l'auteur dans la construction événementielle d'un journal de campagne électorale et la question de la responsabilité, en l'absence de récit primaire. *Semen*, n. 22, 2006, p. 71-85.

RABATEL, A. Pour une conception éthique des débats politiques dans les médias: répondre *de, devant, pour*, ou les défis de la responsabilité collective. *Questions de communication*, n. 13, 2008, p. 47-69.

RABATEL, A. Le traitement médiatique des suicides à France Télécom de mai-juin à mi-août 2009: la lente émergence de la responsabilité du management dans les suicides en lien avec le travail. *Studia universitas Babe ̦s-Bolyai, Philologia*, t. LV, v. 1, 2010a, p. 31-52.

RABATEL, A. Deux modes de représentation idéologique people du pouvoir, lors du premier anniversaire de la présidence de N. Sarkozy. *Semen*, 30, 2010b.

RABATEL, A. Analyse pragma-énonciative des s/citations du site d'Arrêt sur images. *Argumentation et analyse de discours*, n. 4, Tel-Aviv, 2010c, p. 1-16. Accès: <http://aad.revues.org/index806.html>.

RABATEL, A. La pluri-sémioticité des s/citations du site d'*Arrêt sur images*. In: JAUBERT, A. *et al.* (eds), *Citations 2. Citer pour quoi faire? Pragmatique de la citation*. Louvain: Academia Bruylant, 2011. p. 13-36.

RABATEL, A.; CHAUVIN-VILENO, A. (éds). Énonciation et responsabilité dans les médias. *Semen*, n. 22, 2006.

RABATEL, A. La question de la responsabilité dans les médias. *Semen* 22, 2006, p. 5-24.

RABATEL, A.; FLOREA M.-L. Re-présentations de la mort dans les médias d'information. *Questions de communication*, n. 19, 2011, p. 7-18.

RABATEL, A.; KOREN R. (éds). La responsabilité collective dans la presse. *Questions de communication*, n. 13, 2008, p. 7-24.

RICOEUR, P. *Temps et récit.* Paris: Le Seuil, 1983.

ROY, I. du. *Orange stressée.* Paris: La Découverte, 2009.

SALMON, C. *Storytelling.* Paris: Éd. La Découverte, 2007.

Santé et travail, "Suicides, le travail en accusation", n. 60, 2007.

SCHREPFER-ANDRE, G. Incidence des formes de reprise du SN régime des SP en selon x énonciatifs sur leur portée phrastique et textuelle. *Langue française,* n. 148, 2005, p. 80-94.

THIS SAINT JEAN, I.; THIS SAINT JEAN, M. Réforme ou assassinat de la Recherche et de l'enseignement supérieur? In: GORI, R.; CASSIN, B.; LAVAL, C. (éds.). *L'appel des appels. Pour une insurrection des consciences.* Paris: Éd. Mille et une nuits, 2009. p. 169-182

VAN DIJK T. Discourse Analysis: Its Development and Application to the Structure of News. *Journal of Communication,* n. 33-2, 1985, p. 20-43.

VERON, E. *Construire l'événement. Les médias et l'accident de Three Mile Island.* Paris: Minuit, 1981.

WALTER, T. *The Revival of Death.* London: Routledge, 1994.

14. O preconceito contra os nordestinos nas redes sociais

Argus Romero Abreu de Morais
Renato de Mello

A dimensão do discurso regional com foco no separatismo e na inferiorização do Nordeste no contexto brasileiro recente chamou a nossa atenção, impulsionando-nos, com isso, a analisá-lo por meio de um viés cognitivo-discursivo. A difusão massificada desses imaginários, historicamente tão arraigados na estruturação social brasileira, em redes sociais desde 2010, permite avaliar como se conformam alguns dos nossos padrões identitários mais fundamentais: o de pertença regional. Nesse intuito, investigamos os imaginários associados ao significante "Nordeste" no Brasil atual a partir de sete enunciados publicados nas redes sociais *Facebook* e *Twitter* durante o segundo turno das eleições presidenciais brasileiras de 2010 e de 2014. Entendemos que esse *corpus* possibilita analisar de forma privilegiada a relação entre categorização cognitiva metafórica (relação metáfora/cognição/pensamento) e funcionamento discursivo da linguagem (relação metáfora/língua/história).

Para tanto, baseamo-nos na perspectiva de irredutibilidade do pensamento humano e na proposta de metáforas emergentes distribuídas, tal como foi desen-volvida em Morais (2015), na interface entre a Análise do Discurso, nos termos de Pêcheux (2009) e de Gadet e Pêcheux (2010); o Realismo Experencial de Lakoff e Johnson (1985); os Sistemas Complexos, em consonância com as propostas discur-sivas de Cameron e Deignam (2009) e de Hall (2003); e a proposta de Externalismo Cognitivo, em acordo com as abordagens de Auroux (1998) e de Paveau (2006). Como veremos, os sete enunciados que serão analisados adiante organizam metafo-ricamente os pleitos eleitorais como uma disputa assemelhada a uma batalha entre "dois brasis", e o nordestino como o inimigo a ser eliminado, demonstrando, com isso, a importância de se considerarem a organização sócio-histórica do pensamento humano, o funcionamento cognitivo-discursivo da memória e as redes sociais como ferramentas cognitivo-discursivas de produção, circulação e acúmulo de sentidos.

O pensamento inatingível: discurso, cognição e metáforas emergentes distribuídas

De acordo com Gadet e Pêcheux (2010, p. 70): "a língua domina o pensamento, impondo-lhe a ordem do negativo, do absurdo, da metáfora. É aí que a ciência da linguagem relaciona-se com o registro do inconsciente." A metáfora, nessa perspectiva, não pode ser mais considerada restrita a um ponto de ruptura com a linguagem ordinária, mas como efeito fundante dos sentidos pelos deslocamentos que opera na linguagem como sistema real, simbólico e imaginário (sistema RSI)[1], fruto da interface entre língua e história.

Assim, o pensamento não funciona como sistema autônomo completo, mas como regiões descontinuadas do simbólico (domínios de pensamento) em oposição à ideia do todo harmônico do pensamento (no sentido de contínua estocagem coerente e transparente de conhecimentos), de modo que os estados mentais humanos não se reduzem a uma interioridade subjetiva da consciência. O sujeito é, portanto, uma posição imaginada como entidade que representa o mundo, emergente da relação real entre uma dada posição imaginária e o representável no simbólico. Desse modo, não se trata de falar do pensamento humano, mas do pensável no humano, decorrente do retorno do saber no pensamento (PÊCHEUX, 2009).

Segundo Orlandi (2009), a enunciação supõe um posicionamento do sujeito em relação a si mesmo, aos outros e ao próprio mundo. Ao dizermos que "X é P" (verbo ser/estar no português), por exemplo, geramos um (efeito de) sentido calcado na atribuição de uma característica essencial (P) ao referente (X), expressa pela maneira como o verbo "ser" cria a suposta evidência de que uma forma da língua(gem) aponta para o exterior dela mesma, como uma "etiqueta" para as coisas do mundo. Dito de outro modo, como metalinguagem, o verbo "ser" funciona como uma espécie de marca linguística que gera o efeito do "para além da linguagem" que "retorna" ao mundo para descrevê-lo, designando suas características em si. Todavia, a metalinguagem não se configura como uma possibilidade real da língua, na medida em que sua transparência decorre do funcionamento do verbo "ser" pelo efeito de apagamento do processo de construção do referente pela enunciação, apresentando-o como neutro, objetivo e meramente cognitivo (ORLANDI, 2009).

---

[1] Para Pêcheux (2009), a linguagem é *real*, pois é fruto das relações materiais/concretas entre língua e história; é *simbólica*, pois é organizada por significantes; e é *imaginária*, pois aponta, necessariamente, para o exterior de si mesma, isto é, para a história, a qual se constitui nas/pelas relações contraditórias humanas em sociedade. De forma semelhante, Auroux (1998) sustenta que, constituída na relação entre o corpo humano e o mundo, a linguagem pertence à ordem das realidades. Composta por signos, ela é também *simbólica*. Além disso, sendo partilhada pelos diferentes indivíduos na ecologia da comunicação humana, ela é *imaginária*. Para uma discussão sobre a relação possível entre essas abordagens, consultar Paveau (2006) e Morais (2015).

A relação entre pensamento, linguagem e mundo está posta de forma semelhante na Teoria da Metáfora Conceitual de Lakoff e Johnson (1985). Conforme os autores, a metáfora não está localizada apenas nas palavras, haja vista ela ser o próprio fundamento que organiza a língua em uso. As experiências vividas sócio, política e economicamente em cada sociedade a partir de grupos específicos nos dão parâmetros linguístico-conceituais para categorizar a metáfora. Nesse viés, ela constitui o mecanismo pelo qual conseguimos dar sentido ao mundo cotidiano, de modo que não há, em última instância, a literalidade, pois, se ela adquirisse a característica de totalidade, não se trataria da compreensão de uma palavra pela outra, de uma estrutura pela outra, mas da sobreposição da estrutura-dita-metafórica pela própria-estrutura-outra. Caso isso ocorresse, aconteceria a "morte da metáfora", em função do apagamento da relação entre as partes que geram um dado sentido: o sentido-relação. Ancorados nesse raciocínio, os investigadores propõem três tipos de metáforas, quais sejam:

a) metáforas estruturais: assumem a definição mais conhecida a respeito da categoria, isto é, um conceito que é metaforicamente estruturado em termos de outro conceito. De forma semelhante a Pêcheux (2010), ela ocorre quando um termo X adquire o sentido de um termo Y. Os principais exemplos dados por Lakoff e Johnson (1985) são: discussão é guerra; tempo é dinheiro; a felicidade está no alto; a sociedade é uma pessoa; compreender é adquirir; a inflação é uma entidade etc;

b) metáforas de orientação: estabelecem um parâmetro espacial para dar valores a determinados conceitos. Em geral, associam o "mais", o "maior" e o "no alto" a valores positivos, em detrimento dos seus opostos, o "menos", o "menor" e o "embaixo", que assumem valoração negativa. Os principais exemplos trazidos pelos autores são: a felicidade está no alto, a tristeza está embaixo; o bom está no alto, o mau está embaixo; a virtude está no alto, o vício está embaixo; o racional está no alto, o afetivo está embaixo; o mais está no alto, o menos está embaixo; constranger ou dominar está no alto, ser constrangido ou dominado está embaixo; o consciente está no alto, o inconsciente está embaixo; a elite está no alto, a massa está embaixo; a autoridade está no alto etc;

c) metáforas ontológicas: são mais fundamentais do que as metáforas de orientação. Assemelham-se às marcas de metalinguagem de Orlandi (2009). Segundo Lakoff e Johnson (1985), são elas que nos permitem nominalizar as entidades, as emoções e as substâncias, possibilitando-nos compreendê-las em termos de categorias discretas e permitindo-nos categorizar, fazer referências, agrupar e quantificar. Assim, retomando os exemplos citados nas metáforas de orientação, podemos entender que, quando se fala de "elite", há a personificação de um grupo através de um nome, que passa a agrupar diferentes indivíduos sob a aparente homogeneidade de um conjunto. Ao nominalizar algo, conseguimos, então, nos referir a esse algo de diferentes maneiras, atribuindo-lhe características e quantificando-o. O mesmo raciocínio se aplica quando falamos do "bem/bom", do "mal/mau", da "razão", da "emoção" e assim por diante. Para os autores, as metáforas ontológicas mais comuns são as que tratam os objetos físicos como pessoas, sendo as entidades não-humanas compreendidas em termos de motivações, de particularidades e de atividades humanas.

Segundo Lakoff e Johnson (1985), de forma semelhante à metáfora, as metonímias organizam os nossos pensamentos e ações, não se restringindo à estruturação da linguagem. Também organizadas pela nossa experiência, em certa medida, podem ser consideradas mais imediatas do que os processos metafóricos, haja vista que, em geral, se manifestam pelas associações físicas ou causais diretas. Em especial, os autores tratam do caso da sinédoque, definida como o processo pelo qual os seres humanos conseguem tomar a parte pelo todo, sendo os principais casos apontados: o produtor pelo produto; o objeto utilizado pelo usuário; o responsável pelo executante; a instituição pelas pessoas responsáveis; o lugar pela instituição; e, por fim, o lugar pelo evento (LAKOFF; JOHNSON, 1985, p. 46-47).

Pêcheux (2009, p. 153) também se detém sobre o fenômeno, caracterizando-o, de modo análogo, pelo funcionamento discursivo "da relação da parte com o todo, da causa com o efeito, do sintoma com o que ele designa etc". Contudo, em decorrência da epistemologia discursiva utilizada, tal abordagem se diferencia daquela desenvolvida pelos autores norte-americanos. Segundo o filósofo francês, tal fenômeno decorre do funcionamento do discurso-transverso (organização interdiscursiva) em relação à articulação intradiscursiva do texto, sendo o primeiro o meio pelo qual os discursos se remetem ao seu exterior para se articularem na forma do segundo, isto é, pela linearização (PÊCHEUX, 2009).

Propondo o diálogo entre a Análise do Discurso de Pêcheux (2009) e de Gadet e Pêcheux (2010); o Realismo Experencial de Lakoff e Johnson (1985); e o Externalismo Cognitivo de Auroux (1998), Paveau (2006) sustenta que a metáfora funciona como um organizador do discurso nas suas mais diversas instâncias, considerando-se, para tanto, os aspectos cognitivos e discursivos integrados, quais sejam: a) organizador psíquico, a partir de esquemas partilhados; b) organizador cognitivo, a partir de conhecimentos e crenças; c) organizador discursivo, a partir de culturas de um dado período e de uma dada comunidade; d) organizador textual, mobilizando procedimentos de encadeamento transfrástico. Considerando a memória discursiva em Courtine (1981) e as ferramentas linguísticas em Auroux (1998), a pesquisadora assume ainda que a memória funciona cognitivo-discursivamente e que toda e qualquer produção humana, entre artefatos e instituições, se configura como ferramenta cognitivo-discursiva e memória externalizada (tal como os ambientes virtuais e as redes sociais).

Segundo Henry (1992), assim como as palavras possuem relação necessária com o sentido, a organização cerebral é fundamental para a existência do pensamento humano; logo, para a linguagem e para a própria história. Isso não significa, contudo, que essas categorias possam ser redutíveis entre si. Tal raciocínio se assemelha, em certa medida, à abordagem do discurso e da metáfora em Cameron e Deignam (2009), através da Teoria dos Sistemas Complexos. Para as autoras, tais fenômenos funcionam como propriedades emergentes, ou seja, como produtos da intersubjetividade humana através do que chamam de uso e reuso dialógico, meio pelo qual se torna possível convencionar os diferentes aspectos envolvidos na conformação dinâmico-interativa dos discursos e de novas metáforas.

Ao defender que a cabeça não é o (único) *locus* do pensamento, o raciocínio de Henry (1992) ainda condiz com a abordagem externalista de Auroux (1998) e com a releitura da filosofia althusseriana de Hall (2003). Para o primeiro, o fato de as línguas naturais humanas possuírem estruturas próprias não subverte a possibilidade de se conjecturar sobre a linguagem como um sistema real, simbólico e imaginário (RSI), fruto de um processo histórico "adquirido/interiorizado" pelas experiências sociais dos indivíduos, que, sendo aptos a representar, são capazes também de pensar (historicamente). Já para o segundo, a história pode contingenciar a possibilidade de um sentido ideológico se sobrepor aos demais em decorrência de uma dada prática social, forma pela qual as estruturas se atualizam, se movimentam e se concretizam nas ações humanas. Assim, os distintos sistemas ideológicos (representados por diferentes cadeias de significantes) funcionam como um sistema complexo (sistema dinâmico não-linear), no qual as partes mantêm as suas características independentes apesar da emergência semiestável de uma unicidade ancorada na relação dinâmica que essas partes mantêm entre si (HALL, 2003).

Entendendo ainda que a intersubjetividade não se reduz aos aspectos pragmáticos presentes na proposta de discurso/metáfora emergente de Cameron e Deignam (2009), pois tratamos de posições-sujeito, e incorporando a possibilidade de uma competência discursiva, avaliada como sistema de restrição (inter) discursivo (sistema de restrições semânticas globais) passível de ser dominado pelos indivíduos (MAINGUENEAU, 2007), em Morais (2015), sustentamos que o pensamento humano é inatingível (no sentido de irredutível), na medida em que se organiza metaforicamente pela internalização de sistemas de restrição do discurso emergentes das/nas interações entre os sujeitos e o ambiente e distribuídos em distintas ferramentas cognitivo-discursivas (documentos impressos, artefatos tecnológicos, imagens, ambientes virtuais etc.). Levando isso em consideração, delineamos, no Quadro 1, a categoria de metáforas emergentes distribuídas, as quais possuem dez características (MORAIS, 2015, p. 184-185):

Quadro 1

CARACTERÍSTICAS DAS METÁFORAS EMERGENTES DISTRIBUÍDAS	
Sociais/históricas	Emergem na/pela modulação entre sujeito e sociedade em uma dada experiência/prática discursiva, a qual ocorre necessariamente pelos usos de sistemas de restrição discursivos que funcionam como *a priori* históricos.
Indeterminadas/ Inatingíveis/ Irredutíveis	Não existem como coisas em si, essências que possam ser dominadas por completo e hermeticamente organizadas como sistemas destacados da história, mas como formas representáveis caracterizadas como sistemas dinâmicos não-lineares, produtos da relação entre estruturas e práticas sociais.
Representáveis/ Internalizáveis	São relativamente apreensíveis, pois se pautam pela pobreza e simplicidade de formas linguístico-discursivas que estão em relação com outros signos em um dado imaginário grupal ou social. São determinadas pelo exterior histórico e funcionam como memória cognitivo-discursiva capaz de atualizar, consciente e/ou inconscientemente, "já-ditos" na forma de "agora-ditos" emergentes em uma dada prática discursiva.
Semiestáveis	Submetidas às inúmeras variações do sistema cultural do qual emergem, funcionam como estados semiestáveis autolimitados pela relação entre paráfrase e polissemia e, ao se alterarem, desencadeiam a reorganização do conjunto da própria competência dos sujeitos.
Contraditórias	Irrompem como estruturas em dominância divididas em decorrência do constante movimento interno que lhes é constitutivo, de modo que surgem como singularidades contingentes organizadas como o "diferente no mesmo" e como a "unidade na diferença".
Discursivamente experenciáveis	São sensíveis na medida em que funcionam como sistemas de restrições dos discursos e emergem em uma dada experiência discursiva imaginada como o real em si. A experiência não funciona como um *a priori* ao discurso, mas surge da dupla articulação entre estrutura e prática, na qual os discursos são indeterminados, embora internalizáveis e representáveis, passando a funcionar como competências cognitivo-discursivas na forma de *a priori* históricos que possibilitam pensar/agir na/pela linguagem.
Intersubjetivas	Cada experiência discursiva possibilita a emergência de uma dada posição-sujeito em relação ao coenunciador, a qual é modulada de acordo com a interação entre os sistemas de restrições dos discursos internalizados (memória cognitivo-discursiva) e o acontecimento histórico em uma dada condição de produção discursiva.
Reais, simbólicas e imaginárias (RSI)	São *reais* na medida em que são materialidades *simbólicas* produzidas na concretude das relações históricas contraditórias humanas, as quais possibilitam a emergência de formações *imaginárias*. Dessa relação, constitui-se sua natureza ideológica, na qual os sentidos emergem de acordo com as relações práticas que estabelecem com os imaginários dos grupos sociais.
Distribuídas	Externalizadas em distintos lugares de memória, com os quais estão em constante inter-relação e interdependência na ecologia da comunicação humana, tais como a memória dos/nos sujeitos, das/nas instituições e dos/nos diferentes artefatos humanos.

Tipológicas	*Estruturais*, pela relação constitutiva do atravessamento do outro, isto é, ocorrem quando um termo X adquire o sentido de um termo Y; *ontológicas*, pela forma como atribuem aos signos um sentido supostamente transcendente que os torna substâncias discretas, descritas e com características humanas. Nesse caso, há uma tendência a se apresentarem como metalinguagem e se vincularem aos discursos constituintes, emergindo como produto e apagando-se como processo; *de orientação*, pelo modo como atribuem axiologias socialmente positivas ou negativas aos signos a depender dos seus atrelamentos aos sentidos dominantes/hegemônicos em um dado grupo ou sociedade.

É preciso dizer, por fim, que cada enunciação traz consigo imagens associadas a um eu, a um outro e ao mundo, por meio de processos metafóricos que os definem e os valoram através de esquemas cognitivos historicizados. Em vista disso, entendemos que o verbo ser na forma de metalinguagem possui um papel privilegiado na atribuição de características aos imaginários sociais, pois geram sentidos através de efeitos de verdade sobre o eu/outro/mundo e circulam tanto nos saberes institucionalizados quanto nos do senso comum.

A emergência do significante "Nordeste" como espaço imaginado no Brasil

De acordo com Muniz (2011), na segunda metade do século XIX, o paradigma naturalista funcionava como o principal explicador dos problemas nacionais, assim como apontava "soluções" para tais problemas. Nesse modelo teórico, as noções de raça e meio eram fundamentais para compreender o atraso e as dificuldades que a nação brasileira encontrava para seguir rumo à "civilização", definida nos moldes eurocêntricos de Estado e de cultura. A presença marcante das etnias africanas e indígenas, bem como a ampla miscigenação no país, seriam os grandes obstáculos ao desenvolvimento psicológico, moral e político do "espírito brasileiro".

A autoridade desse discurso científico nesse período foi responsável por instituir uma progressiva diferenciação entre o Norte do país, onde predominavam a mestiçagem e o clima tropical, e o Sul, hegemonicamente europeizado e de clima mais ameno. Avaliados através do prisma do determinismo geográfico e racial, o Norte sediava os povos condenados à indolência, à inércia e à subserviência, contrariamente ao Sul, onde habitava o branco forte, dominador e empreendedor. Da interface entre o discurso naturalista e o discurso das secas (construído pelas elites nordestinas), passa-se a consolidar nacionalmente uma configuração imagético-discursiva daquilo que iria começar a ser conhecido como região Nordeste no início do século XX (Muniz, 2011).

Ainda segundo o autor, o Congresso Regionalista, em 1926, funda uma segunda concepção de Nordeste, na qual os intelectuais da Região consideraram como *locus* fundante da identidade nordestina o saudosismo, o lírico, o folclore, o passado rural, as relações pré-capitalistas, os códigos culturais populares e os preceitos tradicionais dominantes (o aristocratismo), de modo a ressaltar a sua tendência à tradição. Se, por um lado, essa geração abandonou o paradigma naturalista como modelo explicador das diferenças regionais, pois entende a "nordestinidade" em um quadro teórico histórico-culturalista, por outro, acabou por consolidar as estereotipias advindas do século XIX, calcadas, de maneira geral, na resistência de um povo à "modernidade".

Em paralelo, um "terceiro Nordeste" é inventado por uma geração de classe média sem lugar político-econômico seguro na crescente nação brasileira. Nessa perspectiva, a "Terra do Sol" era representada como o lugar da denúncia, principalmente do modelo capitalista, que seria o responsável por fortalecer as exclusões sociais e por relegar os cidadãos à fome, à miséria, às injustiças, ao abandono público, ao esquecimento social e à inferioridade estrutural. Entra em cena o discurso marxista. Baseado nele, a região Nordeste é (re)criada como o lugar da utopia, da negação do passado calamitoso em prol da afirmação de um futuro de plena igualdade e identidade. Contudo, a extrema estigmatização da Região pelo viés da pobreza acabou por consolidar ainda mais a perspectiva imagético-discursiva de um povo tendente à inferioridade e ao atraso (Muniz, 2011).

Grosso modo, tais discursos possibilitaram a emergência de um dado significado para o Norte/Nordeste, fundado na seguinte cadeia de significantes: inferioridade étnica (índios, negros e mestiços) ↔ indolência ↔ inércia ↔ subserviência ↔ fome ↔ miséria ↔ pobreza ↔ atraso ↔ rural/pré-capitalista ↔ antimoderno ↔ popular ↔ vitimização ↔ inferioridade psicológica ↔ inferioridade moral ↔ inferioridade política ↔ inferioridade econômica. Como contraparte, conforma-se o espaço imaginário do branco civilizado do Sul/Sudeste, que teria consigo as características valoradas positivamente, tanto biológica quanto culturalmente, em decorrência da sua "herança europeia".

No Brasil do século XXI, parece haver a emergência de um quarto momento definidor dos imaginários sobre o Nordeste, no qual os já-ditos sobre a degenerescência da raça-cor-etnia da Região irrompem pela sobredeterminação que o conceito de classe social, deslocado da geração marxista, tem operado em um Brasil cada vez mais maduro no sistema capitalista. Não há, na verdade, uma ruptura com o ideário consolidado ao longo do século XX; trata-se mais de uma releitura dominante e relativamente independente, na qual os sentidos político-econômicos neoliberais passam a dominar os demais.

Os imaginários sobre o Nordeste nas eleições presidenciais brasileiras de 2010 e 2014

Em 2010, a vitória de Dilma Rousseff, do Partido dos Trabalhadores (PT), sobre o candidato José Serra, do Partido da Social Democracia Brasileira (PSDB), gerou uma polêmica a respeito dos grupos socais que teriam sido determinantes para esse resultado. Nesse contexto, inúmeras mensagens foram publicadas nas redes sociais *Facebook* e *Twitter* responsabilizando o "povo nordestino" pela derrota do candidato José Serra. Dentre elas:

> E1. Nordestino não é gente, faça um favor a São Paulo: mate um nordestino afogado. (REDAÇÃO CAROS AMIGOS, 2012).[2]

> E2. Queria dizer q não sou a favor da xenofobia. Na realidade sou contra tudo que tem a ver com nordestino: fome, desemprego, miseria (sic)... (REDAÇÃO VIOMUNDO, 2010).

> E3. AFUNDA BRASIL. Deem direito de voto pros nordestinos e afundem o país de quem trabalhava pra sustentar os vagabundos que fazem filhos pra ganhar o bolsa 171 (sic)... (REDAÇÃO CAROS AMIGOS, 2012).

> E4. Chega de carregar nas costas um bando de ignorantes e parasitas nordestinos, que sempre viveram às custas do Estado, divisão já!! (CESÁRIO, 2010).

> E5. O #nordeste é um lugar onde nós, pessoas brancas de classe média alta, vamos fazer turismo sexual comendo umas baianinhas vagabundas. #FATO (EDUQUIM, 2010).

As redes sociais funcionam como ferramentas cognitivo-discursivas de produção, circulação e acúmulo de sentidos, das quais diferentes grupos se utilizam para dialogar e interagir em torno de acontecimentos distintos nos ambientes virtuais, reforçando ou rechaçando os posicionamentos uns dos outros e, com isso, as interpretações disponíveis acerca desses eventos discursivos. No caso do nosso *corpus*, pode-se perceber que a marca de metalinguagem "X é Q" funciona como um padrão argumentativo, no qual X representa o "nordestino", o verbo "ser" define sua suposta essência e Q se refere às características desse sujeito. Somando os atributos dos cinco enunciados, podemos perceber que o nordestino (aquele que é do Nordeste) é um ser faminto, desempregado, miserável, vagabundo, ignorante, parasita, não-branco, não-gente (= não-humano). Nesse entendimento, deve-se ou "matar um nordestino afogado" ou "dividir o país", haja vista que os habitantes ou descendentes da Região são uma afronta às características do enunciador e de seus pares, ou seja, aqueles que não são nordestinos, pois nascidos no Sul e no Sudeste do país, espaços discursivos que surgem como ameaçados, seja interna (pelos nordestinos habitantes dessas regiões), seja externamente (aqueles que ainda estão no Nordeste, mas que, pelo direito de votarem no representante nacional, acabam afetando outras regiões).

---

[2] No âmbito da semiótica discursiva francesa, Barros (2015) faz uma interessante análise desse exemplo através do que define por discursos intolerantes, os quais se caracterizam (i) pela organização narrativa como discurso de sanção; (ii) pelo caráter passional, com foco nas paixões do medo e do ódio; (iii) pelos percursos temáticos da diferença. Para uma abordagem aprofundada dos discursos intolerantes, consultar o referido trabalho.

Em E5, evidencia-se quais são as características fenotípicas e de classe que definem as relações de superioridade e inferioridade nessa cadeia de enunciados, quais sejam, a associação entre o "eu/nós/brancos" (definidor do padrão identitário étnico e estético do enunciador, no sentido de positividade), de classe média alta (definidor positivo da situação econômica do enunciador), em oposição ao "eles/nordestinos/não-brancos" (negros, índios e mestiços, os quais comporiam a base da hierarquia social brasileira), constrangidos economicamente pelo "turismo sexual" (que supostamente estabelece a relação econômica-espacial-cultural entre Nordeste e Sul/Sudeste nesse enunciado). Assim, as relações de superioridade revelam-se não apenas pelas condições políticas, econômicas e educacionais, mas também sexuais e de gênero (como podemos notar pela expressão "baianinhas vagabundas"). O enunciador finaliza com #FATO, similar ao "é porque é", típico das marcas de metalinguagem (ORLANDI, 2009).

O enunciador se define discursivamente como "sujeito não-nordestino", o qual se direciona aos "brasileiros não-nordestinos" no intuito de gerar um efeito de identidade entre eles. Para tanto, opõe a si mesmo e os seus destinatários a um terceiro negado, os "nordestinos". Subsiste, então, uma espécie de forma lógica argumentativa que permeia a construção da imagem de si (sujeito não-nordestino) e do outro (sujeito nordestino), podendo ser descrita da seguinte forma: Se X é Q, logo Y é não-Q, isto é, se nordestino é faminto, desempregado, miserável, vagabundo, não-branco e não-gente, logo ser não-nordestino é ser não-faminto, não-desempregado, não-miserável, não-vagabundo, não-não-branco (= branco) e não-não-gente (= gente). A definição de si e do nós ocorre pela negação do outro. Esse padrão argumentativo parece ser produtivo para organizar uma dada cadeia conotativa em torno do significante "Nordeste" nesse contexto enunciativo, atribuindo-lhe um sentido possível e restrito em disputa pela hegemonia simbólica na sociedade brasileira.

Retomando o raciocínio de Pêcheux (2010), segundo o qual uma metáfora ocorre quando um termo X adquire o sentido de um termo Y, é importante avaliar quais não-ditos/implícitos podem assumir a posição de X para que se revelem os sentidos percebidos. No caso dos exemplos, temos a cadeia nordestino-faminto-desempregado-miserável-ignorante-vagabundo-não-branco-não-gente, na qual o significante "nordestino" é parcialmente substituível pelos demais signos, podendo ser substituído, explicitamente, por eles, ou, implicitamente, por significantes como "atraso", "preguiça", "improdutividade", "inferioridade moral", por exemplo. Logo, "nordestino", nesse imaginário, mobiliza mentalmente (interna e externamente) outros significantes que lhe estão associados, como "fome", "desemprego", "miséria", "ignorância", "vagabundagem" e "parasitismo", fundamentos da sua "inferioridade humana" ou mesmo "não-humanidade".

Diferentes metáforas circulam em diversos discursos e se instituem por meio de conflitos na/pela linguagem em decorrência da organização material da história pelos distintos grupos sociais. A esse respeito, Hall (2003) contribui com a perspectiva de sobredeterminação, conceito que nos ajuda a perceber como as ações humanas não ocorrem de forma linear na/pela linguagem, mas pela maneira como um significante assume um dado significado pela sua sobreposição diante das demais possibilidades semânticas, dentro de uma dada cadeia conotativa. Em outras palavras, esse significado emerge/irrompe como organizador do pensamento em uma dada prática sem que, com isso, se refira ao próprio mundo. No caso estudado, o significante "Nordeste" é associado a um conjunto de outros significantes e, somente através das relações que estabelecem entre si, adquirem significados para o grupo em questão. Se esse sentido é possível, é porque a linguagem é passível, a um só tempo, de ser representada e internalizada de forma semiestável. Retomando-o pelo aspecto tipológico das metáforas emergentes distribuídas, podemos avaliar o posicionamento do enunciador nos seguintes termos:

a) há tanto uma relação metonímica na qual *o povo ou espaço é tomado como o lugar da segurança do eu/nós*, como também uma relação metafórica na qual *as eleições são metaforizadas como "batalha"*, de modo que os candidatos do segundo turno presidencial passam a representar os dois lados da "trincheira" – os "dois brasis". No caso dos exemplos supracitados, os nordestinos são indesejados em São Paulo/Brasil de baixo (em decorrência disso, devem ser eliminados) e parasitas do Brasil (capazes de destruir o "corpo social" brasileiro);

b) o "ser nordestino" e o "ser não nordestino" adquirem sentido pela forma como assumem a possibilidade *estrutural* de substituição parcial por outros signos qualificadores, de modo que pode-se tomar, por exemplo, nordestino por miserável e não nordestino por não miserável;

c) ao se colocar o "nordestino" embaixo (no sentido de negatividade) e o "não nordestino" em cima (no sentido de positividade), estabelece-se uma *metáfora de orientação*, decorrente da valorização ou desvalorização de cada um desses seres em relação aos imaginários hegemônicos na sociedade brasileira e nesses grupos sociais;

d) os significantes "Nordeste", "nordestino", "paulista" e "São Paulo" possuem *status* de *metáforas ontológicas*, pois funcionam como categorias do pensamento que teriam existência em si. Através do uso da metalinguagem, podem ser considerados substâncias, coisas, essências com características humanas, tais como medos, intenções, desejos etc.

Os adjetivos destacados funcionam como uma espécie de coisa, de característica que não apenas pode-se ou não possuir, mas que também se pode quantificar. Mais ou menos "miserável", "desempregado", "faminto" e "vagabundo" representa mais ou menos humano, em uma escala em que o enunciador se coloca como padrão de humanidade e o outro, como padrão de não-humanidade. Trata-se, assim, de um processo de desumanização do outro por meio das características que lhe são associadas, com o fito de legitimar a necessidade (aspectos morais/éticos envolvidos nas formas deônticas "poder" ou "dever") de matar, de eliminar, de cassar direitos, de expulsar etc. Nessa ótica, ele não "está" vagabundo, ou ele é vagabundo ou ele tende à vagabundagem, seja em decorrência da sua cultura, seja em decorrência da sua natureza.

Essa cadeia conotativa não é natural, pois não implica nem uma propensão inata dos "nordestinos", em que os sujeitos expressariam as suas tendências de acordo com padrões herdados evolutivamente, nem uma tendência formal da língua em si, como se esse significante estivesse em relação sistêmica necessária ou provável, por exemplo, com o significante "miserável". Em se tratando de uma naturalização, preferimos falar em hegemonia de padrões em relação aos outros, pois, no que diz respeito à realidade interdiscursiva, diferentes discursos estão em conflito, adquirindo maior ou menor autoridade social de acordo com as práticas discursivas nas/das quais emergem. Em E2, compõem a essência do nordestino a fome, a miséria e o desemprego, frutos das suas vontades/culpas/intenções/escolhas como indivíduos, seja no âmbito pessoal/familiar (desejo do não-trabalho), seja no âmbito coletivo/político (desejo de manutenção dos privilégios sociais por meio do voto). Nesse sentido, a naturalização dos indivíduos surge do modo pelo qual os nordestinos se enquadram em uma dada noção de "povo". Não se trata, assim, de atributos exclusivos ao indivíduo, mas a um conjunto deles, assemelhados por características comuns de parasitismo e de atraso, como fica claro em E2, E3 e E4.

A cadeia semântica que define o "eu" e o "outro" é atravessada pela relação dicotômica entre passividade/parasitismo/vagabundagem/não-brancos e atividade/empreendedorismo/trabalhador/brancos, na qual existem dois espaços imaginados, o Brasil do Norte/Nordeste, lugar da degenerescência histórica e natural no país, e o Brasil do Sul/Sudeste, lugar da superioridade econômica, política, étnico-racial e cultural. A noção de indivíduo está em relação metonímica com as acepções de espaço, povo e nação, de modo que a parte (indivíduo) pode ser tomada pelo todo (grupo/região) e o todo define o espaço (simbólico e imaginado) a ser preservado/defendido, suposto lugar do homogêneo, da pureza, da segurança e da harmonia. Logo, proteger o povo implicaria proteger o indivíduo componente desse povo, assim como o contrário é verdadeiro. A "nação brasileira", enquanto macro espaço de coexistência, figura como palco de combate entre distintos povos e suas características em um dado evento histórico (eleição presidencial), os quais se organizam por semelhança e dessemelhança, sendo o "nós" do enunciador o grupo com atributos de positividade e o "outro nordestino", aquele adjetivado negativamente.

Nessa dicotomia, primeiramente, o nordestino não possui o direito de votar (passividade/não-humanidade), ele o recebeu dos não-nordestinos (atividade/humanidade). Em segundo lugar, seu voto é válido quantitativamente, mas inválido qualitativamente (inferioridade humana/ação instintiva/corruptibilidade), pois decorre da sua intenção (aspecto volitivo) de fazer filhos para ganhar um auxílio de quem trabalha para que ele próprio continue a não trabalhar. O termo "bolsa-171", em E3, é interessante pela forma como associa o Bolsa Família com o "171", referente ao artigo 171 do Código Penal Brasileiro, que discorre sobre o ato de quem age com o fim de "obter, para si ou para outrem, vantagem ilícita, em prejuízo alheio, induzindo ou mantendo alguém em erro, mediante artifício, ardil, ou qualquer outro meio fraudulento" (BRASIL, 1940)[3]. Se o leitor não entender que bolsa 171 = Bolsa Família + Artigo 171 do Código Penal Brasileiro, construindo a expressão na qual o termo 171 funciona como Y (termo substituto) e família por X (termo substituído), o enunciado não conseguirá despertar os efeitos desejados pelo enunciador, que busca construir a imagem do "outro" pela compreensão da seguinte cadeia de inferências:

> (I) Nordestino ↔ faminto ↔ desempregado ↔ miserável ↔ ignorante ↔ vagabundo ↔ bolsa 171 ↔ não-branco ↔ inferior ↔ não-gente ↔ parasita.

Ao julgar os nordestinos inferiores aos demais brasileiros, o enunciador materializa sentidos que os identificam como seres incompetentes politicamente, com baixo nível de educação e com alta propensão à corrupção. O ser não-politizado é, portanto, também um ser do não-saber (ignorante) e que, em vista disso, não possui discernimento entre o que é melhor para o país e o que é melhor para si, além de votar pela necessidade de sanar sua função instintiva mais básica: a fome. Nesse viés, a miséria do nordestino estaria distribuída em variados aspectos, não apenas por se tratar de um povo sem emprego e sem comida, mas também sem educação e sem moral. Ele estaria associado ao animalesco, ao instintivo, de modo que ele é menos sujeito, menos humano.

Essa mesma cadeia semântica traz consigo outras possibilidades de interpretação independentes da identificação do nordestino, significante em função de sobredeterminação nesse caso. Vejamos, por exemplo, o caso de omitir o signo

---

[3] Sobre (a) a interiorização da imagem negativa acerca da pobreza e dos pobres no Brasil; (b) a ausência de voz social e a invisibilidade institucional desses grupos; (c) a relação entre o discurso neoliberal, os programas de transferência de renda e a responsabilização dos grupos excluídos pela situação social na qual se encontram, consultar Rego e Pinzani (2013).

"nordestino", aquele a quem as características são atribuídas. Ainda assim, restam implicações que podem revelar outras relações de poder, não apenas regionais, mas transversais à sociedade brasileira. Caso tomemos o substantivo "vagabundo", podemos visualizar a seguinte relação de implicatura: vagabundo implica fome, que implica desemprego, que implica miséria, que implica ignorância, que implica bolsa 171 (no sentido de contemplado por programas sociais), que implica não-branco, que implica inferioridade humana ou não-humanidade, que implica parasitismo, e vice-versa.

É nessa contradição entre o não-ser relegado aos impulsos instintivos como reação às suas necessidades biofísicas mais imediatas e o do ser com direitos iguais por questões externas à sua humanidade, decorrentes de uma sociedade que lhe concedeu o direito de voto igualitário, que irrompe esse imaginário sobre o nordestino, destacando a "miséria da sua subjetividade" e a sua "subjetividade miserável". A metáfora emergente distribuída "Nordestino é parasita" funciona, portanto, como uma espécie de organizador cognitivo-discursivo disperso em determinados grupos, a qual possibilita que já-ditos sejam parafraseados em agora-ditos, em distintas condições de enunciação. A mesma metáfora é retomada por um jornalista mineiro em seu perfil no *Facebook,* em outubro de 2014:

> E6. To pensando aqui: nesta onda internacional de plebiscito sobre separatismo, a gente podia pensar em um dividindo o Brasil em dois: o do norte/nordeste e o do sul/sudeste. Dessa forma, a Dilminha, com patrocínio da Friboi, ficaria com seus preguiçosos eleitores bolsistas fazendo uma cesta (sic) em redes nordestinas e nos (sic), com Aécio e demais trabalhadores esclarecidos, na "banda de baixo", de mangas arregaçadas continuando a botar lenha na produção deste país.
> O que acham? Sabem que mais de 50% do eleitorado de Dilma são da "banda" de cima... Detalhe: obviamente tem exceções por lá... (TARGINO, 2014).

Tanto o separatismo quanto a inferiorização do Nordeste se apresentam nos enunciados das eleições de 2010. No entanto, a dicotomização do país nesse novo momento de decisão nacional dos representantes políticos adquire maior expressividade, com conotações mais explícitas, apontando para uma maior consolidação e dispersão desse discurso. O texto legitima a necessidade de cisão entre os "dois brasis", com base nos plebiscitos internacionais sobre o separatismo (menção ao plebiscito através do qual a região da Catalunha decidiria a manutenção ou não da sua anexação ao território espanhol), de modo que estes funcionam como fontes de autoridade para a proposta do enunciador. Os "dois brasis" do século XXI, Norte/Nordeste e Sul/Sudeste, condizem com os "dois brasis" do século XIX, Norte e Sul. Da mesma forma, as características que definem ambos são condizentes com as teorias raciais que funcionavam como modelos explicadores das contradições existentes na formação nacional brasileira, na qual a divisão do espaço se pautava pelos atavismos geográficos e raciais: o Norte tropical dos povos nativos, negros e miscigenados em oposição ao Sul de clima ameno dos povos brancos europeus.

A oposição da expressão "preguiçosos eleitores bolsistas", associado ao imaginário sobre o Nordeste, a "trabalhadores esclarecidos" e "produção" parece retomar as antigas características relacionadas à Região sob a ótica do trabalho produtivo. A "preguiça natural" do "Brasil de cima" seria oriunda da sua inaptidão à produção e da falta de educação, tornando-o inapto ao empreendedorismo na sociedade brasileira. Desse modo, o enunciador constrói sinonimicamente o "ser nordestino" em relação aos já-ditos em 2010, por meio da seguinte cadeia conotativa:

(II) Brasil da "banda" de cima ↔ Norte/Nordeste ↔ eleitores de Dilma ↔ preguiçosos ↔ bolsistas ↔ trabalhadores não-esclarecidos ↔ trabalhadores não-produtivos.

Diz-se o mesmo de outro modo, como é típico das relações de paráfrase. O significante "bolsista", referente ao Bolsa Família, novamente, é retomado como organizador dos efeitos de sentido para o "nós" a quem se destina a mensagem, unificando identitariamente o "grupo enunciador" em detrimento do seu antagonista. Todavia, a cadeia associada ao Nordeste e a cadeia associada ao Bolsa Família coexistem separadamente, pois (I) a representação do Nordeste como região parasitária do país é anterior à existência dos próprios programas sociais do Governo; (II) os imaginários que definem os indivíduos por meio das suas relações de produção na sociedade de trabalho capitalista são decorrentes da própria reorganização político-econômica da sociedade brasileira desde meados do século XX; (III) os diferentes auxílios criados desde fins da década de 1990 não se destinam exclusivamente à Região, tratando--se, portanto, de programas nacionais para cidadãos brasileiros que possam encaixar-se nos requisitos necessários para sua obtenção. Não obstante, a constituição imaginária da região Nordeste como lugar da pobreza, da miséria e da degenerescência racial, os avanços da ótica individualista do capitalismo neoliberal no país, a partir da década de 1990, e os números alarmantes da situação social de parte significativa da população da Região têm possibilitado a aproximação das seguintes cadeias:

(1) nordestino ↔ não-politizado ↔ atrasado ↔ sem posses ↔ ignorante ↔ irracional/instintivo/não-civilizado ↔ não-branco ↔ semi-humano/não-humano ↔ parasita;

(2) Bolsa Família ↔ política de assistência ↔ auxílio do governo ↔ coronelismo ↔ assistencialismo ↔ corrupção econômica dos corpos "individual" e "social" ↔ corrupção política ↔ compra de voto ↔ fraude ↔ 171 ↔ improdutividade ↔ vadiagem ↔ vagabundagem ↔ não-meritocracia ↔ injustiça social ↔ parasitismo social.

Por oposição a:

(3)   não nordestino ↔ politizado ↔ avançado ↔ de posses ↔ educado ↔ racional/consciente/civilizado ↔ branco ↔ humano/superior ↔ empreendedor;

(4)   cidadão ↔ incluído na sociedade de mercado ↔ produtivo ↔ consumidor ↔ capaz economicamente ↔ capaz politicamente ↔ preserva moral, política e economicamente os corpos "individual" e "social" ↔ individualista ↔ meritocrata ↔ justiça social ↔ indivíduo política e economicamente produtivo.

Assim, o aumento da hostilidade regional no país tem aproximado, de um lado, os já-ditos metafóricos "nordestino é parasita" e "Bolsa Família é parasitismo social" na configuração semântica do "ser nordestino" e, de outro, como contraparte identitária constituinte dessa cadeia, "não-nordestino é empreendedor" e "cidadão é um indivíduo política e economicamente produtivo", organizando cognitivo-discursivamente os imaginários associados aos não-nordestinos, principalmente oriundos das regiões Sul e Sudeste brasileiras. Logo, o nordestino seria parasita do Brasil através do Bolsa Família, meio pelo qual se reforça a sua tendência a ser política e economicamente improdutivo. As definições do "eu/nós" e do "outro" nesse discurso regional emergem na interface entre diferentes discursos, entre os quais o político, o econômico, o educacional e o étnico-racial (incluindo o aspecto estético), conformando as metáforas emergentes distribuídas que analisamos.

No exemplo a seguir, a metáfora do "nordestino é parasita" opera um duplo deslocamento. Em primeiro lugar, diferentemente dos autores anteriores, que são figuras anônimas no cenário nacional, ela aparece na análise do resultado da eleição presidencial de 2014 de um famoso colunista brasileiro, no canal Globo *News*, pertencente à emissora Rede Globo de Televisão. Em segundo lugar, essa cadeia metafórica desvincula-se parcialmente da cadeia "Bolsa Família é parasitismo social". Pode-se, com isso, perceber como o discurso regionalista, fundamento do separatismo nacional, e a definição da essência do nordestino pela miséria e pelo atraso emergem no contexto de uma análise política do evento discursivo em questão, na qual o enunciador se utiliza da sua autoridade jornalística para dar supostas conotações acadêmicas aos discursos circulantes no âmbito do senso comum. Trata-se de uma entrevista concedida por Diogo Mainardi, âncora do programa *Conexão Manhatan,* na noite de 26 de outubro de 2014, após a confirmação da vitória de Dilma Rousseff, do Partido dos Trabalhadores, no 2º turno da eleição. Sua análise jornalística foi amplamente difundida, nas formas de vídeo e de texto, no *Facebook.* O texto a seguir é uma transcrição da entrevista:

E7. Essa eleição é a prova de que o Brasil ficou no passado. Não é nem Bolsa Família, não é marquetagem. O Nordeste sempre foi retrógrado, sempre foi governista, sempre foi bovino, sempre foi subalterno em relação ao poder durante a ditadura militar, depois com o reinado do PFL e agora com o PT. É uma região atrasada, pouco educada, pouco construída, que tem uma grande dificuldade para se modernizar na linguagem. A imprensa livre, a liberdade de imprensa é um valor que vale de metade do Brasil para baixo, e nessa metade do Brasil para baixo, onde a Dilma é minoria, uma pequena minoria, eu sou paulista antes de brasileiro. Neste momento, são 66% de paulistas que votaram contra ela, é todo mundo empresarial, é a economia brasileira inteira votando contra esse partido. Tudo que representa a modernidade está do outro lado (JOVANELLI, 2014).

De acordo com Diogo Mainardi, o resultado das eleições não pode ser explicado pelo Bolsa Família, mas pela forma como o suposto parasitismo do Nordeste tem sido decisivo para o curso político brasileiro ao longo das últimas décadas, opondo-se e resistindo aos avanços das relações de produção capitalistas. Essa Região, segundo a explicação do autor, representa o "passado", o "retrógrado", o "governismo" (no sentido atual de petismo), o "bovino" (animalesco/voto instintivo), o "subalterno" em relação ao poder, o "atrasado", o "pouco educado", o "pouco construído" (atrasado moral e economicamente), o "antimoderno", o "antiliberal" e o "antiempresarial". Desse modo, temos:

(III) Nordeste ↔ passado ↔ retrógrado ↔ governista (petista) ↔ bovino (animalesco/voto instintivo) ↔ subalterno em relação ao poder ↔ atrasado ↔ pouco educado ↔ pouco construído (atrasado moral e economicamente) ↔ antimoderno ↔ antiliberal ↔ antiempresarial.

Essa cadeia constrói o sentido de Nordeste pela forma como parafraseia a metáfora "nordestino é parasita". É importante notar que esse evento midiático, assim como os outros, funciona não apenas como uma retomada dos já-ditos, mas também como nova memória cognitivo-discursiva, consolidada como agora-ditos, em um novo contexto de produção enunciativo. Temos, então, para o nordestino a seguinte cadeia:

(IV) não politizado ↔ atrasado ↔ ignorante/irracional ↔ excluído da sociedade de mercado ↔ antiliberal ↔ governista ↔ improdutivo ↔ não-empresarial ↔ incapaz economicamente ↔ incapaz politicamente ↔ não-individualizado ↔ não-meritocrata ↔ semi-humano ou não-humano ↔ parasita.

Já o paulista (representante imaginário do não-nordestino do "Brasil de baixo") aparece como seu oposto:

(V) politizado ↔ avançado/civilizado ↔ educado/racional ↔ cidadão incluído na sociedade de mercado ↔ liberal ↔ não governista ↔ produtivo ↔ empresarial ↔ capaz economicamente ↔ capaz politicamente ↔ individualizado ↔ meritocrata ↔ humano superior ↔ política e economicamente produtivo.

Os "dois brasis" são reafirmados no sentido de que o "Brasil de baixo" está metaforicamente "em cima" (valor positivo) e o "Brasil de cima" está metaforicamente "embaixo" (valor negativo). Ao afirmar "eu sou paulista antes de brasileiro", o enunciador evidencia o conflito entre as posições identitárias e seus respectivos valores, pois "ser paulista" significa ser oposto aos valores que o Nordeste supostamente imputa(ou) à nação brasileira pela sua histórica relação de subserviência com os distintos governos federais. Diferentemente das demais, essa mensagem busca fundamentar-se no saber histórico, o qual funcionaria como fonte de autoridade da interpretação jornalística.

A autoridade do dizer legitima a autoridade da metáfora emergente distribuída. Se, para o grupo identitário de Mainardi, ela já tendia a se configurar como uma experiência cognitivo-discursiva capaz de organizar o seu mundo cotidiano, no qual os nordestinos são associados à "inferioridade" na hierarquia social, redizer esse já-dito em cadeia televisiva nacional como forma de análise política reforça esse sistema de restrição discursivo e o consolida como "pensamento legítimo". Os seres humanos aprendem em sociedade e, como tal, atribuem socialmente significados às formas linguísticas. Não se aprende o todo dos saberes, mas partes contraditórias desse todo, de acordo com as práticas discursivas pelas quais emergem, tais como as educacionais, as políticas, as econômicas e as familiares. As formas simbólicas circulam (e são internalizadas) na tensão entre a paráfrase e a polissemia. Evidentemente, há cadeias de significantes que concorrem com as que analisamos, nas quais o "Nordeste" e o "nordestino" adquirem valoração positiva. Todavia, elas circulam de forma mais restrita em decorrência da sua não apropriação e da sua não dispersão pelas classes dominantes nacionais. Trata-se de um fenômeno de hegemonia, como nos ensina Gramsci (*apud* HALL, 2003).

Compreendemos ainda que as ideologias, como aponta Hall (2003), funcionam como sistemas dinâmicos não-lineares. Isto é, em se tratando de linguagem, não se pode avaliar os acontecimentos utilizando modelos explicativos causais simples, como se para uma experiência/ação/evento X surgisse necessariamente como consequência uma prática/reação/pensamento Y. Como posição na linguagem, os sujeitos avaliados não possuem consciência do todo das relações históricas que movimentam com os seus dizeres sobre o Nordeste, embora façam circular, explícita ou implicitamente, consciente ou inconscientemente, um conjunto de dizeres que "se propõem", no âmbito da linguagem, a adquirir a autoridade de serem transparentes e evidentes.

Considerações finais

O sujeito emerge pela forma como suas práticas atualizam as contradições históricas experenciadas anteriormente. As zonas de identificação são móveis e não-determinadas, dependendo da forma como cada sujeito se posiciona em cada situação enunciativa. Pensamento e metáfora estão inexoravelmente interconectados e emergem na/da relação entre a história e a língua. A estruturação metafórica do pensamento possibilita, por exemplo, a emergência de posições-sujeito organizadas pela metalinguagem (Se X é Q, logo Y é não-Q). Tidas como designações universais da natureza de si e do outro, tais metáforas circulam tanto em imaginários do senso comum quanto em saberes institucionalizados, embora estes se organizem com maior rigor argumentativo em decorrência da sua tentativa de ancoragem na autoridade dos saberes científicos.

Com a presente análise, pudemos avaliar os imaginários associados ao significante "Nordeste" no discurso regionalista com tendência separatista e de inferiorização do "outro nordestino" no contexto das eleições presidenciais brasileiras de 2010 e 2014. Esses imaginários se fundam na inflexão de diversos discursos, entre os quais, o neoliberal parece funcionar, cada vez mais, como o organizador cognitivo-discursivo das metáforas emergentes distribuídas sobre a Região, conforme a nossa proposta. Como vimos, tem-se consolidado um dado sentido que a identifica pelo atraso econômico, pelo parasitismo político, pelas deficiências educacionais e pela inferioridade étnico-racial e cultural, respaldado fundamentalmente na redefinição axiológica da Região de acordo com a sua associação aos programas sociais federais nas últimas décadas.

Referências

AUROUX, S. *La raison, le langage et les normes*. Paris: PUF, 1998.

BARROS, D. L. P. Intolerância, preconceito e exclusão. In: LARA, G. P; LIMBERTI, R. P (Orgs). *Discurso e (des)igualdade social*. São Paulo: Contexto, 2015, p. 61-78. v. 1.

BRASIL. *Código Penal*. Decreto-lei nº 2.848, de 7 de dezembro de 1940. Disponível em: <http://www.planalto.gov.br/ccivil_03/decreto-lei/del2848compilado.htm>. Acesso em: 10 dez. 2014.

CAMERON, L; DEIGNAM, C. A emergência da metáfora no discurso. *Cadernos de Tradução*, Porto Alegre, n. 25, jul/dez. 2009, p. 143-67.

COURTINE, J.-J. Quelques problèmes théoriques et méthodologiques en analyse du discours, à propos du discours communiste adréssé aux chrétiens. *Langages*. Paris, n. 62, 1981, p. 9-128. Disponível em: <http://www.persee.fr/web/revues/home/prescript/article/lgge_0458-726x_1981_num_15_62_1873>. Acesso em: 20 maio 2014.

GADET, F.; PÊCHEUX, M. *A língua inatingível: o discurso na história da linguística*. Campinas, SP: Ed. RG, 2010.

HALL, S. *Da diáspora: identidades e mediações culturais*. Org. Liv Sovik. Belo Horizonte: Ed. UFMG, 2003.

HENRY, P. *A Ferramenta imperfeita: língua, sujeito e discurso*. Campinas, SP: Ed. Unicamp, 1992.

LAKOFF, G; JOHNSON, M. *Les métaphores dans la vie quotidienne*. Paris: Minuit, 1985.

MAINGUENEAU, D. *Gênese dos discursos*. Curitiba: Criar, 2007.

MORAIS, A. R. A. *O pensamento inatingível: discurso, cognição e metáforas emergentes distribuídas*. Belo Horizonte, 2015. Tese (Doutorado em Linguística) - Faculdade de Letras, Universidade Federal de Minas Gerais.

MUNIZ, D. *A invenção do Nordeste e outras artes*. São Paulo: Cortez, 2011.

ORLANDI, E. P. *A linguagem e o seu funcionamento: as formas do discurso*. Campinas, SP: Pontes, 2009.

PAVEAU, M.-A. *Les pré-discours: sens, mémoire, cognition*. Paris: Presses Sorbonne Nouvelle, 2006.

PÊCHEUX, M. *Semântica e discurso: uma crítica à afirmação do óbvio*. Campinas, SP: Ed. Unicamp, 2009.

PÊCHEUX, M. Análise Automática do Discurso (AAD-69). In: GADET, F.; HAK, T. *Por uma análise automática do discurso: uma introdução à obra de Michel Pêcheux*. Campinas, SP: Ed. Unicamp, 2010.

REGO, W. L.; PINZANI, A. *Vozes do Bolsa Família: autonomia, dinheiro e cidadania*. São Paulo: Ed. Unesp, 2013.

Sites Consultados

CESARIO, M. L. G. A que ponto chegamos? ÓDIO ONLINE PÓS ELEITORAL. *Grupo DIÁLOGO Universitário*, 01 de novembro de 2010. Disponível em: https: <//br.groups. yahoo.com/neo/groups/Dialogo-PU/conversations/topics/521>. Acesso em: 10 maio 2011.

EDUQUIM. Vereador de São Paulo representa ao MPF contra racistas do Twitter. *Blog da Cidadania Eduardo Guimarães*, 05 de novembro de 2010. Disponível em: <http://www. blogdacidadania.com.br/2010/11/vereador-de-sao-paulo-representa-ao-mpf-contra- -racistas-do-twitter/>. Acesso em: 10 maio 2011.

JOVANNELI, R. Após atacar nordeste na Globo News e ser detonado por Hulk, Diogo Mainardi pede desculpas. *TV Esporte Blog*, 03 de novembro de 2014. Disponível em: <https://esportes.yahoo.com/blogs/tv-esporte/apos-atacar-nordeste-na-globo-news-e- -ser-detonado-por-143830884.html>. Acesso em: 04 nov. 2014.

REDAÇÃOCAROSAMIGOS. Justiça condena estudante que postou mensagens contra nordestinos. *Caros Amigos*. São Paulo-SP, 17 de maio de 2012. Disponível em: <http:// www.carosamigos.com.br/index.php/cotidiano-2/2036-justica-condena-estudante-que- -postou-mensagens-contra-nordestinos>. Acesso em: 27 maio 2014.

REDAÇÃO VIOMUNDO. Internauta responderá por racismo e incitação pública de prática de crime. *Blog Viomundo*, 03 de novembro de 2010. Disponível em: <http://www. viomundo.com.br/denuncias/internauta-respondera-por-racismo-e-incitacao-publica- -de-pratica-de-crime.html>. Acesso em: 17 set. 2014

TARGINO, M. Colunista que vota em Aécio quer dividir o Brasil e se livrar de nordestinos. *Olhar Messiense*, 07 de outubro de 2014. Disponível em <http://www.olharmessiense. com/2014/10/colunista-que-vota-em-aecio-quer.html>. Acesso em: 09 jan. 2014.

Os autores

Glaucia Muniz Proença Lara (Org.) possui Doutorado em Semiótica e Linguística Geral pela Universidade de São Paulo (USP). Realizou dois estágios pós-doutorais em análise do discurso, o mais recente em 2012-2013, com a supervisão de Sírio Possenti (Unicamp) e de Dominique Maingueneau (Universidade Paris IV – Sorbonne). Participou da diretoria da Associação Brasileira de Linguística (Abralin) e exerceu a função de subcoordenadora do Programa de Pós-Graduação em Estudos Linguísticos (PosLin) da Universidade Federal de Minas Gerais (UFMG). Atualmente é professora da Faculdade de Letras/UFMG, atuando tanto na graduação quanto na pós-graduação na área de estudos textuais e discursivos. Entre suas publicações destacam-se os livros *O que dizem da língua os que ensinam a língua:* uma análise semiótica do discurso do professor de português; *Ensaios de semiótica*: aprendendo com o texto (em coautoria com Ana Cristina Matte); os volumes 1, 2 e 4 da coletânea *Análises do discurso hoje,* organizados juntamente com Ida Lucia Machado e Wander Emediato, e o livro *Discurso e (des)igualdade social* (Ed. Contexto, organizado com Rita de Cássia Pacheco Limberti).

Rita de Cássia Pacheco Limberti (Org.) possui Doutorado em Semiótica e Linguística Geral pela Universidade de São Paulo (USP). Realizou estágio pós-doutoral em análise do discurso, em 2011-2012, com a supervisão de Eni Orlandi (Unicamp). Foi presidente do Grupo de Estudos de Linguagem do Centro-Oeste (GELCO) e exerceu a função de subcoordenadora do Programa de Pós-Graduação em Letras (PPGLetras) da Universidade Federal da Grande Dourados (UFGD). Atualmente é professora da Faculdade de Comunicação, Artes e Letras/UFGD, atuando tanto na graduação quanto na pós-graduação na área de estudos textuais e discursivos. Entre suas publicações destacam-se os livros *Discurso indígena: aculturação e polifonia; A imagem do índio:* discursos e representações; *Olhares sobre a constituição do sujeito contemporâneo:* cultura e diversidade, organizado juntamente com Vânia Guerra e Edgar Nolasco, e o livro *Discurso e (des)igualdade social* (Ed. Contexto, organizado com Glaucia Muniz Proença Lara).

Alain Rabatel é professor de Ciências da Linguagem na Universidade Claude-Bernard – Lyon 1, na França, sendo membro permanente do laboratório ICAR / CNRS e da escola doutoral 3LA (Letras, Línguas, Linguística e Artes), ambos da Universidade Lumière-Lyon 2. Atuou como professor convidado em universidades de vários países, entre as quais, a Universidade de Tel-Aviv (Israel), a Universidade de Helsink (Finlândia), a Universidade Ovidius Constata (Romênia) e a Universidade de São Paulo (Brasil). Suas principais pesquisas centram-se nos seguintes eixos temáticos: 1) enunciação, análise do discurso, linguística textual e interações didáticas; 2) análise de discursos literários, midiáticos, filosóficos e religiosos; 3) análise de interações oral-gráficas e plurissemióticas, em contexto didático. Publicou vários artigos em livros e em revistas científicas, bem como as obras (sem tradução no Brasil): *La Construction textuelle du point de vue* (1998), *Argumenter en racontant* (2004) e *Homo narrans. Pour une analyse énonciative et interactionnelle du réci* (2008), em dois volumes.

Aline Saddi Chaves é bacharel, mestre e doutora em Letras Francês-Português pela Universidade de São Paulo. Desenvolveu parte da pesquisa de doutorado na Universidade de Paris III - Sorbonne Nouvelle, sob orientação de Sophie Moirand. É professora efetiva de Linguística na Universidade Estadual de Mato Grosso do Sul (UEMS), campus de Campo Grande. É membro do grupo de pesquisas NEAD-CNPq (Núcleo de Estudos em Análise do Discurso) e coordenadora do Núcleo de Ensino de Línguas (NEL-UEMS). Orienta pesquisas na graduação e nos mestrados acadêmico e profissional, nos domínios da análise do discurso francesa e do pensamento e obra do círculo de Bakhtin. Suas pesquisas estão centradas na análise do discurso político, midiático e da ação coletiva; transposição didática de gêneros discursivos; epistemologia e reflexividade da pesquisa. Pela Editora Honoré Champion, publicou capítulo em coautoria na obra *L'analyse du discours dans la société: engagement du chercheur et demande sociale.*

Aracy Alves Martins possui mestrado (1993) e doutorado (2000) em Educação, pela Universidade Federal de Minas Gerais – UFMG, com doutorado-sanduíche no Institut National de Récherche Pédagogique – INRP (Paris,

França) e pós-doutorado na Universidade do Minho, Portugal (2005) e nas Universidades de Campinas e de Coimbra, Portugal (2008/2009). Atualmente, é professora-associada da Faculdade de Educação da UFMG. Pesquisadora do Ceale (Centro de Alfabetização Leitura e Escrita) e do Nera (Núcleo de Estudos e Pesquisas sobre Relações Raciais e Ações Afirmativas), coordena um projeto de Pesquisa em Rede CNPq e um programa de Mobilidade Internacional Capes/AULP com a Universidade de Cabo Verde/Uni-cv. Tem experiência na área de Educação, com ênfase em Educação e Linguagem.

Argus Romero Abreu de Morais possui graduação em História pela Universidade Federal do Ceará (2005), mestrado em Linguística pela mesma universidade (UFC, 2010) e doutorado em Linguística pela Universidade Federal de Minas Gerais (UFMG, 2015). Entre 2013 e 2014, realizou estágio doutoral na Universidade Paris-Est Créteil (UPEC), na França. Em 2016, concluiu pesquisa de pós-doutorado (PNPD/CAPES) "O problema mente/corpo na Análise do Discurso Francesa", no Programa de Pós-Graduação em Letras: Cultura, Educação e Linguagens da Universidade Estadual do Sudoeste da Bahia (PPGCEL/UESB), onde atua como professor colaborador e participa do Grupo de Pesquisa Práticas, Escritas e Narrativas (GPPEN).

Arnaldo Cortina é professor adjunto da FLC-Unesp, câmpus de Araraquara, desde 1987, atuando na graduação e na pós-graduação. É mestre e doutor na área de Semiótica e Linguística Geral pela Universidade de São Paulo e tem pós-doutorado na área de semiótica na Universidade de Limoges, na França, realizado durante o ano letivo francês 2001-2002, e na Universidade Paris VIII – Vincennes-Saint Denis, realizado durante o primeiro semestre de 2012. É bolsista de Produtividade em Pesquisa do CNPq, nível 2, desde 2005. Foi presidente do GEL – Grupo de Estudos Linguísticos, durante o biênio 2005-2006, e editor responsável pela *Alfa*: Revista de Linguística, no período de 2009 a 2012. Desenvolve pesquisa em semiótica, voltando-se sempre para a problemática da leitura e suas distintas questões, o que tem resultado em diferentes publicações em livros e artigos em periódicos científicos. Ultimamente, tem-se dedicado ao estudo de textos sincréticos.

Béatrice Turpin é doutora em Ciências da Linguagem e mestre de conferências na Universidade de Cergy-Pontoise, na França. Integrante do Centro de Pesquisas "Textes et Francophonies", colabora, mais especificamente, no polo "Langages, Société, Communication, Didactique" (LaSCoD). Suas pesquisas centram-se em linguística geral, lexicologia e análise de discursos sociais, políticos ou midiáticos. Publicou sobre esses assuntos os seguintes textos (sem tradução no Brasil): "Une sémiotique du politique: schèmes mythiques du national-populisme" (revista *Sémiotica*, n. 159, 2006); "Le langage totalitaire au prisme de l'analyse de discours" (*Synergie Monde*, revista do *GERFLINT,* 2012) e a obra *Victor Klemperer. Repenser le langage totalitaire* (organizada juntamente com L. Aubry, CNRS, 2012). Suas últimas pesquisas incidem sobre as representações de grupos estigmatizados, como os jovens das periferias francesas, os Ciganos ou *Roms*.

Emilie Née é professora de Ciências da Linguagem e Análise de Discurso na Universidade Paris-Est Créteil e no Laboratório Céditec. Suas pesquisas se situam na articulação entre Análise de Discurso, Linguística de *Corpus* e Semântica, interrogando textos e discursos para fazer emergir regularidades, normas, práticas discursivas e linguageiras, ou seja, "rotinas" discursivas próprias a um gênero, a um discurso ou a uma prática profissional.

Fernando Hartmann é professor de Psicanálise na Universidade Federal de Rio Grande e no Laboratório de Psicanálise e Arte da FURG, ligado ao Grupo de pesquisa "Psicanálise e Discurso; (a) versão do sentido" (Labeurb/Unicamp e Pós-Graduação em Ciências da Linguagem da Univás). Bolsista da Capes – Estágio Pós-doutoral em Psicopatologia e Psicanálise na Universidade de Paris VII (Processo BEX 6729/14-2). Suas pesquisas se situam na articulação entre Psicanálise, Análise de Discurso e Linguística, interrogando a voz (Objeto 'a'), a produção de sentido e a psicopatologia.

Frédéric Pugniere-Saavedra é professor de Ciências da Linguagem na Universidade Bretagne Sud, ligado ao Laboratório PREFics (Plurilinguismo, Representações, Expressões Francófonas - Informação, Comunicação, Sociolinguística), Rennes 2/ Universidade Bretagne Sud. Seus trabalhos se inscrevem majoritariamente no campo da Análise de Discurso.

Iris Maria da Costa Amâncio tem mestrado em Literaturas de Língua Portuguesa pela Pontifícia Universidade Católica de Minas Gerais – PUC Minas (1996), doutorado em Estudos Literários/Literatura Comparada pela Universidade Federal de Minas Gerais – UFMG (2001) e pós-doutorado em Ensino de Literaturas Africanas pela UFMG e pela Universidade de Coimbra (2014). Professora adjunta da Universidade Federal Fluminense (UFF), integra os grupos Nepa (Letras/UFF) e Nera (FaE/UFMG), assim como a coordenação colegiada do Licafro (Letras/UFF)/CNPq). Participa de diversas iniciativas culturais, socioeducativas, políticas, científicas e pedagógicas, em suas interfaces com as relações étnico-raciais. Entre os livros que publicou, destacam-se: *Literaturas africanas e afro-brasileira na prática pedagógica* (2008), *A "verdadeira" história do Saci Pererê* (2007), *África para crianças* – v. 1 e 2 (2010) e *Africanidades em Letras* (2013). Desde 2007, colabora com a coordenação editorial da Nandyala Editora.

José Luiz Fiorin é licenciado em Letras pela FFCL de Penápolis (1970). Tem mestrado (1980) e doutorado (1983) em Linguística pela Universidade de São Paulo (USP). Fez pós-doutorado na École des Hautes Etudes en Sciences Sociales (Paris) (1983-1984) e na Universidade de Bucareste (1991-1992). É livre-docente em Teoria e Análise do Texto pela USP (1994). Atualmente é professor associado do Departamento de Linguística da USP. Foi membro do Conselho Deliberativo do CNPq (2000-2004) e representante da Área de Letras e Linguística na CAPES (1995-1999). Além de muitos artigos em revistas especializadas e capítulos de livros, publicou diversos livros, entre os quais *As astúcias da enunciação* (Ática); *Em busca do sentido:* estudos discursivos (Contexto)*; Introdução ao pensamento de Bakhtin* (Ática); *Figuras de retórica* (Contexto). Organizou vários livros, entre os quais *Introdução à Linguística I.* Objetos teóricos (Contexto); *Introdução à Linguística II.* Princípios de Análise (Contexto).

Maria Clara Maciel de Araújo Ribeiro tem mestrado (2008) e doutorado (2012) pelo Programa de Pós-Graduação em Estudos Linguísticos da Universidade Federal de Minas Gerais (PosLin/UFMG). Entre 2010 e 2012, coordenou o Laboratório Experimental de Ensino de Línguas para Surdos, na Universidade Estadual de Montes Claros. Atualmente é professora do Programa de Mestrado Profissional em Letras da Universidade Estadual de Montes Claros, e desenvolve pesquisa nas seguintes áreas: Análise do Discurso; ensino de Língua Portuguesa para surdos; e ensino de Língua Portuguesa no ensino fundamental.

María Laura Pardo é pesquisadora independente do Conicet e professora da disciplina "Análise das Linguagens dos Meios de Comunicação de Massa", na Faculdade de Filosofía e Letras da Universidade de Buenos Aires, Argentina. É também diretora do Departamento de Linguística do Centro de Investigações em Antropologia Filosófica e Cultural (Ciafic) e vice-presidente da Associação Latinoamericana de Estudos do Discurso (Aled). Já lecionou em distintas universidades da América, da Europa e da Ásia. Seu mais recente livro, em colaboração com os Doutores Shi-xu e K. Prah, *Discourses of the Developing World* (London: Routledge), deve ser publicado em breve.

María Valentina Noblía é linguista e doutora em Letras pela Universidade de Buenos Aires – Argentina, onde atua como professora de Linguística, Gramática Textual e Análise das Línguas dos Meios de Comunicação de Massa. Também realiza seminários de Doutorado em Linguagem e Novas Tecnologias na mesma universidade. O tema de sua tese de doutorado e os seus atuais projetos de pesquisa estão relacionados aos usos da linguagem em ambientes virtuais, às novas práticas sociais e aos processos de construção e negociação da identidade, nas interações mediadas pela internet. Tem publicado numerosos artigos sobre a comunicação mediada por computadores e editou livros sobre Análise do Discurso, globalização e novas tecnologias.

Marlon Leal Rodrigues graduou-se em Letras (Língua Portuguesa e Literaturas) pela FERP-VR/RJ. É mestre em Letras (Estudos Linguísticos – Análise do Discurso) pela Universidade Federal de Mato Grosso do Sul (UFMS) e doutor em Linguística pela Universidade Estadual de Campinas (Unicamp). Atualmente, é professor adjunto da Universidade Estadual de Mato Grosso do Sul (UEMS), *campus* de Campo Grande, na graduação e no Mestrado Acadêmico em Letras, onde também orienta pesquisas de pós-doutorado. Tem experiência na área de Linguística, com ênfase em análise do discurso franco-brasileira. É líder do grupo de pesquisas NEAD (Núcleo de Estudos em Análise do Discurso). Desenvolve e orienta pesquisas voltadas para temas como: cotidiano, sujeito, identidade e história. Destaca-se, em sua produção, a obra *Introdução ao estudo da ideologia que sustenta o MST* (2011).

Neyla Graciela Pardo Abril possui doutorado em Filologia e é professora associada e pesquisadora da Universidade Nacional da Colômbia. Suas pesquisas estão centradas nas linhas dos Estudos Críticos do Discurso Midiático em perspectiva multimodal e Comunicação. Atualmente, participa da Rede Latinoamericana de Análise do Discurso Midiático e é líder do grupo colombiano de análise crítica dos discursos midiáticos da Colciencias (nível A). Suas publicações mais recentes incluem: *Discurso en la Web. Pobreza en YouTube* (2012); "El Español colombiano en la Web: Construcción de saberes y acción social", in: *Lenguaje en Colombia* T 1. (2012); "Aproximación al estado del arte de los estudios del discurso", in: *Aproximaciones interdisciplinares al Estado de los estudios del discurso* (2011).

Patrick Dahlet é doutor HDR (equivalente francês de livre-docente) em Ciências da Linguagem, aposentado da Universidade das Antilhas e da Guiana. Radicado na Bahia, é atualmente professor colaborador do Programa de Pós-Graduação em Estudos Linguísticos da Faculdade de Letras da Universidade Federal de Minas Gerais (UFMG). Intervém também na rede estrangeira (em

2014/15: UNA/Costa Rica; UPN/Vietnam; UNAM/México; IPA/Montevideo, UNAH/Honduras). Membro do NETTI (Núcleo de Estudos sobre Transgressões, Imagens e imaginários) na UFMG, seus ensinos, pesquisas e publicações dizem hoje respeito à três temáticas: universos de discurso e subjetividade (epistemologia da enunciação, dialética da nomeação, narrativas de vida em contexto de dominação); a necessidade discursiva do mundo neoliberal (subjugações e resistências); didática de línguas e educação plurilíngue (práticas discursivas, identidades e minorização linguística, formação de professores).

Renato de Mello possui graduação em Letras pela Universidade Federal de Minas Gerais (1990), mestrado em Estudos Literários (1994) e doutorado em Estudos Linguísticos (2002) pela mesma universidade (UFMG) e dois Pós-Doutorados, um pela Universidade Paris XIII (2004) e outro pela Universidade Paris IV – Sorbonne (2012-2013). Professor Associado IV da UFMG, foi coordenador do Centro de Extensão, coordenador-adjunto do Colegiado de Graduação da Faculdade de Letras/UFMG e representante na Câmara de Ensino e na Congregação da FALE/UFMG. Atua como professor na Pós-Graduação em Estudos Linguísticos da UFMG, na linha de pesquisa em Análise do Discurso. É também avaliador institucional e de curso do INEP/MEC.

Wander Emediato é professor da Faculdade de Letras da Universidade Federal de Minas Gerais (UFMG), atuando na área de Língua Portuguesa (Estudos Textuais e Discursivos). Graduou-se em Letras pela UFMG, onde também concluiu o mestrado em Linguística. É doutor em Ciências da Linguagem pela Universidade de Paris XIII, França, e pós-doutor pelo Laboratório ICAR/CNRS (*Interactions, corpus, apprentissages et répresentations*) da Universidade de Lyon II Lumière, também na França. É coordenador do Núcleo de Análise do Discurso (NAD) da UFMG, membro da Aled (Associação Latino-americana de Estudos do Discurso) e da Sociedade Brasileira de Retórica. Possui vários textos publicados em livros e revistas da área de Letras, além de ser autor do livro *A fórmula do texto: redação, argumentação e leitura* e organizador de várias coletâneas.

Este livro foi composto com tipografia Minion e impresso
em papel Off-White 80 g/m² na Paulinelli